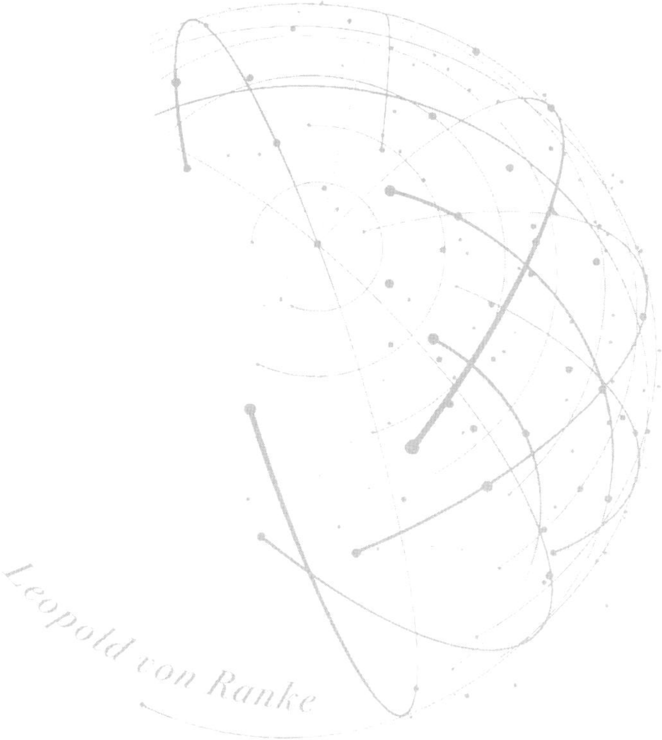

史 学 旅 行

兰克遗产与
中国近代史学

李孝迁 胡昌智——著

上海人民出版社

本书获得华东师范大学精品力作培育项目（2020ECNU-JP006）、上海市教育委员会科研创新计划资助。

间里的史学方法论以及史学史专书，在全世界传递开来。它在二十世纪进入中国：兰克的史学进入了另一个时代与环境之中。在人们热情地追求新社会，全心信仰科学的氛围里，兰克治史的方法继续在中国被辗转传述着，也被传述者纳入一己既有的意向中。它在中国的接受史，反映出国人心中殷切的期望，也呈现出现实中多重的局限。

近年，得幸与李孝迁教授一起回顾过去两百年间德意志的兰克史学与其在中国的流传，共同观看其中的曲折，了解不同思潮在跨文化交汇中显示出的意义。回顾中，彼此互补所知，相互启发，建立默契与共同的看法。最后，两人竟能一起讲述一段源远流长的故事。如此美妙的机缘，谨于成书之时，以序志之。

胡昌智

2021 年 6 月 14 日于德国波鸿市

目 录

导 论

在西方近代史学的冲击和影响下，持续二千多年的中国传统史学，在二十世纪初开始走上“新史学”的历程。中国“新史学”，无论就其形式、内容，还是就史学活动的体制与机制来看，都与传统迥不相侔。这固然与近代中国社会、经济、政治和思想文化的整体变革息息相关，但以西方史学为代表的域外史学的传播及其影响，无疑是形塑百年间中国史学重要的外缘因素。在繁富多样的舶来品中，与兰克（Leopold von Ranke，1795—1886）有关的史学遗产深度介入中国近代史学的形成过程。其实，兰克所追求的史学，与近代中国史家所悬之的不尽一致。我们只有充分研究兰克史学的“本相”及其在各国的“变相”接受，才能说明中国近代史学对兰克遗产“受”与“拒”的不同内容，由此更好理解中国近代史学的特质。

随着“全球化”趋势的不断加强，国际史学产生所谓“全球转向”（global turn），学术界越来越关注各国各地区间各事物（物种、器物、制度、思想等等）的全球流动，而中国则是“全球转向”中不可或缺的场域。就史学来说，十九世纪后半期以来，中外史学接触日益频繁，用全球眼光处理西方史学与中国近代史学的交叉地带，是中外史学史研究的学术增长点。西方学者研究西方史学史，与中国学者研究本国史学史一样，需要“他者”参照的眼光，如此对本国史学或能形成一些别样的认识。我们研究兰克史学及其所衍生的方法论学家如伯伦汉（E. Bernheim，1850—1942）、瑟诺博司（Ch. Seignobos，1854—1942）、坪井九马三（1858—1936），一方面是为了认识自我，另一方面或可反哺德国、法国、日本等国史学史研究。

中国近代史学虽号称宗祖兰克，但没有任何一种兰克著作被译成中文，中国史家的兰克论述多辗转抄袭，人云亦云，长期处于低水平的鹦鹉学舌阶段，此种现象耐人寻思。如与兰克方法学有关的伯伦汉《史学方法论》（*Lehrbuch der historischen Methode und der Geschichtsphilosophie*）、朗格诺瓦（Ch. V. Langlois，1863—1929）和瑟诺博司合著《史学原论》（*Introduction to the Study of History*）、坪井九马三的《史学研究法》，前二者虽有中译本，但译文粗糙，多有删改；而坪井之书仅见一个未正式出版的节译本，据说有汉译本，但了无踪迹。国外史学经典在中国往往无人问津，如兰克《教皇史》，久享盛誉，中国无人翻译，而二三流通俗读物却大行其道，如《泰西新史揽要》（R. Mackenzie，*History of the Nineteenth Century*，1889）、《世界史纲》（H. G. Wells，*The Outline of History*，1920）等。中国史家不仅对兰克本人的著作敬而远之，那些研究兰克的重要论著也很少被译成中文。近代中国史家由于对兰克的浅尝、误读，以为兰克代表西方科学史学，而科学史学最主要的表征就是处理史料，以致二十世纪上半期中国主流史学界普遍趋向以史料为本位的考证一途。当然，其间因抗战的刺激，考史之风略有式微，著史呼声渐高，但史学风气总体上没有根本改变。

写作缘起

近二十年前，我曾以西史东渐作为博士论文主题，完成《西方史学在中国的传播（1882—1949）》（华东师范大学出版社，2007年），此后持续关注该题。2005年我留校任教之后长期思考如何提升这一领域的研究水平。应该说，现在的学术研究条件比二十年前有质的飞跃。以前大部分文献是纸质的，通常需要在图书馆里查阅，几乎没有什么全文检索之类的利器，许多外文著作在国内也不易见到。关于西史东渐的先行研究较少，或与史料不易聚拢有关。当年见到俞旦初先生在1980年代发表的论文，披露了大量各种类型的新史料，引征繁富，叹为观止。我做博士论文发愿要追随前辈的足迹，以之为模范，在故纸堆里全力爬梳文献。最终写成的论文虽有这样那样的不足，但我自信为学界贡献了不少有价值的史料，论文正式出版之后引证率甚高，主要也在于新史料所提供的新史实。这种笨拙的文献功夫在当下网络数据库时代很容易被超越，以往需要花很长时间阅读、摘录、分类、排列才能汇聚某一专题的史料，现在只需花有限的时间就可以办到，而且关键性史料的遗漏概率大为降低。

得益于晚近各种图书资料获取的便捷，博士论文所处理的七个专题，在书出版之后，仍陆续检索到数量可观的相关文献，有些还是较为核心的史料。我原计划为旧著出一个修订版，但涉及面广，手头还有其他研究课题，没有精力集中处理，全面改写只能留待来日。于是我想先聚焦某一专题，根据论题的重要性、史料掌握的程度、推进的空间，拟定以旧著第七章“兰克史学与中国现代史学”作为实验，重新来写，尝试将它发展成一本专著的规模。有关这一专题先行论述异常丰富，专题论文虽不多，但论及者极多，老少皆爱谈，中国史和世界史学者均好说，但如果汇总这些论述，就会发现同质性特别高，举证的史实和基本的看法相差无几，你这样说，他也这样说，几十年反反复复这样说着，史料挖掘和观点阐释两方面都没什么太大进展。更为奇特的是，研究者经常以讹传讹，很少检验观点的史实基础，就此我承认旧著也犯了一些错误，不加检讨地接受前人的一些观点。更有甚者转引他人披露的新史料，不愿说明，尚可理解，毕竟只是材料，但至少应该核对一下原文，有学者竟连这步都不做，仓促中还转述错误，后来者又据此继续传播之，真是前仆后继。王国维是目前所知中国学者最早论及兰克者，他为《欧罗巴通史》作序中很简单地提及这位史家，该书汉译本正文有一句评论兰克的文字“以炯炯史眼，与深刻研究，利用书籍，达观世界历史之趋势”，有研究者转述时大概没细看，竟把这句话算在王国维名下。不幸的是，后进青年学者很快便跟着说：“王国维撰写《欧罗巴通史序》，认为兰克史学‘以炯炯史眼，与深刻研究，利用书籍，达观世界历史之趋势’。”

再如杜维运先生在《梁著〈中国历史研究法〉探原》一文中曾引用李宗侗的回忆：“中国史学方法论第一部书是梁启超的《中国历史研究法》。梁先生到欧洲去的时候，我恰好住在巴黎，他请了很多留法学生给他讲述各门的学问，恐怕史学方法论亦是其中之一，不过他另补充上很多中国的材料，但其原则仍不免受外国人影响。”这段文字写得很直白，并无理解上的困难，不知何故，有研究者居然将杜维运的论述直接转化为“在巴黎时，梁启超就曾请留法学生李宗侗为他讲《史学原论》”。这两种说法差异极大，如果李宗侗的说法经过实证研究可以推导出后者的观点，那可真是可喜的发现，问题是作者压根就是胡乱转述，完全不是李宗侗和杜维运的原意。然而，这种奇谈还挺有市场，不乏接棒者，谓“梁启超游历欧洲，李宗侗亲自为其讲授深受兰克史学影响的《史学原论》”。同样，也有一位著名学者曾绘声绘色地说梁启超在巴黎近郊别墅里请法国史家讲西洋史学，遂有后来《中国历史研究法》中的西学成分。当听者问此说根据什么文献，讲者很不耐烦，说自己又不是字典备查的，最后他想起了《欧游心影录》。如果我们翻检梁氏此书，其实他并没有提及此事，演讲者之所以即兴发挥，其源头或在李宗侗和杜维运。

我举证这些并非意在揭人之短，自己有时也不免犯错，而是要说明近代中外史学交流研究在重建基本史实方面任重道远。一方面学界流行的论述不见得可信，不少属于道听途说或想当然，有的则是转述错误，并没有史实依据，研究者应该保持警惕，淘汰旧说，将立论建立在可靠的史实基础上；另一方面低水平重复研究相当严重，有些阶段性的成果已经解决了某些问题，后来者应该在前人的基础上更进一步，如此学术研究方能接续增高，诚如张广智先生说：“学术研究不是从零开始的，总是在前人的成果尤其是有创见的地方继续起步的，于是薪尽火传，才力显学术研究的生命力。因此，学术研究中应该关注和尊重前人的研究成果，并应作必要的说明。”（《再论20世纪中外史学交流史的若干问题》，《学术研究》

2006 年第 4 期）遗憾的是，研究者似较缺乏“接着说”意识，甚至有时连“跟着说”都没有达到。如果“跟着”前沿说，未尝没有价值，毕竟起点不低，最要命的是，早已被推翻的旧说乃至乱说还当做新知来讲，那就是研究者的失责了。

史学研究贵在提供新史实、新观点，如何在既有成果（包括我自己的旧作）的基础上切实将该专题研究推进一步，为学界提供一些新知，是我最近几年着力思考的事。在“兰克史学与中国现代史学”总题之下，我设计了若干子题，首先要攻关的是德国史家伯伦汉。为什么最先选伯伦汉入手，是因为之前对他印象太深刻了。当初做博士论文的时候，想了解此人略为详细点的生平，苦寻各种书籍皆不可得，中文文献记载极简，甚至连卒年都各有各的讲法，1922 年、1937 年、1942 年均有，居然最多相差二十年。伯伦汉《史学方法论》虽然 1937 年由商务印书馆出版汉译本，但有关这个译本来龙去脉和译者信息漆黑一片，而伯伦汉在德国近代史学史上处于什么位置，他的史学特质如何，中国史学界也不清楚。我很想了解这方面的知识，但苦于不通德文，无从着手，于是想找同道合作研究，特别希望通德语又熟悉德国近代史学史的学者能处理伯伦汉。从最初朦胧的想法到落实，与 2014 年我们开始策划出版《中国近代史学文献丛刊》有关。2015—2016 年我和教研室几位青年同事编校出版有关中国近代史学史专题资料集，第一批四种出版后反响颇佳，于是有后续的动作，计划于 2018 年再推出一批，包括商务印书馆的两种旧译：《史学方法论》和《史学原论》。由于要为每本旧译写篇有分量的前言，又不甘心裁剪旧作以充数，于是我开始物色合作人选。

一般来说，历史研究是很个性化的，集体合作的东西往往不成功，但西史东渐题目却非常契合傅斯年所说的“集众”分工研究。经过现代分科分领域治学之后，要求单个研究者懂多种外语，兼通中外史学，这种复合型人才不易见。找谁合作一起处理伯伦汉史学呢？我要向读者郑重介绍台湾胡昌智教授，他是本书的合作者。我有幸与前辈学者胡老师结识，尔后又共同研究，实有一段特殊的机缘。在学生时代，我就拜读过胡老师的名著《历史知识与社会变迁》（台湾联经，1988 年），印象深刻，还在国家图书馆复印了一本，留存至今，作者名字自然也就牢记了。除了这本书，最初我对胡老师一无所知。2013 年下半年台湾辅仁大学戴晋新老师邀请我去辅大参加一次学术会议，晚餐同席坐在我边上的一位先生正是胡老师。尽管久闻大名，但一直未睹本尊，为了不失态，我多少有些矜持内心激动的情绪。席间我们交流了一些各自感兴趣的论题，会后他从台湾给我寄来了刚发表的《译介德罗伊森书评〈提升历史学成为一门科学〉》（《台大历史学报》2013 年第 51 期）抽印本，因为他知道我对英国史家巴克尔（Henry Thomas Buckle）感兴趣，此文正是讨论德国史家德罗伊森（J. G. Droysen）批判巴克尔。细读胡老师的大作，在两个注释文字里呈现他对伯伦汉《史学方法论》很熟，了解也很深入，我确定他是最好的合作人选。胡老师是前辈学者，我作为后生小子岂敢言合作，故一直未向他说明。伯伦汉旧译整理本定于 2018 年底出版，所剩时间不多，2017 年 4 月我只好试探性在邮件中向胡老师汇报整理伯伦汉旧译，希望他能撰写伯伦汉生平和史学，而我仅处理伯伦汉在中国的影响，没想到他欣然接受分工合作，令我喜出望外。2017 年 11 月底胡老师就交来了初稿，近三万言，真让我大开眼界。我们共同署名第一篇专题论文《伯伦汉〈史学方法论〉及其在东亚的知识旅行》发表在《中华文史论丛》2018 年第 3 期。2018 年 4 月胡老师来华东师范大学讲学一月，其间我们有更多的交谈，对胡老师也有近距离的观察。他不论为人为学都令人钦佩，是一位不可多得的良师益友。共同研究伯伦汉的愉快经历，成为我们后来进一步合作的基础，于是就有了现在呈现给读者的这本专书。

研究思路

我们的研究策略是中外沟通，两线作战。胡老师、贾菁菁老师和我相互深度配合，随时支援，最大程度发挥各自的长处，形成合力效应。研究西史东传题目的学者一般有两类：一是西方史学史背景的学者，经常“顾外失中”，写了好多西方的东西，论及中国回响部分则草草收场；二是中国史学史背景的学者，熟悉中国近现代史学史，往往“顾中失外”，一般主动放弃研究域外史学本身，所论皆多流行观点，无法深入。这两种研究取向均有局限性，真正要提升这一领域的研究水准必须中外兼通。而要做到中外兼通，不同学术背景的研究者密切合作是一条可行的路径，不然一人作战两线，不免顾此失彼，成效不佳。

坦白说，由于个人能力有限，我最初的研究思路属于后者，以为处理这类题目不必太用力于西史部分，借助西方或中国学者的西方史学史学研究成果，了解相关域外背景知识即可，重点在于尽力发掘中文世界的史料，重建西史东传的具体线索，这就算达到研究目标，但实际所遇到的情形未必如设计的那样。对中国有影响的西方史家和史著，如果中外学界已有很丰富的成果，我们自然没有必要重复劳作，多多借以参考便是，然而在域外史学史脉络中非常重要的一些人物和思想，不见得在中国得到充分回响，相反的，在中国接受度颇高的外人外书，在域外语境中有时并不受关注，相关研究成果很少，我们其实是无力可借的。如李提摩太（Timothy Richard）编译《泰西新史揽要》在西方史学史上毫无地位，西方学者不会研究，而中国研究西方史学史者同样不会花精力处理这类没有价值的著作，只有研究中国史学史者才会认为这是一本有学术史价值的书，因为它曾在晚清读书界非常流行。日本浮田和民《史学通论》同样在二十世纪初的中国很风行，深度介入新史学思潮，影响甚至延续到“五四”前后，但这本教材在日本近代史学史上了无痕迹，浮田和民的地位在政治学而不在史学，而且他的《史学通论》拼凑杂糅各种异质思想，既有巴克尔《英国文明史》（*History of Civilization in England*）成分，又吸收德罗伊森《历史知识理论》（*Grundriss der Historik*），全然不考虑思想的内在一致性，其学术价值有限，在日本学术界几乎没有发现专论浮田此书的论文。再如，本书第三章专论伯伦汉《史学方法论》，之所以要写这位史家和他的书，那是因为他对中国近代史学有影响，可是他在西方学术界很长时期并不受重视，只有到了最近几年才出版两本相关德文著作（Knut Langewand，*Historik im Historismus*：*Geschichtsphilosophie und historische Methode bei Ernst Bernheim*，Frankfurt am Main，Peter Lang，2009；Mircea Ogrin，*Ernst Bernheim 1850—1942 Historiker und Wissenschaftspolitiker im Kaiserreich und in der Weimarer Republik*，Franz

Steiner Verlag, Stuttgart, 2012)。Ogrin的专著第五章叙述伯伦汉史学在国际间的传播，分别从美国、法国、意大利、西班牙、阿根廷、俄国、立陶宛、捷克、波兰、瑞典、芬兰以及日本加以叙述，但没有能力述及中国。此外，本书第四、五章所处理的题目，在西方和日本史学界的既有研究也很不够。

假使我们所处理的专题有外力可借，但有时也未必与期待一致，毕竟我们的问题意识与西人不同，西人尝试回答的问题未必是我们感兴趣的，而我们渴望了解的问题，西人又不一定能回答。譬如，中国史家论兰克必引用他的名言“wie es eigentlich gewesen”，通常从实事求是的角度加以解释，西人也经常如是说，兰克是在怎么样的语境中说这句话呢？他的本意是想表达什么呢？这是我们想要知道的问题，那是基于中国的学术语境，可是西人不见得对此感兴趣。再如，晚清以来，通过日文转译到中国史学界的“关系”“关联”，经过新史学的洗礼，几乎所有中国史家都认为追求史实间的关系或因果关系是天经地义的，中国史家所理解的“关系”，与兰克强调的“Zusammenhang”是什么关系，西人著作没法回答这个问题。同样的，历史化现状的思考方式从晚清开始逐渐被中国史家接受成为常识，追根溯源也与兰克有一定的关系，中文语境中的历史化现状思维与兰克本意有何异同。诸如此类的问题，皆不易在海量的西人研究兰克的论著中找到答案，需要我们自己深入兰克原始文献尝试寻找线索。

从中国立场研究域外史学，中国学者既有优势亦有劣势。所谓优势，我们所要处理的题目以及观察视角，西方学者未必有此眼光，可丰富西人对本国史学的认识。西方学者多存在以西方为本位的倾向，缺乏客观批判的眼光，如对于兰克的亚洲观，西方学者大多以“了解之同情”了事，而不揭露兰克存在根深蒂固的以西欧为中心的偏见。此外，兰克存在浓厚的传统封建思想，与其史学观念相配合，事实上与现代社会发展背道而驰，西方学者对此往往多所掩饰。我们承认兰克在西方近代史学发展中的关键性作用，他所贡献的史学遗产有相当多的部分值得继承和发扬，但兰克史学所隐藏的“毒素”同样应该加以“清算”，尤其作为中国研究者，更有必要深刻检讨兰克史学“有害”成分，如持东西方两套价值标准，因为这些成分至今仍然在西方社会发挥作用。此外，西史东传的题目牵涉烦杂零散的中国近代文献，西人多只能望洋兴叹，一筹莫展，关于伯伦汉在中国的接受情形，Ogrin 著作只好付诸阙如，这就是明证。所谓劣势，中国学者不易进入西方学术语境，通常只能孤立封闭地讨论某位西方史家和史著，很难像西方学者那样把握研究对象。将研究对象安置于西方、日本学术与社会的脉络中来认识，这是我们所悬之目标，虽不能尽至，但心向往之，是我们努力的方向。本书讨论兰克、伯伦汉、瑟诺博司、坪井九马三诸氏的史学思想，都尝试打破就人论人、就书论书的局限，将具体的史家和史著连接到特定的学术与社会网络，从语境理解文本。

在研究域外史学的基础上，返观它们在中国所呈现的样貌，自然就形成比较眼光，容易发现域外史学在东亚旅行中的种种“变相”。原先学术界流行的一些不证自明的观点，如伯伦汉、瑟诺博司都是兰克史学的继承人，坪井九马三也是兰克的传人，但如果细致辨析，他们与兰克之间同中有异，而且异的部分往往被研究者所忽略。在兰克思想中没有“社会”意识，但在伯伦汉那里是史学的中心概念，法人《史学原论》刻意回避兰克，与之拉开距离，坪井也公开表示不能接受兰克的精神事物，所以简单地将他们与兰克画上等号是不妥当的。域外史学资源进入中国，中国史家也不是全盘接受，“误读”“变异”“过滤”“重组”是常态。如果不能对西方史学“本相”有彻底的认识，又如何能看得出它们在东亚史学界接受中的“变相”。《史学原论》既讲史料也讲著史，瑟诺博司一生写了许多综合性史学作品，但是中国史家多只看到《史学原论》讲史料学，而对该书最终旨在“著史”却视而不见。如果我们认为《史学原论》就是一本讨论史料学的读物，中国史家也是如此解读，那就遮蔽了知识传递过程中接受端的主动取舍的面相。

我们在前面说过，现在学术条件大为改善，聚拢某一专题文献资料比以往更便捷，如果还停留在钩沉史料阶段，显然不令人满意。在一个很难以材料取胜的时代，如何精准阅读文献，比较各种文本，从中发现关联，是可以努力的方向之一。本书中所涉及的中文史料，我敢说搜集得比较彻底，应该没有遗漏太多核心材料。我们不是简单的分类排比史料，以建立西史东传的线索，而是对相关文献作了精耕细作的处理，尤其对文本与思想作史源上的探寻，如傅斯年与伯伦汉、瑟诺博司，梁启超与《史学原论》、坪井九马三，解析中国史家的思想成分，坐实中外史家思想上的联结。从晚清以来，尤其是“五四”以后，中国史学界出现各种各样的兰克论述，先行研究经常不加辨析地引证这些史料，作为中国史家受兰克影响的证据，不问中国史家著述中的兰克论述，是中国史家自己的文字，还是从别处抄袭来，或直接编译自西文著作呢？甚至有人举证陈寅恪曾在黑板上写了一串西方史家名字中有兰克，便成了陈寅恪受兰克影响的力证。我们认为这种论证方式没有说服力，不能反映兰克在中国接受的实况。其实，开口闭口说兰克者未必一定接受兰克，不提兰克者也不见得不受其影响，要将兰克与中国史家建立实质性的关联，需要从思想到实践层面作更细致的论证。

全书结构

本书处理的主题是兰克与中国近代史学两者的关系，以示意图略加说明：

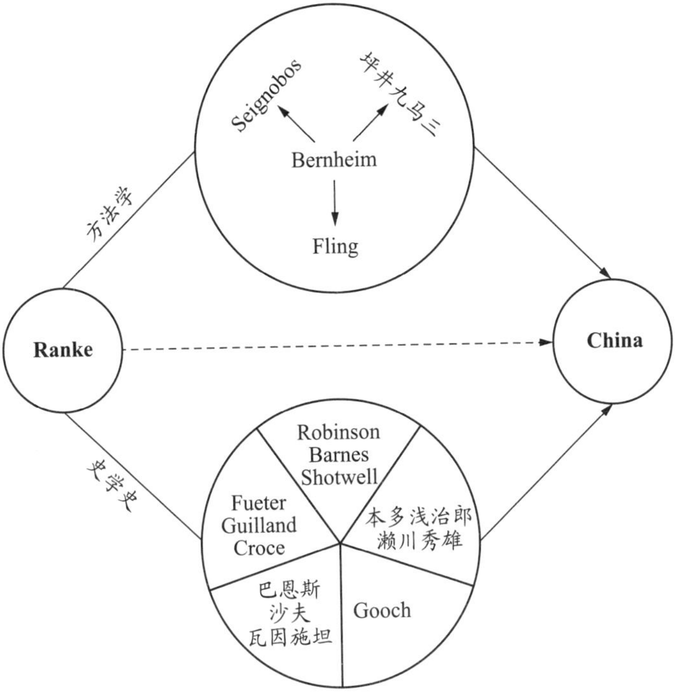

我们认为兰克对中国的直接影响是次要的（用虚线表示），主要端赖间接发生作用，包括两方面：其一，从方法学层面，借助各种史学方法论著作在中国的流传，落实在中国史家的日常治史活动，从而影响于中国近代史学；其二，从史学史层面，透过西方史学史、史学理论著作以及日本西洋史教科书，提升兰克在中国史学界的认知度，传递兰克史学的某些特质。

第一章通过研究兰克存世的文字，从中呈现兰克史学的本相。十九世纪以来历史学专业化过程中，兰克开启的历史考证学风具有里程碑的意义，但他不是史料学家。兰克是建构历史的叙事大师，不断且一贯地在巨幅的历史著作中，借着叙事赋予历史意义。他强调史家要有观点，要了解自我的局限性并提升自我，他也不隐诲自己的历史看法。兰克把历史叙述成许多趋势，每个趋势里都有它充满价值的个体性，所有趋势的交错汇集构成时代，或甚至是世界史。由于兰克基督教的信仰，让他把欧洲族群的冲突乐观地视为共同成长与融合的过程，同时也让他把这过程等同为世界史。他对非基督教世界的偏见，源自他的宗教精神，造成他历史理论本身的矛盾。这矛盾呈现在他无法以他核心的思想——个体性原则——对待异文化，在历史思考中他使用双重价值标准。

第二章全面梳理中文世界的兰克论述，通过勾联各种零散的史料，还原兰克史学在华百年传播的具体实况。通常认为兰克史学直到“五四”前后才对中国史学界发生作用，但我们辨析晚清各种思想资源，从中鉴定哪些思想观点与兰克存在学缘关系。这些观念虽很流行，但早已脱离兰克之名，化为普遍的常识。本章将溯源这些观念，重新归位于兰克名下。既存研究经常取中国史家偶尔论及兰克的只言片语，便推断受兰克影响，本章采用史源学方法，溯源中文世界的兰克论述，以及中国学者相互引述的锁链关系，从而对兰克的接受作出准确的判断。本章分析了中共史家之所以批判兰克，与苏联学者有关，后者之所以批判兰克又与马克思对兰克的评价相关。对于1960年代初兰克知识在中国大量出现的时代语境作出了说明。

兰克并没有系统的史学理论著作，他的理论尤其是方法学，被后人辗转写进总结性的方法论著作，最著名的是伯伦汉《史学方法论》、朗格诺瓦和瑟诺博司合著《史学原论》，而坪井九马三《史学研究法》则是伯伦汉《史学方法论》的衍生品。这三种方法论著作是中国史家建构史学方法论的域外资源，对二十世纪中国史学产生不同程度的影响，也是兰克方法学进入中国的媒介。本书第三、四、五章分别专论这三本著作，彰显兰克遗产尤其是方法学如何落实在中国近代史学。

本书不是人物研究的丛集，它们之间有内在的联系，前后左右皆有呼应，构成了一部有机作品。各章所论，略有交集，如讨论傅斯年同时出现在第二、三、四章，姚从吾出现在第二、三章，梁启超出现在第四、五章，所论侧重不同，并无重复，可见中国史家思想的多元性。

本书各章节写作分工如下：胡昌智：第一章、第三章第一至三节、第四章第一至二节；李孝迁：导论、第二章、第三章第四节、第四章第三节、第五章第二至三节；贾菁菁：第五章第一节。

本书的框架虽由我设定，但如果没有胡昌智老师加盟，全力以赴，深度合作，这本书无法以现在的面貌呈现给读者。这是我们集体研究的成果，不敢自夸已达到预设的目标，但向读者郑重承诺它不是一本低水平整合性的著作，而是一项原创研究。

最后，我们真诚欢迎海内外同行给予批评和指正。

李孝迁

2021年春华东师大历史学系

第一章　兰克及其史学

兰克（Leopold von Ranke）给后世留下的一个重要资产是把历史学建立在坚实的史实基础上，兰克与史实也成了两个不可分的名词。艾克顿爵士（J. E. D. Acton）在德国与兰克及瞿贝尔（H. von Sybel）亦师亦友，回英国后，他在出版界和剑桥大学传播兰克考证史料、追求真实的学风。兰克在美国史学界里也被塑造成“客观史学之父”的形象。十九世纪末的法国史学界深受兰克大弟子威次（G. Waitz）影响，莫诺德（G. Monod）、古朗士（F. de Coulanges）、拉威瑟（E. Lavisse）引进兰克考证学风，强调一切历史研究必须以史实为依归。[①] 瑟诺博司（Ch. Seignobos）、朗格诺瓦（Ch. Langlois）更是撰写历史方法学大学教科书，承续来自德国的史料考证学。中国留德史家傅斯年等人在历史语言研究所成立时，也宣

---

① Pim Den Boer, *Geschiedenis als beroep*: *De professionalisering van de geschiedbeoefening in Frankrijk 1818—1914*, Leyden, 1987. Arnold J. A. Pomerans（英译），*History as a Profession*: *The Study of History in France 1818—1914*, Princeton, 1998. 参阅第四章 History and Higher Education 第一节，第 175—222 页，其中第一节 The German Miracle and the French Shortfall。

示唯史料是瞻的治史取向。宗祖兰克以考订史实作为史学的基础，是十九世纪末、二十世纪初各国推动历史学专业化的共同倾向。

兰克在后世几乎与据实直书、史料考证的科学史学画上等号。兰克本人也终身奉行考证史料并据史实撰写历史的原则。1825 年他进入柏林大学任教时，哲学院中严重对立：一边是黑格尔玄思历史哲学，另一边是尼布尔（G. Niebuhr）、柏克（A. Boeckh）历史语言考证学及史莱尔马赫（F. Schleiermacher）的《圣经》解释学。兰克一方面深受黑格尔思想吸引，同时在尼布尔羽翼下，又随时强调历史叙述必须以史实为依归，借以与敌对的黑格尔玄思历史学区分开来。兰克早期使用传记、日记、回忆录等文学性质的史料撰写《罗曼与日耳曼族群史 1494—1514》，书中对史料的批判，使他一举成名。之后，他发现外交使节档案，惊喜它内容丰富以及可信性高，从此引为终身至爱。兰克经常表达阅读以及考订档案的快乐，他在研讨实作课（Seminar）里与学生一起考订中古文书史料，每当破解一个流传久远的误谬，个性内敛的兰克也会跟学生一起高声欢呼、手舞足蹈。长期的研究实作课程培养出无数弟子，形成学派。

然而，兰克不是史料学家。在兰克一生等身的著作里几乎没有纯粹史料编辑与考证的作品。在研讨实作课里以及替国王规划的史学提升方案里，他虽然鼓励收集考订以及出版档案汇编，但是他自己几乎都不参与。兰克的历史写作非常强调呈现每个时代特殊的精神，他不是要让所有史料自己讲话、也绝不藐视有观点的叙事史家。兰克著作中的历史观点确实极为丰富并有一致性，它们都融入他的叙述中；他所有著作的表达方式与内容都透露着他的历史看法以及他所见到的历史特质与精神。而且，那些观点与看法背后更隐含着一个共同的原则——个体性（Individualität）原则。虽然兰克作品充斥着他所见的历史意义，但他终身没有系统地论述过历史研究的方法学，没有反省地剖析观点与史料的关系，没有以概念凝聚观点背后的原则，没有系统地说明他心中所认为历史现象的基本特质。这些与历史学知识论相关的问题，兰克没有反思。但他会在文章中、或在专书的前言、讲座、评论中，即兴地、片段地、简短地流露他对历史知识的看法。这些格言式的名句流传下来，成了后人用来塑造自己心中兰克形象的根据。

本章尝试以兰克生命史的次序，从兰克书信、著作、讲义等文献出发，具体地呈现兰克的个性和性格，说明他对早期工业化社会以及德意志民族运动的态度。兰克是普鲁士王朝终身忠诚的拥护者，他没有民族国家的期盼与激情，他的德意志民族意识是精神上的，是文化性的认同。在他以政治权力为内容的等身作品里，史学的核心是王朝，不是民族。民族历史只有在王朝政治权力的终极价值以及欧洲一体的巨观之下才有它的意义。同时，他的社会意识与工业化的现实完全脱节，在他的历史作品里形成巨大的缺陷。在陈述兰克具体的政治社会立场之外，进一步说明他对知识主体、史家观点的态度，描述他作品中丰富观点背后的个体性原则。在兰克著作中的历史主义个体性原则里，指出它蕴含的多元宽容精神事实上是局限在欧洲中心主义信念上。这个被后世史家推崇的个体性原则是歧视欧洲之外文化的概念工具，它有双重价值标准特质，将藉兰克晚年的世界史巨作揭示。

一、在浓郁的宗教氛围里步入史学

1795年利奥波德·兰克出生于德国中部图林根地区的一个小镇维赫（Wiehe）。[①]温斯图特河（Unstrut）河谷两岸高地的树林把

① 兰克过世时依例有《行传》刊登于当年份的《德国传记广览》（*Allgemeine Deutsche Biographie*，简称ADB）。《行传》由他晚期的学生都斐（Alfred Dove）执笔，工整地以学术著作为主轴叙述兰克一生，刊于ADB第27册，第242—269页。兰克的自述有四篇，分别在1863、1869、1875、1885年口述。其中第一篇是与儿子奥图（Otto）在威尼斯时所讲述，由奥图纪录，是四篇中篇幅最大的一篇，共30页，但也只讲述至1824年到奥德河畔法兰克福市教书时期。这篇自述细述祖先、家庭、环境、两个修道院学校、他的健康、所读的书以及老师的长相个性，这是了解他早年最感性、最详细的资料。十年后的第二篇自述12页，延续第一篇的内容，讲述在法兰克福市教书的生活与同住一处的朋友们，讲述当时的时代与政治事件。1875年兰克80岁的第三篇自述最短，只有11页，再从童年时代开始讲述，但将重点放在他1827年开始的维也纳及意大利史料收集之旅，叙述他政治立场形成时期所受的影响，以及欧洲1830年到1848年革命期间他在柏林的活动与写作。最后，第四篇21页，是完整的从童年到90岁的自述，讲述他的学术生涯，其中最津津乐道的是与普鲁士国王、巴伐利亚国王的交往与所受到的恩宠。四篇自述都没有提及他的婚姻、家庭、学生。四篇自述收于都斐编的《兰克全集》（*Sämmtliche Werke von Leopold von Ranke*，1867—1890年出版，简称《全集》）第53—54册，该册以“自己的生命史”为册名。除了自述之外，该卷还包括选出的兰克的239封信。兰克的自述有回忆及整理的因素，但它提供了发展线索；相对而言，他的书信直接反应不同时期当时的状况，具有更多的真实性与细节。1949年出版两本兰克书信集，它们是有关兰克生平的重要资料。Walther Peter Fuchs，*Briefwerk*，Hamburg，1949.（简称《书信集》）Bernhard Hoeft & Hans Herzfeld，*Neue Briefe von Leopold von Ranke*，Hamburg，1949.（简称《新信件》）。前者的信件囊括《全集》所选的239封，后者的信件出自当时的政要、王室、学者遗档。Hoeft长年收集整理兰克的信件，但不及编辑与出版即过世，由Herzfeld交付出版社。Hoeft所收集的书信与同年、同出版社福克斯编辑的《书信集》内容不相重叠。《新信件》中有许多给官厅长官的信件，这是它独特的价值。此外兰克的日记、手札也以四册遗稿名称出版（Walther Peter Fuchs & Theodor Schieder，*Aus Werk und Nachlass*，München，1964. 简称《兰克遗稿集》）。有关兰克生平、简述等二手资料数量很大，笔者参考它们，但尽量以书信及自述了解兰克，并直接引述这些一手资料。

维赫附近宽广的谷地护卫成一个小世界。整个河谷是路德三百年前活跃的地区，深受路德教派影响。兰克许多祖辈是这附近路德派新教的神职人员。他的父亲先读神学后转读法律，替大庄园地主主持法律事务，母亲出身骑士家族，个性开朗。兄弟五人中，小他三岁的大弟海恩瑞希早年与他最为亲密；小弟恩斯特小他十八岁，兰克像父亲一样对待他，到了晚年弟妹们相继过世后，只剩两人相互扶持。①二弟也学神学，两个妹妹与三弟都不在学界。

兰克生长在人口众多、路德宗浓厚、父权明确的家庭。父母亲在有限的物质条件下，提供孩子们充分的教育，兰克的拉丁文是在父亲伴随下起步的。十三岁前，兰克多病，常徜徉在屋后的树林间及山丘上，养成了终身散步的习惯。维赫是兰克的故乡，年长之后，他也常从柏林回来，即使这里已经没有亲人，他还维持着这个家园。父亲百年冥诞时（1862 年），兰克在屋后山丘上可以眺望温斯图特河谷的地方为父亲立碑纪念。

兰克小时候先在维赫附近的董恩朵夫（Donndorf）修道院寄宿就读。当时学校有 150 名学生，都在 11 到 14 岁之间，分成两班。兰克常像小老师一样带着大弟海恩瑞希一起读刚学到的《荷马史诗》。1809 年，兰克 14 岁时，父亲在三十公里外比较好的普伏尔塔（Pforta）修道院中学替他安排了学籍，于是他又带着大弟远离家乡。在普伏尔塔中学里，兰克专注于希腊、罗马古典文学以及路德的神学。其间兰克写的不少诗流传了下来：有在山水中窥见神意

---

① Ernst Ranke（1814—1888），马堡大学神学教授，1865—1866 年担任校长，晚年协助兰克写作《世界史》基督教古史部分。

的礼赞诗，也有描写师恩如父的感谢诗。1814 年，兰克中学毕业，前往一百公里外的莱比锡读大学。

在这期间外面的世界发生了惊天动地的变化。拿破仑的军队在 1805 年击败了奥地利与俄罗斯两大帝国的联军。军队驻扎在德意志地区，并且将德意志领土及主权重新划分，成立莱因联邦，册封弟兄。持续了千年以上的德意志神圣罗马帝国在法兰兹二世（Franz Ⅱ）卸下皇位后正式瓦解了。1806 年拿破仑军队继续北上，打败普鲁士与萨克森联军，进入柏林。担任萨克森枢密的歌德在离维赫四十公里外的魏玛被俘。同时，与兰克同年、后来也交好的普鲁士斐特烈·威廉四世王储也随着家人逃往东普鲁士的柯尼斯贝格（Königsberg）。1807 年普鲁士与法国签订屈辱的合约，兰克出生的萨克森侯国成了拿破仑的附庸国。受屈辱的普鲁士从此展开社会、经济、教育、军事的全面改革，柏林大学在此时创立。1812 年拿破仑征俄失利后，普鲁士首次出现高涨的民族舆论，其中包括柏林大学第一任校长斐希特的演讲。全德意志地区的青年尤其是大学生，组成了志愿军，穿上自制的军服，投效在吕策伏（Ludwig Adolf Wilhelm von Lützow）将军麾下，与普鲁士正规军及结盟的英军、俄军、奥地利军等其他国家军队联合对抗法军。历经几次激战后，1813 年 10 月，双方 60 万人集结在莱比锡近郊展开会战。在莱比锡的民族大会战里拿破仑军队被彻底击溃，德意志从法国的统治中解放了出来。

1814 年秋，兰克进入莱比锡大学学习神学与希腊、罗马古典文学。在他留下的课业笔记里，记载着他读《伊里亚特》的心得，以及他读柏拉图、亚里士多德论艺术与学术、罗马宗教、塔西佗文学等等的摘要。他阅读康德、史列格尔（Friedrich Schlegel）以及1814年刚过世的斐希特的哲学。他也阅读当代浪漫主义的诺瓦里斯（Novalis）与歌德。在文学里他特别强调诗的创作最能直截了当地并客观地赋予生命意义，一如神之创世。他的日记显示他没有受斐希特强烈的民族热情的影响，倒是接受其虔诚主义（Pietismus）宗教精神，尤其是为《学者的本质》的论述所感动。兰克写下他的心得："神意在一切事件里活跃着，而学者是神意的肩负者，他把对外的影响力与内心的纯净融合在一起。"①兰克在激荡的时代中显现着静观的态度。②

一位从解放战争回到学校的学长史添策（G. Stenzel），课余教兰克阅读中古文书史料。史添策个性直爽，有强烈的德意志民族意识，立志要写神圣罗马帝国的千年德意志史。他也是兰克除了家人以外极少数不以敬语相称的人。兰克在莱比锡也首度接触尼布尔的考证作品，阅读了他的罗马史。1817年兰克曾有过以原始史料撰写路德行传的想法，似乎已着手撰写，但这方面的手稿已不存在。兰克的毕业论文写修昔底德，原稿也已佚失。这两件佚稿的内容应

① Hermann Oncken, *Aus Rankes Frühzeit*（《兰克早年》）, Perthes Verlag Berlin, 1922. 兰克成长环境中的宗教精神，参阅 Gerhard Masur, *Rankes Begriff der Weltgeschichte*（《兰克世界史的概念》）, München/Berlin, 1926. Masur 强调兰克整个精神与思维（geistige Existenz）是奠基在宗教上，更具体的说，是建立在极端反启蒙的虔诚主义 Pietismus 信仰之上。兰克在斐希特影响下的文字，参见 Masur 书第57页。

② 吕森说兰克的静观（kontemplative Haltung）绝不是脱离政治，而是大立场。这说法对兰克的早年态度也有效。J. Rüsen, "Von der Aufklärung zum Historismus, Idealtypische Perspektive eines Strukturwandels", in H. Blanke & J. Rüsen（Hg.）, *Von der Aufklärung zum Historismus, zum Strukturwandel des historischen Denkens*, Zürich, 1984, S.28.

该融入了他后来所写的宗教改革时期的德意志历史以及晚年的世界史作品中。明显的，这时期的兰克还是以文学、神学的眼光对待学术，没有表现出对历史学的兴趣。

毕业后兰克在奥德河畔的法兰克福市获得中学教师职位，教授古典文学，每周授课 20 小时。课余他跟年纪相近的同事出游骑马、进酒馆。这期间兰克密集地与在耶拿大学就读的大弟海恩瑞希通信。①

耶拿大学在当时德意志各大学中的民族运动中扮演着领头羊的角色。从解放战争中回到耶拿大学的志愿军亚恩（Friedrich Ludwig Jahn，1778—1852），整合了校内以地域、同乡性质的各个学生社团，成立了单一的学生联盟，象征着德意志各区域族群的融合。亚恩改革了学生联盟里的封建旧习，废除了学长制的特权，落实平等与自由的精神。同时，他呼吁德意志所有大学也如此改革，并彼此相互串连，以志愿军军旗的黑红金三色为共同的标志。兰克的大弟海恩瑞希在耶拿大学跟随着亚恩，推动体操强身以及使用德语。他们批判上层社会普遍使用外族语言——法语，坚信本土的语言及健康的体魄能净化德意志民族。1817 年，耶拿大学学生社团在邻近的瓦尔特堡聚会，纪念解放战争以及马丁·路德的宗教改革，全国学生社团受邀。在仪式中，仿效路德进行烧书仪式，法文的、犹太裔的、封建精神的书籍都投入城堡广场的营火中。澎湃的学生民族运动露出了欧洲刚平息不久的革命气息。学生运动的精神与 1815 年之后梅特涅塑造的欧洲王室权力封建秩序完全背道而驰。

---

① 有关这段期间的兰克，参见景德祥：《青年兰克与普鲁士国家》，《江海学刊》2020 年第 2 期，第 193—201 页。该文引用最新的兰克书信资料，重现 30 岁前后的兰克。

1819 年 3 月，激进的学生刺杀了犹太裔的俄皇特使科策布（Kotzebue）。梅特涅紧急召开德意志国家会议，通过了卡尔斯巴德（Carlsbad）决议，下令解散一切德意志学生组织、禁止校际串连、管制违禁刊物，并制订名单，追捕煽动者。

身为虔诚路德教派的兰克，笃信路德的教义，接受俗世里一切权力秩序是神所应允的，必须服从。事实上，兰克终身崇拜普鲁士官厅，也如《兰克行传》所述：在法兰克福，他对往来的公职友人充满出自内心的敬意。①然而，他最亲爱的大弟，热情而狂野的海恩瑞希却走在相反的方向，与亚恩在兰克教书的法兰克福策划成立体操社，希望借以推动民族运动。兰克偶尔与他们彻夜长谈，了解体认他们的热血。1819 年底亚恩被捕后，兰克还替他给官厅写信解释并求情。②1820 年在狱中的亚恩把心爱的书桌送给了兰克，这张书桌陪伴兰克一直到晚年。③兰克也在这一年的书信里，第一次透露出他写作历史的意图。兰克在心理左右为难的时刻，在价值矛盾的现实生活里，萌发了研究历史的动机。笔者相信兰克的成名作——带他走进史学研究的第一本著作——《1494 年以降的日耳曼与罗曼族群史》回应着他面对的问题，同时也释放了他内心的紧张，给了他精神的寄托。

兰克开始写书的事，没有跟任何人透露。1823 年 12 月，大作

---

① A. Dove：《兰克行传》，第 250 页。

② 兰克在 1819 年 8 月 4 日写信给官厅，称呼对方为 President，解说亚恩身边查获的两把匕首，一把是厨房用刀，另一把是 1815 年当信差去法国时就一直带在身边的。兰克解释亚恩没有暴力伤人的意图。（《书信集》，第 5 页）

③ 《书信集》第 21 页，1820 年 9 月兰克致海恩瑞希的信，说收到亚恩书桌。

即将完成的前几个月，他才在给海恩瑞希的信上说要告诉他一个消息："我要透露一个那本书的秘密……还真的没有人晓得它。在还没有完成一件事之前讲它，希望神不会因此责怪我，它的书名叫《1494 年以降的日耳曼与罗曼族群史》"。[①]在长达六页的信里，兰克只用两句话透露他已经写了好几年书的消息，而且是对最亲近的人才讲的。

从兰克的《书信集》里，我们看到他在 1820 年开始构思写作。这一年他写信给普鲁士部长，请求允许他使用法兰克福市的王家图书馆，他希望看十六、十七世纪政治与宗教相关的历史。同时，我们也看到此时他给大弟的信，里面透露出对历史前所未有的着迷。他当时偶尔在报刊里读到西班牙纳瓦拉王国（Navarra，824—1620）的故事，在信上说："享受地沉浸在所有世纪里，那真是甜蜜，与所有英雄人物一个个紧挨着，跟他们再度一起经历一次他们所作所为。那真是甜蜜，真是诱人。"事实上纳瓦拉王国被征服的历史就成了后来他第一部著作《罗曼与日耳曼族群史 1494—1514》里的一个故事（第 2 册第 4 章第 4 节）。还有一个更重要的迹象表明他开始撰写历史著作的秘密：他在给大弟的信里显露出"跳槽"的情结。他在同一封信里强调自己将来不论从事什么工作，对神意的追寻永远不会改变。他说：

> 在所有历史中寄寓着、活生生的神是可以察觉到的，每件

① 兰克在 1823 年 12 月 4 日给海恩瑞希的信，《新信件》，第 37 页。这封信也收于《全集》第 53—54 册，第 89—90 页。

> 事都由他所造就，时时刻刻他都宣扬着他的名，尤其是在伟大历史过程里。不论我们做得到与否，坚持着尽一己之责，把这圣书揭露开……是神职也好是教师也好，我们这样侍奉神。①

也许他是借着给弟弟写信说服自己：神意显示在历史的过程中，揭露历史过程就是彰显圣书、就是服侍神。不论如何，兰克替自己默默地转入历史研究做了解释。这封信让我们能够追溯兰克从神学与文学走入史学的情境。

撰写欧洲六个族群的争斗与融合来呈现基督教文明

法兰克福王室图书馆正式向兰克开放使用是 1821 年 8 月，②三年后，《罗曼与日耳曼族群史 1494—1514》正式出版。③这本书分为

① 《全集》第 53—54 册，第 89 页，兰克写道：In aller Geschichte wohnt，lebet，ist Gott zu erkennen ... jeder Augenblick prediget seinen Namen，am meisten aber...der Zusammenhang der grossen Geschichte ... dass wir an unserem Theile diese Heilige Historiographie enthüllen! Auch so dienen wir Gott.

② 法兰克福王室图书馆所需的普鲁士政府许可，兰克于 1821 年 8 月 13 日收到，并交付给馆方。（《书信集》，1821 年 8 月 25 日，第 20 页）

③ 该书的中文译本：《拉丁与日耳曼民族史 1494—1514》，付欣、刘佳婷、陈洁等译，广西师范大学出版社 2015 年版（以下简称“付欣中译本”）。付欣中译本译自英文版，附有英文版译者序，但将兰克的《前言》省略掉，美中不足。笔者使用《罗曼与日耳曼族群史 1494—1514》为该书的中文译名，原因是：兰克心目中的欧洲整体（Einheit）有严格的界定。在该书的《前言》中，他将六个族群代表的欧洲与三个一般认为的欧洲区分开来。一般使用的三个“欧洲”的概念是：一、地理的欧洲，二、基督教的欧洲，三、拉丁基督教欧洲。罗曼族群只是拉丁文化及教会影响下的一部分；兰克所谓的拉丁基督教也包含马札尔、立陶宛、斯拉夫等民族。对兰克而言，这些民族都不属于他所界定的欧洲整体：他们没有参与民族大迁徙、没有参与十字军东征，没有他心目中欧洲民族的共同经历。兰克用 Romanisch 而不用“拉丁”一词，有他界定“欧洲”（转下页）

三个部分。第一部分《导论》，共 25 页。兰克铺陈西班牙、法兰西、意大利、英格兰、德意志与斯堪的纳维亚六个罗曼与日耳曼族群共同的三段历史：民族大迁徙、十字军东征以及海外殖民。这三段历史涵盖千年，它是这部书二十年间战争故事的背景及框架。兰克用《导论》为全书定调：这六个欧洲族群是一个整体，它们的一体性来自千年中共同经历的历史。第二部分是正文，又分上、下两部，共 321 页。在这里，兰克把镜头拉近，聚焦在意大利。他用 1494 年法兰西国王查理八世应教皇之邀攻打那不勒斯共和国揭开故事的序幕。故事里英国、神圣罗马帝国、西班牙、瑞士次第加入，最后故事在奥地利与西班牙王室联姻结盟，以及与敌对的法国缔结合约，达成了欧洲新的均势作为终结。第三部分《近代史家批判》，共 174 页。兰克把撰写这本书使用过的编年、回忆录、传记、

（接上页）这个概念的考量。英文译本将 Romanisch 翻译为 Latin（拉丁），混淆了兰克原意。刘小枫也主张以“罗曼”为译名，参见刘小枫：《兰克的〈世界史〉为何没有中国》，《中国文化》2016 年第 1 期。此外，“族群”（Volk）对兰克而言，它有整体、有机、自然状态的性质，而且它指无教育无资产的人群，是“贵族”与“诸侯”的对应体，是被统治的对象。兰克书名用 Volk（族群，复数 Völker），不是用 Nation（民族）。“民族”这个概念，在兰克的用法里有精神、历史意识及政治性的含义，这是他在 1830 年代以前很少用的概念。相反的，1830 年之后，兰克也没有再以“族群”作为书名了。兰克第一本著作，中译应该使用“族群”一词，笔者认为如此才能显现兰克思想在他生命史中的前后差异。兰克的《前言》有中译文，参见兰克：《〈拉丁与条顿民族史〉导言》，罗格·文斯（Roger Wines）编译：《世界历史的秘密：关于历史艺术与历史科学的著作选》，易兰译，复旦大学出版社 2012 年版，第 75—80 页（以下简称“易兰中译本”）。此处的“导言”即兰克原书的《前言》，而非兰克著作的第一章《导论》。

日记、书信依作者国别排列，讨论它们的可信度与真实性。①此外，兰克替这本书所作的“前言”，将上述的三个部分统摄在一起，宣示他写作的目的。“前言”是读者了解全书的关键所在。

在学术史上，这部著作融合了启蒙运动以来的历史考证以及浪漫主义的叙事传统；它落实了洪堡的唯心史学思想，实践了赫德以来揭橥的个体性原则，明显将个体性作为撰写历史的标的；它开启了以政治军事人物为主的历史研究。暂且放下这些学术史的观点，若从兰克生命史的角度看这本书，它也别具意义。

《罗曼与日耳曼族群史 1494—1514》是兰克踏入历史写作的第一本书。兰克在即将 30 岁时，透过这本书将之前的心灵历程做了告白。出生后，他经历了法国大革命带给全欧洲恐惧的余波，国王被人民送上断头台，千年之久的封建秩序动摇了。随

① 启蒙时代的考证传统，在十九世纪初加入了《圣经》研究考证，以及古典语言学研究（譬如，对荷马、对古罗马 Fabius Pictor 的研究），得到长足进展。兰克继承这些考证学传统，在史学史上，这点不是他成就的特殊之处。他在史学史上的贡献是将欧洲浪漫思潮中的叙事传统与考证传统的结合。他把历史叙事都建立在考证检验过的史料之上，将叙事提升到真实层面，进而以其所叙述的史事，提出学术位阶的诉求。司考特的历史叙事让年轻时代的兰克着迷，但经不起他真实性的质疑，启蒙的考证没有被历史的叙述者（伏尔泰）系统地运用，尼布尔杰出的考证结果也未成为叙事的罗马历史。而兰克在《罗曼与日耳曼族群史 1494—1514》里做到两者的结合。阅读他的这部书，若只强调第三部分《近代史家批判》，忽略他叙事的文学性诉求，以及叙事背后内心所怀抱的关怀，将无法呈现年轻兰克在史学史上的特殊地位。有关启蒙以来到历史主义时期考证精神与位阶的演变，参见 Horst Blanke，“Kritik in Aufklärung und Historismus”，刊于上引 H. Blanke & J. Rüsen 编书，第 175—177 页。兰克在莱比锡大学教他阅读中古文书的史添策对兰克的《罗曼与日耳曼族群史 1494—1514》一书赞语是“众人心中期待的批判的历史作品终于出现了”（《书信集》，第 72 页）。史添策在该书见到考证与叙事的结合。

之而来的拿破仑征战，又将欧洲所有王室席卷进入漩涡，战役打到兰克的家门外、校门外。然而，兰克在中学、大学甚至在当教师时期没有激情地评论，没有热血参与，没有加入志愿军，没有追随亚恩。梅特涅重整欧洲封建秩序，各王室追捕煽动的自由民族运动分子，兰克亲密的大弟也在被迫害之列。他的感受是什么？他内心的判断以及赖以心安的自持之道何在？笔者认为，他这时候投入全力撰写的这部著作，透露了这些问题的答案。

《罗曼与日耳曼族群史 1494—1514》第二部分是全书的主体，它叙述 1494 年到 1514 年的二十年间，欧洲各民族相继争夺意大利几个城市共和国的控制权。对兰克而言，欧洲族群王室之间的争战都只是彼此融合的过程。个别的风俗、语言、生活方式、宗教都在冲突中变得更为一致。他说“越是亲密，争执得越激烈”，而且“党群分彼此，但是党群也相结合”。①六个族群的这二十年只是千年大脉络的缩影。它属于这大脉络的一部分，也塑造这个大脉络。兰克在正文之前的《导论》里替争战的六个族群描绘它们源自千年历史经历的一体性，说明二十年的故事是在这个大传统、大脉络之下进行的，它们是这个大脉络的一部分。

---

① 兰克的原文是 Die Partei trennt，aber sie verbindet auch. “Partei” 指族群以及族群中的君王、领主、城市。这句话的重点在“结合”（verbindet），正如上句话的重点在“亲密”一样。语意上两个句子可以简化为一个：即使争执与分歧，但它们本质上是亲密的，最终也是会结合在一起的（《导言》第 27 页）。参见易兰中译本，第 23 页。

在《导论》里，兰克提出欧洲六个罗曼与日耳曼族群的一体性来自共同的经历，即民族大迁徙、十字军东征、海外殖民。在漫长的中世纪里，日耳曼民族的迁徙与罗曼民族的融合，对兰克而言，它是这些民族先后接受基督教的过程：他们彼此传教，融入同一个信仰中。①而十字军东征更是彼此一致为收复圣地、抵抗异教的军事行动。海外殖民将基督教传播到美洲、亚洲，兰克认为殖民是进一步的民族迁徙，而且更是十字军宗教行动的延续。②兰克把塑造欧洲六个民族成一体的千年历史，视为一部有神意参与其中的圣书。它是正文描写二十年里的事件人物的大框架。兰克要借着故事的细节呈现这个欧洲民族的一体性是在多元、不断冲突、不断融合、不断产生新的均势平衡状况中产生的。

《罗曼与日耳曼族群史 1494—1514》是一部以宗教为主轴的书。兰克原本的计划是把故事写到 1535 年。1535 年不仅是西班牙国王查理五世（时为神圣罗马帝国皇帝）在北非击败如日中天的奥斯曼帝国的那一年，基督教世界的领头羊遏止了扩张到地中海的奥斯曼土耳其的势力。同时，1535 年也是法国国王法兰兹一

① 《导论》强调六个民族在历史过程中语言逐渐成熟，奠定多样而一致性的基础，互相传教，誓言、格式、习俗都相通，透过战争而有精神上的活动。罗马教皇与日耳曼皇帝两大势力与传统交互影响，成为一个整体（《导论》第 33 页）。兰克美化战争，以及以基督教文化为中心的世界史信念，是历史主义的基本成分。

② 兰克说在巴西有五百万西班牙人、一百万葡萄牙人，“这么强大的繁衍，可以被视为是民族迁徙”。同时他说，他们都带着红十字在肩上，“将殖民活化加入生命是十字军东征的精神亦即基督教的扩散宣教”（《导论》第 29 页）。这一段翔实的中文叙述，参见付欣中译本《导论》，第 30 页。

世，为了对抗强大的西班牙的查理五世，与宗教上敌对的奥斯曼结盟的一年。①总之，1535 年是基督教世界面对异教的一个重要年份。

事实上，从 1453 年伊斯兰教的奥斯曼帝国攻陷君士坦丁堡，灭亡东罗马帝国，欧洲基督教世界就有末日降临的感觉。此后，奥斯曼帝国在苏里曼大帝领导下，击败威尼斯，占领他在希腊的殖民地。1479 年之后，更让威尼斯割地上贡，并进入地中海直接威胁威尼斯共和国本土。陆路方面，在这期间，奥斯曼军队击败匈牙利、波兰联军，进入中欧。

兰克描写的罗曼与日耳曼民族史是要呈现这六个民族如何在争战中走向王室间的均势平衡，缔结合约，而有余力对抗来自亚洲的异教势力。如果我们参考兰克接下来的第二部著作——《十六十七世纪的奥斯曼人与西班牙王国》，兰克作品的宗教主轴就更为清晰。他在 1827 年出版的这部书中写道："从被惧怕，变成它自己开始要惧怕的过程。"②参照这本书，我们知道兰克在《罗曼与日耳曼族群史 1494—1514》里描写的是：基督教世界在寻找内部权力平衡，当它还在惧怕"末日来临"时，即已蓄势待发。兰克描写基督教文明即将走上世界史舞台前的一个阶段。

---

① 在简短的"前言"里，兰克仍然把他出版的书看成是写到 1535 年，事实上，为了配合出版社急于出版，兰克将原定写到 1535 年的书，缩减而只写到 1514 年。前言里他写道："而在 41 年之后法兰兹一世又乞求土耳其的帮助以对抗皇帝，法兰西在这过程当中遭遇了所有幸运与不幸。"（易兰中译本，第 78 页）这里所指的 41 年后，就是 1494 年后的 41 年，即 1535 年。

② 《十六十七世纪的奥斯曼人与西班牙王国・前言》（*Die Osmanen und die Spanische Monarchie im 16. und 17. Jahrhundert*），《全集》第 35—36 册，第 5 页。

“它只想呈现，过去原本是如何”：过去原本指基督教族群共同成长的过程

藉着这样的背景，我们才能够了解《罗曼与日耳曼族群史1494—1514》这部书“前言”里兰克的名言“它只想呈现，过去原本是如何”（er will blos zeigen，wie es eigentlich gewesen）所指为何？名言的整个句子是：“人们赋予史学尊职，整理既往，助益现世，教导未来的岁月。如此崇高的尊职，目下的尝试不敢承担，它只想呈现，过去原本是如何。”①这段话不是在讨论研究方法以及处理史料的地方出现，它是在说明历史发展主轴的论述脉络所说。我们检视“前言”，知道在简短的四页“前言”中，前面的二页半兰克讲写作的目的与观点；之后，以半页说明他使用的材料；最后再以一页讲解他叙述的方式。就方法学理论而言，“前言”呈现出兰克清晰的思路：先谈提问（Heuristik），其次研究法（Methodik），最后说明撰述（Darstellung）的方式。②在提问的部分，他开宗明义地说，这本书写作的目的出自他的看法（“Die Absicht kommt aus Ansicht”）。接着他述说欧洲六个族群的发展史是近世史的核心，它们的发展过程塑造了它们的一体性。这是他这部书的基本观点。在这里，他以这句很普通的话结束。从论述

① 因为要澄清一般对这一段话的误解，笔者依原文重新翻译，易兰的译文可参见易兰中译本第79页。eigentlich中文译为“原本”很工整，它在一般用语中翻译为“究竟”也更贴切与传神。英文译为really太过强调真实性，译为actually则强调还原，比较接近eigentlich的字意。

② 兰克终其一生没有写过关于历史理论的文章，但是“前言”显示出的思维，正与后起的史学理论大师德罗伊森在《历史知识理论》中的章节次序相符合。

脉络上看，兰克所说“过去原本是如何”，这个“原本”是指他自己的基本看法（Ansicht），就是他之后在《导论》细述的欧洲六个族群，以基督教信仰为内容长期发展建立的一体性。兰克讲的“原本”，指的是他所见的欧洲近世史的脉络，是基督教世界在世界史里的兴起。①

一般史家强调兰克根据史料写历史。他确实在方法学、研究法上作如此的坚持，这些坚持，中文常称之为根据史料如实直书。这种对史料坚持的精神，呈现在兰克许多的论述中。譬如，在《英国史》的“前言”中，他表达：愿我的自身倏尔消融，让历史事实讲话。②又如，在刷掉德罗伊森一件申请案时，他的评语是：德罗伊

---

① 1965 年，德国教授舒林（Ernst Schulin）在 Giessen 大学教授就职演说，以《兰克的第一本书》（Rankes erstes Buch）为讲题，提出这本书的写作过程与内容分析。舒林最重要的论点是：兰克这部书着重历史的文学性（Farbigkeit）与宗教性，附录之所以称赞 Giovio 而贬抑 Guicciadini，是因为前者的文学性；而“前言”的名句“它只想呈现，过去原本是如何”中的“原本”，他所指的是宗教。1984 年，吕森从史学史及他的史学理论出发，更进一步强调“原本”是指历史的脉络。他强调兰克不要把历史当作提供教训的实例，他不要零碎的故事，他要把历史以脉络的型态呈现出来，而这个脉络就是兰克所认为的历史原本面貌。舒林是从内容上，吕森是从历史思考方式上，各以两种不同角度对这个关键词提出解释，他们的了解是一致的。舒林的演讲刊于《史学杂志》（*Historische Zeitschrift*）第 203 册，1966 年，第 581—609 页。吕森：《从启蒙到历史主义——理想型观点下的一个结构变迁》（Von der Aufklärung zum Historismus-Idealtypische Perspektiven eines Strukturwandels），in H. Blanke & J. Rüsen（Hg.），*Von der Aufklärung zum Historismus-Zum Strukturwandel des historischen Denkens*，Schöningh Zürich，1984.

② 《全集》第 15 册，第 103 页。《英国史》的第一个句子：“我愿我的自身倏尔消融，只让那些能够呈现强大力量的东西去述说。”（Ich wünchte，mein Selbst gleichsam auszulöschen，und nur die Dinge reden，die mächtigen Kräfte erscheinen zu lassen.）“我愿”这个词是虚拟句，表示兰克自觉到认为自我消融是不可能的，但是，他要让史实讲话。

森作品里他自己讲得太多，让史料讲得太少。再如，兰克给巴伐利亚国王讲历史的客观性时，强调史家应当作为史料发声的器官。[①]然而，“它只想呈现，过去原本是如何”，它讲的不是方法学里对待史料的考证技术，它与“据实直书”无关，它是研究法领域之前的、属于提问层面的关怀。它指的是兰克自己对世界史的看法，是深植于他心中的宗教情怀。这句名言不是历史方法学的口号，它是兰克对欧洲基督教历史意识形态的誓言，他深信过去原本是欧洲族群主宰世界史的起步，是神意的显现。[②]

从兰克这句名言里，我们也能对他的个性有些了解。兰克在宗教情操中充满自信，也有他的傲气。他要呈现基督教文化在欧洲六个民族发展过程中不断茁壮成长并愈来愈强大，终于成为世界史的现象。他相信他的写作是在揭露圣书，他肩负着一个神圣高贵的任务，但是，他却说前人的尊职他不敢企望。他贬斥了别人以历史为训诫的做法，却称他们被赋予尊职，而自己谦卑地只想“呈现原本是如何”。兰克委婉中常带讥讽、高傲的个性，在书信、审查评论中不时露其端倪。

兰克的作品也蕴藏了他青年时期面对变局的态度。拿破仑独霸欧洲的企图在《罗曼与日耳曼族群史 1494—1514》故事的对照下，成为一个不合乎欧洲一体性精神的历史现象。欧洲的一体性出自它

① 兰克给巴伐利亚国王马克西米连二世的信，《书信集》，第 432 页。

② 1920 年 Hermann Oncken 从 Perthes Verlag 收到兰克与提携他的出版家 Friedrich Perthes（1772—1843）两人从 1825—1832 年间的信件。Oncken 对信件的研读结论之一，是兰克历史叙事的动机出自他的宗教情操，他要在历史中找神意。Hermann Oncken，*Aus Rankes Frühzeit*，Gotha，1922.

内部的各种对立：新旧教的对立，教皇与皇帝的对立，各王室间的对立；一体性出自多元、争执、动力、平衡与融合。拿破仑想要建立全欧洲一统帝国的企图，正如同书中提及的神圣罗马帝国的马克西米利安一世、法兰西国王查理八世以及哈布斯堡西班牙的查理五世的企图一样，这些帝国梦都没有成功。拿破仑的失败带给兰克对欧洲历史特质的体认。他撰写历史正是希望将自己从现实的各种激情提升到宗教性静观的层面。他没有投入身边青年澎湃的日耳曼民族运动，相反地，他是以提出历史问题，尝试从基督教信仰的高度，来面对现实中各种力量的激荡。1820 年兰克写作念头萌芽的时刻，他向弟弟海恩瑞希抱怨自己深度的寂寞。我们可以了解，兰克这时候正孤独地酝酿着以历史问题来回答他所经历的一切动乱。出书的第二年（1825 年）兰克被聘为柏林大学哲学院编制外教授。他跟弟弟说自己欣喜有了可以专心研究的职位，同时也感性地诉说了研究历史的宗教情怀：

> 以全力寻找真理，我确信神无所不在，也认为他伸手可及。我目前的心境是，我立下千万誓言，要在对神的敬畏中，以及在史学中过此一生……我所有的一切都献给前去认识这活生生的神，我们所有民族、全世界的神。

当然他这里所指的“所有民族”就是指罗曼与日耳曼六个族群，“全世界”也是指它们。正是这个面对历史的宗教情怀，让年轻时期的兰克从现世的纷扰中找到立足之所。

二、对基督教世界的情怀引领着史料收集

1824 年 12 月《罗曼与日耳曼族群史 1494—1514》出版后，兰克立即寄书给普鲁士教育部部长阿腾斯泰恩（K. F. Altenstein）以及教务处处长坎普兹（von Kamptz），并表达调职的愿望，希望有一个能够专心从事研究的职位。兰克 12 月 5 日寄出的书信，22 日圣诞节前就收到坎普兹回信——答应在普鲁士大学中给他安排教职。紧接着，坎普兹请柏林大学近世史的教授饶莫尔（F. Raumer，1781—1873）审阅兰克的新书。①在饶莫尔全力推荐下，兰克在波恩、柏林、耶拿、哈勒等大学中选择了柏林。1825 年 5 月，兰克就在柏林大学正式被聘任为编制外教授，讲授国家政治史。

坎普兹的一系列行为显现了普鲁士 1806 年战败后全面改革的新貌：文官制度里的官僚有知识、有效率、有担当，成为了社会的骨干。兰克很快速、顺利地被聘任，除了他著作的学术水平令人信服之外，也因为该书以王室冲突、国家政治史为内容，正符合普鲁士当时保守的政治思想路线。②讽刺的是，提拔兰克而且终身支持他的坎普兹正是当时人人畏惧、有名的煽动

① 第一手的叙述出自兰克在 1825 年 2 月 17 日给大弟海恩瑞希的信。信中他还提及 2 月 12 日沙龙主人 Varnhagen von Ense 在柏林报纸上以专文称赞该书，威廉王储也读了该书并称赞是一部散文诗歌一样的作品。

② 参见 Gunter Berg，*Leopold von Ranke als Akademischer Lehrer*（《作为学院老师的利奥波德·冯·兰克》），Göttingen，1968.

者杀手，他是梅特涅卡尔斯巴德决议的执行者。兰克大弟海恩瑞希、亚恩以及所有自由主义德意志民族运动的大学生、教授，包括柏林大学的史莱尔马赫以及后来的马克思都在他查抄及追捕之列。①

当时，柏林大学哲学院没有分系，自然科学也隶属哲学院，共有正教授十四人，学生一百六十四人。②学院里有创校的神学家史莱尔马赫、柏克，古典文学的罗马史语言考证学家尼布尔、地理及人口学家卡尔·瑞特（Carl Ritter）、历史法学家萨威尼，以及声望如日中天的哲学家黑格尔和他的学生赫恩宁（Leopold von Henning，1791—1866）、哲学史的海恩瑞希·瑞特（Heinrich Ritter）。在语言考证历史取向与玄思历史哲学取向的尖锐对立中，哲学院里的气氛紧绷。资深的史莱尔马赫在1827年否决掉黑格尔当年柏林科学院院士的申请案。黑格尔同年创立《学术批判年报》（*Jahrbücher für wissenschaftliche Kritik*），组织自己的阵营，并将史莱尔马赫的学生柏克拉入他的《年报》阵营。黑格尔视尼布尔为深深厌恶的、考证学的头儿。尼布尔每受黑格尔批

① 参见景德祥：《青年兰克与普鲁士国家》，《江海学刊》2020年第2期，第193—201页。景文呈现早年想逃离当时高压普鲁士的兰克。兰克的第一部作品获得保守的普鲁士政府赏识，有趣的是，他的书同时受到自由主义的艺文界赏识。1825年2月12日柏林沙龙主持人凡哈根（Karl August Varnhagen von Ense）在《柏林日报》（*Spenerchen Zeitung*）盛赞这本书，将兰克引进名人政要汇集的沙龙（《全集》第53—54册，第138—141页，兰克1825年2月17日致大弟海恩瑞希信）。兰克右派的政治立场在30年代初逐渐定型显露，1848年革命中早已仇视兰克的凡哈根极力讥讽兰克的失心状态（参阅本章第三、四小节）。

② 哲学院学生1835年291人，1841年437人，1854年299人。1848年普鲁士国王拒绝了法兰克福国会担任统一德国的皇帝，许多学生离开了柏林。上引Gunter Berg书，第57页。

评，兰克就感同身受。①对兰克这位新加入哲学院的年轻考证史学家，黑格尔没有给予太多的关注。在别人提及兰克时，他曾回应“那位平庸的史学家”，②显然他认识兰克，但是没有重视他。③对兰克的《罗曼与日耳曼族群史 1494—1514》，他嘲笑说：“那种作品让司考特写就好了。”④兰克在柏林斐特烈·威廉大学过街的巷道中租了住处。他在给弟弟的信中除了抱怨大学中人际的纷扰，也诉说编制外教授薪水太微薄。他说自己的生活像学生时期一样简单。

史料考证的私下实作课程：学派的基石

在兰克任职之初，有两件事值得一提。第一件是：在这里他开

---

① 黑格尔称尼布尔的写作是写“整体历史里的一则故事”（Eine Geschichte der Geschichte）。当时哲学院中的对立，参见 Ernst Simon，*Ranke und Hegel*，München/Berlin，1928. Simon 该书是兰克孙辈史家 H. Oncken 指导的博士论文，描述当时黑格尔敌视的语言学阵营，包括 J. Müller，因为他推崇中国历史，也因此受黑格尔的敌视（上引 Simon 书，第 28 页）。

② 参见 Ernst Simon，*Ranke und Hegel*，München/Berlin，1928。Simon 的博士论文中，有兰克的小传（第 1—15 页），同时，它描述兰克进入柏林大学哲学院时教授们之间的关系。黑格尔对兰克的评语，见第 12、28 页。Simon 是 H. Oncken 的学生。Oncken 在《兰克的早年》也提及这段黑格尔的评语，见 H. Oncken，*Aus Rankes Frühzeit*，Gotha，1922，S.16. Schulin 在《黑格尔与兰克世界史中的东方》提及该评语出自：*Deutsche Revue*，Vol.18，No.4，S.238. in E. Schulin，*Die welthistorische Erfassung des Orients bei Hegel und Ranke*，Göttingen，1958，S.280.

③ 甚至该说是藐视兰克。1841 年柯盆（K. F. Köppen）记载一则经典的轶事：有人向黑格尔提及兰克并建议跟他交流；黑格尔以他习惯的动作，伸出手掌与五指拒绝地说：“不可以，跟兰克什么都不行。”参见《哈勒年报》（*Hallische Jahrbücher*），1941 年，第 431 页。柯盆对兰克的描述，参见本章第三节。

④ Ernst Schulin，“Rankes erstes Buch”（《兰克的第一部书》），in *Historische Zeitschrift*，Bd. 203，S.581—609. Schulin 论点是：在第一部书中兰克强调的是历史的文学性，也因此引发黑格尔的讥讪。（上引 Schulin 书，第 608 页）

展了终身喜爱的研究实作课（Übung)。①实作课是同事饶莫尔介绍他开的课。②事实上，这种教学方式早已存在，但不是每位老师都采用。兰克用这门课当成他检选学生以及训练入门弟子的机会，他邀请有意从事研究的学生到他的住处一起阅读史料，并发表研读结果。在实作课里，教与学之间没有严格的界线，每位与课人都是独立的研究者。他们研究一段历史记载、一本历史书或一位史家，并平等地提出看法、分析以及相互批评。兰克在人多的交际场合被批评有英国式的矜持，不能跟别人打成一片，③演讲课又有萨克森方言口音，而且目光不投向听众，④唯有在实作课上他深感自在，会开

① Übung是练习、实际操作的意思。柏林大学的这类上课方式在1810年创校时就有，兰克的前任 Wilkens 教授也使用这种教学方式，后来这类的课也称为Seminar。历史学门在哲学院中独立成为一个学程单位时，单位的德文名称叫 Historisches Seminar，即历史系。有关德国各个大学成立独立的历史系，参见 Max Lenz, *Das historische Seminar. Geschichte der Universität Berlin*, Bd. 3, Berlin, 1910.

② 兰克在七月回信感谢饶莫尔的建议，说下学期将开实作课而且他会“喜欢跟学生直接接触，但不会有像大师跟学生的关系”。《书信集》，1825年7月12日。

③ Pertz，参见上引 Gunter Berg 书。

④ 有关兰克演讲课的情景与内容，在许多学生的回忆录及笔记中有谈及。1968年G. Berg 在上引书第2章第2节《学生与演讲课》中，就引用了狄尔泰(Wilhelm Dilthey)、布克哈特等人追忆兰克演讲课的情景。兰克，头大身体小，上课不用讲稿，时而喃喃自语，时而像讲悄悄话，咕噜难懂，表情有趣不看观众，皱眉微笑，沉醉在自己的世界，他的萨克森方言，不能让他心目中的世界史框架透过内容呈现出来，前后也不连贯（参见 G. Berg 上引书，第56—64页）。然而，最令人动容的是他的大弟子瞿贝尔（1848年以后就因为民族统一政治立场的歧异与老师渐行渐远），在1886年恩师追思会的演讲中说：“谁要是习惯了这些外在表象，会被内容中泉涌而出的精神宝藏所吸引，会被叙述中色彩缤纷、呼之欲出的特质所震慑；处处呈现出他亲手做出的研究以及原创的领悟。” H. von Sybel, “Gedächtnisrede auf Leopold von Ranke, Gelesen am Leibnizschen Jahrestage den 1. Juli 1886”, in *Abhandlungen den königlichen Akademie der Wissenschaft zu Berlin*, Berlin, 1887, S.1—18.

怀大笑。每当考证史料，破解了一个因袭已久的错误看法时，他欢欣雀跃。他给大弟的信上屡屡提及上实作课的快乐。他对待这些实作课的学生如同家人，他照顾他们的生活及职业、升迁，①他也当学生子女的教父。四十余年的教学生涯里，兰克培养出许多学生，比如1836年兰克通过发起出版《萨克森王室下的德意志帝国年鉴》，强化了实作课效果，他从实作课中选出优秀能干的学生，赋予他们出版史料集的责任，②威次（G. Waitz）、柯普克（R. Köpke）、德尼格斯（W. Dönniges）、吉泽布瑞希特（W. Giesebrecht）等人在学生时期都主编过各册的年鉴，得到了很好的锻炼。另一个更具有影响力的组织《德意志历史年鉴》，在兰克主导下于1862年成立，这个出版组织也是兰克前后期学生的活跃之地。这些学生们在十九世纪德国史学界分别占据重要的教学、研究、出版、委员会里的重要职位。当兰克九十岁最后一次口述自传时，他还提起了这一段与学生如一家人般的情谊：

> 我记得已经白了头但当时还年轻的学生，他们参加那时候开始的德国史研究实作课……当时，我们默默开始把种子播

---

① 威次被推荐到《德意志史料集成》（*Monumenta Germaniae Historica*）协会担任主席秘书。德尼格斯（Wilhelm von Dönniges）被推荐担任巴伐利亚国王外交顾问。瞿贝尔（Heinrich Sybel）、魏泽克（Julius Weizsäcker）、伏格特（Georg Voigt）等在巴伐利亚科学院历史委员会及神圣罗马帝国议会档的工作。

② 在《年鉴》第一册的“前言”中，兰克描述了他在大学任教时对待学生的方式，他区分有意继续从事历史研究的以及从事其他职业的，借此开设实作课，引导他们加入年鉴出版的工作。*Jahrbücher des Deutschen Reiches unter dem Sächsischen Hause*，1. Band，Berlin，1837，S.Ⅴ—Ⅻ.

> 下，现今都已成大树，天上的鸟儿们在树上筑巢栖息，我是把我们的实作课与我早先在法兰克福从事的研究结合在一起……提到的这些男士们，他们都各自在世界上走出了康庄大道，然而都紧密地维持着长年的友谊——活着的都如此——这是用文学结合在一起的家庭。①

事实上兰克晚年卧病在床时，还思念着威次——他早年的学生，并托人问候他，最后兰克早他一天过世。②

兰克实作课的内容是史料考证。兰克在世时就有学者（德罗伊森）用“学派”（Schule）这个词，指称他所培养出的广大的历史研究群体。德罗伊森是以负面意义表达兰克的学生只重视史料考证。他也直截了当地说兰克“盲信史料”（quellengläubig）。正式对“兰克学派”提出批评的是奥地利史家罗连兹（Ottkar Lorenz）。他在 1891 年兰克过世后五年时，对兰克被学生的成就扭曲、教条化表示惋惜：他认为兰克显然有教学天分，能鼓舞学生。几十年来史学界里他的学生成就斐然，他们所做的中古史史料考证确实成果丰硕。但是，充满历史思想的兰克史学却因此被片面化、单一化了。他在批评“兰克学派”仅以考证为史学，并且尝试重建兰克形象的同时，也归罪于兰克，他认为兰克心中所怀着的历史问题从来不在

---

① Walther Peter Fuchs & Theodor Schieder, *Aus Werk und Nachlass*（《兰克遗稿集》第 2 册日记），München，S.83—84.

② 参见纪念威次文，刊于 Wattenbach，*Abhandlungen den königlichen Akademie der Wissenschaft zu Berlin*，Berlin，1887.

实作课上提出来讨论，也没有在任何教学场所提起。①类似的话，马克思在 1864 年给恩格斯的信上也表达过，他说兰克是把客观的事（史料考证的事）交给学生青年人去做，而自己处理史学里精神的事。②1877 年，年轻的法国史家瑟诺博司到德国游学，跟随兰克的学生辈上实作课，在他游学报告里提到的研究实作课是机械而枯燥的，没有考证以外的通史叙述的训练。③事实上，如德国史家布朗克（Horst Blanke）所说，十九世纪德国三分之二的博士论文是考证的题目。④兰克教学之初建立起的授课方式与内容，影响了整个世纪的史学。

---

① 参见 Ottokar Lorenz，*Leopold von Ranke*，*Die Generationenlehre und der Geschichtsunterricht*，Verlag von Wilhelm Herz，Berlin，1891. S.288。1884 年 Lorenz 从维也纳大学转到耶拿大学。1832 年出生的他自认不是兰克的学生，却替兰克史学正名，替兰克重建他重视历史解释的形象。他把当时（十九世纪下半期）学界将兰克史学塑造成史料收集与考证的历史学归罪于他的学生与学生的学生。同时他也责备兰克作为有鼓舞力老师却从不在课堂上谈他心中怀抱着的历史问题。十九世纪初，"研究"（Forschung）这概念指史实求真的考证（kritik，或译为批判），而"了解"（Verstehen）这概念指史实意义的掌握。德罗伊森强调史学的工作是：研究地了解（forschend Verstehen），史学最终的目的在"了解"。一般而言，研究有具体方法可寻，它可以传授，而了解难以教授，1971 年 Berding 从这个角度说明兰克与学生的教学关系。H. Berding，"Leopold von Ranke，Göttingen"，in H. U. Wehler（Hg.），*Deutsche Historiker*，Göttingen，1973，第 1 册，第 7—24 页。

② 当时德国社会主义工人运动领袖之一拉萨尔（F. Lassalle），为了兰克学生德尼格斯的女儿与人决斗而死，恩格斯提及此事和兰克，马克思在回信中以一句话形容兰克。马克思所谓"客观的事"，应该是指兰克让学生编辑《萨克森王室下的德意志帝国年鉴》以及《德意志历史年鉴》这类整理史实的事。

③ 参见本书第四章第一节有关瑟诺博司德国游学的报告。

④ H. Blanke，"Kritik in Aufklärung und Historismus"，in Horst Blanke & Jörn Rüsen（Hg.），*Von der Aufklärung zum Historismus*，*Zum Strukturwandel des historischen Denkens*，Schöningh Zürich，1984，S.176.

钟爱史料之初现：档案

兰克在柏林大学任职之初，另一件具有长远意义的事，是重读瑞士史家约翰尼斯·米勒（Johannes Müller）在1810年出版的作品。米勒是一位在学术与政治上有杰出成就的传奇人物，也是一名同性恋者。兰克在大学时代就接触到他的作品，并以米勒结合考证与叙事的写作方式为榜样，不过此时的兰克也具有写作经验，看待资料的眼光也更成熟。1825年他在米勒著作的注释里看见米勒引用了威尼斯共和国的外交使节报告档案，这些档案就保存在邻近的柏林普鲁士王室图书馆。①这些档案是一位威尼斯人在1650年收集到的，内容横跨十六七世纪，涵括的正是兰克《罗曼与日耳曼族群史1494—1514》之后的时段。

兰克非常快乐并立即着手利用这批档案延续基督教世界发展的主题，与出版商佩尔特斯（Wilhelm Perthes，1793—1853）拟订撰写《十六七世纪的南欧诸侯与族群》系列，第一册写《十六七世纪的奥斯曼人与西班牙王国》。兰克沉醉在阅读档案及写作中，给大弟的信里说："不想去上课，只想写作。"这本书的内容，正如他在前言里所说，要讲述近世史关键的时期："在这时期里奥斯曼不再令人惧怕，反倒是它自己开始要惧怕了。近世史里的两个

---

① 兰克说1650年左右一位威尼斯的使节收集的"政治讯息"有46卷在柏林，米勒曾提及其中一份斐利普二世（Philipp Ⅱ，1527—1598）的文件，他说："然而米勒似乎只研读了第一卷，对我而言，一定要从头到尾全部掌握。"《十六十七世纪的奥斯曼人与西班牙王国·前言》（*Die Osmanen und die Spanische Monarchie im 16. und 17. Jahrhundert*），《全集》第35—36册，第Ⅺ页；参见Oncken《兰克早年》第20—22页有关兰克发现这些史料的经过。

段落，大家晓得，主要就是因为这个差别而区分开来。”①这时期的西班牙王朝，一方面代表欧洲六个基督教族群里最强的一个王室，抵挡了奥斯曼帝国的扩张；同时，它展开美洲殖民，让欧洲走上世界史的舞台。而这些外在的变化，兰克都归因于王朝与族群内部的变化。他在书中要描述的，就是这些变化。这批档案一方面让兰克的创作毫无间断，进一步凸显他第一部成名作里的基本观点；另一方面，兰克使用这些档案，呈现出与第一部书不同的史料取向。这是兰克史料认识上的一个转向，开启了他毕生使用档案文献的生涯。

《十六十七世纪的奥斯曼人与西班牙王国》“前言”有十页，兰克用八页的篇幅讲述当时还几乎不为人知的有关此时期的史料：威尼斯使节档案。②他的兴奋之情充斥于字里行间，溢于言表。他介绍这类档案：威尼斯共和国派驻在欧洲各国的使节大约每十四天会给国内提供一份报告。使节们报告驻在国家的需求、弱点、内部的各方势力、与其他王室的关系、爱憎情绪等等。使节们所报告的都是新鲜事物，而且是使节们亲身经历或观察到的事，他们报告的非常仔细。他说十三世纪以来，不只是地中海的强权威尼斯城市共和国有使节报告，其他如那不勒斯共和国、热那亚共和国、教皇国也都有使节报告。这些报告，连同母国下达的指示、使节交接的报告

---

① 《十六十七世纪的奥斯曼人与西班牙王国·前言》(*Die Osmanen und die Spanische Monarchie im 16. und 17. Jahrhundert*)，《全集》第35—36册，第5页。

② 《十六十七世纪的奥斯曼人与西班牙王国·前言》，第7页。1825年兰克给出版家佩尔特斯的信件中就已提及这些档案。1825年6月12日信，《书信集》，第84—85页。

等文献都被收集保存着，成为档案。①兰克说这些曾经被保存的档案，在世纪的变乱里也散落各地。他如数家珍地说在巴黎、伦敦、维也纳、布鲁塞尔各有哪些使节报告档案，而在柏林以及邻近的古城戈塔（Gotha）也有一批档案。他不掠前人之美，指出约翰尼斯·米勒是他的先行者，曾经在柏林整理出一册使节档案，但是在米勒 1807 年离开柏林后，这批档案又沉睡了近二十年。他也表达对佩尔特斯规划出版系列的无限感谢。②佩尔特斯把戈塔市的 53 册大开本档案借出来，送到柏林的兰克书房，让他能够把千百件当时人与事的大小文章摊开在他的眼前，任他检选写作。③

从此使节报告的档案成为他追寻的对象，十九世纪二十年代最后三年他到维也纳、威尼斯、罗马、佛罗伦萨阅读使节报告档案；④三十年代里随着题目的转移，他也寻找日耳曼邦国本身的档案，尤其是帝国议会档案。1836 年他在曼恩河岸的法兰克福市阅读德意志帝国议会档案，1837 年他用普鲁士秘密国家档，也去德

---

① 兰克说柏林有 48 册大开（Foliobände）档案册手稿，标题是“政治讯息”，内容包括：使节报告、指示、给同仁的备忘录、信件、讲稿、观察记录、手札。《十六十七世纪的奥斯曼人与西班牙王国·前言》，第 10 页。

② 兰克在 8 月 24 日写信给佩尔特斯，询问可否帮他从戈塔的大公图书馆中借出档案并送来，如果档案不外借，兰克请他在戈塔安排短期住处。《书信集》，1825 年 8 月 24 日，第 91 页。

③ 佩尔特斯费心借出档案送到书房，兰克说“对他的感激是难以穷尽”（《十六十七世纪的奥斯曼人与西班牙王国·前言》，第 11 页）。

④ 年轻的兰克在书信中将喜爱的威尼斯使节档案拟人化，把它形容成他的黑发意大利女友、爱人，期待着去亲近她。兰克比较含蓄的说法之一是：希望跟这个黑发意大利女子生一个罗曼日耳曼超级宝宝（Ich hoffe, wir bringen ein Wunderkind von Romano-germanen zustande）。1827 年 10 月 28 日致 Ritter 信，《书信集》，第 121、122 页。按，“超级宝宝”指他未来的著作。

勒斯登、魏玛使用萨克森国家总档，阅读德意志帝国议会档案。①不论如何，档案代表的史料自此成为他终生追寻的对象。他跟弟弟在信上说：进档案馆是幸福的。他的遗稿里有许多直接间接地向普鲁士官厅请求经济支援的书信，都是为了移地研究，前往以及住在那些档案馆所在的城市。他深有体会地说：史学研究需要别人的“恩宠”，他指官厅以及与官厅有交情的人，或者王室——那当然更好。②当然，他不是为收集史料而进档案馆。日耳曼的历史档案从1804年起已经有新成立的《德意志史料集成》计划及组织系统地进行搜集，那是纯粹收集与编辑档案的机构。1858年兰克在巴伐利亚国王支持下成立的历史委员会，更是德国集体、蓬勃而长期的史料收集考订编辑大本营。③兰克对档案史料的热情是由他心中的历史问题引导着的。他当时对档案的热爱，是要借以呈现基

① 有关1836年、1837年兰克对档案的追寻，参见兰克：《宗教改革时代德意志史》（*Deutsche Geschichte im Zeitalter der Reformation*）第1册第1卷，“前言”。他说：“从十五世纪的前十年到三十年战争，德意志的宪法以及公共事物都立基于周期性的帝国议会及其决议之上……民族整体性在这些议会里活生生地呈现出来。”

② 1829年他在威尼斯移地研究阅读档案时结识斐特烈·威廉四世王储。他在元月二十九日给Heinrich Ritter的信上说王储威廉请他吃饭：“奈何从事史学需要人们的恩宠，而尤其是我正在这路途上。”信上无从了解他所谓的路途是前往恩宠之途，或是史学之途，可以确定的是他强调与王储的关系对他的研究事业的重要性。《书信集》，1829年1月29日信。

③ 在兰克的建议以及国王马克西米连二世的支持之下，巴伐利亚科学院1859年成立了历史委员会（Historische Kommission），目的是整理和考证日耳曼的中古史料。兰克兼任委员会主席到1874年，委员会第一任秘书瞿贝尔。这个全德国性质的历史委员会简史参见“150 Jahre Historische Kommission bei der Bayerischen Akademie der Wissenschaften”, in Eine Chronik von Helmut Neuhaus, *Historische Kommission*, München, 2008. 兰克与历史委员会的创立，参见本章第五节“与巴伐利亚国王的情谊成就了兰克学派”。

督教世界是怎样从中古世界走向现代。

自从兰克发现了威尼斯使节报告档案之后，他不再青睐文学性的传记、回忆录、编年记。这些在《罗曼与日耳曼族群史 1494—1514》里让他一举成名的史料，相形之下，都太过间接以及二手。它们需要更多的考证才能够澄清它们的可信度。它们有其功能，但是官方的档案文献一般都更接近事件发生的时间及地点，记载的目的以及记载的立场也容易掌握。兰克自此减少了文学性质史料的使用。这现象的另一个原因也是因为传记、回忆录、游记等文学性的作品，以及他早年喜爱的古典文学其中有更多的自由主义的思想，它们自然而然地从政治上越来越保守的兰克史学中逐渐淡去。

前往维也纳、意大利搜寻档案

威尼斯使节报告档案让兰克着迷，当他沉醉于使用档案写作之时，1827 年 2 月，亚力山大·洪堡从旅居的巴黎回到柏林，为普鲁士国王威廉三世演讲。洪堡给兰克带来意外惊喜。巴黎国家图书馆手稿部门德裔主任哈瑟，他读过兰克的第一部著作，托洪堡转致邀请之意，请兰克到巴黎使用当地收藏的手稿。当年冬天，兰克在凡哈根的沙龙以及在贝蒂娜·冯·阿尔尼姆（Bettina Arnim）家见过几次洪堡，他非常珍惜结识年高望重且具有国际地位的洪堡的机会，每次他都是在沙龙逗留到洪堡离开之后才回家，到家都已过了午夜。①然而，对兰克而言，收集十六世纪威尼斯使节报告的档案，

① 1827 年 2 月底，兰克从柏林给大弟海恩瑞希的信，《书信集》，第 104 页。信中兰克也欣喜地提及洪堡允诺支持他，以及在贝蒂娜·阿尔尼姆家的聚会，兰克待到洪堡回家之后他才离去。

更近、更方便的地方却是维也纳。

1827年7月，他的《南欧诸侯与族群》系列第一册《十六十七世纪的奥斯曼人与西班牙王国》一出版，他就分送各重要人士。除了洪堡之外，他也寄给普鲁士教育部部长阿腾斯泰恩爵士。兰克在附上的信件中请求在即将来临的寒假里能获允请假前往维也纳，也请求部里替他出具推荐信，以及给予补助出访收集史料的生活费。这封信在他建立与官方关系过程中如同一个里程碑，整个过程显示兰克"厚颜"个性与手段。[①]七月十六日第一封信的内容是：

> 您殿下：
>
> 最卑屈地奉上利用这里国家图书馆中手稿档案所创作的作品。感谢您行政团队的关照，让我使用这些手稿。希望这件作品所致力的及预期达到的，彰显出那些长久以来一直没被注意到的史料能够整理出何其多的近代历史。然而这件事该在有更丰富宝藏的地方去做，在维也纳及在巴黎，不是在这里。
>
> 因此，并同感谢，我有个请求。我的愿望是能够在即将来临的大学休课期间前往维也纳，那里有世界上其他地方都没有的材料。几位杰出的政界人士也给了我保证，让我有机会可以使用那些材料。我相信至上的尊者您不会不给我做这件事所需的假期。
>
> 此外我还有个请求，我需要推荐信以及金钱上的协助，因

① 福克斯称他不断要求的态度"keinerlei Skrupel"（没有羞耻心）。《书信集》，导论，第46页。

为我必须承认，用自己的财力支付旅行所需是完全不可能的事。因此我这样跟您至高尊者寻求前往维也纳的假期及支助。此行的唯一目的就是利用当地的档案写作十六世纪的历史。我告诉我自己，至上尊者的恩典与关照是我一定能够仰仗的。

尊者卑屈的利奥波德·兰克

柏林大学编制外教授①

这封信的要求不多，很快就获得正面的回复。同时，兰克也收到亚力山大·洪堡的来信，信里盛赞兰克的新书。兰克立即将这两件令他欣喜的讯息告知出版社的佩尔特斯。兰克附上洪堡的信，他说这封信“对我们的特殊读者群而言，它会是最有吸引力的广告，像洪堡这类博学又有世事阅历的人喜欢这本书，这是个好兆头。”同时也写到：“我们的教育部表示非常愿意支持我的旅行，让我去开启新宝藏。”②

途经布拉格，兰克在9月中旬抵达了维也纳。推荐信展现了它的功效，担任宫廷顾问的耿茨（Friedrich von Gentz），亲自协助兰克取得使用国家图书馆的许可，并把兰克引荐给梅特涅。

耿茨是梅特涅最亲信的顾问。1815年维也纳会议的规划与决议，以及1819年卡尔斯巴德决议追捕民族主义、自由主义以及社会主义人士与管制出版的禁令等都出自耿茨之手，他是全欧洲复辟政治秩序背后的操刀者。兰克在给柏林沙龙名人贝蒂娜·阿尔尼姆夫人的信里，表达了因结识耿茨引以为傲，并且对他有无限的敬

① 《新信件》，第94页。

② 1827年8月8日兰克给佩尔特斯的信，《书信集》，第108页。

佩。兰克的信在描写当地图书馆主管等人之后，写到“对我而言更重要的，当然是另外的一些有直接影响力的人。尤其是耿茨，他让我格外喜欢。他表现出一种穿透性的理解能力，有一个非常正确的思想，了不起的博学。他活在盛开的生命当中。”①兰克似乎尽释前嫌，完全忘记他大弟海恩瑞希与亚恩被追捕的日子。兰克在八十岁第三篇自述中回忆，在维也纳的一年里，每周跟耿茨会面一次，后者非常有倾诉的欲望，喜欢讲述自己的政治立场与实务。兰克在这里直接接触到欧洲政治核心实务的操作，尤其是认识到 1830 年 7 月革命前，欧洲各地自由主义运动带来的紧绷局势下维也纳宫廷的做法。兰克保守政治思想的成熟，明显地跟此时与耿茨的密集相处有关。在接下来的意大利旅途中，兰克不断地与耿茨保持着书信往来。1830 年冬返回德国之前他给耿茨写道：“我想我会在一两个月内离开意大利，事实上，若想要看到还没有被暴民革命掉的德意志的话，真的要赶紧回去。要是他们得势，以前是任免市长，现在他们要控制整个王国，任免部长。这是一种传染病，先侵入衰弱的地方。祈神保佑。”②兰克将七月革命定位为下层民众（Pöbel，或译为贱民）的暴动，而不是社会运动或自由主义运动。

兰克抵达维也纳后立即在 10 月 2 日写信给教育部部长阿腾斯泰恩爵士。信中他报告当地图书馆里有哪些重要的威尼斯使节档

---

① 1827 年 10 月 21 日兰克给贝蒂娜的信，《书信集》，第 119 页。信中有几处带着情意的戏词。献上一首源自波希米亚的小诗：Meine schöne，liebe，gute Kleine，—hast Du mich gern?（我的美丽的、亲爱的、善良的小东西——你喜欢我吗?）兰克引述该诗原文，强调波希米亚的音韵之美，事实上是双关的引述。

② 1830 年 9 月 26 日兰克从威尼斯给耿茨的信，《书信集》，第 220—222 页。

案，特别强调有三件世所未知的神圣罗马皇帝查理五世的资料。同时他强调得到耿茨的礼遇及协助，接着他请求延长假期，并资助另外的生活所需。圣诞节新年过后，兰克才给职位稍低的教育部里负责教学的坎普兹写信。信中一方面可见兰克心系档案，另一方面也呈现他细心经营与普鲁士官厅的关系。1828 年 1 月 16 日的信：

> 您殿下：
>
> 报告这里事情的进展是我早该尽的义务。我之然而一直放下没做，只因为窃自担心会以我私人的事情，打断您所肩负的、很多的，如我所知，重要的业务。
>
> 要是我现在再不给殿下报知在维也纳的一切该多么地感谢您，那我就要几近于不知感恩了。有关这里档案使用的许可，我最初是以一般程序申请，但它也以一般程序被退了回来。直到您殿下给我配备的、特别的推荐信被充分参考之后，不仅宫廷顾问冯·耿茨运用了他的影响力，甚至梅特涅大公爵也接见了我。透过他的话语，事情终于得到了正面的结果……
>
> 尊者卑屈的利奥波德·兰克
>
> 柏林大学编制外教授①

兰克谦卑地以子民的态度表达感谢，同时也在信里透露接触到欧洲政治运作的核心人物。三年前才从偏远地方中学走向普鲁士国家官厅，现在更直接与欧洲国际事务主导层面的人物往来，兰克意识到

① 《新信件》，第 99 页。

他的身份，也刻意表达他的忠诚。1828 年 2 月初，他在维也纳收到俄国沙皇属下唯一德语大学——多尔巴特（Dorpat）大学校长的邀聘，对方给他三倍的薪水附加其他身份与荣誉。经多方考虑，而且也得知多尔巴特大学同时也把邀聘寄给哈勒大学的克鲁塞（Karl H. Kruse）教授，兰克婉拒了对方。接着他在 2 月 29 日给部长阿腾斯泰恩信中报告了此事，强调他对柏林大学的忠诚，对一切给他的支持永怀感恩，不为高薪所诱，因此回绝了俄国的邀聘。他把自己将来脱离编制外教授生活窘困的事，完全交付给部长，一切让部长决定并照顾。①另一件同时发生的事，也显示兰克强调他对官厅的忠诚。1828 年初，柏林谣传着兰克受维也纳学界及官厅的影响准备改宗天主教。兰克得知后立即非常严肃地写信给坎普兹，他说："有关我改宗另一教会的事，我向殿下您明确地保证，这一切完完全全、彻头彻尾是凭空捏造……我确知，我生为新教基督徒，死也会是新教徒。"②普鲁士是一个捍卫新教的国家，若是改宗天主教，意味着对立国精神不忠。兰克在谣言加身时，直接而且以誓言般的话向普鲁士思想监控者坎普兹做了剖心的报告。

带着丰富的史料回柏林，呈现人际关系垂直的倾向

兰克也细心维系与官厅周边人物的关系，尤其是柏林沙龙的主持人凡哈根。透过沙龙，兰克可以间接得知并传递讯息给柏林学界与政要。事实上他也及时将受耿茨礼遇，以及被多尔巴特大学邀聘

---

① 《新信件》，第 102 页。

② 1828 年 7 月 3 日兰克从维也纳致坎普兹信，《书信集》，第 163 页。兰克于信中直言柏林有人想陷害他。

的讯息，透过凡哈根传给柏林学术政治圈。他也托凡哈根转信给返国的亚力山大·洪堡，请洪堡在政府中替他美言。①

作为沙龙主人，凡哈根具有相当大的包容性，这个性格也让兰克在书信中能够表达内心的立场，即使如此，兰克的信还是尽其婉转。在他抵达维也纳不久，他报告了史列格尔教授（凡哈根夫妇的旧识）的近况。史列格尔从政界替梅特涅担任奥地利驻德意志国会代表（1815—1818）之后，就回到维也纳大学任教。兰克前往听他的历史哲学演讲课。在给凡哈根信中，兰克说：

> 但真的是，他的行径很偏颇，他对事物的爱与憎也许真不够合宜（譬如，他称黑格尔是人渣），然而他有细腻的观察力以及许多值得赞誉的能力。我该对他后面这一点多加肯定，对前面那点不要太苛责。尤其是我该对整个人类的行径要以更多的爱来观察，并了解他们……黑格尔的《百科全书》，我也略有所知，包括它的新版，确实有深意，虽然史列格尔说，它只是有深意的调调。不讳言地说，里面也确实有一堆错误及丑恶的东西。它吸引我却也让我排斥它。你有史列格尔的演讲稿吗？②

---

① 1828年3月10日兰克从维也纳致凡哈根信，《书信集》，第146页。“为此我给洪堡先生写道，他是否愿意替我美言，这是所附信件的内容。”（Indes habe ich an Herrn von Humboldt geschrieben, ob er nicht irgend ein gutes Wort für mich reden wolle. Dies ist der Inhalt von beiliegendem Brief.）

② 《书信集》，第145—148页。原文 der letzte der Menschen 或译为“最后的人”“剩余的人”，“人渣”在中文里最接近史列格尔的口气。“虽然史列格尔说，它只是有深意的调调”，原句是“Tiefsinn gewiss, obwohl Friedrich Schlegel sagt, nur Melodie des Tiefsinns; allein auch ebenso gewiß eine Menge falsches, häßliches Zeug.”

兰克借史列格尔的话痛快地贬斥在柏林瞧不起他的黑格尔。信中许多拐弯抹角的、委婉的叙述，句句都带着杀伤力。所引述史列格尔的话，正是他要传递给柏林学术界的信息。

兰克在维也纳待了一年多，之后去意大利待了两年，在这段移地研究的三年四个月里，他给大弟、二弟的家信最多，其次是给凡哈根的信，再其次是与出版社的佩尔特斯讨论出版计划，以及与官厅长官及与耿茨的通信。同侪中，兰克只与一位保持联系，那是哲学院中的编制外教授海恩瑞希·瑞特（Heinrich Ritter）。他们年纪接近，职级相同，并且瑞特也与黑格尔的玄思哲学不相契合。在兰克与官厅主动而细腻的书信往来对比之下，很清晰地呈现出：兰克没有维护与一般同侪间友谊的努力与兴趣。兰克不重视友谊的个性，《书信集》编者福克斯有隐喻式地描写：对他而言，“友谊如路边的花，当它绽开的时候可以摘下揣在怀里，但是，当它枯了，就让它留在路边”。①福克斯解释兰克个性上的这个缺陷，认为主宰着兰克人际伦理的是他传统的阶层观念。他心目中，家庭与国家是神在世俗里创立的伦理团体，家庭中父母子女的关系，以及国家中王室官员与臣民间的尊卑关系永远不变，那是纲常。②无可置疑，这种只有上下垂直关系的伦理态度出自路德新教的信仰：官厅是神给予世俗秩序的保证，信徒应该服从官厅。兰克与阿腾斯泰恩书信往

---

① 《书信集》，导论，第 37 页。按，二战后编辑兰克《书信集》以及编辑四册《作品与遗稿》（*Leopoldvon Ranke/Aus Werkund Nachlass*，München Wien，1964）的福克斯，无疑的是最了解兰克感性的内心活动的人之一，而且他也能够不带忌讳地指出兰克个性上的“弱点”。

② 《书信集》，导论，第 37 页。

来中，他一而再地要求延长假期以及所需的费用：从一个寒假变成整个冬天，从维也纳延伸到意大利，在意大利也两次要求延长假期及生活费。这些看似“厚颜”的请求，无疑是他上下秩序伦理信念中被视为官厅照顾子民理所当然的事。兰克清晰地表达忠诚，也不厌地要求照顾。

因为拿破仑军队 1809 年将维也纳收藏的许多档案带回法国或归还意大利，兰克以此为理由向普鲁士教育部请求前往意大利，他获得同意与资助后，继续南下搜寻档案。在意大利期间，他往返于佛罗伦萨、罗马与威尼斯三地。意大利档案收藏的情形与普鲁士、奥地利颇有不同，凡是在威尼斯共和国参与国政的贵族世家，他们在自己家族的图书馆里都有私人的档案室，所保存的档案也都是代代继承中的重要资产。罗马的世家贵族经常左右教皇选举，他们家族的档案极有史料价值。兰克以新教徒的身份虽然无法使用梵蒂冈教廷图书馆的档案，但是透过坎普兹以及耿茨的推荐，三地的公立图书馆以及私人收藏家都欢迎兰克使用他们的档案。[①]兰克在麦迪昔（Medici）家族档案室中获得极为珍贵的史料，其他如柯尔西尼（Corsini）家族档案、阿托维帝（Altoviti）家族、巴帝（Barti）家族档案收藏也非常的丰富。[②]档案室允许兰克带雇用的抄写员一起

---

① 有关意大利之旅的档案收集，兰克在 4 年后（1834 年）出版的《教皇史》“前言”中有详尽的描述。

② 1830 年 7 月 17 日，兰克从佛罗伦萨给 August von Platen（1796—1835）爵士信中述说：“资料上我又富有了几百页，我投入麦迪昔历史之所在。面对这些档案我曾遭遇很大的困难，也正因为如此，之后得到其中有关卡尔五世大部分历史资料的快乐也特别的大。”参见 *Zur eigenen Lebensgeschichte*，《全集》第 53—54 册，第 237 页。

进入图书馆，协助兰克复制档案。最密集的阶段，兰克同时雇用两位抄写员每天工作八小时。不论是给出版社的佩尔特斯或凡哈根或给长官、家人写信，兰克史料收集的喜悦都溢于言表。兰克后来带回柏林的资料，让他在教学及主编杂志之余，很快完成《一六一八年针对佛罗伦萨的阴谋》小书及四册《罗马教皇史》。

除了史料收集，兰克在意大利还经历另一项喜悦的事。普鲁士王储斐特烈·威廉四世于 1828 年 12 月结束意大利旅行之前，在威尼斯与兰克相遇，他们见了几次面。在给瑞特的信中，兰克提及王储宴请他，而他以《十六十七世纪的奥斯曼人与西班牙王国》一书相赠。兰克说“无奈从事史学需要别人的恩惠，而我又特别有我的需求”，①希望那本书不会让王储厌烦。语气显示似乎他参加邀宴只是为了历史学研究。事实上，兰克从与官厅的往来，到进一步结识王室，对他而言有进入价值核心的意义，是一件极为重大的事，这也是他在晚年自述中最津津乐道的事。“君主”在兰克的价值体系里，在国家、人民、民族、宪法诸范畴的纠缠中，具有绝对的地位。正如他在不久之后的日记里所写道：“在纯粹概念之下，理想的国家存在于宗教里，在这个国度里有永恒的世界秩序，有永恒的国王。”②他终其一生都坚信国家、民族、宪法都应该依附于国王而存在。兰克向瑞特欣喜地表示普鲁士未来的国王称赞他，也待他如

---

① 1829 年 1 月 29 日兰克从威尼斯致瑞特信，《书信集》，第 183 页。该句原文为“Leider braucht man zur Historie die Gunst der Menschen，und ich besonders auf meinem Weg”，其中第一个字 Leider 表达“委屈”自己前往参加，非真正有意愿，这也是兰克做作的个性。

② 福克斯编：《兰克遗稿集》第 2 册日记，第 160 页。福克斯将这段遗稿文字定位在 1835 年，或稍后。

老熟人。

三、激发出典范式的历史主义叙事

1831年初，兰克在复杂的心情下启程回德意志。他带回的许多资料让他很快乐，但是结束了在意大利优渥的生活，回到柏林要面对学生的事、同事的聒噪以及贫困的生活。①尤其是元月在返国途中传来尼布尔的死讯，令他难过不已。此外，1830年7月在法国爆发的革命，此时也在邻近国家掀起风潮。普鲁士的政治局势也紧绷着，正如兰克给耿茨的信上夸张地说：他该赶在暴民还没有推翻普鲁士政府之前回到柏林。

主编《历史政治杂志》终于昭示了政治立场

1831年3月，兰克回到柏林，搬进新租的房子，沉浸在档案宝藏中，读了半年的书。11月收到外交部部长克里斯提安·贝恩斯托夫爵士（Christian Günther Graf von Bernstorff）来信，邀请他主编一份杂志。杂志名称是《历史政治杂志》，它要以历史的角度评论当代的政治，目的是要在左派与极右派之间指出第三条路线，同时借此捍卫普鲁士政府当时的政策，这是一份半官方的杂志。对正在专心写十六世纪南欧君主与族群的兰克，这个特别的邀请让他很为难。

---

① 1838年8月6日兰克给瑞特的信中，讲到回柏林的恐惧："我预见我在那里的穷困，说闲话人们造成的成千的困扰，学生的倚赖：恐怖！"（Die Armuth，die ich dort vor mir sehe，die tausend Bedrängnisse von den klatschenden Geschlecht，die Abhängigkeit von den Studenten：horreur！）《全集》第53—54册，第239页。

他面临着很大的抉择：一方面是工作时间分配的问题。他出书的计划，在编辑杂志额外任务下，势必延误。另一方面作为杂志的主编与主笔必须旗帜鲜明，他的政治立场必定因此纤毫毕露。实际上，截至1831年，兰克出版的三本历史研究作品，主题都是基督教世界面对伊斯兰势力时的内部斗争与权力消长，他保守的政治立场并不为一般人所知。尤其是1829年的《塞尔维亚的革命》这本小书，①虽然他的主轴是基督教文化下的塞尔维亚对伊斯兰苏丹统治的反抗，但它却也是被压迫人民对统治者的革命。这本书能够让读者误认为兰克同情底层人民的抗争，误认为他有自由主义的信念。②当然，普鲁士外交部以及王室顾问，他们完全了解兰克的政治倾向。

11月1日，兰克回信给贝恩斯托夫爵士，首先表示：邀请他做这件事，就是对他最高度的赞美，也是对他信任的明证。接着他说他既定的历史写作，原本资料都已准备齐全，作品也预期会得到学界好评。部长的邀请置他于一个抉择的处境，然而他很快地就知道自己愿意接受这个任务，并且强调："对抗一波从完全不一样环境以及从虚构理论所产生的、外来异类的挑战，保卫我们自己本土的发展，能够在这方面对祖国、对好的事物有所贡献，这会是我最大的幸运。"③外来异类

---

① 《塞尔维亚的革命》（*Die Serbische Revolution*）1829年出版，收录于《全集》第43—44册。

② 有关这方面的误会，尤其是海涅（Heinrich Heine）的误会，参见易兰：《兰克史学研究》，复旦大学出版社，2006年。其中第四章《兰克史学与政治》，对兰克的自由主义形象论述细密。她说兰克以自由主义为装饰，海涅先受其误导，尔后看清了兰克的保守态度，开始严厉地批判他。

③ 1831年11月1日信，《书信集》，第243页。

思想指的是法国七月革命的思潮，以及相随而来的自由主义、社会主义的政治主张。在他回信接受邀请的同时，也表明了他了解任务之所在，了解这项任务的政治方向。兰克请佩尔特斯协助出版杂志事宜，同时他配有一位任职政府的助理。他直言不讳地向外交部的德意志事务主任约翰·艾希宏索取工作酬金，他说："额度我自己定的话太不谦虚，而且自己也难估量，就请您全权决定。"①

《历史政治杂志》1832 年出版 4 期，之后从 1833 年到 1836 年变成不定期出刊。兰克邀稿不顺利，经常只能自己撰写，兰克在第一期就讨论法国七月革命后的波旁王朝，以及德意志地区对革命的反应。在担任主编及主笔的五年期间，两篇文章颇有代表性，它们能够呈现兰克的历史政治思想：一篇是 1833 年的《列强》，一篇是 1836 年的《政治对话》。②此外，1836 年他的就职演讲《论历史与政治的区别和联系》也是他极少数理论分析的历史政治文稿之一。三篇文章文体各不相同，《列强》是对欧洲近代五个强国兴起的历史评论。因为这篇文章的形式不是刻板地根据档案呈现史实，而是以自己的观点，讲述这五个国家的近代史，因此思路与立场格外清晰。在《政治对话》里，兰克虚拟一位自由主义者卡尔与保守学者斐瑞德里希的对话。兰克想表达的政治立场，都透过斐瑞德里希之口说出，这是一篇活泼的政治理论文章。而就职演说《历史与政治的区别和联系》，相较于前两者，它是严肃的历史学性质与功能的反省。

---

① 1831 年 11 月 21 日给 Johann Albrecht Eichhorn 的信，《书信集》，第 244 页。

② 《政治对话》（*Das Politische Gespräch*）原刊于《历史政治杂志》1836 年第 2 册，1890 年收录于《全集》第 53—54 册。

政论文章《列强》：无心插柳立下了历史主义史学写作范式

《列强》最突出之处在于兰克将个体性（Individualität）的原则完全地落实在政治的范围里，而且是借着描述历史发展而落实它。个体性原则是从赫德、歌德、威廉·洪堡以来一脉相承的一种世界观及价值观。它与启蒙思想完全不同，不相信有普世的人性及自然规律，不相信运用理性能认识、评断一切，跳出了从中古以来任何问题都只有一个正确答案的——教会的或理性的——一元价值观。在个体性原则里，每个人、每件事、每个组织与制度、每个民族都有他们的独特性、个别性，而且这些个别的特质是在发展中逐渐形成的，他们各有其价值，绝对无法以一个外在、普世的标准论断他们的高下。兰克是第一位将这样的世界观用在政论上的史学家。个体性原则成为历史解释的指导，成为一个以政治史为内容的历史写作范式，进而开启了大约延续一世纪之久澎湃的历史主义史学。而这个历史研究与写作模式的源头可以在1833年的《列强》中看到。①相对于十年前的成名作《罗曼与日耳曼族群史1494—1514》，兰克此时使用的概念是“民族”（Nation）而不再是“族群”（Volk）。“族群”对兰克而言是自然状态下，一个共同语言风俗习惯的伦理团体，它具有有机体的性质，是一个整体；同时它又是与“诸侯”对立的概念，它的性质

① Srbik认为《列强》50页的文章所勾画的欧洲近代史是兰克之后作品的蓝图，之后所次第完成的《英国史》七册、《法国史》六册、《普鲁士史》五册、《宗教改革时期德意志史》六册等，都在《列强》中有他们的缩影。参见Heinrich Ritter von Srbik，*Geist und Geschichte vom deutschen Humanismus bis zur Gegenwart Ⅰ*，München，1950，S.253. 在兰克作品对时人的影响下，我们可以夸张地说《列强》的写作形式是历史主义史学源头。

是没有教育、没有资产、没有政治性，它是被统治的以及被照顾的对象。而“民族”这个概念对兰克而言具有个体性，具有集体的个性，它是有精神意向以及文化历史意识的团体，它具有政治性。1827 年出版的《十六十七世纪的奥斯曼人与西班牙王国》是系列作品《南欧诸侯与族群》第一册，那时候兰克还使用“族群”这个词，从维也纳、意大利回来后撰写的《列强》，这个词已经被具有个体性的“民族”一词取代，此后兰克再也没以“族群”为书名。①

法国启蒙思想揭橥的是自由、平等、博爱，标榜普世性，以人性皆然的预设，将它落实在《民法典》中，并以拿破仑的军事力量向外传播。兰克在《列强》中没有否定这些启蒙思想的价值，也没有否定革命之后共和体制凝聚出法兰西的无比强大力量这个事实。②但是聪慧的兰克，秉持着个体性原则的信念，将这个革命背后的思想与精神，把它从自视为普世性的地位，重新定位为法兰西民族的特质。兰克肯定法国第三阶层（中产阶级代表）的力量与精神，但它也只是法兰西的个体性。兰克强调那些启蒙思想属于他们潜在的国民性，启蒙思想引发的大革命正是法兰西人对自己国民性的自觉与复兴。革命后的混乱没有影响法国的国力，相反地，因为国民性的觉醒，革命的成果及国家的凝聚力变得更强大。他说：“不仅如此，法国大革命所带来的这些结果因这种复

① 兰克有关伦理团体如家庭、部落、族群、国家、教会等概念的使用，参见 Rudolf Vierhaus，“Ranke und die soziale Welt”（《兰克与其社会界》），in *Neue Münstersche Beiträge zur Geschichts forschung*，Bd. 1，Münster，1957.

② 易兰中译本，第 194—195 页。

兴而得以强化，并继续存在于与正统王朝（the legitimate dynasty）永远格格不入的对立中。”[①]他近代史的论点是：唯有自觉到自己的国民性，国家才会因而强大；欧洲国家发现了以及自觉到各自的独特性，这是近代史的特殊现象。法国大革命代表的是法兰西国民性的觉醒，但是随着革命后对外的军事行动，这些被自认为是所谓普世的价值，反倒也唤醒了欧洲其他国家对自己国民性的自觉。《列强》就是描写欧洲近代各强国国民性的觉醒。兰克强调有了对自己民族个体性的认识，国家才能独立，才有创造及行动的自由。兰克也用文学做比喻：法国文学一度与启蒙思想一样被视为世界文学，具有普世性，它是被模仿的对象。但是它也在法国大革命前后唤醒了各国文学，各国开始创作自己独立的诗、散文与小说。[②]

《列强》描写普鲁士的一章中，兰克剖析德意志历史，他提出德意志有两次独立自由的运动。第一次是宗教改革带来的心灵的全面解放，《圣经》从被教廷主导的教会所解释，走向了人们独立地阅读及了解《圣经》，民族得到了自主性与精神的自由。[③]第二次是

---

① 引文出自易兰中译本，第199页。法兰西的国民性以及革命呈现出来的独特性，与普鲁士、奥地利、英国及俄国诸国的独特性因此都不一样，它具有与王朝对立的性质。兰克个体性的信念充分表现出他的价值相对主义：不同价值可以并存，彼此无高下的差别，都应该获得尊重。同时也呈现他肯定一切历史的现实：所有发生的、所有存在的都有它存在的内在的道理以及隐含的个体性。这种思维方式包含着对价值冲突的乐观、对战争与动力的崇拜，这种思维方式唯有在一个对基督教神意极端的信仰之下，才能得到合理的安顿。十九世纪的乐观及德意志的新教是兰克政治上个体性原则存在的基础，兰克思想与二十世纪的灾难，如伊格尔斯所见，是紧密相连。

② 易兰中译本，第201—202页。

③ 易兰中译本，第185页。

当代从法国启蒙思想中解放出来所得到的自由。兰克指的是浪漫主义运动以及普鲁士的兴起。兰克撰写《列强》的目的是要告诉处于法国七月革命余波中的普鲁士读者：法国大革命魂魄在1830年重现，他所代表的内涵与德意志国民性不相符合，不应随着它起舞。他用历史的叙述来说明这个论点，他叙述普鲁士斐特烈二世的故事。

兰克把德意志个体性的自觉聚焦在统治普鲁士四十六年（1740—1786）的斐特烈二世。斐特烈二世把普鲁士从一个欧洲二等的侯国提升到能够与法国、英国、奥地利以及俄罗斯帝国并列的第五强国。兰克说：“倘使要说有什么特别的观念能影响他的话，我们可以说那就是源自他对国家、对祖国的意图与想法。”他继续解释：“尽管他是法国哲学家们（Philosophes）的恩主，尽管他保护法国哲学家们，与他们谈经论道，但他从来没有想过要依据那些法国哲学家们的理论来重建其国家。”①兰克甚至认为法国哲学的说教是替法国国家服务的，②斐特烈二世洞视其间的关系，不被它所误导：“真正的天才精英是不会被这样虚伪而错误的说教所左右的。”③摆脱法国的影响，专注自己国家的意图、了解自己的个体性，然后，像追随北斗星一样地把持着自己国家的原则，在一切危险中坚定不移。兰克如此反复地赞扬斐特烈二世个性的执着不屈，将普鲁士从法国的影响中提升起来。兰克在普鲁士的那章里，他把

---

① 易兰中译本，第199—200页。

② 兰克说启蒙时代“法国哲学家们反对觊觎欧洲霸权的政体，这也是自然而然的”。他认为法国哲学只替法国的霸权地位服务（易兰中译本，第199页）。

③ 易兰中译本，第182页。

一个民族的个体性完全具形在一位政治大人物的身上。[①]这种写作开启以政治人物叙述呈现历史主轴——理念——的历史主义写作方式。

兰克不是民族主义者——王朝是他的价值核心

兰克不是民族主义者。对他而言，民族的概念涵盖的比国家广大而宽松。国家是应付实务的组织，而民族是对文化特色自觉后的伦理团体。兰克在1836年的《政治对话》里说“祖国在心里”，指祖国并不以组织的方式具体存在，指的是文化性的德意志民族。兰克心中的德意志民族是个文化民族：“我们日子过得舒服的地方并不是我们祖国之所在。我们的祖国是与我们在一起，在我们身上；我们的祖国活在我们里面，我们随时随地都表现着祖国的形象——不论我们是否有意如此，我们从一开始就在它之上生长，而且不能脱离与它的关系。这种神秘的气氛充满在低微的国人身上，也充满在高贵的国人身上——这个精神、气氛，我们不断地呼吸着——这个神秘的气氛是一切法制的前导，充满并活化一切刻板的形象。”[②]他在给官厅的信中偶尔也称普鲁士国家为祖国，而他从未直

---

① 兰克在这时期的日记里的话可以相互印证他在《列强》里开创的以人物为核心的历史写作方式：“人们相信人，在人里有神的显现，人的存有是一切，从人涌出一切教义。一个人讲出的真理感动我们更深刻更直接。如果话语出自他本人，它如爱人跟我们讲话。不是教义在训示教导着世界，而是大人物。”（《兰克遗稿集》第2册日记，第83—84页）这也是历史主义理念史写作方式的宗教根源。

② 《兰克〈政治对话〉》，胡昌智译，《思与言》1988年第26卷第3期，第290—310页，引文出自第299页。

言称德意志是他的祖国。兰克的“祖国”的概念并不明确，也不固定。①但从政治的角度而言，兰克不是德意志民族主义者。更明确地说，兰克没有民族国家的意识。一个民族组成一个国家，兰克否定它的存在：“我从没有看过一个民族真的变成一个国家。”②他认为法兰西最接近这个原则，但也只是接近而已。他认为在历史的现实中，民族国家根本不存在，而当时萌芽的德意志统一建国的运动也完全不符合兰克心中的欧洲秩序。统一德意志这种民族运动对于忠于梅特涅、耿茨的复辟思想的兰克，它是骚动。它与自由主义、社会主义等“异质”成分结合在一起，是历史中暂时的现象。他乐观地说：等革命的浪潮过了之后，欧洲国家会维持着王朝的旧秩序。③

---

① 同样的，兰克也没有替“民族”这个概念做过严格的定义。曼乃克说，正因为兰克对“民族”这个基本用词使用的宽松，因此给他带来丰盛的成果。F. Meinecke，*Weltbürgertum und Nationalstaat*，*Studien zur Genesis des deutschen Nationalstaates*（《世界公民与民族国家：德国民族国家起源研究》），München und Berlin，1915，S.282. 曼乃克指出兰克还不了解民族统一、建立一个国家的价值。他在第 290 页说：“就如同当时一些人一样，他不接受严格政治统一的德国。这里也可以看出旧观念还笼罩着，它不知道国家统一的价值。”（wie jene，verzichte er damals auf eine strenge politische Einheit Deutschlands. Auch darin man eine Nachwirkung ältere Gesinnung erkennen können，die den Wert einer staatlichen Einheit der deutschen Nation nicht kannten.）

② F. Meinecke，*Weltbürgertum und Nationalstaat*，*Studien zur Genesis des deutschen Nationalstaates*，S.299.

③ 德意志普、奥两强之间的巴伐利亚王国，在兰克心目中，直到晚年，一直认为它该有居中协调的角色，而且认为巴伐利亚王国该发展成为德意志邦国中的文化中心，他也协助马克西米连国王如此发展。其余各邦国也该各有其特色。兰克献身普鲁士王朝，也期望普鲁士特殊的精神与传统（Preußentum）不要消失在德意志族群里。

兰克强调族群个体性觉醒后，欧洲各国的国家力量有了质变，这是近代现象，是近代史的开始。每个国家在制度上配合着这种对个体性的自觉，譬如，在军事制度上普鲁士实行全民皆兵的征兵制，而英国配合着贵族的力量实行募兵制。德国的教育中授课制度从新教中生长出来，法国人无法移植。①但是，不论如何，他所指的国家在自觉后变强大，指的是各个王朝国家，不是民族国家。他相信理想的国际状态会重新恢复：王朝国家并列，形成平衡、动力、和谐的状态。《列强》的最后一句话："所有国家都合并在一起，将损害其中每一个个体的本质，分离和独立发展将使真正的和谐得以呈现。"②它与十年前第一本著作《罗曼与日耳曼族群史1494—1514》视欧洲各民族在王朝秩序下为一体的基本精神遥相呼应。

1836年的《政治对话》延续同样的思路，在提出议会政治与君主统治的矛盾之后，他替君主集权立论，否定限制王权的议会的必要性。虚拟的两人（学者斐瑞德里希与国会议员卡尔）对话时，斐瑞德里希在最后做的结论：国家的角色不在于提供机制，借以调和各方立场、折衷不同利益，国家的任务不在协调。国家

---

① "法国人也希望有我们德国人的授课方式与制度。但是，这套制度根本是扎根于德国新教的基本需要，扎根于新教的思考方式以及他的发展之中。这套制度甚至是从那些新教精神中生长出来的。因此，法国人顶多只能学得一个轮廓，只能得到理念显现出来的那一小部分。"（《政治对话》，第295页）这里兰克的用词与威廉·洪堡在1821年《论史家的任务》中说明事物的表象与理念，如出一辙。（威廉·洪堡：《论史家的任务》，胡昌智译，台南成功大学历史系《西洋史集刊》1990年第2期，第203—223页）

② 易兰中译本，第202页。

该洞见自己的原始本质，掌握自己国家建国的精神及原则。国家要有积极的作为，要压制政党的力量，要从制度上让人民融入它具有的个体性之中。兰克借斐瑞德里希之口说个体性是政治的最高原则，是国家的最高指导："世界上一切有地位受注视的国家，没有不是充满它的特殊性，有它自己的方向。如果把国家视为保障个人及私有财产的各种机构的大综合，那就太可笑了，实际上各种方向都是精神的表现。而国民的个性是受这个精神及这个方向决定性的影响，是与它们深契不可分的。从这些不同的精神中，产生出不同的法制，而这些法制对一个团体而言是绝对必要的，而且它有修正其他一切规范的力量。国家中的一切都唯这个最高的理念是赖。"①

在就职演讲《历史与政治的区别和联系》里，兰克进一步将认识国家族群个体性的责任交付给历史学家。首先，他再次地在政治事务上强调个体性原则："每一个政府都有着完全明确不同的特征和他自己的生活——这些使他与所有其他的政府国家相区分开来，并且他所有的事物和行为都源自这种特征。"②接着的论点是：领导一个国家的人必须是"非常了解自己国家本质的人"。③兰克心目中的君主应该有这种能力与德性。最后，他指出掌握一个国家特殊本质并获得这方面知识，那是历史学的任务。他说："而这种知识如果没有对过去时代的了解，则是难以想象的——而历史研究的正是这样的知识，或者是试图理解这样的知

① 《政治对话》，第 301 页。
② 易兰中译本，第 150 页。
③ 易兰中译本，第 151 页。

识……从过去所发生的事物中得出对国家本质的认识，并指引我们理解国家本质，这是历史学的任务。”①兰克在他的教授就职演讲里无疑地借着自我要求从历史研究掌握理念，进而赋予自己教导君主的任务。

在 1830 年代民族主义、自由主义及社会主义的浪潮里，兰克是以这样的信念以及他敏捷而锐利的羽毛笔服务外交部以及普鲁士王国。同时，他开启了十九世纪德国的历史思维的基本方式。

历史写作从南欧转向中欧，从宗教关怀走向国家政治

1831 年底，兰克接受了外交部部长贝恩斯托夫的邀请，投入官方政论杂志担任主编、主笔。兰克做了人生中很重要的一个决定：他决定进一步向官厅靠拢，担任这项工作，清晰地表达了政治与价值立场。兰克因此也失去了柏林自由主义沙龙主持人凡哈根这位多年友人的信任，从此不相往来。视野宏大而且在国际学术界有地位的亚力山大·洪堡也责备他，跟他疏远了。自由主义、民族主义倾向的饶莫尔、史添策等同事也更形同陌路，甚至彼此敌意相对。②1840 年自由主义倾向的贝蒂娜·冯·阿尔尼姆——曾经心仪

---

① 易兰中译本，第 152 页。

② 兰克刻意将演讲课安排在与饶莫尔同一时间，较劲抢学生的态势明显，这种情况直到 1840 年代后期才渐缓。兰克与饶莫尔交恶的另一原因是：兰克怀疑在维也纳时，柏林谣传他改宗天主教的中伤行为源自饶莫尔。兰克与同事的不合，包括他对史坦策不友善的行为，对《德意志史料集成》主持人佩尔茨的不敬，以及打击德罗伊森的相关叙述，可参见 Gunter Berg，*Leopold von Ranke als Akademischer Lehrer*，Göttingen，1968. Berg 是《书信集》编者福克斯的学生，对兰克的人际价值观以同样批判的角度加以检视。

的人——更与兰克公开争执而决裂。[①]然而另一方面，在1833年新上任的外交部部长安瑟伦（Johann Peter Friedrich Ancillon）主动而强力的共同背书之下，教育部部长阿腾斯泰恩终于向财政部提出将兰克提升为正教授的要求，安瑟伦说兰克对国家的贡献远超过对大学的贡献。1834年兰克完成了升为正教授的愿望，在原来年薪五百帝国大洋之外，另得到七百帝国大洋的加给，收入倍增。1841年获得普鲁士国家史家的头衔，这项荣誉也是他担任主编后官方给予他的肯定及信任。

在主编《历史政治杂志》期间，兰克利用意大利带回来的史料先完成了《一六一八年针对威尼斯的阴谋》。在撰写这本轶事集的小书的同时，他构思利用所收集的史料写大型作品。最后他以教皇为主轴，赓续他与出版社佩尔特斯出版《南欧诸侯与族群》主题的约定，撰写《十六十七世纪的奥斯曼人与西班牙王国》之后的四册系列作品，书名是《罗马之诸教皇史》（简称《教皇史》）。

《教皇史》比照《十六十七世纪的奥斯曼人与西班牙王国》的格式，兰克在第一册中写了教皇国的通史，描述教皇国在罗马时代、中古早期、法兰克王朝时代行政制度的建立，它的扩充及对外的影响力。第二册写欧洲宗教改革时代教皇国面对变局的自我改革。之后的两册以五位教皇为主轴，叙述他们与南欧诸侯之间的冲突。《教皇史》获得好评，来自法国的佳评尤其多。但是普鲁士派驻罗马的代表布恩森（Christian von Bunsen，1791—1860）认为第

① Hans F. Helmolt，*Leopold Rankes Leben und Wirken*（《兰克生平与作为》），Leipzig，1921. 该书以兰克族谱表，以及当时未刊的18封兰克的信为其特色，18封信都已收入1949年《书信集》及《新信件》。与贝蒂娜的公开争执，见第82页。

一册的通史太偏向于罗曼民族，忽略了教皇国与德意志的关系。

1836年《教皇史》四册出版齐全后，兰克首先跟历史法学家萨威尼透露他接着要写宗教改革时期的德意志历史。一方面配合他一向研究的时代（十六世纪），另一方面作为《历史政治杂志》的主编，他在《列强》里勾画了欧洲近代国家自我意识的觉醒，而宗教改革运动在德意志第一次唤醒了德意志的自觉，它是普鲁士崛起的前驱。但是，布恩森对《教皇史》第一册的批评，兰克也不得不在意。毕竟他是尼布尔罗马职位的接班人，本身是古史学家，而且他是王储斐特烈·威廉四世的亲信。从学术及政治的考量，兰克都自然地走向德意志历史的研究。辞掉《历史政治杂志》编辑的职务后，兰克又风尘仆仆地在各地收集神圣罗马帝国议会档案。他在曼因河畔的法兰克福，在魏玛、德勒斯登甚至在比利时的布鲁格都发现极有价值的档案。透过撰写宗教改革时期的德意志历史，兰克的历史研究开始与现实政治相结合。

1840年代，兰克完成《宗教改革时期德意志史》六册巨著，接着出版《普鲁士九书》。研究写作的同时，因为斐特烈·威廉四世登基（1840年），他与普鲁士王室及官厅的关系变得更为紧密。同时，迟来的婚姻，在1843年终于从天而降，次年长子诞生，兰克开始过起了家庭生活。然而，在一切辉煌顺利的时间里，他一向忽视的市民工人，他们力量的成长带来的社会紧张于1848年在柏林、在全欧洲爆发了开来。乐观与幸运的兰克，人生首度亲身经历城市里的巷战，他深感秩序伦理及传统文化被颠覆，他恐惧无助。惊恐之余，他给威廉国王写了六份政治备忘录，提醒在变局中该掌握的原则。1840年代兰克的作品与斐特烈·威廉国王息息相关。

与官厅的紧密以及对大学的冷漠

斐特烈·威廉四世上任后随即任命艾希宏（Friedrich Eichhorn，1779—1856）为文化部部长负责教育事务，之后又任命萨威尼为司法部部长。这两位部长都是兰克在担任《历史政治杂志》主编饱受左派与极右派攻击最艰难的时刻，伸出援手的友人。加上威廉国王的老师安瑟伦接任外交部部长，兰克在 40 年代与普鲁士内阁的紧密友谊在学界广为人知，他刻意维系着这些情谊。[①]他的著作一出版就附上问候书信寄送国王及各部长。1848 年，兰克一位任职军方的学生曼托伊费（Edwin von Manteuffel）[②]晋升为威廉国王的左翼侍卫长。兰克与曼托伊费原本就有家庭之间的友谊，此后兰克与王室的关系更是仰仗于他，传递讯息给心所系念的国王。

1848 年革命爆发期间，兰克给国王的六份备忘录都是经由曼托伊费转呈。从建议内容与革命实际发展来看，这些备忘录对国王当时的重大决定影响不大，但是兰克在革命期间以及之后仍不断受邀入宫，报告他的历史研究。兰克曾站在反对民主立宪的立场提出

---

① 兰克主编半官方的《历史政治杂志》受极右派攻击，认为他没有打击自由主义的左派。三十年代后期到四十年代，兰克在宫廷中也有极右派的敌人。同时，自由派的沙龙人士包括凡哈根以及亚力山大·洪堡等也对他不假颜色。此时兰克面临的对立与刚入柏林大学时学院中的对立又不相同（参见 1875 年 80 岁时的自述，《全集》第 53—54 册，第 48—50 页）。

② 普鲁士将军 Edwin Karl Rochus Freiherr von Manteuffel（1809—1885），1879 年兰克在第三次的口述自传中述及与他们夫妇的结识与交往（《兰克遗稿集》，第 463—466 页）。他们间的友谊也见于兰克夫人过世时，兰克致曼托伊费的书信。

对英国史的看法，他告诉威廉国王，1688 年英国的革命国王把权力让给了立宪的议会，那是一场灾难，他的说法与经典的“光荣革命”历史解释大异其趣。国王审视着他，鼓励他去写出与麦考莱不一样的英国史。他珍惜威廉国王给的意见，晚年回忆时说：“每次离开他，都觉得自己比去的时候多了些长进。”①1854 年革命风潮过后，兰克被内阁的艾希宏与萨威尼两位部长提名推荐竞选普鲁士的学术与艺术功勋奖（Orden Pour le Mérite für Wissenschaften und Künste），国王更在票选之前向该奖项协会的主席亚力山大·洪堡“礼貌地”提醒说：“兰克得多数票的话，他会很高兴。”②亚力山大·洪堡当时早已疏远了兰克，他内心支持另外一位倾向自由主义的候选人饶莫尔。③他在书信里向好友凡哈根说明了他面临的这种尴尬局势。选举结束，洪堡向国王报告兰克当选为得奖人，国王当即回信，称赞洪堡给兰克家带来了快乐。④

相对于尽心尽力与官厅及王室往来，兰克与自己任职的哲学院

---

① 1885 年兰克过世前一年的自述中，带着敬意思念威廉国王的句子是：Das muss ich überhaupt sagen：er war ein Mann von dem man besser wegging，als man gekommen war.（《全集》第 53—54 册，第 75 页）译为“人们最好离开他”，只撷取句子中 von dem man besser wegging 一段，扭曲了兰克终生对王室、官厅不渝的忠诚感恩的态度。中译的失误应该是来自英译本，参见易兰中译本。

② 《亚力山大·冯·洪堡与斐特烈·威廉四世书信往来》，刊于《亚力山大·冯·洪堡研究系列》第 39 册。两人地位、年纪、知识、看法都不相称，但有 429 封信件往来。1854 年兰克获得功勋奖，有关兰克的信件，参见第 476—478 页。

③ 1848 年革命事件之后，兰克与饶莫尔两人的对立更为明显，兰克对饶莫尔的鄙视，见下文评史添策《普鲁士国家史》一节脚注。

④ 兰克夫人克拉瑞莎（Helena Clarissa Graves，1808—1871）当时因骨髓病变开始无法行动。威廉明显不只是为了兰克本人学术的荣誉而关说洪堡，他是希望兰克因得奖而给家庭带来喜气。

关系则相对冷淡。1841 年兰克声望如日中天，“一切曾有的批评声音都转化为赞美”①的时候，哲学院十七位正教授里以绝对多数的选票推举他为院长。他担任院长到 1843 年 8 月，整整两年。他正教授生涯的三十七年里也仅担任过这一次院长。一方面是兰克在同事间没有人缘，另一方面他对行政服务工作没有兴趣。卸任之后，兰克除了博士生毕业考试之外，几乎从不参加院里的任何会议。一般的决议，他就附和多数，事后签名。兰克对哲学院的态度反映着当时大学与政府之间的关系，也反映着他任职与升迁的现实状况以及他的基本信念。兰克本身的聘任是内阁中的教学处处长坎普兹主导，当时哲学院里的饶莫尔提供给内阁的审核信是从属性的。同样地，十年后从编制外教授被提升为正教授，也纯粹是普鲁士内阁的决议：②外交部提议、文化部具名向财政部争取经费，它完全不是大学的决议。兰克的聘任、升迁、薪水、移地研究补助也都与哲学院无关。③兰克的路德信仰中，官厅有对忠诚子民照顾的伦理责任，这信仰正与他个人学术生涯的经历相符合。这种信仰及经历，显现在他对待官厅及学院同僚的态度上。

1841 年普鲁士内阁要在柏林大学中恢复派任政府代表人。这职位从 1829 年起就由校长兼任。为此事，学校五十一位正教授分成两派，三十一位联名反对这项作法。兰克未加入联署，他认为大

① 《哈勒年报》第 109 期，1841 年 5 月 7 日，第 431 页。

② 外交部部长认为兰克对国家的贡献远超过他大学职务，然而，提升他成为正教授的事，仍须由督导大学的文化部筹措职位与经费。

③ 兰克 1845 年 9 月 9 日写信给艾希宏部长，请艾希宏用国王的恩典，比照饶莫尔的薪资给他加薪。兰克的聘任、移地研究奖助也都如本章前述，由内阁直接决定执行。

学中规章与法制所不及之处，理当由政府行政裁决，以延续国家一致的法律精神。这个对待大学与政府关系的立场，与他在 1843 年瑙韦克事件中采取的看法一脉相承。

瑙韦克事件与兰克对学术自主的看法

1843 年兰克刚卸下哲学院院长职务，他的继任者就收到文化部部长艾希宏提供的资料与调查的指示。文化部所要调查的是哲学院里年轻同事瑙韦克（Ludwig Nauwerck，1810—1891）的激进言论，要求院里应考量给予停职处分。瑙韦克当时以哲学待业教授（Privatdozent）身份在院里授课，新任院长就此事请教刚卸任又与内阁有友好关系的兰克。兰克回信承认此事件有其难度，他认为瑙韦克的论述从学术的角度，在方法与逻辑上皆无懈可击，难以认定他逾越学术规矩，所论述的内容确实属于政治价值的范围。兰克不考虑捍卫自己的同事，认为哲学院没有权限处理这事件。他回信建议新任院长将瑙韦克的案件退回给普鲁士文化部，由部长艾希宏裁决。兰克的回信这样写着：

> 我不相信我们的身份有这个权限。我们甚至没有方法可以确认瑙韦克所提出的政治到底是哪一类——只要它是在学术领域里提出，对学院尤其对相关学门同事而言，都会有困难针对它有所作为。谁会自己宣称自己代表真理？我在他那里所见的教条是错误的，是该抛弃的，但正因为如此，我只能用他的方法，而不是用其他方法与他争辩。我的立场是，国家的力量在此该介入：这个力量本身与前去补足现有法规不足之处有什么

> 差别？我主张这件事完全让给部长阁下决定。它是行政权的一部分，那是我们沾不上边的部分。①

大学属于国家代表的世俗秩序的一部分，对信仰路德的兰克而言，世俗的秩序是神所欲建的，而大学是世俗秩序的一部分，大学没有反省这个世俗秩序的位阶。1843 年后陆续出版的《宗教改革时期德意志史》中，兰克也完全站在路德的立场，肯定他以宗教改革领袖的地位，支持领主的利益与既有的封建秩序，反对农民战争中的农民。他在历史问题与现实问题上立场一致，彼此相互印证。兰克不相信从他自己的价值观为基点，有立场批判瑙韦克的社会主义价值。②他尊重其他的价值与政治信仰，他有多元主义的基本态度。但是，他更相信在一个政治体系中只能有一个价值信念，正如宗教改革运动最后走出的方向：一个领主的土地里只有一个宗教信仰，而信仰的方向完全由领主决定。③兰克完全站在路德立场上，将瑙韦克的政治信仰论述的事件完全交给普鲁士政府，交给文化部部长艾希宏。④

虽然普鲁士文化部 1843 年交给哲学院有关瑙韦克的论文不详，

---

① 兰克 1843 年 12 月 27 日回信，《新信件》，第 305—306 页。

② 瑙韦克随即被禁止教学，离开学校并创立“工人阶级福利中央协会”（Zentralverein für Wohl der arbeitenden Klassen）。

③ 兰克在《宗教改革时期德意志史》中盛赞 1526 年的史派雅帝国议会（Speyer Reichstag）决议，并认为宗教信仰的领地原则决议是现代国家形成的基本原因。

④ 1844 年在柏林大学没有参与的情况下，普鲁士政府宣布禁止瑙韦克从事教学工作，政治决定了兰克所认定的学术上无瑕疵的瑙韦克。美国史家克理格（Leonard Krieger）对兰克处理这件事的评语是：这表现出兰克尊重学术自由。参见 Leonard Krieger，*Ranke*：*The Meaning of History*，University of Chicago Press，1977，p.191. 笔者认为美国史家过分美化兰克。

但瑙韦克当时活跃于汝格（Arnold Ruge，1802—1880）主编的左派学术评论日刊《哈勒年报》（*Hallische Jahrbücher*，1839—1841）①以及马克思主编的《莱茵日报》（*Rheinische Zeitung*，1842—1843）。瑙韦克的激进言论应该出于这两份刊物，而批评兰克的柯盆（Karl Friedrich Köppen，1808—1863）也正活跃于这两个刊物中。

柯盆在《哈勒年报》批判巅峰时期的兰克

瑙韦克“无拘言论”（freisinnige Meinungsäuserungen）事件，事实上与兰克也有切身关联。瑙韦克的好友柯盆在 1841 年 5 月 6 日的《哈勒年报》上发表《柏林的史学家》（Die Berliner Historiker）一文，②评介的三位史家之中，兰克是他主要的批评对象。刊出的第二年春，兰克在给罗谢（Wilhelm Roscher，1817—1894）的信中提及：“在文艺市场中有年轻反动的人恶意中伤。”显然，兰克读过这篇对他史学深刻批评的文章，但他没有任何回复。兰克对待柯盆左派批判不予回应的态度，与之后瑙韦克事件中他建议采取的不处理方式，前后是一致的。③

《柏林的史学家》分析柏林大学哲学院中当时任教的三位历史

---

① 1838 年汝格创立《哈勒年报》，瑙韦克与费尔巴哈、格林兄弟都是撰稿人，1841 年该刊被普鲁士查禁。1848 年汝格担任法兰克福国会议员，革命失败后流亡英国，翻译巴克尔《英国文明史》。

② 刊于《哈勒年报》第 106—110 期，第 421—440 页。其中以两页篇幅介绍柏林大学已过世的四位史家 J. Von Müller、B. G. Niehuhr、F. Rühs、F. Wilkens，其他篇幅主要评介任教中的饶莫尔、P. F. Stuhr 以及兰克。

③ 兰克代表的历史主义个体性信念，认为价值观之间，就像希腊神话中众神间，只有永恒的斗争。学者可以站在对方的立场讨论其论述的逻辑性与学术性，但无法批判其价值信念。参见上述瑙韦克事件中兰克的书信。

学教授：饶莫尔、兰克以及司徒尔。兰克占整个篇幅十二页的一半以上，受到的批判也最尖锐。[①]柯盆从极端民主以及工人阶级的角度，彰显兰克以描写大人物为主的史学特色，以及没有社会意识的缺陷。作者一开始就讥笑兰克相对于饶莫尔一直平步青云，尚未亲身遭遇过灾难世事，他似乎已经预见欧洲市民与工人兴起带来的社会巨变将让兰克面临价值崩溃的冲击。[②]柯盆从兰克最自豪的史料学出发，批判他所追求的客观历史。

柯盆引述兰克在刚出版的《宗教改革时期德意志史》“导言”中所自豪地宣称：历史研究的新时代来临了，历史研究可以完全不再使用二手的资料，而直接根据原手档案叙事，“我们看到时间来临了，我们新的历史不必靠同时代史家的作品……我们只要目击者的使节报告以及真正直接的资料”。柯盆泼这宣言一头冷水，简洁地说：“兰克所预见来临，并欢欣迎接的时代，在中国人那里早就已经存在。他们几世纪以来，就拥有一套细微极致的档案历史……”[③]然而，柯盆认为这并不值得羡慕。他直截了当地表示，兰克所追求的历史研究者退居幕后，“让史料讲话”，根本是客观的假象。历史写作者这样的态度，只是自居“跟鸟学舌的捕鸟人”，也如同演皮影戏者，“借着刻画出的形象发声”，[④]没有任何真实性在其中。

---

① 《哈勒年报》第109期，第430—439页。

② “他正在受肯定及荣耀的巅峰中”，出自《哈勒年报》第109期，第430页。

③ 柯盆说：“兰克终身没有接触中国历史及中国史学，可以理解，这正是他所不愿面对的事。”（Die Zeit，welche Ranke kommen sieht und prophetisch begrüsst，ist bei den Chinesen längst vorhanden）。《哈勒年报》第109期，第431页。

④ 《哈勒年报》第109期，第434页。

兰克众所称誉的叙事能力，柯盆顺势肯定，赞赏他有细腻描绘场景与人物的能力。然而，随即引用海涅（Heinrich Heine，1797—1856）嘲讽的话语将叙事能力的意义逆转。海涅说兰克“是一位有美学才气的人，能雕出小小的历史人物，一个挨着一个，沾黏在一起”。柯盆借此将兰克的才气等同于游戏技艺，并进一步从兰克叙事的策略指出他历史解释的方式：“他太喜欢用一个轶事、小故事，从那里而发展并联结起重大的事件。”而决定性的社会大潮流，他却弃之不顾。这正是马克思日后形容兰克史学所撷取借用的句子。柯盆指出兰克所讲述的都是那些能出入宫廷（Hoffähige）的人物，诸如教皇、苏丹、王侯、将军、阁员、使节，并且以这些人物编织历史。凡是这些范围以外的事物都不属于历史。他问：人民在哪里？档案史料真的能呈现“德意志族人的历史”（die Geschichte des deutschen Volkes）吗？①事实上兰克一生都未正视社会大众，他的作品如史家菲尔浩斯（Rudolf Vierhaus）所说，没有“社会”（Gesellschaft）这个词汇，更遑论“社会主义”这种新概念。“宫廷之间的权力斗争创造历史”，柯盆用这句话讥讽虔诚的兰克，说这就是他所谓引导人类历史发展的“上帝之手”。②

面对历史发展，兰克被批评毫无哲学的观点，原因也是他“盲信档案”（Faktengläubig）。柯盆尽情地批判，说兰克没有解释历史的进步，没有学术的概念，他的作品“缺乏一切历史的尊严及姿态”（dem alle historische Würde und Haltung fehlt）。③

①② 《哈勒年报》第109期，第432页。
③ 《哈勒年报》第109期，第433页。

1841 年柯盆的评论露骨地凸显了兰克史学的局限，同时也呼吁着历史学的新观点与方法，但这并没有撼动兰克在史学界如日中天的地位。兰克继续写作《宗教改革时期德意志史》，继续相信在历史中见到的意义。《哈勒年报》在当年遭普鲁士政府查禁，转入地下。瑙韦克遭剥夺教学的权利，禁止授课。主编汝格流亡英国，其间正值巴克尔（Henry T. Buckel，1821—1862）以自然科学为榜样撰写人民生活及物质发展的历史。汝格深以为是，立即翻译巴克尔的《英国文明史》，并在序言中表示希望这本德文译作在德国能掀起史学界的"宗教改革"（Reformation），向权威的兰克提出异议。

告别"老光棍"生涯

1843 年已享盛名的兰克回故乡，前往邻近的艾尔伏特市（Erfurt）扫墓，消息上了报刊。从爱尔兰到德国波恩（Bonn）探望妹妹的克拉瑞莎出于好奇了解此事，也联系了兰克。当年 8 月，兰克卸任哲学院院长职务，前往巴黎阅读档案，克拉瑞莎也前往孀母客居的巴黎与兰克相会。9 月底兰克转往伦敦收集档案，开始写他的情书："你知道我在哪里读你的信吗？不在研究室，不在档案馆，是在南肯辛顿（South Kensington）小公园，在我们一起坐过的那棵树下，在树下读着你的信。"10 月 26 日兰克与克拉瑞莎在英格兰西北文特梅尔湖旁，在克拉瑞莎弟弟担任牧师的村庄教堂结婚。11 月他们回到德国汉堡时，兰克才跟大弟写信说他结婚了："结束了出名的老光棍（famose Hagestolz）生涯，不久会带嫂子跟你见面，她不很年轻，但还是比我小很多。"当年兰克四十八岁。

他们育有二子一女，[1]虽然克拉瑞莎因脊椎病变，结婚后十年就行动不便，但家庭幸福，兰克与学文学的夫人有共同的友人。当时《德意志史料集成》主持人佩尔茨（G. H. Pertz）的夫人也来自英国，与兰克家庭因类同而相亲。兰克一家也与普鲁士将军曼托伊费夫妇有更长期的往来。1871 年克拉瑞莎过世，留下兰克孤寂地度过晚年。

四、对普鲁士王室的忠诚贯穿他的写作

《宗教改革时期德意志史》六册分别出版于 1839 年（第一、二册）、1840 年（第三册）、1843 年（第四、五册），以及 1847 年（第六册资料汇编）。这段时间，兰克早已卸下《历史政治杂志》主编的工作，专心研究写作。同时，他的保守的政治意识此时趋向于成熟与稳定，相较于大学时代撰写马丁·路德思想时的关怀，焦点已然不同。当时，二十岁的兰克注意的是哲学与神学的问题，而四十多岁到五十岁的兰克对路德的关怀是政治的。

宗教改革推动传统普世帝国走向没落

兰克在《宗教改革时期德意志史》之前的作品虽然以世界史的

---

① 女儿 Maximiliane（1844—1922）于 1865 年嫁给普鲁士贵族 Wilhelm von Kotze（1840—1901），作为贵族的岳父，兰克依传统获颁可以世袭的贵族头衔，于原姓前封加“冯”（von），成为冯·兰克（von Ranke）。市民阶层出身的兰克珍惜此头衔，经常佩戴家族徽章，1865 年后的书信也都以“冯·兰克”签署。在市民阶级自我意识高涨，社会急遽工业化的十九世纪下半叶，兰克仍依念着传统封建的阶层价值，以身为贵族为荣。

观点展开，但内容都集中在南欧的近代史。不论是《罗曼与日耳曼族群史 1494—1514》或是《南欧诸侯与族群》系列，重点都是罗曼民族。尤其是后者，它描写西班牙、法国的君主与世俗化的教皇国对抗奥斯曼帝国，描写他们彼此间的斗争。在欧洲一体的大框架下，他们肩负着基督教欧洲对抗伊斯兰势力的任务。《宗教改革时期德意志史》背后的世界史观点是相同的，但重点放在日耳曼民族。兰克要回答的历史问题是：基督教世界，相对于亚洲的土耳其、波斯，经历了一个脱胎换骨的更新过程，从中古走向近世。这历程到底是如何展开的？它的国家与族群的精神是如何更新？如何走向现代性的民族？各族群的强权国家如何形成？兰克要说明教皇国以及神圣罗马帝国，这两个中古时代横跨各族群的权力组织，他们在十六世纪逐渐失去了政治力。这两个追求普世性王朝（universale Monarchie，一统帝国）目标的沉沦是在相互纠缠中并行的，他们的沉沦正代表着欧洲近世历史的开启。

兰克认为欧洲王侯国从教皇国笼罩下解放开来，成为有族群自我意识的强权国家，这是近世史的开端。而这个现象里包含着三种不同的趋势，亦即各族群以三种不同的途径蜕变为近代国家。这些趋势正是形成近世国家的三种不同途径：第一，西班牙、法国、英国他们从殖民地带回财富，强化统一政权的力量，直接从政治的途径摆脱教皇国的影响力。第二，意大利是从文学艺术、从回归古典、从人文主义的精神对抗教皇国。第三，长期与教皇国对抗，只有松散政治组织、在神圣罗马帝国下的日耳曼族群，它走的途径是德意志深沉的宗教性展现出的力量。日耳曼族群以他们的宗教性掏空教皇国俗世权力的根基，强化了族群的自信，兰克把宗教改革视为普鲁士强权兴起的前奏。

这三种不同的趋势——殖民带来的富庶、文艺复兴、宗教改革——它们各自扩散，交互影响，将欧洲各族群带入了精神的新境界，达到“人类人性的高度”，塑造了近世世界史的现象。

与大学时代写路德思想不同，此时，兰克是把宗教改革运动视为近代欧洲形成列强分立局面的催化剂。宗教改革虽然出于路德虔诚的信仰，但教义争议所带动的政治权力斗争才是兰克真正关注的主轴，教会与教义的问题退居幕后。全然以政治的角度去了解宗教改革，这样的观点引导着他的史料收集工作。从30年代起，持续在曼河（Main）畔的法兰克福市、德勒斯登、魏玛、柏林以及比利时、巴黎收集帝国议会的档案。他认为：神圣罗马帝国的帝国议会是皇帝以及所有德意志选侯、大公、伯爵、领主与城市代表共同参与并制定政策的地方，具有全面性的影响力。《宗教改革时期德意志史》“导言”第一句话说：“从十五世纪的最初十年到三十年战争爆发这一段时间，德意志的宪法以及政治环境都取决于定期召开的帝国议会以及帝国议会上所制定的政策……在帝国范围里没有任何重要事件不是在这里先讨论过。没有这里的决议，也不会有任何新事发生。”事实上，帝国议会涉及的不只是德意志地区事务。①神圣罗马帝国组织庞大，在十六世纪里，查理五世（Karl Ⅴ，1500—

① 宗教改革史的写作用的绝大多数是帝国议会的决议以及讨论的档案，因此宗教改革史也成了日耳曼帝国的宪政史或帝国政治史。如 Paul Joachimsen 所说，1817年兰克22岁时写作的《路德残篇》（*Luther fragment*）对路德的兴趣是神学的，而四十岁之后对路德的关注全然是政治的，两者之间没有内在关联。P. Joachimsen，*Gesammelte Aufsätze*：*Beiträge zu Renaissance*，*Humanismus und Reformation*，*zur Historiographie und zum deutschen Staatsgedanken*，2 Bände，Scientia，Aalen，1970/1983，Bd. 1，S.187.

1558）当政时，它的版图横跨西班牙、荷兰、奥地利以及其他德意志地区。议会中王侯、城市各自代表着自己的利益。这些利益也牵连着教皇国与法国的利益，甚至有奥斯曼的影响力在其中。因此，兰克在帝国议会档案里看见他所想见到的整个欧洲权力的角逐。这些现象成为《宗教改革时期德意志史》的主题。

兰克利用这些帝国议会决议，剖析宗教改革在怎么样的政治环境中展开，各王侯与教皇、帝国如何运用宗教改革当权力角逐的棋子。兰克勾画出几个世纪以来一直与教皇国敌对的日耳曼帝国，乐见路德针对教皇与教会的抗议，威胁着俗世化教皇国权力的神学基础。同时他也描述宗教改革促使不同利益与立场的德意志诸侯彼此冲突，造成日耳曼帝国社会的不安定，引发农民运动以及政治的分裂，这也是法国以及教皇国所乐见的。描写 1526 年斯派尔帝国会议（Speyer Reichstag）时，兰克指出天主教的奥地利不愿削弱新教的发展，而与奥地利敌对的教皇与法国也一样不愿削弱新教。他这样写新教在夹缝中的生存："奥地利王室不能让它沉沦，因为他需要用它来对抗教皇。法国国王也记得奥地利王室强盛时曾给他先祖无限的威胁。"①教皇与皇帝双方的势力都无意积极地追捕路德，甚至替路德提供不同方式的庇护。因此，兰克的宗教改革描写的是国际政治。

兰克站在路德立场描写农民战争

在兰克对宗教改革政治取向的叙述里，关键的角色还是路德，尤其是路德对农民战争（1524—1526）的态度。这场战争以及后续

① 兰克：《宗教改革时期德意志史》，《全集》第 2 册，第 259 页。

的帝国决议奠定了德意志地区的政治局势，同时，宗教改革才从德意志地区扩散到全欧洲，包括天主教地区。

1520 年路德在揭示“九十五条质疑”不久，在《论基督人的自由》中说到“基督人是一切的主宰，不当任何人的臣属”。路德的信徒——萨克森选侯境内教士托马斯·闵采尔（Thomas Müntzer，1489—1525）——根据这样的思想鼓动并组织各地原已蜂起的抗议农民。1525 年抗议的农民在德意志西南涅卡（Neckar）河流域、符腾堡、中部等地区与教会、领主、城市力量展开激烈战斗。然而，在旧社会秩序与农民运动之间，路德很快做了抉择。他选择站在领主权力的一边，他把所说的自由区分为世俗世界的自由与精神世界的自由，反对农民的诉求与行动。

作为路德忠实信徒的兰克，在《宗教改革时期德意志史》的“农民战争”一章称赞路德，他说：“然而他坚守精神与世俗的区分，这是他首要的基本信念。他坚守《福音书》教义所说，解放的是一个人的灵魂，而不是身躯与财产。”①兰克全然肯定路德的双重做法：一方面对传统教会抗议，另一方面却反对农民对封建领主的抗议。他说路德“一方面极具胆识地攻击教会现行的秩序，但另一方面又奋力地坚持着世俗秩序”。②在农民战争对抗激烈化，农民放火烧城、摧毁城堡、攻陷修道院时，路德呼吁领主：“撕烂他们，扼杀刺死他们，就像打死一只疯狗一样。官厅不要心怀慈悲。愤怒

① 兰克：《宗教改革时期德意志史》，《全集》第 2 册，第 149 页。解放性自由的概念不适用于国家的秩序中，德意志自由的概念是：个人融入伦理团体，将它的内在理念及秩序精义内化后产生的行为能力。

② 兰克：《宗教改革时期德意志史》，《全集》第 2 册，第 149 页。

与刀剑的时刻已经到来，官厅该打击下去，那是神交付在身的责任。”①兰克激赏地引述路德的呼吁。同时，路德对闵采尔的批评，也完全被兰克所接受。兰克更讥讽闵采尔是假先知，只有空想，在作战方面也毫无军事领导能力，导致农民军惨败。闵采尔当年即被捕枭首，农民战争平息下去。兰克将被后世马克思主义史家称为“伟大的革命尝试”的农民战争，②视为险些颠覆了欧洲文明的乱行。如美国史家克里格（Leonard Krieger）所说，兰克在《宗教改革时期德意志史》里将“官厅”的概念发展到了极致。③

宗教精神融入政治：普世性的教会蜕变成独特性的民族文化

1526 年斯派尔帝国议会定下了领土与信仰合一的原则——在对神以及对皇帝负责的心意下，每一位领主可以自主行事，决定领土内的信仰。④兰克认为这个决议文在欧洲史里意义重大，是近世

① 兰克：《宗教改革时期德意志史》，《全集》第 2 册，第 149 页。

② 恩格斯站在与兰克、路德相反的立场，说农民战争是“德意志人民伟大的革命尝试”（grossartiger Revolutionsversuch des deutschen Volkes）。*Marx Engels Werke*，*Karl Dietz Verlag*，Bd. 7，Berlin，1983，S.409.

③ Leonard Krieger，*Ranke. The Meaning of History*，Chicago，1977，p.96. 1957 年 Rudolf Vierhaus 在《兰克与其社会界》说：兰克精神生活的本质植根于“路德及官厅国家的生活环境”（lutherisch-obrigkeitstaatlichen Lebenswelt）。R. Vierhaus，“Ranke und die soziale Welt”，in *Neue Münstersche Beiträge zur Geschichtsforschung*，Bd. 1，Münster，1957. S.22. Vierhaus 也指出兰克尊崇路德，认为路德塑造出无比明确的官厅概念，没有学者能出其右（...der den Begriff der Obrigkeit so scharf gefasst hat wie noch kein Gelehrter）。（上引 Vierhaus 书，第 32 页）

④ 兰克引决议文“jeder Stand möge sich so verhalten，wie er es gegen Gott und gegen dem Kaiser zu verantworten gedenkt”，并说“这是对德意志历史决定性的文字”（Es sind die für die deutsche Geschichte entscheidenden Worte），参见《宗教改革时期德意志史》，《全集》第 2 册，第 261 页。

国家形成的转折点。他说，经由这个决议“此前与此后的历史区分开来”。领主或王侯决定自己领土范围里的信仰，使得每个政治体系都融入特殊的精神信仰以及自我意识于其中。兰克称这种现象为现代强权国家的内在一致性：每一个王国的人民有一致的信仰，有一致的精神内容，以及一致的文化价值。原来普世性教会的精神，蜕变成为有特殊性的文化。他认为这个深入人民内心的一致性不是追求主权在民的自由主义者所能了解的。主权在民的政体建构的民族一致性只是形式上的，而非内在的文化、精神一致性。普鲁士接受路德教义作为一个新教国家，是兰克最津津乐道的典型范例。新教促使传统一层层的教会阶层组织崩解，信仰组织扁平化，信仰也融入政治制度中。普鲁士的义务教育制度、征兵制以及民法都依据着新教精神建立，普鲁士的政治体制成为信仰的具形。当 1843 年兰克献上《宗教改革时期德意志史》第 3 册给普鲁士威廉国王时，自称这部宗教改革史就是普鲁士史的前奏。事实上，兰克认为不只普鲁士因宗教改革运动获得了现代国家特有的内在一致性，其他国家如法国、英国、奥地利、俄国等，他同样也都在宗教改革史中描述它们以不同的形式将当地教会精神融入政治体系，而达到了有国家内在一致性的状态。①

评史添策《普鲁士国家史》

1841 年 9 月，史添策的《普鲁士国家史》（*Geschichte des*

① 一个族群内在一致性的产生对兰克而言是重要判准。没有经历这个过程的族群，它们仍然处于自然状态下，没有进入世界史的门槛。兰克的世界史写作里没有中国，这应该是原因之一。对兰克世界史看法的批判，详见下文。

preußischen Staates）第三册出版，①他将新书送给兰克以及文化部部长艾希宏。年底，艾希宏写信询问兰克对这本书的评价。一向不做书评的兰克回了信，表达了看法。②终生没有系统历史学方法论述的兰克，他有关方法学的简短文字散见书信、著作、导论中，③这封评论的信是其中之一。在这封信里，兰克透露出在他成熟时期对历史方法学的看法。1841 年 12 月 24 日回复艾希宏的信写道：

> 您阁下问我的问题是：史添策的《普鲁士国家史 1688—1739》表达出怎样的精神。虽然我研读了，也引用过这份著作，然而我不敢自许能给它一个决然的评断。您阁下应该也只想听一个不拘形式的看法。
>
> 首先，这著作表现出翔实的研究精神。具体地说，著作的第二册与第三册可以说是对 1640 年到 1740 年这个时代首度的学术性整理；对后续的研究——因为还有许多未明之处——而

---

① Gustav A. H. Stenzel，*Geschichte des Preussischen Staates von 1688—1739*，3 Teilig，Hamburg，1841.

② 兰克终生不写书评，但面对官厅的询问，他会表达他的看法，日记中也偶见他对新出版作品的论断。饶莫尔在 1849 年出版新书 *Briefe aus Frankfurt und Paris，1848—1849*（Leipzig，1849，2 Bde.）后，兰克针对饶莫尔的新书在日记中写道："对我而言，他像一滴水，在洪流里被冲向一边，又被冲向另一边，最后却宣称整个是如何。他对世界大事一无所知，对动力，对诸多细微不幸造成的毁灭性因素，以及这些因素遭遇到的抗拒力毫无所知。非常的天真、无辜及狭隘。"（《兰克日记》，第 186 页）

③ 历史方法学里考证（Kritik）求真与了解（Verstehen）解释两个部分，兰克在实作课（Seminar）里教授的只是前者，与后者相关的论述散见其作品中。参见 Helmut Berding 的《兰克传》，刊于 H. Wehler 编《德国史学家》第 1 册（*Deutsche Historiker*，Bd. 1，Göttingen，1971），第 12—14 页。

言，它们极有价值。

虽然这份著作不无可责，但它确实对国家及君主有诚挚、温情的精神。更重要的是，著作处处显示作者在追求真相。

他之所以无法尽得真相，甚至——至少如我所见——对真相有所误解，原因主要在于他很少把自我提升到能获得全貌的高度，那个高度正是强势君主或伟大政治家决断与行事之处。因为作者常执着于一些太小的观点，他无法与历史人物感同身受，只能像一位站在远处观察的批评者、训诫者。也因此，原本应该把事件内在跃动清晰地呈现出来，但却阙如。

因此这著作应该不是我们心目中需求的作品。当然批评容易，要超越是比较难。这份史添策的著作，不论如何是重要而且可用的作品。

以深度敬意表达！

我是您阁下　全然最顺从的

利奥波德 • 兰克①

历史研究中的“自我”

兰克此信的格式是：开场套语、称赞、批评、结论。兰克肯定史添策作品的部分是它的翔实，也就是他资料收集的周全，所叙述的历

---

① 1841 年 12 月 24 日圣诞节前夕兰克致艾希宏信，《新书信》，第 285—286 页。第四段原句为 dass er sich selten zu der Höhe und Übersicht der Dinge erhebt，in welchen ein mächtiger Fürst oder ein grosser Staatsmann sich befindet，indem er Massregeln ergreift oder verwirft. 他在方法学上强调的是 sich erhebt（自我提升）。

史都有根据，他做了“学术性整理”的工作。史添策有充足的史料，但兰克批评他没能够呈现真相。兰克心目中的史学，明显的，绝对不是排比史实。他在《英国史》里说：“我愿我的自身倏尔消融，只让那些能够呈现强大力量的东西去述说。”①这句话常被误解为兰克是相信史实自明的史料学家。兰克“我愿我的自身倏尔消融”文法上是虚拟句，“愿”（wünschte）是指与事实相反的、不可能实现的状态。他自觉到的是：在历史研究中，史家的自我无法祛除，消弭自我只是个无法实现的理想。②如果不用虚拟句，用正面的说法——文法上的肯定句，正是这封评论史添策的信所说：史家的自我必需“提升”。所谓“愿我的自身倏尔消融”的积极含意在这句正面说法对照之下，它指历史研究者该打破自己的局限，进而提升自我。

正如兰克对史添策的批评，史家必须将自我提升到历史人物的高

---

① “我愿我的自身倏尔消融，只让那些能够呈现强大力量的东西去述说，那些在过去几个世纪中因交错互持而产生及壮大的力量，现在彼此对立并陷入血腥打斗争战中，这争战同时给欧洲世界的一些重大问题带来决定。”（Ich wünschte, mein Selbst gleichsam auszulöschen und nur die Dinge reden, die mächtigen Kräft erscheinen zu lassen, die, im Laufe der Jahrhunderte mit- und durcheinander entsprungen und erstarkt, nunmehr gegeneinander aufstanden und in einen Kampf gerieten, der, indem er sich in blutigen und schrecklichen Schlägen entlud, zugleich für die wichtigen Fragen der europäischen Welt eine Entscheidung in sich trug.）出自《十七世纪英国史》（*Englische Geschichte vornehmlich im siebzehnten Jahrhundert*）第2册，《全集》第15册，第103页。除了从文法上看这句话之外，还应该从兰克在英国受到麦考莱奚落的感受看这句话。自身消融也暗指麦考莱偏执地站在辉格党立场写英国史。

② “我提出一个别人会告诉我那是达不到的理想。然后情况会是：理念够崇高，成果自然而然还是有限的。”（Ich stelle da ein Ideal auf, von dem man mir sagen wird, es sei nicht zu erreichen. So verhält es sich nun einmal: die Idee ist unermesslich, die Leistung ihrer Natur nach beschränkt.）（《全集》第21册，第114页）

度：历史人物不论是君王或政治家，他们行事背后都有对世界的理解、对历史趋势的看法——有他们的理念（Ideen）。这是史家必须打破自我的局限，并将自我提升达到的思想状态，然后，史家才能对史料中这些历史人物的作为"感同身受"。研究者建立起对这些历史发展的脉络趋势的认识，就是自我提升：将历史中行为者的理念内化成为自己的观点，提升了解力到行为者的高度。这正是兰克所批评史添策"太执着于太小的观点"无法从史料获得真相。兰克所指的就是史添策未能突破自己的局限、无法自我消融。史料中细微事件、言行真相的掌握必须从他所说的"高度"、从全面脉络上去定位与追寻。

自我提升与历史的宏观

事实上，兰克自己的写作正是从大处掌握史料，将它们安置在大的事件关联中。他在成名作《罗曼与日耳曼族群史 1494—1514》的"前言"中就明确了"写作的目的出自于看法"。所谓的"看法"（Ansicht）就是历史的大观点。兰克在第一部著作中说，要呈现原本是如何。他所要呈现的原本，就是他的看法，就是他心中的历史大脉络：欧洲族群在千余年中因大迁徙，因接受基督教、因十字军东征异教徒、因海外殖民，构成了以基督教为内涵的一个整体，这个整体的形成显现世界史之中的神意。这正是兰克的大观点。此外，欧洲族群于宗教改革过程中，政治上从中古走向近世、现代，这也是他在历史中见到的大脉络。在《宗教改革时期德意志史》中，他提到领土原则——领主政权与宗教精神的合一，促使有内在一致性的现代国家出现，这也是他以世界史的高度根据史料所掌握的看法。兰克不自限于史料档案中，在他的史学里史实自明、让史料说话或据实直书都不是核心，正如他对史添策毁灭性的评论：收集了丰富的资料，但没有处理资料的观点。马克思对兰克曾做的指责也显示兰克在意历史中的大现象与其意义。马克思批评说：兰克自己处理历史意义、精神的事，把物质、客观材料（考证编纂）的事交给学生。①

“提升”自我到达能够感受君王的行事，以及有他们的大观点，这是史家自我教养的工作。他用“教养”（Bildung）这一词说明自我的提升。教养就是把过去创造历史的人物，把他们的理念内化的工作。至于历史中事件之间关联性（Zusammenhänge）呈现出的历史脉络，它不是由仅仅一位君王或一位大政治家造成的，历史脉络背后有神秘的力量。史家若要将自我提升到认识这神秘的力量、认识上帝之手，那也不只是追求教养就足够的。这种提升需要的是虔诚与神前的谦卑，兰克相信追求历史的真相就是不断对神的认识。②

兰克回信给艾希宏部长时，史添策正一直等着部长及兰克回复他所送的书与信，然而兰克迟迟不给史添策写信，不告诉他对这部

① 马克思谈到兰克时，说他让学生做“客观”的事——整理考订史料，而自己做精神（Geist）的事——呈现史事的意义。1864 年 9 月 7 日马克思致恩格斯信，刊于 A. Bebel & Ed. Bernstein（Hg.），*Der Briefwechsel zwischen Friedrich Engels und Karl Marx 1844 bis 1853*，Stuttgart，1913，Dritter Band，S.181—184. 这里“精神”相对于考证，指历史叙述、历史的大趋势。

② 兰克虔诚主义的宗教信念里，所有的史事都是神的足迹。兰克期待研究者主观性的提升（或说压抑），避免从一个特定的利益与立场做了解，目的正是要彰显客观的神意。甚至包括他的史料考证工作，后人认为所谓枯燥的工作，对他而言也都是亲近神，追寻心灵安慰的活动。他说：“真实绝非无安慰。”（Die Wahrheit ist nie troslos）（《兰克遗稿集》第 2 册日记，第 156 页）历史记载的真实性也包括在这句话含意之下。

书的看法。史添策多次给兰克去信，向他探听部长对该书的看法，而且怀疑与兰克的友谊生变。一直到 1843 年 12 月，两年之后，兰克卸任哲学院院长职务后才给史添策回信。①这些信件往来显现，兰克对官厅的恭顺与对朋友诚恳的程度有极明显的对比。

1848 年革命期间的兰克

在梅特涅主导欧洲复辟政局三十三年的和平期，兰克的学术、事业、婚姻一帆风顺。1848 年兰克心灵上受到第一次创伤。

随着工业革命与海外殖民急速进行，十九世纪上半叶欧洲社会有很大的变动：无产阶级的工人人数激增，中产阶级政治意识高涨，社会问题与政治权力分配的要求引发了欧洲地区内部的冲突：1848 年 2 月法国中产阶级迫使复辟国王 Orlean 下台，建立共和国。法国市民力量成功的榜样鼓舞了欧洲其他国家与城市。德国地区动乱从西南的曼翰姆、中西部的科隆延伸到北边的汉诺威以及东边的柏林。3 月 6 日沙龙主人凡哈根的日记里记录了亲见柏林街头首度动乱：不断激化的市民、工人、学生与普鲁士军队之间的武装冲突。革命也在奥地利帝国首都维也纳激烈展开。3 月 13 日梅特涅宣布退位，而普鲁士国王威廉四世在打消逃亡念头之后，亲自向冲突中死者致哀。在象征民族统一与建国的黑红金三色旗帜处处飘扬之下，他同意放弃对新闻自由的钳制，同意解放农民，以及同意举行德意志国会议员选举，准备制宪，作为统一建国的基础。3 月革命中自由主义、民族主义、社会主义等不同立场的结合得到了胜利。

① 《新信件》，第 306—307 页。兰克以亲密的语言解释两人友谊没变。

兰克心灵的创伤

兰克在这场革命里受到极大的惊吓，有无限的哀痛。他亲见王室地位受到切身的威胁，担心德意志走上法国共和国之途，更觉得整个欧洲传统文化与价值崩解了。凡哈根在日记里讥讽地记载着兰克惊慌失措，也想逃亡，但不知道该逃去哪里。他写道：

> 兰克全然失了心，一会儿唉声叹气，一会儿暴怒，觉得一切都永远失去了，相信文明世界完全崩解，陷入前所未有的野蛮、无羁的暴力中。流氓挟持了国王，暴民掌权，所有道德及宗教都失去了。他想逃，但不知道该去哪里？懦弱卑怯真是遍地皆然。①

兰克与自由主义倾向的凡哈根当时早已互不往来，此时更讥笑他懦弱卑怯。凡哈根间接所获知及描述的兰克，与兰克事后给大弟海恩瑞希信上表达的相一致。兰克在信中陈述自己的愤怒与恐惧，他想起在奥德河畔法兰克福市中学教书时期，当时他们与亚恩也怀抱着民族意识，要从民族的内在特质与身心健康唤起民族一体的意识。而今天，他说："我们纯净的理念被红色共和国的愤怒取代了。健

---

① 《凡哈根·冯·恩瑟日记》第 4 册（*Tagebücher von H. A. Varnhagen von Ense*, Bd. 4, Leipzig, 1863）。凡哈根作为文艺沙龙主人以及日报撰稿人，亲自走上街头观察每日动乱的进展，日记中记载了从 3 月 8 日街头寂静到 15 日市区架设路障防御工事，发生武装冲突，骑兵出动，以及 16 日奥地利梅特涅退位，宫殿被焚毁，威廉国王也准备逃离柏林。有关兰克的状况记于 3 月 28 日。

身体操当时是信仰与民族的事，而现在人们把民族性当成了表层的假象，假象的深层是要否定所有建构民族的因素。看着无知的人把人民主权这个疯狂之想与神圣帝国的一体性联结在一起，视为其内涵，真让人想哭又想笑。”①兰克的民族意识是文化取向的，他不相信“人民主权”能带来民族一体，正好相反，他认为它是破坏民族特质的力量。

给威廉国王的政治备忘录

兰克从惊吓中很快恢复过来。②面对接踵而来的变局，从1848年4月至1850年9月，他一共给威廉国王写了六份政治备忘录(politische Denkschrifte)，提供国王在动荡中参考。③前四份各仅1至3页，后两份皆长达12页。备忘录是通过当时担任威廉四世副官的学生曼托伊费呈递的，它没有书信的称谓与落款。如同绝大部分兰克给威廉国王的书信一样，国王没有对备忘录做书面的回复。④政治

---

① 对兰克而言，人民主权与共和国都是外来物，不是德意志民族的成分。当时的民族统一建国运动与自由主义思想结合在一起，兰克认为这是与培养真正的民族意识相背离的运动。自由主义破坏一切德意志的民族性，因此民族统一追求的民族一体只是民族运动的假象。兰克是文化的民族主义者，不是政治的民族国家拥护者，更不要以自由主义为内涵整合起来的民族国家。该信是1848年8月11日兰克致海恩瑞希信，引文出自《书信集》，第339页。Alfred Dove在正式的《兰克行传》中就已提及兰克从早年起就抗拒民族主义运动，参见《德国传记广览》1888年册，第244页。

② 1831年尼布尔在革命中惊吓过世，当时兰克正在从威尼斯返回柏林的途中，兰克在类似的情境中很快地镇定下来。

③ 刊于《全集》第49—50册，分别在1848年的5月、7月、10月、12月以及1849年3月、1850年9月提出。

④ 威廉四世与派驻罗马、英国的布恩森和亚力山大·洪堡都有丰富的书信往来与对话，但与兰克没有。

备忘录是兰克面对现实政局的直截反应，它的性质与历史著作、演讲、杂志政论、口述回忆都不相同。它在兰克的所有文字中最能呈现他对普鲁士王室忠诚的立场，也透露出他的军国政治思想。

“人民主权”是入侵德意志的外来思想

5月，兰克给威廉国王写了第一份政治备忘录。兰克从全欧洲的观点指出这次动乱源起于法国。德意志地区的动乱既是法国的理念引起，也有法国共和国人士介入推波助澜。面对法国的理念，每个国家的承受方式不同，奥地利与普鲁士政府态度也不同。共同的是：传统王朝权力面对挑战，而对手是极端分子“无产者的贪婪”。其中，第三势力是自由主义者。他们既想透过立宪代议以及统一运动，达到分割王室权力的目的；同时又惧怕法国式革命政体中民主人士与无产者的残暴。目前自由主义者绝口不提“共和国”概念。兰克在第一份备忘录中提出了他对革命后新选出的国民议会的分析。他认为普鲁士国家真正的敌人是被法国共和国唤起的城市与乡间各行业的“工匠与日薪工人”（Handwerker und Tagelöhner），而自由主义者在两者间摇摆不定，因此，主导立宪的自由主义者的动向值得注意。

7月，兰克被召唤入宫，此前他送出第二份简短备忘录。兰克把1818—1848年法国不断输出“共和国”概念引发欧洲动乱，视为与1792—1812年拿破仑军队对外争战是两个平行的历史现象。之前是军事的，而眼下是政治思想的。兰克写道：“人们可以在1792—1812年间法国人的胜利，与1818—1848年他们理念的前进，看到平行的关系。因为不是也有外来理念入侵的现象吗?”兰克显然是要以普鲁士 1812 年击败拿破仑的史事，鼓舞威廉国王。备忘录强调当今的任务是要心怀独立，以智慧及力量，打击无政府思想（Anarchie）的入侵。

10 月，法兰克福国民议会草拟宪法即将完成时，兰克写了 6 页长篇的备忘录，直接面对当时迫在眉睫的敏感问题：普鲁士应该接受国民议会赋予的统一帝国领导地位吗？威廉国王应该接受国民议会即将给他的德意志帝国皇冠吗？兰克的看法是：宪政在现实中是不可逆的趋势，而且可以是有助益的，但是先决条件是宪法的文字必须替未来德意志帝国保留普鲁士的王室传统，同样地，宪法也该保留其他各王侯邦国独有的特质。新的宪法必须与英国、法国宪法精神不同。也就是说，宪法中绝不可以让“人民主权”（Volkssouveränität）的概念出头。兰克说得很具体：内阁部长的职位若非由皇帝任命，也该是皇帝与议会协商。只要有“协商”词汇就不是主权在人民。这份备忘录兰克首度婉转地表达：如果宪法能确保普鲁士特质以及普鲁士王室主权能够延续，在这样的条件下，威廉国王应该可以接受皇位。①

军队是兰克心中的王牌

1849 年 3 月，法兰克福国民议会经过激烈辩论，奥地利的支持者落败，国民议会推举普鲁士国王为未来统一的德意志帝国皇

---

① 在兰克心中，普鲁士历史传统与王室主权是绝对的，它有优先地位，而民族国家是王室以外的力量压迫妥协的产物。如果要有民族国家，也必须以王室价值为核心。他不把民族建国的目标置为最高价值，这样的政治立场不与他的文化民族意识相矛盾。

帝。同时决议于 4 月 2 日派国民议会议员代表团，带着完成的宪法前往柏林敦请威廉四世接受皇位，完成统一建国。兰克此时已经读到了未来的帝国宪法稿，[①]内容令他失望。他认为宪法是黑、红、黄、白各种颜色的大拼图，代表各个不同利益团体的立场，不足以作为一统帝国的基础。虽然宪法中承认元首皇帝的帝位可以世袭，也放弃“人民主权”的用词，但其中的选举法仍然暗藏着未来废除帝制的可能性。自由主义制宪派既然以民选方式推举皇帝，共和革命派未来也可以依据宪法透过选举废除皇帝制。

兰克对宪法不满，他完全失去了既有薄弱的统一建国意愿。面对德意志国民议会集体决议的压力，他展现出斗志，认为局势不足以畏惧。在 1849 年 3 月的政治备忘录里，他说：德意志的状况与 1789 年的法国不同，当时法国市民阶级揭橥了宪政理想，全国立即顺利走向革命，建立共和国，因为他们的军队早已受到革命思想的影响，放弃了军队应有的责任。然而，兰克强调，德意志情形不同，普鲁士军队与王室合为一体，关系根深蒂固。他甚至说，普鲁士王室与军队是“德意志地区里唯一真正存在的实体”（das einzige wahrhaft Existierende in Deutschland），国王的“军队是一棵有老根的大树，曾被风暴摧残枝叶飘零，但之后再度快速成长的强壮而茂盛”。它主宰一切事件的发展，他说：“正是王室与军队于 1848 年在柏林允许宪政活动，也在 1848 年里保护法兰克福制宪的工作。如果宪政的构想与破坏性的趋势（指共和革命派的势力——作者

① 元月二十八日，普鲁士首相冯·嘎根（von Gagen）把收到的宪法稿分别寄送给德意志王侯公国及自由城市。

注）结合在一起引发危险后果，这就是它（军队——作者注）唯一要对付的事。”兰克在这份备忘录里亮出了王牌，他提起军队，赋予它未来行动的正当性。

工匠及无产工人的社会主义、马克思主义、极端民主主义——兰克没有分辨其中的差异，笼统地称之为“破坏性的趋势”（die destruktive Tendenz），①以及左右讨好、摇摆不定的自由主义，对兰克而言都不是真正的力量，只有王室与军队是真正“存在的实体”，它们具有最终的否决权，它们的位阶高于未来国会中左右各个党派。王室的立场超乎一切党派利益之争，具有一切党派之见之上的性质，具有客观性。②对兰克而言，民族主义与自由主义运动只有在以王室价值为核心的条件之下，才可以被接受，而军队保证着王室地位。兰克以这份备忘录献给4月初即将面对来自法兰克福皇位请愿团的威廉四世。

4月3日威廉四世与其内阁接见从法兰克福前来的皇位请愿团32名团员（其中包括饶莫尔、史添策）。代表团拥有28个德意志境内公、侯国及自由城市的背书支持。然而，威廉四世因为英国、俄国及奥地利的不友善立场，以及对宪法存有疑虑，拒绝接受“德

① 兰克无法分辨不同左派团体及理论之间的差异，正如他在瑙韦克事件中回复院长所说：“我们甚至没有方法可以确认瑙韦克所提出的政治到底是哪一类。”但他对左派力量统称之为“破坏性的趋势”。

② 兰克史学客观性理论也基于这个政治思想。历史的客观性来自站在超然于各党派之上的王室立场所做的历史解释。客观性（Objektivität）就是不采取偏党性（Parteiischkeit）。Rudolf Vierhaus，“Ranke und die soziale Welt”（《兰克与其社会界》），in *Neue Münstersche Beiträge zur Geschichtsforschung*，Bd. 1，Münster，1957，S.53—55.

意志人民的皇帝”这项国民议会的决议。[①]请愿团与王室、内阁之间多日的会谈不欢而散。在接下来的冲突中，德意志诸邦国各自撤回他们的国民议会代表，国民议会瓦解。残余的国会议员被普鲁士军队驱散，部分流亡海外。威廉四世于事后在一封给派驻英国的大使布恩森的书信中说：“面对民主，只有军队。”[②]他的话与兰克在备忘录最后所强调的完全一致。兰克在1848—1849年民族建国运动中完全站在普鲁士王室的立场，与推动统一建国的同事、学生完全决裂。[③]

《普鲁士史九书》：文官体制的历史证明普鲁士不需要外来政治理论

1847年革命前夕，兰克出版了《普鲁士史九书》的第一、二册，第三册于次年革命战火中出版。这部书继《宗教改革时期德意志史》描述德意志境内的一个王国——普鲁士——的兴起。兰克把焦点放在把普鲁士提升成为欧洲列强之一的两个国王：斐特烈·威廉一世（1688—1740）以及他的儿子斐特烈大帝（1712—1786）。这段时间，普鲁士建立以知识阶层为主干的文官体系，取代世袭贵

---

① 最好的资料参见威廉国王给驻英使节布恩森书信，刊于《全集》第49—50册，《拒受皇冠》(Ablehnung der Kaiserkrone)，第508—529页。

② 《拒受皇冠》(Ablehnung der Kaiserkrone)，第520页。威廉国王语气不欢地结束他给布恩森的一封信，他说“最后还是这个真理：对付民主人士，只有军人有用，再见！”(jedoch zum Abschied die Wahrheit：Gegen Demokraten helfen nur Soldaten；Adieu！)

③ 兰克呛德罗伊森说他不懂历史，德罗伊森回复说，历史会证明他们的对错。瞿贝尔、特莱屈克（Heinrich von Treitschke）与兰克疏远。

族辅佐执政。文官体制以考核升迁，强调专业、责任、效率，由专业文官规划带动全国的纺织业、矿业、交通等产业。筹措了国家的军事费用以及义务教育的财务。兰克特别以普鲁士军队的成长为核心解释两位国王及其文官的执政。①

兰克先以军力铺陈十八世纪初的欧洲局势：当时法国包括它所控制的西班牙半岛，拥有军队 16 万人；俄国在与瑞典的冲突中壮大了自己，有军队 13 万人；奥地利占有匈牙利之后有陆军将近 10 万人；英国与荷兰联合制衡着欧陆。在这样的情势下，兰克描写普鲁士的军队从威廉一世上任时的 3.8 万人，经过在位二十六年的努力，1839 年时，国家的经济能够支持有 8.2 万名军力。除了军队人数倍增，战斗力也增强。斐特烈大帝在国内分区精选兵源，更喜欢高大强壮的瑞典、乌克兰、匈牙利等外籍兵。军队中更配置牧师，授以新教教义，从精神上提升战力。兰克说“斐特烈·威廉一世一手扶植的军事与行政改革，给了国家一个全新的性格”，再经继任的斐特烈大帝将国力带向一定的方向，“在生死斗争之间掌握精准正确的抉择”，整合专业文官与军队的支持，“让人民在他的张力与能量下，在一切危险中追随着他”。②普鲁士历经这两位君主，透过建立专业的文官体系，走上建军强国之途，从欧洲许多中小型王国中脱颖而出。

---

① 《普鲁士史九书》（*Neun Bücher Preussische Geschichte*）于 1847—1848 年完成。1874 年德国统一后兰克加入三书，成为《普鲁士史十二书》，收入当时正编辑中的《全集》，为《全集》第 25—29 册。笔者描述 1848 年兰克的政治立场，沿称《普鲁士史九书》。

② 参见《全集》第 25—26 册，1847 年，序言，第Ⅷ页。

面对1848年自由主义者推动统一建国以及瓜分王权的宪政运动，兰克以《普鲁士史九书》、以普鲁士的历史特质驳斥他们。兰克以历史叙述驳斥自由主义理念。普鲁士的兴起依靠的是文化及知识菁英，由他们肩负起社会骨干的角色，在中央集权的王权传统下，展现出普鲁士独特蜕变为强权的过程。兰克要借《普鲁士史九书》赋予高素质、超党派的普鲁士文官体系以历史意义：这文官体系正是普鲁士王朝史的独特性所在，国家不需要外来的政治体制。①正如他在该书前言中的自我期许："从普鲁士行政体系一步步达成国家每次需求，用这样的历史——不需要用任何的理论——来荣耀它，那将会是何等的作品。"

《普鲁士史九书》自然不见容于自由主义者，史添策批评它，德罗伊森贬斥它，凡哈根瞧不起这部作品，就连在文化部任职、一直提拔兰克的内阁官员——文官体系的代表人——舒策(Schultze)也说该书溢美，没有针砭，了无新意。②事实上，这部书比起兰克之前的《宗教改革时期德意志史》以及之后的《法国史》《英国史》，评价都是最低的。

五、与巴伐利亚国王的情谊成就了兰克学派

兰克与威廉四世有君臣情谊。兰克仰慕着推动历史的政治家，

---

① 钱穆《国史大纲》论述民国时期中国不需要西方的代议民主制度时，他的论点与兰克如出一辙。没有任何迹象显示钱穆接触过兰克在他一百年前发表的文字。两位史家自发的历史政治论述享用同一历史资源与模式。

② 参见克理格上引书，第192页。

威廉四世也欣赏这位保守忠诚历史学家的智慧。但是君主与学者之间有明显的分际，他们没有书信往来的讨论。相对的，兰克与巴伐利亚国王马克西米连二世（Maximilian Ⅱ，1811—1864）之间的互动呈现更多温暖。①在九十岁时的自述里，兰克花了很大的篇幅回忆他们的交往以及马克西米连国王给他的恩宠。在生命渐渐走向尽头时，他对马克西米连二世的怀念最为深刻。确实如此，在与马克西米连国王的交往中，兰克绽放出许多生命的火花。

1848 年法兰克福市德意志议会立宪建国行动失败之后，德意志境内以普鲁士与奥地利为首的对立局势益发激烈。马克西米连国王的立场是建设巴伐利亚王国成为德意志境内的第三势力。巴伐利亚在他心目中可以在学术与艺术科学上成为德意志的鳌首，作为两强之间的桥梁借以缓和普奥对立。②巴伐利亚作为德意志境内的大邦，他有追求这目标的客观条件。同时马克西米连个人生长在邻近奥地利的天主教文化中，但他也接受新教地区的教育，在柏林上兰克、饶莫尔、黑格尔、谢林的课。1842 年娶威廉四世的表妹普鲁士公主玛莉（Marie von Preussen）为妻。主观上他也具有承担缓和

---

① 这与兰克完全未提自己的婚姻，以及对威廉四世的回忆相当简短的对照之下，可以感受到这些人际关系在兰克生命中的轻重程度。

② 1859 年巴伐利亚王国科学院历史委员会正式成立，兰克以主席身份发表演说。兰克说道：马克西米连国王以奖助学术发展为执政义务（Regenten-Pflichten），再次强调马克西米连国王要将他的德意志国家中的第三大国以学术精神来振兴全德意志。演讲时马克西米连国王也在场。“Er läßt sich angelegt sein，in seinem großen schönen Königreiche，an Umfang und Wichtigkeit dem dritten unter den deutschen Staaten，den wissenschaftlichen Geist，der Deutschland überhaupt belebt，zu heben und zu pflegen.”参见“Rede von L. Ranke bei der Eröffnung der Plenarsitzung am 29. September 1859”，*Historische Zeitschrift*，1859 年第 2 期，“Beilage”，第 17—21 页，引文见第 19 页。

南方天主教势力与北方新教普鲁士对立的条件。兰克的政治理念与马克西米连国王相吻合，他效忠普鲁士，反对德意志统一建国中失去普鲁士特质，担心普鲁士国王失去王权。他也认为巴伐利亚王国成为独立于普奥之外的第三势力应该是德意志境内政治发展的方向。

1853 年马克西米连国王透过身边兰克的学生表达邀聘兰克之意。①马克西米连国王希望将兰克从普鲁士首府柏林挖角到巴伐利亚王国的慕尼黑。这邀聘显然出自国王对巴伐利亚王国在整体德意志境内发展的考量。兰克无意离开柏林，因为普鲁士国王恩宠他，学术与艺术功勋奖颁发给他，同时内阁中有许多友人，而妻子的瘫痪病情也不利于他转换生活环境。在马克西米连国王再度邀请兰克到慕尼黑大学担任客座教授一学期失败之后，兰克答应给国王做一段私人讲座。

1854 年 9 月 25 日—10 月 13 日兰克应邀前往阿尔卑斯山中的贝希特斯嘎腾（Berchtesgaden）王宫作为期十九天的私人授课活动。兰克给国王做了十九次讲座，并于每次课后进行讨论。这次邀请弥补了马克西米连二世无法将兰克“挖角”到慕尼黑大学的遗憾。这个特殊的山中讲座从学术史的角度而言有两个重大意义。第一，十九天的讲座让兰克在思绪上贯穿了此前一生的著作，表达他对欧洲历史发展的整体看法，帮他整理了之后世界史写作的构想。同时，十九天里的自由论述与讨论也让他讲出了许多他平日几乎不

① 马克西米连国王邀聘兰克的过程，参见 Bernhard Hoeft，*Rankes Berufung nach München*，München，1940.

提的历史理论与概念。我们可以说，兰克历史理论的精华都在讲座里。①第二，马克西米连国王意图打造巴伐利亚王国成为一个德意志境内学术与艺术重镇的构想，在他与兰克山中相处中找到了入手之处——成立一个涵盖全德意志历史研究的舵手机构。四年之后，1858 年在巴伐利亚科学院下正式成立了近代史学史上影响巨大的历史委员会（Historische Kommission）。②1866 年巴伐利亚在普奥战争中加入奥方，兰克感怀地说，与马克西米连二世合作创建历史委员会是在他们共同的政治理念大框架下展开的。③下文中我们依序先根据山中讲座进一步了解兰克史学思想，然后从历史委员会的成立与工作了解兰克研究取向的散播与稳固。

《历史上的各个时代》呼应兰克一生的著作

兰克前往贝希特斯嘎腾王宫，没有携带书籍、资料。在自由演

① 用景德祥的话，兰克山中的十九讲“其思路的清晰与思想的深刻程度足以给兰克带来一位理论家的声誉”。（参见景德祥：《黑格尔与兰克历史认识论之辩》，《江海学刊》2018 年第 4 期，第 160—169 页，引文见第 165 页）指出黑格尔的史实根据相当雄厚，而兰克行文也以理论先行，两人对世界史的取向相近，彼此知识论上的差异——理论与史实轻重间的争执是普遍存在的现象，而且可以调和。

② 设立历史委员会具体的构想，根据 1859 年有关历史委员会成立的报告“导言”（Einleitung）指出是马克西米连国王 1858 年春天在柏林时与兰克决定的。参见《史学杂志》（*Historische Zeitschrift*）1859 年第 2 期，“Beilage”，第 3 页。当时期望成立的组织第一它只属于历史学门，第二它涵盖全德意志，这是当时两人的共识。历史委员会是兰克所谓的“德意志历史学院的核心”机构（der Kern einer historischen Akademie für Deutschland）。（《全集》第 53—54 册，第 470 页）

③ 马克西米连国王 1864 年猝逝，年轻的路得维希继任，并于 1866 年接受保守与地域倾向团体的意见，于普奥战争中加入奥方。兰克认为历史委员会成立时政治理念的大框架已被破坏。兰克 1866 年给历史委员会秘书长吉泽布瑞希特信，《全集》第 53—54 册，第 470 页。

说的状况下，他抒发了许多对历史的看法。超级速记员克服兰克萨克森方言口音的困难，甚至在散步时亦步亦趋地跟在两人后方，记下了十九次讲座的内容以及他们的讨论。①速记稿于当年底誊写成文字稿，兰克于次年 6 月收到这份文字稿。1889 年首度以《历史上的各个时代》（*Über die Epochen der neueren Geschichte*，简称《各个时代》）名称刊行。②这本小书是了解兰克对欧洲史、世界史或历史概念最好的资料。一般认为《各个时代》、《罗曼与日耳曼族群史 1494—1514》的“导论”以及为《政治历史杂志》撰写的《列强》三篇文章构成一个整体。它们前后呼应相互契合，是兰克整个作品的摘要。

《各个时代》一方面与成名作《罗曼与日耳曼族群史 1494—1514》“导论”所涵盖的中古时代末期精神相呼应，强调欧洲族群共同经历大迁徙、接受基督教、十字军东征，形成了他们的一体性。另一方面，《各个时代》中有两讲讲述宗教改革之后，欧洲国家如何脱离中世纪，形成近代英、法、奥、俄以及普鲁士五个强国并列的局势，它与《列强》的论述相呼应。经历 1848 年革命，让

---

① 速记员为大有来头的 Franz Soraph Leinfelder，曾担任 1848 年法兰克福国民议会的速记员。有关速记的过程、速记员的角色、速记稿的完成，参见 Theodor Schieder 考订出版该稿所写的《缘起》。Theodor Schieder 认为速记员不只是被动的记录，而是共同塑造了系列讲座的文字。

② Theodor Schieder 和 Helmut Berding 的历史考订版 *Über die Epochen der neueren Geschichte*，刊于 W. P. Fuchs & Theodor Schieder 编《兰克遗稿集》第 2 册（*Leopold von Ranke*：*Aus Werk und Nachlass*，Bd. 2，Oldenburg Verlag München Wien，1964）。该书书名直译为《关于近世史上的各个时期》。事实上，该书第 15 讲之前所谈的都是中古及古代的欧洲历史，近世史的分量少。中译本书名《历史上的各个时代》（杨培英译，北京大学出版社 2010 年版）与德文原名虽不相一致，但更契合该书的内容。

他在处理欧洲近代各个强国时，显然更强烈地描绘每个国家的个体性。每一个强权从宗教改革运动中撷取不同的宗教精神，建构不同的教会与国家的关系。而且，兰克在 1848 年革命后也接受“人民主权”是欧洲历史中重要现象，这是他在写《列强》时期还没有接受的。它在不同强权中带动不同的趋势，塑造各个强权的独特性。以个体性（Individualität）原则观察历史现象，在《各个时代》中变得更为明显。

正如 1835 年的《列强》预告了之后《宗教改革时代德意志史》、《普鲁士史》、《法国史》及《英国史》等巨作的基本构想；《各个时代》也透露了他之后《世界史》的写作架构，他对世界史的基本想法都浓缩地呈现在《各个时代》中。它从中亚古代文明开始讲起，经过希腊罗马时代、欧洲的教皇国与神圣罗马帝国，到宗教改革及近代美国独立与法国大革命。演讲时因为兰克不像写作时受引述史料的羁绊，他自由地展开思绪，呈现许多极为清晰的论点。更重要的是，兰克在这里做了罕见的历史思想自我陈述，世界史的观点与史学理论相关的思想相互印证，这是《各个时代》的特殊价值。

“主导理念”概念对人神不敬

针对马克西米连国王提出黑格尔学派所使用的“主导理念”（die leitenden Ideen）概念，兰克在讲座中清晰地解释他在历史研究中使用“趋势”（Tendenzen）。兰克知道国王在柏林上过黑格尔以及接任黑格尔教席的谢林（Friedrich Schelling，1775—1854）的课，了解他们世界史哲学的概念。①

正因为兰克知道国王在两位历史哲学老师与他之间存在迷惑，而国王也知道兰克与黑格尔学派的不合。因此讲座一开始情势就非常明朗：国王开门见山提出历史哲学概念，而兰克果决地用史学的概念"趋势"回复。兰克强调历史研究是根据史实把不同时期不同民族的"趋势"叙述出来。哲学的观点，正好相反，它把历史玄思为一个有命定方向的理想过程，整个世界史里一个主导理念贯穿着全体人类的过去，史实只有从属的角色。兰克在讲座里要做的第一件事就是讲清楚历史哲学使用的概念"主导理念""进步"与他所追求的真实历史断然不兼容。国王的提问造就了兰克一生作品中独一无二对历史学概念加以阐释的契机。

兰克从基督教信仰与对神的信念出发，驳斥长年与他敌对、纠缠的玄思历史哲学。他在第一讲简洁地说，如果把历史过程视为一个主导理念在人类各地、各时代逐渐展现的进步过程；而在这过程里所发生的一切事，包括人的感情、痛苦、欺诈都是为了实现这个理念而向前迈进。不管这个"主导理念"指的是"自由""理性"或是"世界精神"，这样的论述都是把历史中的人物都当成"幻影或幽

---

① 马克西米连在 1831 年（兰克从意大利收集档案回柏林的那一年）听过黑格尔的课。黑格尔当年年底过世。1841 年 66 岁的谢林接任黑格尔在柏林大学空出的教席，其就职演说是学界盛事，兰克、布克哈特、恩格斯都与会。马克西米连于 1843 年在柏林听过谢林的世界史哲学的课，并维持书信往返。谢林对马克西米连二世哲学上的影响，参见 Walter E. Ehrhardt，*Schelling Leonbergensis und Maximilian Ⅱ. Von Bayern Lehrstunden der Philosophie*，in *Schellingiana*，frommann-holzboog，Bd. 2，1989. 两人书信集为：Ludwig Trast und Friedrich Leist，*Maximilian Ⅱ. von Bayern und Schelling. Briefwechsel*，Stuttgart，1890.

灵”。兰克说：“诸如此类学说，它们是建立在对上帝和人类绝对藐视的看法之上。”兰克在这里直指黑格尔学派之名。兰克断言历史过程里没有一个独具生命力的“世界精神”，把一个时代带向另一个更高阶的时代。当时在唯心主义笼罩学界状况下，不同学者都使用理念这个词，包括兰克所承续的威廉·洪堡。但是，“主导理念”这个词几乎被黑格尔学派所独占。针对这现象，兰克不得不针对它，赋予它新的内涵，并且尽量避免使用“理念”这个让人联想到“世界精神”的词。他口气坚决、毫无妥协地对国王说：“‘主导理念’这个词，除了把它视为每个世代中领衔的那些趋势，我别无他解。”①兰克面对“主导理念”这个词的方式是，掏空它其中玄思哲学的成分，并赋予它有根据的史实，将它转化为历史趋势的概念。②

复数的“趋势”代表兰克历史研究丰富的论点

“趋势”这个词，兰克一直以复数形式 Tendenzen 使用，而不是单数 Tendenz。黑格尔把世界历史视为一个单一过程，把“历史”单数化。兰克在这里使用复数概念，正是从根本上强调回复到史实上，与黑格尔对立起来。这些趋势都是基于历史事实，根据史料，它们

---

① “Ich kann also unter leitenden Ideen nichts Anderes verstehen, als dass sie die herschenden Tendenzen in jedem Jahrhundert sind.” 其中“... also... nichts Anderes...als...”毫无妥协的语气，显示他面对学生的决断。

② 黑格尔在世界史中明白地提出一个主导理念的概念用以网罗并诠释史实。兰克向马克西米连国王指责黑格尔这样的做法与概念的使用有对上帝藐视之嫌。景德祥从另一个角度指出兰克“不事先亮出宏观结论的历史学家的行为就不一定是对上帝的虔诚的表现，反而有些学术懦弱的嫌疑。”可以确定的是，兰克（宗教的原因）对自己历史的解释缺少系统地反省。参见上引文《黑格尔与兰克历史认识论之辩》，第 166 页。

不是论述的对象，不是理论的填充物而是要被描述的。他说“这些趋势只能从史料中被描写出来”(Diese Tendenzen können indessen nur beschrieben werden)。兰克的描写不是结构的分析，而是使用史实，舍弃系统理论，描写事件的过程，不预设概念之间的逻辑关系。

具体地说，宗教改革之后英国与法国各自呈现出不同的趋势。兰克说：英国在1688年大宪章架构之下，塑造出独特的教会、贵族、君主、市民之间的秩序，格修内政与建立法制就是英国那个时代的趋势。而同时的法国，它呈现出以武力向国外扩张的趋势。兰克说：“在人类的每一个时代都彰显出一种特定的大趋势。”兰克将演讲区分为八个时代，每个时代的标题或子标题都是他所见到的历史中的趋势。譬如，第十一讲他讲述历史中的第四个时代（十一到十三世纪），他所见的趋势是如标题显示“教皇国从帝国解放出来”(Emanzipation des Papstums vom Kaisertum)：教皇国逐渐脱离神圣罗马帝国的影响。之后第十四讲，他讲述宗教改革时期教皇国势力的式微。他说：“理所当然地，另一个时代继随这个层级严密的时代而起。被我们视为是充满活力的一个整体的罗曼与日耳曼族群，他们以内在的驱动力、以最活泼的方式发展下去，不是依据一个前置的哲学规则，而是毫不止休地塑造它的趋势。”①他指的是教皇国

① 第十四讲引言的最后一句话：Es liegt also in der Natur der Sache, daß auf diese hierarchische Epoche eine andere folgte, in welcher sich der innere Trieb der romano-germanischen Völker, die wir als eine lebendige Einheit betrachten, auf das lebhafteste entwickelt, nicht nach einer vorgezeichneten philosophischen Regel, sondern in unaufhörlicher Ausbildung seiner Tendenz. 这里 philosophischen Regel（哲学规则）指他所要摒弃的主导理念，他以 Tendenz（趋势）定义新时代的形成。参见《历史上的各个时代——兰克史学文选之一》，第81页。

的式微是历史发展的结果，不是历史哲学命定的阶段，正如他在“王朝趋势的形成”（Die Ausbildung der monarchischen Tendenz）描王朝趋势是在历史发展出来的一样。①

兰克把近世以前的欧洲史精简地视为世俗（weltlich）力量（帝国）与宗教（geistlich）力量（教皇）两个大势力之间的冲突。国王在讲座的最后一天顺着兰克的讲话，提出问题，他说：“我们这个世纪，时代的主导趋势（leitende Tendenz）是什么?”相对于第一讲，他以“主导理念”为核心概念提问，此时经过十九天的相处，他所使用的已经全然是兰克的词汇，而且创造出“主导趋势”这样的概念。兰克回复说，当代是王朝与人民主权两大趋势之间的冲撞。他说：“我们时代的主导趋势，我认为是君主制（die Monarchie）与人民主权（die Volkssouveränität）两种原则之间的冲突。”兰克认为近代历史就是两个趋势的冲撞：十六世纪以来形成的传统王朝国家代表的趋势以及北美独立、法国大革命代表的人民主权的趋势。②而世界史更是交错的各种趋势所组成，他说：“史学家必须把世纪中的大趋势一个一个区分开来，并且把不同趋势交错构成的人类大历史展现出来。”晚年的《世界史》写作中兰

---

① 参见该书第十九章。

② 值得注意的是，1835 年兰克担任《历史政治杂志》主编，撰写《列强》，当时他没有把法国大革命以来“人民主权”的概念视为历史中的现象，而是视为是没有历史根源的突发的力量。当时他没有将它叙述成为一个历史的趋势。他的政治思想在经历 1848 年革命之后有明显的转变。这种转变代表他视野的扩大，但不代表他对德意志政治立场的改变：当代史是王权与民权两大趋势间的斗争，而他仍旧是绝对的王权拥护者。这转变也不代表兰克历史基本思想的改变，他仍旧坚持历史中的个体性原则，普鲁士国家在兴起过程中呈现出它的独特性，也正是这个历史发展中显现出的独特性，不容许它接纳人民主权这个外来趋势。

克强调众多趋势之间的关联性（Zusammenhang）。这关联性的概念又让他将历史单数化，如同黑格尔一样，兰克终身排斥它却又无法摆脱它。

趋势显现历史中的个体性

兰克使用“趋势”一词，与他对“进步”概念的批判相结合为一。世界史中各时代先后的趋势之间，对他而言，它们不构成阶梯一样的关系。后面的时代不比前面的高等与优越。兰克认为一个时代与它显现的趋势，不能把它视为下一个时代的垫脚石。每个时代都有它的独特性，有它自身的价值。给国王的讲座中，他展现了像马丁·路德一样的宗教态度，让信仰者直接阅读《圣经》。兰克也要让史家从档案史实中直接掌握时代的价值。同时，兰克在讲座中更出现了像耶稣力斥前人箴言的布道口气。针对启蒙或玄思的历史进步观念，兰克说：“然而我要认为，每一个时代都直接与神相联，它的价值并不在于从它那里走出了什么，而在于它自己的存在，在于其自身。”①

兰克扬弃启蒙时代以来历史哲学的信念，不认为有一个衡量各时代民族进步与否的理性尺标，他不接受任何评断历史进步且放之四海皆准的判准，他对每个时代所呈现的价值都尊敬及肯定。他能够接受“人类”历史中多元的价值，因为在他的宗教信仰中，

① 《圣经·新约·马太福音》第 5 章第 21、27、35 节，耶稣在《登山宝训》讲话的模式是：你们听说对旧事是这么讲的……然而我要跟你们说（Ihr habt gehört, dass zu den Alten gesagt worden ist...ich aber sage euch）。这种特殊的语法格式被兰克袭用，口气如耶稣的布道，用“Ihr habt gehört...ich aber behaupte...”（你们曾听说……然而我要告诉你……）坚定地要推翻前人所说的。兰克引文出自第一讲。

他乐观地相信那些不同的价值都是神的显现。就兰克个人的生活经验而言，他为收集档案游学各国，他喜欢英国的生活，自由主义的精神融入私人及公共领域中，让他觉得舒适。同样地，他在废除了封建习惯、缺乏旧日阶层划分的法国也觉得举止方便。在多元价值观下他也与自由主义的法国政治家梯也尔（Louis Adolphe Thiers）维持多年互访的情谊。然而，他的多元价值与个体性信念是并生的。每个趋势所显现的个体性是多元欧洲文明的基础。个体性不容许被混淆与顶撞。一个历史个体的特质对另一个历史个体而言是“异质”。自由主义对普鲁士兴起历史趋势中显现的独特性而言，它是“异质”（die Fremde），是外来物，自由主义给普鲁士带来的政治运动是他所不能接受的。封建王朝与共和制国家两者是多元价值中的不同趋势，他们各有独立的价值，它们之间不存在阶段性“进步”的历史关系，共和制对他而言，绝对不是王朝制之上的进步体制。①正如帝国体制与教皇国体制之间千年的冲突，它们的对立性必须进行不断的斗争，他们的对立性是基督教世界整体文化提升的前提，是继续推动世界历史向前迈进的基本动力。

历史思考的两套标准

对多元性以及对个体性的肯定，代表着宽容精神，更是在现实中对价值霸权的批判。西方学者介绍兰克给国人时，常会强调兰克

---

① 兰克舍弃“进步”这个充满了价值判断的词，避免陷入启蒙与黑格尔的历史思考模式中。他宁可使用“履程与运动”（Gang und Bewegung）这一中性的词汇来形容历史的过程、趋势，指出它的特质。

的多元文化宽容性。①他们带着歉意提及兰克有欧洲中心主义的倾向，也认为那是兰克人之所以为人不可避免的缺陷。然而笔者认为介绍兰克的历史思想，必须更明确地指出兰克尊重个体性的人文精神以及多元文化下的宽容性，只是他两套历史思考中的一套。他使用这一套具有肯定彼此文化特质、宽容的多元思想，对待欧洲基督教文化的诸民族。同时，当他面对东方世界时，他使用惯常摒弃的进步观——这是他的第二套历史思考方式。

兰克在第二讲说："在偏向物质关系上，也就是说在精准科学的形成与运用上，进步是绝对的；而把不同民族与个体一起朝着人性与文化理念方向带向前去，进步也同样是绝对的。"在这里兰克除了承认物质文明有进步现象之外，他也强调欧洲族群在漫长的中世纪接受基督教过程形成，并经宗教改革、海外殖民走向充满人性与文化理念的一个基督教文化整体，提升到"人类前所未有的高度"，在这个世界史宏观之下所见的现象里，欧洲形成一体性，这历史现象也绝对代表着进步。然后这些进步的现象才会波及其他非欧洲族群。他在第一讲"讨论"中说："从人类全面的立场看，对我而言很可能的是，人性的观念历史中只呈现在伟大的民族里。"当兰克从世界史的角度观察欧洲族群形成一个整体时，相对于全面世界史的其他地区，他可以毫无拘束地使用"进步"的概念，借以呈现世界史中的欧洲与东方对比。他的思考模式与黑格尔的历史哲学是一致的。

---

① 参见《编者导言》，《历史上的各个时代——兰克史学文选之一》，第25页。兰克的"局限"被提及而未述说。笔者认为若有心"跨越局限"，首先要剖析呈现它。

兰克历史思考中的基本原则是：他历史观念中的个体性原则，以及多元价值观都只局限于处理欧洲民族，它们不适用于东方世界。事实上，他从未肯定东方历史人物与族群的独特性、个体性，从未以“民族”这个词汇，称呼东方历史中的族群。毕竟“民族”对他而言是有历史正面意义的词，是族群经历了精神提升之后才达到的状态。在第十四讲中，他对待东方世界所用的是“停滞”“自然状态”“野蛮”以及“退化”等与“进步”概念共生的负面用词。①兰克说，蒙古在东方所注入的野蛮，至今依然如故，这证明进步不是人类普遍的现象，人类道德的进步只见于欧洲。他对亚洲文明退化的描述，如第一讲所说：“只有在那里，整体而言，变动多半是退化的。”（Allein dort ist die Bewegung im ganzen eher eine rückgängige gewesen）他使用“进步”“退化”这些撰写欧洲族群国家历史时完全不被他接受的词汇。

舒林在《黑格尔与兰克世界史中的东方》中说，兰克陈述的东方是用来反衬欧洲历史的。以东方的政治一统、没有对立、没有动力以及没有现代民族的形成，反衬欧洲一体性中的多样与动力。②山

---

① 参见第十四讲。“Die Barbarei，welche damals über den Orient sich ergoß，beherrscht ihn auch noch heutzutag，und wir sehen hier an einem eklatanten Beispiele，wie wenig an einen allgemeinen Fortschritt des menschlichen Geschlechtes zu denken sei.”（当初注入东方世界的野蛮，至今仍笼罩着，这个昭然的实例，让我们不能相信人类有一个普遍性的进步。）

② 从山中讲座的文字中，可以看出，兰克历史思维中的东方，还不只是如舒林所说作为与欧洲历史负面反衬，彼此不相关联，东方在他世界史思维中更有对欧洲臣属的关系。在第十九讲讨论英国代表的欧洲两个趋势之一时，他说英国人把东印度与中国对欧洲开启，让它们臣服（unterwerfen）于欧洲精神……并不断向前迈进，现在支援土耳其，但他们的目的是要臣服它，要它脱不了依赖（abhängig）。参见《结束谈话》，《历史上的各个时代——兰克史学文选之一》，第 166 页。

中讲座十九讲的内容一般被视为是他晚年世界史的浓缩。兰克的世界史叙述也确实区分两个部分，对待这两个部分的方式各有其原则：他对东方历史的论述反映出历史思考模式仍旧是他表面上坚决对抗、摒弃的进步、落后、退化的单一价值观。兰克在对抗黑格尔的"终身志业"中，也无形地接受了黑格尔根本的思考方式。黑格尔哲学提出的创造性的对立、冲突、动力等辩证的历史思考方式清晰地融入了兰克的思维中。①兰克一方面用辩证法动力的概念融化在他个体性史观中，另一方面将停滞概念用在东方，而他倡言的个体性多元历史观只用于处理欧洲的历史，历史思想中有两套价值标准。②

---

① 有关兰克与黑格尔的思想关系，特罗伊屈（Ernst Troeltsch）认为兰克将黑格尔的玄思世界史具体化，翁肯（Hermann Oncken）也提出相同看法。参见 Ernst Schulin, *Die Welthistorische Erfassung des Orients bei Hegel und Ranke*（《黑格尔与兰克世界史中的东方》），Göttingen，1958，S.281. Thomas Gil 也认为："兰克思想里的黑格尔影响无所遁隐。"（Der Einfluss Hegelschen Denkens ist jedoch unverkennbar...）参见 Thomas Gil, *Kritik der Geschichtsphilosophie*, Stuttgart, 1993. S.49. Helmut Berding 在兰克传中简洁地表达兰克与黑格尔处理世界史的方式：黑格尔特殊的（具体历史事件）与普遍的（历史发展理论）两者间的辩证关系，兰克将它颠倒过来。两者对整个过程看法一致。参见 H. Berding, "Leopold von Ranke", 1971，此文收于 H. U. Wehler 编 *Deutsche Historiker*, Göttingen，1973，第 1 册，第 7—24 页。

② 兰克对待欧洲历史的思考方式，可称之为历史主义模式，但他对待东方历史的思考方式依旧是启蒙时期黑格尔的进步与停滞史观模式，两者并存于他一身。但是就后者而言，因为他历史著作中东方的分量极微，相对隐晦。综观而言，德国历史主义史学中个体性原则与多元价值的信念，隐含着平等与包容的精神，也具有从英法文化霸权中解放出来的力量。然而这些原则与精神并不适用于对待欧洲以外的民族，以兰克为例，其不适用的论述最为明显。近年，西方学者美化兰克历史思想之际，也会提及兰克的欧洲中心主义，但认为这是兰克"人之所以为人的局限"，不该苛责他，而且该将他的理念扩展开来："但如果跨越这种局限进入真正世界性历史观的广阔视野，那么兰克有关个体性 （转下页）

兰克在山中讲座《各个时代》中力斥黑格尔玄思的世界史，期望让马克西米连国王摆脱其影响，回到以史实根据的历史研究。然而，兰克不自觉地接受黑格尔的思考方式，历史思想中并存着两套思考方式。在《各个时代》中充分显露双重价值标准。兰克历史思想中的概念的矛盾与在世界史写作中的运用，下文中将藉着他晚年的《世界史》进一步说明。

巴伐利亚科学院历史委员会

为了推动与马克西米连国王的持续合作，1854 年进行山中讲座的同时，兰克与他任职于巴伐利亚内阁的学生德尼格斯（W. Dönniges，1814—1872）开始安排亲信的学生瞿贝尔前往慕尼黑大学。在瞿贝尔正面回复内阁邀请之后，却迟迟未能接获正式聘文。瞿贝尔在 1848 年革命中极力拥护普王登基的政治立场，以及他的新教背景都在倾奥地利的天主教势力中给人疑虑以及引起内阁中阻挠。①兰克希望他与马克西米连国王的共识能顺利展现。在瞿贝尔行

（接上页）（Individualität）和发展（Entwicklung）的理念，以及他视不同文化之间的关系为世界史动力的看法，定将在今天重新发挥作用。”引文参见《编者导言》，《历史上的各个时代——兰克史学文选之一》，第 25 页。笔者认为兰克的双重价值标准该被强调地揭露，还原其思想缺陷的真实面貌。

① 兰克学生德尼格斯在 1847 年就由兰克推荐担任当时的王储马克西米连二世的图书馆主任，马克西米连二世登基后（1848 年），德尼格斯也进入内阁。1854 年德尼格斯就在与兰克取得共识后，开始安排瞿贝尔到慕尼黑大学。相关过程参见 H. v. Sybel & C. Varrentrapp，*Vorträge und Abhandlungen von Heinrich von Sybel*（《瞿贝尔演讲与文集》），München，1897，S.81—83. 这本书有 Varrentrapp 写的 157 页“传记导言”，详述两年前过世的瞿贝尔生平，其中 1856—1861 年瞿贝尔在慕尼黑大学的一段记述是有关“兰克学派”形成的重要史料。

将回绝邀请时，1855 年 12 月 9 日兰克给瞿贝尔写信稳定他不安的心情，他写道：

> 我敬爱忠诚的朋友：
>
> 慕尼黑的拖延真恼人，它出乎意料之外，同时又将危及申请期限。我与你感受全然一致，担心事情难以挽救。我还不想告诉国王。给部长压力，对事情进行助益也有限，他曾跟我说大学经费不足，他需要跟内阁商量。如果这是一件一般性的转校案件，我会觉得您回绝这案子理由够充分，我也会劝你这么做。但是目前这件您职务转换的事关系重大。它事关与您禀赋相称的舞台，慕尼黑提供您这样的场所。您会为薪资的差额而放弃这机会吗？比起我们阶层其他的人，您能庆幸没有后顾之忧。我毫不怀疑您在慕尼黑会更自在，会能够展现您的长才，并得到同侪尊敬与善意。您要走上这条大道吗？因为我爱您、敬重您，因为我祈愿您得到最好的，所以我希望您能接受。
>
> 您衷心的 L. R.①

瞿贝尔出身巨富人家，母方于乌珀塔市从事纺织业。他大学时前往柏林，在兰克实作课中与学长威次、德尼格斯、吉泽布瑞希特一起研读及考证中古史料，成为兰克入门弟子。除了学术以外，瞿贝尔具有组织与行政才能，这是兰克寄望于他之处，相信他能够将在柏

---

① 《全集》第 53—54 册，第 382—383 页。

林已经逐渐成形的新历史研究取向带到南德慕尼黑。①兰克深知以他的身家，可以不必计较反对者在薪资上的刁难。

1856 年 7 月瞿贝尔几经波折终于受聘于慕尼黑大学。正如兰克所期望，德意志地区第一个历史研究补助机构——巴伐利亚科学院历史委员会（Historische Kommission bei der Bayerischen Akademie der Wissenschaften）的筹备会，1858 年底在瞿贝尔的推动下很快在慕尼黑举行。兰克从筹备会议所在地慕尼黑给妻子克拉瑞莎的家书中写道："在会议中我们协商了许多事，每位与会者似乎都满意眼下的决议。讨论会很有助益，我的所有想法都趁这个机会得以陈述，并进一步触及细节。当然这还是规划案，关键要看它如何落实。"②1858 年 11 月筹备会议提出预定成立的历史委员会的章程，其中兰克担任委员会主席，瞿贝尔担任执行秘书。未来的历史委员会将隶属于巴伐利亚科学院，经费预算来自内政部。它是巴伐利亚王国的机构，但它的组织与任务具有全德意志的性质。十八位委员来自德意志各大学，充分代表全德意志的史学界，他们共同决议如何运用历史委员会的基金预算。章程第三条设定委员会的任务为："历史委员会的主要任务在寻找并出版对德意志历史有价值的史料……并试着拟订出历史学领域中基本的以及有助益的学术工作。"③它有两个基本任务：第一，史料收集考订编纂；第二，专书写作。两者都

---

① 《瞿贝尔演讲与文集》，第 81 页。

② 《全集》第 53—54 册，第 397—398 页。

③ 历史委员会章程于第二年（1859）刊登在《史学杂志》（*Historische Zeitschrift*）第 2 期有关历史委员会成立经过的《副刊》（Beilage）中。"章程"为该《副刊》第二章，以国王第一人称立场撰写，共十二条。引文出自第三条工作任务，参见第 10 页。

必须以德意志史为主轴。

次年9月举行第二次筹备会议，前一周，兰克应邀与马克西米连国王前往山中骑马狩猎，国王在山路摘了一朵阿尔卑斯山夏末玫瑰，说："除了你，我还能把它送给谁呢？"①兰克引以为傲地在家书中跟卧病的妻子引述国王的话，说自己所受到的恩宠。月底，下山主持会议，9月30日与10月1日的会议主要讨论历史委员会若顺利成立，第一个年度工作的具体内容，由十八位委员分别报告自己的计划案，同时讨论共同的计划，也就是讨论章程第三条所定下的委员会工作任务应该如何落实。会议中章程第三条兰克所建议的文字"……并试着拟订出这个领域中基本的以及有助益的学术工作"。这项史料收集编纂之外的第二项任务在会议中受到德罗伊森的质疑。德罗伊森担心兰克藉着委员会的名义，提出并指示学界写作的项目。他认为这样的做法一方面将扼杀了学者创作的自由，另方面以一个主题集体的写作，也将牺牲个人的特质。德罗伊森作为兰克非入门的学生，与兰克的史学、政治立场一直有许多相依又紧张关系，在历史委员会首度的工作会议中他也直言，提出质疑。德罗伊森建议历史委员会应该集中全力进行第一项任务：史料收集与考订。②两天的会议如瞿贝尔在历史委员会二十五周念纪念时所追

① 《全集》第53—54册，第401、402页，兰克引述国王温馨的话"Wem könnte ich sie geben，als Ihnen?"

② 参见上引《史学杂志》副刊第三章"1859年9月29日至10月1日大会"，第15—18页。瞿贝尔在1883年历史委员会二十五周年纪念专文《历史委员会的创立与初期的工作》（Die Gründung und die ersten Unternehmungen der Historischen Kommission）中也细述德罗伊森在1859年的大会中提出质疑。该文收于《瞿贝尔演讲与文集》，第336—361页，德罗伊森部分见第352页。

述，充满各方的立场意见，不乏观点差异的激荡。珍贵的细密追述中也显现出兰克的人际委婉与他的史学视野。

马克西米连国王在第二次筹备会议后两个月，对历史委员会凝聚全德意志史家，提出了具体的工作项目，也听到了不同看法感到欣喜，11月下旬他签署了章程。兰克一得知签署的消息就放了心，欣喜地给国王致意，1859年11月26日他在信里说："陛下在过去几年中让我参与较之前更多的事务，景仰的尊者把可观数目的金钱委托给我，让我用在所建议的事项上。今天我听说陛下对最后一点，原本存在着疑虑的那点——我也承认不同看法都有它的理由？——也依委员会的原意接受了。为此，虽然还没有受到托付，我以委员会名义以及我个人的身份对陛下致上卑臣的感谢。我知道，所有委员一旦听到大家在最佳考量下所做的决议被至尊藉着您的核准与肯定呈现出来，一定会非常快乐。"①兰克与马克西米连多年的友谊成就了历史委员会的成立。

在历史委员会十八位委员无异议支持下，兰克钟爱的神圣罗马帝国议会档案（Deutsche Reichstagsakten）得以从全德意志境内各选侯的私人档案、帝国议会所在地、日耳曼以外王室及私人档案等各处，开始全面且系统地收集，并加以比较及考订。《帝国议会档案》计划由伏格特（Georg Voigt）总主持，二十六岁的伯伦汉在1876年参与魏泽克（Julius Weizäcker，1828—1889）执行的部分，收集考订儒普瑞希特国王（König Ruprecht，1400—1410）时期的帝国议会档

① 《全集》第53—54册，第404—406页。1859年11月26日兰克致马克西米连二世国王长信，除了以委员会主席身份表达感谢，信中也论及历史的客观性、德意志的政治发展以及社会革命趋势。

案。《德意志城市编年》(*Chroniken der deutschen Städte*)由卡尔·黑格尔主持。佩尔茨1823年即已开始主持的《德意志史料集成》(*Monumenta Germaniae Historica*),为了避免彼此重复,以及相互支援,也融入历史委员会的计划中。兰克亲自主持《德意志帝国年鉴》(*Jahrbücher des Deutschen Reiches*)计划。之后德罗伊森所提出的《德意志历史民歌集》(*Sammlung der Historischen Volkslieder der Deutschen*)也获得全体支持,开始执行。波澜壮观的史料学工作瞬间开启。"会议中确定一个全盘性原则:委员会绝不刊行任何未经特殊提报以及未经至少一位委员批判过的资料。"①兰克开启的历史考证研究与严谨学术风格,成了历史委员会共同的准则。这场巨大的史料学运动奠定了兰克在德意志以及世界近代史学界的地位。②

同时,在历史委员会章程中揭橥的第二项任务——专书写作——也获得共识:兰克建议全面性地替德意志名人撰写传记,破除党派偏见,分期并以工具书方式刊行。《德意志传记广览》计划由R. von Liliencron执行。此外,与这项《德意志传记广览》计划平行的是德意志科学史的计划。兰克认为德意志文学与艺术史已有片段的作品,它们容易整合起来,但其他科学从十五世纪到十九世

---

① 参见瞿贝尔前引文《历史委员会的创立与初期的工作》,第353页。

② 1850年代末史料学的制度化替兰克巩固了学界地位,但同时,在1848年革命之后,兰克反对建国的立场以及跨国欧洲史的观点,使他在学界逐渐被边缘化。德罗伊森、瞿贝尔、特莱屈克的普鲁士建国观点笼罩学界到1871年建国之后。直到世纪末,建国激情淡去,以欧洲观点以及外交关系为主导的历史研究再起,兰克的地位才再度被彰显,而且与之前内容不尽相同。参阅Hans-Heinz Krill, *Die Rankerenaisance*, *Max Lenz und Erich Marcks*, Berlin, 1962. 兰克本身在建国后更明显地投入世界史的写作,保持一贯的历史观点。

纪的发展，还未经整理，这些都是德意志民族重要活动的纪录，应该由具有学科专业背景的人撰写它们学门的科学发展史。明显地，兰克积极地向马克西米连国王呈现：历史委员会在努力打造巴伐利亚成为全德意志学术中心。①

兰克藉着马克西米连国王的政治视野和对学术的喜爱，推动了他个人的志业。1859—1874 年他担任历史委员会主席，他的学生瞿贝尔以及吉泽布瑞希特先后担任执行秘书。十八名委员中有四名兰克的学生，使得委员会成为十九世纪后期兰克历史考订学派的基地。这期间他们一起度过两次危机，新史学潮流的助力几乎中断。第一次的危机来自马克西米连国王于 1864 年 3 月急症过世，兰克顿失倚杖。他给继位的十九岁新王路得维希二世（Ludwig Ⅱ）的信件一直未获回复，历史委员会年度的经费在 7 月底都未收到，秘书长吉泽布瑞希特无法筹备年底的年会。②威次与瞿贝尔都已经表示将不与会。兰克忧心不喜政务的路得维希二世在天主教与地方主义势力压力下撤销历史委员会的组织，他在给瞿贝尔的信上强调在慕尼黑确实有与他敌对的人。给吉泽布瑞希特的信中兰克提及要有组织被撤销或全面改组的心理准备。兰克在这个历史委员会最艰困

---

① 1860 年德意志歌德纪念碑设置委员会替纪念碑寻找地点时，兰克推荐慕尼黑，同时写信给马克西米连国王，征求他同意将具有全民族意义的文学家艺术家纪念碑设置于巴伐利亚邦。参见《全集》第 53—54 册，第 408、409 页。兰克 1860 年 8 月 18 日致马克西米连二世国王信函，形式上的征求同意，事实上也正是兰克向国王凸显他落实其政治理念的努力。

② 1861 年瞿贝尔离开慕尼黑也卸下历史委员会秘书长职位，该职由兰克的另一名学生吉泽布瑞希特接任。兰克于马克西米连二世 1864 年 3 月过世后密集地与吉泽布瑞希特通信，7 月 20 日兰克告知要有整个组织崩解（ein Zersprengen der ganzen Gesellschaft）的心理准备。参见《全集》第 53—54 册，第 428 页。

的时刻写信给他的学生们，他的思绪还是正向的，他希望他们一定要前往参与年会，并继续怀着“推动具有非凡民族意义”的工作的决心。①8月下旬年度经费终于进入历史委员会，没有任何说明，也没有附带条件，没有任何变更的要求。显然，历史委员会过去五年间的成果，获得了肯定。

第二次危机出自普鲁士与奥地利1866年6月开始的战争。战争一爆发新王路得维希二世即隐遁史坦贝格湖区，在当地与音乐家华格纳会晤。巴伐利亚王国在军事部决定之下，加入了奥方。奥地利很快战败，8月，和约中巴伐利亚连带赔偿普鲁士3千万古登金元。财政窘迫以及政务不举之下，历史委员会迟迟未获1.5万古登金元的年度经费。这时候兰克给历史委员会秘书长吉泽布瑞希特写信，指出当初与马克西米连共同建立历史委员会的政治理念基础已被摧毁：事实显示，王国里没有独立巴伐利亚邦国的企图，以及没有作为普奥两强的德意志第三势力的规划，因此，附着在这些理念框架上的历史委员会已无着力点。②在完全的无力感中，意外地却又获得巴伐利亚政府继续拨款。历史委员会多年的作为在危机中再度获得肯定。兰克在晚年回忆时说，如果马克西米连国王当时在世的话，他必定会确保在普奥战争中的中立地位，并进一步于普法战争后俾斯麦建立德意志帝国时，维持着独立。

---

① 兰克希望威次与会，参见《全集》第53—54册，第429页，1864年8月28日致威次信。同样督促与会给瞿贝尔的信，第429—430页。

② 参见《全集》第53—54册，第470页，1866年8月28日致吉泽布瑞希特信。

晚年的前奏

1870 年前后，具有兰克的生命史中阶段转换中继站的意象。有几件事在那期间汇集在一起，塑造着生命史前后期的分野。第一件是 1868 年兰克完成了《英国史》最后一册——第七册。第二件是他在 1871 年丧偶、失明，以及最后一次大学开课。第三件是德意志帝国在 1871 年成立，兰克理想中德意志各个王侯公国缤纷互通的状况结束，他开始面对一个新的政治现实。这三点分别进一步依序说明于下文。

兰克七册《英国史》的写作横跨十余年。1857 年他开始前往英国阅读相关档案及收集史料。此前他在受邀入宫时，向威廉四世陈述所谓的"光荣革命"，在他看来这是一场王权旁落到议会手中的大悲剧，是一场灾难。威廉四世非常专注地听着兰克的观点，最后鼓励并祝福他能完成他的英国史。①1857 年在英国时，兰克拜访英国史成名作家麦考莱（Thomas Macaulay，1800—1859）。麦考莱因为著作畅销致富，住在海德公园西侧的肯辛顿区。然而兰克没被他看重，甚至被怀疑一个外国人有什么能力写英国史，而且是写麦考莱已经写过的部分。②兰克

① 参见兰克 1885 年 11 月口述自传，刊于《全集》第 53—54 册，第 56—76 页。回忆威廉四世的鼓励，见第 75 页。

② 兰克 1857 年 3 月 26 日从伦敦给妻子的家书中细述他在伦敦的行程，包括拜访维多利亚女王夫婿艾伯特王公，备受礼遇。在麦考莱家，兰克赞誉他的写作方式，但也表示不完全与他的观点一致。接着写道："而我本身要从事英国史写作这件事，让他觉得不以为然。"（Dass ich mich selbst mit englischer Geschichte beschäftigen will，schien ihm doch nicht ganz recht zu sein）参见《全集》第 53—54 册，第 336 页。

之后于英国公爵邀宴场合，两次与麦考莱相会。兰克在给妻子的家书中说，麦考莱在聚会中尽说大话。①兰克在《英国史》中多处论及他作为一个德意志人研究写作英国史的优点与缺点，包括“自我消融”的愿望也是在英国史的写作中的呼声。②从兰克写作过程的经历来看，“自我消融”正是暗指麦考莱写作时的偏党性，是兰克对麦考莱站在辉格党（Whigs）立场写英国史的批判。兰克的“武器”是外交档里的使节报告档案，他认为这类使节报告书是当时使节以局外人的立场，所做的英国国内权力斗争的观察与报告，具有超然的可信性。这些使节档案比起当地人所留下又有太多隐晦转喻的资料，最符合做无偏党全面叙述资料。③

兰克的《英国史》继四十年代《宗教改革时期德意志史》《普

① 兰克在伦敦另封家书描写又见麦考莱，说他是说大话的人（der das grosse Wort führte）。参见《全集》第53—54册，第392页。

② “我愿自身倏尔消融，只让那些能呈现出强大力量的事件讲话……”参见《全集》第15册，《英国史》第2册，第103页。方法学上，所谓的“有强大力量的事件”是主观检选的，是主观所见现状的回溯，同时也是他选择使用的史料——使节报告——撰写者认为重要的事件。兰克自身消融的愿望因此必须在他提升史学观点的诉求下了解。情绪上，这段话的针对性应放在兰克拜访麦考莱所受的委屈脉络中了解。

③ 兰克在《英国史》第一册“前言”里先说道：“在地的作者比起外人占有许多优势，能径用历史人物的语言思考问题，并将那些人物所自然表达的呈现出来。”然后，话锋一转，论及十六、十七世纪英国史相关的使节报告档案。他说威尼斯使节档案资料有关十六世纪的虽少，但十七世纪的报告非常丰富，加上法国、罗马、西班牙等国的使节报告，内容详细远超过当地人相互攻讦阿谀的资料。参见《全集》第14册，《英国史》第1册，前言，第Ⅹ页及第Ⅷ页。兰克以对比方式委婉地指出，在地人的优势，同时也是他们史学观点的狭隘性。这些分析的文字明显是针对麦考莱。兰克的《英国史》第1册于1859年出版，麦考莱也于当年过世。

鲁士九书》，以及五十年代里的《法国史》，共同形成欧洲列强史的系列。英、法、奥、普的兴起成为列强，这是欧洲近世史的骨干；而在四十年代之前兰克所写的南欧君主与族群相关的西班牙、葡萄牙、教皇与意大利史是近世史之前的部分，形成对比。英、法、奥、普的兴起开启了近世史，这是兰克在1830年代主编《历史政治杂志》时就以政论文字《列强》里提出的观点。之后的二十年——兰克的壮年时期——他落实了这预告的历史宏观看法，写出了他心中近代世界的形成。1868年《英国史》最后一册出版，象征着兰克这个研究写作阶段的结束。

第二件塑造兰克生命史前后分野的是他此时丧偶以及失明。1871年4月底，克拉瑞莎在长年卧病后过世。兰克给他昔日的学生，也是有通家之好的曼托伊费写长信。信中他述说克拉瑞莎生前最后几天的情形，也告知他们共同的友人——威廉四世遗孀——伊丽莎白女王来信吊唁。①

威廉四世生前曾几度中风，也曾多年卧病甚至失智。伊丽莎白女王与兰克有共同的经历与哀伤。当她前来吊唁时，布恩森传记刚出版。布恩森曾担任普鲁士驻教廷与伦敦大使，有自由主义与代议政治倾向。1848年后政治立场与威廉四世明显地互异。他的英国籍遗孀所撰写的三册传记中威廉四世的形象不佳。伊丽莎白女王请兰克根据先王与布恩森长年的书信往来，希望能重新整理他们之间的论述与交往，借以修正布恩森传记中的负面讯息。甫丧偶的兰

① 《全集》第53—54册，致曼托伊费信，第496—499页。

克，而且，当时视力已无法亲自阅读与写字的他，接受了这项任务。①

兰克在国王私人档案馆中听取档案，并以口述叙事；在绵密的工作中，女王说他似乎升华了丧妻之恸。当年 9 月初稿即已完成。伊丽莎白女王读后写道："他以口述写出，也许讲得快，又有含糊的乡音，因此经常无法让抄写员真正听懂，写得因此也草率，非常难读，经常要用猜的。然而，故事是多么的有趣，有那么多的回忆，有些也令我尴尬。"②兰克叙事的才气，整理资料的能力，确实无与伦比，正向的观点安慰了故主遗孀。这是兰克的第一份口述作品，也是之后撰写世界史的初试。

1871 年兰克在大学夏季班开的"1789 年以下的当代史"四小时演讲课，因为听课学生人数少没有开成。这是兰克在大学提出的最后一次课程。1872 年兰克学派大本营"历史委员会"的年会，兰克因身体不适首度没有参加，主席职务由吉泽布瑞希特兼代，两年后主席职务正式交棒给他。1875 年八十岁生日日记里，兰克自问身体孱弱之下心灵与意志何所依归，日记里有一段最能呈现兰克

---

① 遗孀根据布恩森信件与回忆整理出版的 *Christian Carl Tosia Freiherr von Stein*，德文版共三册，Leipzig，1868，1869，1871。第一册写青少年时期，第二册瑞士与英国，第三册有关德意志与英国。兰克在妻子过世前一个月读到刚出版的第三册，在日记中表达他对布恩森政治上言行不一、自以为是的批评。参见《全集》第 53—54 册，第 592—594 页，日记"1875 年 3 月布恩森"条。一个月后他接受伊丽莎白女王的委托，从兰克对布恩森的微言看来，接受此项任务不算意外。兰克希望持平地叙述两人亲密关系，参见兰克编纂《威廉四世致布恩森书信集》"前言"（Vorwort）。*Aus dem Briefwechsel Friedrich Wilhelms IV mit Bunsen*，Duncker und Humblot，Leipzig，1873.

② 参见 Hans Helmolt，*Leopold Rankes Leben und Wirken*，S.132—133.

终生作为史家坚持的文字：

> 老来就是寂寞。正因为老化的身躯失去了它感官反应的能力，心灵要依赖它自己。社交生活离开了他，正如我们退出社交圈。身躯越来越脆弱时，精神的生命力还能存在吗？我认为，精神有全面的影响力，包括它对身体生命的影响。在研究写作里面蕴含着生机、创造力，没有任何其他事，能够比把心专注在这上面更重要。在思维的世界里，寂寞还是个助力。人们不会太会被偶发的事或人际的事所干扰。我自己都讶异，我能如此不受寂寞所苦。这不是自我中心主义吗？——是的，是可接受，是该有的，因为自己内在的生存正奠基其上。①

第三件塑造兰克生命史前后分野的事是德意志在1871年普法战争后统一建立了德意志帝国。兰克的德意志诸侯纷立，各王国各具特色，而精神上彼此相融的愿景被现实打破了。他必须面对新的局势，评论它的价值并赋予它意义。

1870年普法战争中，普鲁士军队在年底攻进了巴黎，兰克没有民族建国胜利的狂喜。他的喜悦是历史静观式的。他认为欧洲历史中不断出现的大一统企图以及普世理念的追求在这场战争中终于彻底终结了。普法战争对他而言不是对法国民族的战争，而是对抗拿破仑一统欧洲帝国梦以及对抗把共和当成普遍真理错觉的战争。他给驻扎在法国境内普鲁士将军曼托伊费的信里说："对我而言整体看

① 《全集》第53—54册，第604页，日记"1875年夏日静观"条。

来，法国不是攻击的对象，我们打击的是普世性共和国的理念。”这理念，兰克说：“对历史演变形成的世界而言是彻头彻尾有害的，因为它压制所有其他的自主性、独立性，剥夺各民族的特质。”①兰克在军事胜利中见到欧洲历史负面力量延续性的中断。在这个值得欣喜的观点下，同时他也见到另一个正面的日耳曼传统的中断。

德意志族人从中古以来直到拿破仑战争，在漫长的千年岁月里，无数王侯国在松散的帝国组织下活泼地发展。兰克认为这个传统在俾斯麦建国时中断了。1874年，在威廉一世登基为德意志帝国皇帝之后的第三年，兰克在《普鲁士十二书》“导言”（Eingang）里解释这个看法。他说“皇帝”（Kaiser）的概念是外来的，那是从拉丁族群古罗马帝国引进的概念。②正因为它是外来物，是德意志民族的异质物，因此在族群中不断地受到排斥，从中世纪以来各德意志王侯国刻意地让这个外来物——皇帝——持续地停留在最弱势的状态下。③在

---

① 参见兰克《新信件》，第544页。普世性共和国的理念与拿破仑的一统欧洲的理念一样，它们只会破坏历史发展形成的政治组织。普鲁士要打击的是这理念，不是法国人民，也不是法国民族。（Die eine, wie die andere sind für die historisch gebildelte Welt grundverderblich, die erste durch die Unterdrückung jeder anderen Autonomie und Unabhängigkeit, die Vertilgung jeder nationalen Besonderheit, und die andere durch die rote Färbung ihrer Repräsentanten, welche die halbe Welt in Disidien bringt.）

② 《普鲁士九书》（*Neun Bücher preussische Geschichte*, Berlin, 1847）以及增添三书收于《全集》，此处引用《全集》第25—26册的第一书1874年撰写的“导言”。

③ 1878年6月2日德意志帝国威廉一世皇帝遇刺，仅以身免。兰克以更清晰的反帝国立场在日记里写道，历史上的神圣罗马帝国皇帝没有一位有好下场。他希望普鲁士对法国军事胜利后，德意志帝国不得已成立，此时之际，新帝国该放宽境内诸侯公国的管制，作为胜利的代价。兰克反对缤纷的日耳曼普鲁士化（nicht Germanien borussificieren）。参见《全集》第53—54册，第618—621页，日记“诺比林刺杀案后”条。

俾斯麦建立德意志强权国家（Machtstaat）之际，兰克的“导言”缅怀着有名无实神圣罗马帝国之下王侯纷立诸侯间松散而一致的传统。他的信念是：一个民族天生的禀赋（die der Nation eingeborene Genius）在独立群体纷然交错的融合过程中最能够展现。德意志民族文化包括宗教改革，世界史上精神的大突破，他强调都是在弱势皇帝下展开的。

兰克对建国没有欢欣，他终身对俾斯麦不假词色，简短的评语鲜有赞美。①他不像学生瞿贝尔歇斯底里地说：建国完成了，生命从此失去了目标，不知道以后要为何而活？②兰克接受德意志帝国的建国，从实务的角度而言，他认为帝国在外交方面有用，能够有效地对抗法国，而且建国后王室的权力依旧，他庆幸新帝国中王室的财政及军队都坚实地掌握在王室手中。从世界史的角度，他认为帝国的成立代表启蒙运动以来近世源自法国的革命思想被彻底击溃了。这些是他从世界史观点对建国表达的肯定看法。面向未来，他还是相信有德、奥两个强权国家的德意志民族比合而为一的帝国要

---

① 关于兰克在德意志帝国建国后的政治立场，最清晰的论述参见：Wilhelm Mommsen, *Stein*, *Ranke und Bismarck*, *Ein Beitrag zur politischen und sozialen Bewegung des 19. Jahrhunderdts*, München, 1954.

② “Wodurch hat man die Genade Gottes verdient, so grosse und mächtige Dinge erleben zu dürfen? Und wie wird man naher leben? Was zwanzig Jahre der Inhalt alles Wünsches und Strebens gewesen, das ist nun in so unendlich herrlicher Weise erfüllt! Woher soll man in meinem Lebensjahren noch einen neuen Inhalt für das weitere Leben nehmen?”（是什么样的神恩，让人能够经历这么重大的事件？之后的日子怎么过呢？过去二十年里所有追求与致力的内涵，现在都以无尽完美的方式实现了！在我有生之年，要从哪再取得生命新的内涵？）1871 年 1 月 27 日瞿贝尔致 H. Baumgarten 信，参见 Julius Heyderhoff (Hg.) *Eine politische Briefsammlung*, Bd. 1, Bonn, 1925, S.494.

好。他的信念是对立中的提升："结合不是变成一个样版，不是相互混杂，而是相互肯定的对立。"①兰克在帝国建国后更清晰地表达了民族内在一致性与统一的小德意志强权国家不能画上等号，民族内在的禀赋是他关注焦点。1871 年德意志帝国的统一让兰克更远离与现实政治的关联，而有更多巨观世界史的关怀。在他的学生以及学生的学生热衷于德国建国以及民族史之际，兰克毅然走向世界史的写作。

六、《世界史》是上帝展现的足迹

正如他早年撰写第一部历史作品一样，兰克没有透露、更没有宣布他要从事世界史写作的工作。赫默特（Hans Helmolt）在 1921 年《兰克生平与作为》里推测：1877 年，八十二岁的兰克拜访老友曼托伊费，在那里住了两周，受了曼托伊费的鼓励，兴起了撰写世界史的决心。他要以世界史给予一生作品一个高点。②

事实上，世界史一直是兰克关怀的。他也一直用世界史的大框架观察民族史、欧洲史。他把欧洲中古时代的结束，以及近世史的

---

① 《新信件》，第 345 页，"Allianz ist nicht Einerlei，Vermischung，sondern zugleich anerkannter Gegensatz."

② Hans Helmolt，*Leopold Rankes Leben und Wirken*，S.143. 兰克在建国激情中悄悄地独自走进国族之上的基督教中心的世界史写作。1890 年代激情稍退，德国学界也重新拾起兰克年轻时所开启的国与国间互动冲突的外交史研究取向，再加入了达尔文主义、自然主义、帝国主义等因素，塑造所谓的"新兰克"史学。这史学传统延续到一战后，甚至二战后。这传统的结束也被视为兰克史学结束的一个指标。F. Jäger & J. Rüsen，*Geschichte des Historismus*：*Eine Einführung*，C. H. Beck，1992.

开始定位在世界史的架构中。兰克在大学任教的四十二年期间，几乎每个学期都开设讲座课，其中有六个学期的讲座课是以世界史为讲题。1825—1826 年以及 1826—1827 年的两个冬季学期开讲“一般世界史”（Allgemeine Weltgeschichte）。1832 年与 1833 年两个夏季学期开讲“具有全面与内在关联性的普遍史”。1848 年夏季学期以及 1851—1852 年冬季学期分别开讲“世界史中的古世界”与“近代世界史”。①

虽然兰克的研究以近世史为主，等身的著作里缺少希腊、罗马以及古文明的研究，但是他留下的讲座课讲稿有关罗马史的就有九百页的手稿，资料极为丰富。讲稿上除了他的手迹之外，另有新笔迹出自他人之手，以及贴上的纸条标签，显示兰克口述世界史时援用自己大学讲座课的讲稿与资料。古史的部分有他的小弟恩斯特的协助。恩斯特是马堡大学神学教授，熟悉旧约的历史背景。同时另有任职马堡王室档案馆的罗马天主教神学专家维德曼（Theodor Wiedemann）的协助，让兰克以宗教发展为主轴的古史有最新的研究资料。②

1878 年到 1879 年的冬天，兰克勤奋地工作。他给出版商老友卡尔·盖贝尔（Karl Geibel）的信里写道：“冬天里我的健康还说得过去，只有一次我必须把工作放下几小时；毕竟我是为工作而活，也许，也正是它让我活着。”③

---

① 兰克在柏林大学 1825—1871 年讲授的所有演讲课名称一览表，参见 Gunter Berg, *Leopold von Ranke als Akademischer Lehrer*, Göttingen, 1968, S.243—245.

② 有关兰克《世界史》写作期间获得的协助以及古史部分的资料，参见上引 Helmolt 书，第 142 页。

③ “...denn diese ist es doch eigentlich, wofür und vielleicht wodurch ich lebe.”《全集》第 53—54 册，第 545 页。

1880年4月兰克给盖贝尔信里说有《世界史的一般看法》可以给他刊印。之后，兰克的世界史定名为《世界史》，第一册标题为“最古老的历史族群与希腊”，并于12月出版。出版不到一周就有再版的需求，兰克备受鼓舞。①1882年《世界史》第二册“罗马共和国与世界霸权”，他根据丰富的罗马史讲座资料出版，一、二两版同时发行。《世界史》第三册与第四册讲述罗马皇帝奥古斯都到康士坦丁大帝期间的早期基督教世界。这两册的写作仍然受到小弟恩斯特的协助，因此其中论点一直注入新的研究成果。两册同时在1883年出版。1884年出版《世界史》第五册“阿拉伯世界霸权以及查理曼大帝帝国”。

兰克全力投入《世界史》的写作：1885年初，在撰写《世界史》第六册期间，他回绝了替帝国首相俾斯麦七十岁生日撰写专文的邀请，他说自己正在写与俾斯麦一样有意义的文章。②这年6月，老友曼托伊费过世，兰克以沉郁但又不失前瞻的语气在《世界史》第六册“神圣罗马日耳曼帝国第一任皇帝奥图一世”结语里写道：“如果能如愿，用这个观点把世界史的迈进继续呈现出来，那会是我的福气。”这结语成了他的遗愿。

1885年12月21日兰克九十岁生日，刚出版的《世界史》第六册及时送抵他手上。王储威廉二世亲自登门致贺，带来德皇威廉一世的贺函与贺礼。学界举办活动赞誉不绝：狄奥多·蒙森称赞他的语言历史学成就，马堡大学赠送他半身油画像。瞿贝尔代表历史委

① 《全集》第53—54册，第546页注。
② 上引Helmolt书，第153页。

员会发表演说，认为兰克尊重每一个个体，对待学生也是全然地让他们展现一己的个体性。他的学生里有些成为学者，有些成为政治人物，有保守的、有自由主义的、有天主教徒，也有新教徒。他的学派是德国的历史学派。①五个月之后，兰克平静地过世。

《世界史》第七册“德意志帝国的兴衰，格里戈七世的权力体制”，描写神圣罗马日耳曼帝国第一任皇帝奥图一世之后到十字军东征之间的四个世代。这是兰克在第六册完成之后四个月内，在私人秘书辛纳贝格（Paul Hinneberg）协助下完成的初稿。②《世界史》第八册“诸次十字军东征与教皇的世界霸权”（第十二及第十三世纪）以及《世界史》第九册“迈入现代世界的过程”（第十四及第十五世纪）都是门生都斐（Alfred Dove）与维德曼根据兰克1869—1870年冬季学期以及1870年夏季学期讲座课讲稿资料整理刊行，讲述中古时代的结束与步入近世历史。③他们完成了兰克的遗愿，将《世界史》构想以进入近代世界作为它的终结。

兰克在《世界史》第一册“前言”里概括地指出他之前世界史作品的缺失。启蒙时代以来，藉助着海外殖民的经历，在十八、十九世纪里出现许多世俗化的世界史作品。从伏尔泰的《世界民族风俗及精神史》到德国卡特赫（J. Ch. Gatterer，1727—1794）与赫德

---

① 瞿贝尔1886年的纪念兰克文“Gedächtnisrede auf Leopold v. Ranke”, in *Vorträge und Abhandlungen von Heinrich von Sybel*, München und Leipzig，1897，S.290—308.

② 参见兰克：《世界史》（*Weltgeschichte*，Leipzig，1886）第7册，前言。前言由家属委托兰克学生A. Dove撰写。

③ 有关编辑过程、资料来源与参与的人，参见A. Dove在兰克《世界史》第8、9册的前言。

的世界史，以及兰克特别以贬抑口气提及的英国“篇幅巨大的以‘世界史’为名的族群历史”（voluminösen Völkergeschchte unter dem Titel“Geschichte der Welt”）。对他而言，这些都不是具有学术性的世界史著作。

兰克在第一册“前言”里指出前人缺失的态度，一如早年在《罗曼与日耳曼族群史 1494—1514》里讲到“人们赋予史学尊职，整理既往，助益现世，教导未来的岁月。如此崇高的尊职，目下的尝试不敢承担，它只想呈现，过去原本是如何”一样。他说前人的世界史“不管是以狭隘的框架，还是以宽广的框架汇集而成的族群史，都构成不了世界史，它只会让事件的关联性（Zusammenhang）在眼中消失；而世界史的学术工作（die Aufgabe der welthistorischen Wissenschaft）正是要立足于认出这个关联性，并指出这个既连结又主宰族群大事件所构成的进程（Gang）”。①兰克要呈现世界史进程内的关联性，对他而言这才是世界史的本质，没有它，所有的族群文明的汇集无法称之为世界史。在《世界史》第一册“前言”里强调的关联就是早年所谓具有神意的过去“原本”（eigentlich）样貌。早期所说的“原本”，指涉欧洲从中古民族迁徙经十字军东征到海外殖民的基督教文明整个关联性；晚年《世界史》所指的关联性，进一步包括英国、法国、普鲁士等现代国家在宗教改革后的兴起。兰克要跳脱一切复数形式的历史撰述。他不但要摆脱把历史整理成为一个一个教导未来的教训事例，或把历史撰写成助益现世生活的一个个鉴戒故事。同时，他也要摒弃把一个一个族群历史汇集

① 兰克：《世界史》第 1 册，前言，第Ⅶ页。

在一起的民族学式世界史。他强调：真实的、具有学术性的世界史是一个有内在关联，前后一贯的单数体。①早年他所指的“过去原本”是一个欧洲族群一体性形成的过程，它具有单数意义。晚年同样地，他否定前人世界史的撰述，他要呈现一个单一整体，一个前后浑然一致的单一进程。在《世界史》第一册“前言”里，他用的词“关联性”（Zusammenhang）、“进程”（Gang）都是单数形式，明确地与复数形式的“族群历史”（Völkergeschichten）区分开来，并形成对比。

含有关联性的世界史，它是一个个体，但它是由无数复数的趋势（Tendenzen）以及隐含的个体性（Individualitäten）所构成。每个时代、每个族群都形成它们特殊的趋势，这些同时趋势间的冲撞以及前后之间的衔接，铸造出整体的关联性。兰克强调关联性绝不是一个君主或一个权力组织作为的结果（这里，显然他影射并讥讽黑格尔——在骑着白马进入耶拿城门的拿破仑身上看到世界史精神的肉身）。他也强调：“我认为，若有某人以世界史的任务为名，对第三者施以不公，那是最具危害性的作法。”②关联性是由各族群发展造成的冲突、交融以及提升而形成，任何个体与趋势都臣服于大关联性之下；它是从个别族群自我意识的觉醒与不断彼此斗争而迸

---

① 参见兰克：《世界史》第1册，前言，第Ⅷ页。兰克强调学术性的世界史的任务是认出关联性。“Eben darin aber besteht die Aufgabe der welthistorischen Wissenschaft, diesen Zusammenhang zu erkennen, den Gang der grossen Begebenheiten, welcher alle Völker verbindet und beherrscht, nachzuweisen.”

② 《全集》第53—54册，第404—406页，兰克1859年11月26日致马克西米连二世国王信。这里的世界史任务指法国大革命后的对外以武力宣扬法国启蒙法政制度。

发出来。他说："正是在不同族群体系间的斗争中迸发出那个具有普遍性的历史。"（die allgemeine Geschichte）这里的"历史"文法上用的又是明确的单数形式。

兰克以族群和民族史为个别单位建构世界史。对他而言，这样的信念与做法有两个功能：第一，只有建立在民族史之上，世界史才会有史实与史料的坚实基础，世界史才不会流入玄思哲学的世界史窠臼中。第二，只有强调民族间的交融，世界史才有内在的一致性与意义，世界史才不会散落为百科全书及类书式的杂汇。兰克说："世界史如果从各个民族的扎实地基上脱离开，那么它将会变质成为幻想与哲思。然而，他也不能仅固守在个别民族史的基地上。"[①]具体地说，在世界史中迈入近世的民族，依照兰克的论述，就是意大利、西班牙、奥地利、法国、英国与德国等欧洲基督教民族。世界史的意义也附着在这些强权的形成与互动过程。他在1846年讲欧洲第十六与第十七世纪的讲座课讲稿中说道："够了，欧洲的人类达到最高意义的一个阶段，从此现代史开始。它的内容是什么呢？一言以蔽之，就是强权的成立。"接着他说史家"我们原本的（eigentlich）工作就是要在世界史的空旷场地上陈述这些大国及强权的成立"。[②]

兰克所见世界史中的关联性是欧洲强权国家群体成立的进程。

① 兰克：《世界史》第1册，前言，第Ⅸ页。从兰克的论述中可以看出十九世纪兰克以民族政治人物为主的学派在历史学界中脱颖而出，它的对手是思辨哲学性的历史研究、杂汇古董性民族学的历史取向，以及经济民生社会实证取向的历史研究。

② 《兰克遗稿集》（Walther Peter Fuchs & Theodor Schieder, *Aus Werk und Nachlass*, München, 1964）第4册，第179页。

他的世界史是要建构欧洲列强一起兴起的渊源，一步一步地回溯到他们一起脱离中古，回溯到他们共同的十字军行动，回溯到基督教在罗马帝国的成立，以及回溯到原始基督教所出自的近东一神信仰。我们可以说，关联性这概念帮助兰克藉着世界史的写作，历史化当时现状中的强权。他用这样建构的历史，证实现状中强权的真实性以及正确性。呈现关联性的世界史对他而言是真正具有学术性的世界史写作，它甚至是具有神性的圣书。历史化的列强现状，也因此同时获得学术性与神性的保障。①

"关联性"这个概念帮助兰克贬斥了黑格尔世界历史哲学的空泛无实，也帮他跳脱把历史写作作为实务事例零碎知识的旧思维。"关联性"是一个历史化现状、建构现状渊源的新历史思维。以这种方式思维建构的历史，它提供的是：让整个民族有自我了解，有历史的自我确认。同时，这种的历史思维因为与单数化历史的概念相结合，它代表世界史中只有唯一一个进程。兰克对欧洲权力体系渊源的建构——他建构的欧洲群体历史自我了解与自我确认，因此，具有绝对的排他性。他的单数体的"关联性"概念否定非欧洲民族在他的《世界史》中有自我了解的可能性，它摧毁非欧洲族群建立自我渊源的基础。这样的世界史是思想的霸权，同时它也替现

① 1963 年东德史家 G. Schilfert 引述布克哈特上兰克演讲课的笔记："世界史学的目的是，要在人类过去的生活中追求它的内在关联性的知识——正是因为人有类于神的本质，因此我们会追求那至高的知识。"（Zweck der Universalhistorie, Erkenntnis das vergangene Leben des menschengeschlechts in seinem inneren Zusammenhang — Es liegt in dem gottverwandten Wesen des Menschen, nach der höchsten Erkenntnis zu streben.）参见 J. Streisand（Hg.），*Deutsche Geschichtswissenschaft*，Berlin，1963，S.204.

实政治的霸权服务。①

兰克在阿尔卑斯山中的王宫给马克西米连国王讲授通史，针对黑格尔的玄思世界史哲学，尤其是其中目的论的进步史观，展现他奠基于史料的史学看法。他强调每个时代、每个族群的历史都有他们的独特性，因此都有他们不假外求的自身价值。用这种观点加诸欧洲从中古到近世历史，兰克都能左右逢源地论述。然而，当写作工作走向全世界以及全人类历史的场境时，兰克无法以历史独特性的一贯了解方式面对东方世界。他不得不隐藏或不自觉地接受黑格尔的进步史观，将东方与欧洲史以不同的原则对待。

1881 年《世界史》第一册的序言中兰克提出“关联性”概念作为世界史内容的定义，以及资料检选的标准。他所努力的，正是想合理化自身的矛盾。他要说明他对待人类历史现象的两种原则正是合乎学术要求的。他提出“关联性”概念一方面显示他的世界史依然落入黑格尔玄思世界史哲学的大框架中，另一方面因为根本排除东亚在世界史中的存在，当地族群甚至不再具有如黑格尔世界史中阶段性的位置，他们彻底地消失在人类的世界史中。

兰克世界史的排他性值得加以探索。从国人的立场出发，尤其有意义的是，知道兰克在面对中国历史时的具体说法，呈现他这方

---

① 非欧洲人在兰克《世界史》中得到的自我认识是：他们是基督教文明“人性理念”（Ideen der Menschheit）波及的对象。俄国史家瓦因施坦说兰克是“帝国主义辩护士”，这是合宜的定位。瓦因施坦：《兰克和现代资产阶级史学》下，《历史译丛》1963 年第 1 期，第 20—29 页。

面的论述可以作为反衬，进一步了解他的世界史“关联性”中的宗教思维——他意识形态的根源。

兰克《世界史》为什么没有中国?[1]这样的问题直指他对历史的基本观点。兰克毕生事业都建立在政治档案的使用之上，那是他心目中史学的理想。而中国在他之前好几世纪，就有依据政治档案撰写历史的制度与传统，这些兰克在1840年代即已知悉。因此《世界史》中没有中国，此现象具有十足矛盾性，而且对兰克追求真实的史学是个讽刺，值得进一步理解。

兰克的历史思考方式始于他替现实的状态陈述渊源。兰克一方面从这些现状所以形成的过程去了解它们；同时，他从它们背后的历史发展提出它们存在的理由，并肯定它们的特质。这种呈现趋势及其个体性的作法，是一种把现状历史化的思考方式。事实上，兰克终身著作中的客观与静观之所以受人称道，正因为他透过历史叙述肯定现实。从他早期以新教徒身份撰写天主教教皇国的历史，到之后的《法国史》与《英国史》等，都呈现这样的作法。历史化现状的写作思考方式不是一种批判的历史叙述与历史思考，它是后置的肯定。兰克要批判的是他所刻意不写的、有意轻忽的现象，他以不认可它是历史现象而批判它。[2]兰克在《英国史》中那句名言“我愿我的自身倏尔消融，只让那些能够呈现强

---

① 2017年刘小枫提问《兰克的〈世界史〉为什么没有中国》，这是中外研究兰克学者经常提出的问题。

② 物质经济现象、社会运动、市民生活等都不是兰克史学书写的内容，这些内容正是他所见历史中邪恶的力量。兰克史学的客观性问题也必须从他所摒弃的历史现象加以讨论。

大力量的东西去述说”，显示兰克的历史叙述是要彰显及肯定那些他所见强有力的历史个体，历史叙述替现实政治强权提出它存在的合理性。

兰克的世界史构想早在 1825 年他刚进柏林大学任教的那一年就呈现。1833 年与 1848 年他曾两次开世界史讲座课。这些讲座课的资料是他晚年口述撰写《世界史》的根据。

1833 年大学讲座课程手稿中的“导言”（Einleitung/Übersicht）曾透露兰克世界史陈述的对象，以及哪些人类族群在他的世界史中不处理。兰克说：“某些族群它们至今似乎仍然还僵化在原始世界状态，如印度、部分中国人，我们也一样略过，因为它们自称的古老是非常有问题的，更因为这个僵在那里，塑像一样的状态，封闭了它们对一点人类普遍事物的参与。”①没有发展与进步的“原始世界状态”（urweltlichen Zustand）以及静止、停滞、“塑像一样”（statuarische Zustand）这些词汇，是兰克选择世界史现象——“呈现强大力量的东西”的反面判准。②有这样特质的族群，他不会让它们的事件在世界史里“讲话”，这些族群的文化不是世界史中要被理

① 1833 年兰克在大学开世界史课程 Die Universalgeschichte（in ihrem allgemeinen und inneren Zusammenhang）。引文出自课程讲稿的“导言/综观”，刊于《兰克遗稿集》第 4 册，第 98、99 页。与启蒙史学中有对东方了解的意图，以及说明它的影响，但浪漫主义与基督教的发展让历史视野的狭窄化。兰克代表的历史主义，在极端的以渊源追求个别性，强调自我，其史学的精神有内容贫乏与具攻击性的一面。

② 兰克早期到晚年终生作品一贯的立场是他对欧洲一统帝国尝试的批判，从神圣罗马国皇帝到教皇到拿破仑的统一尝试都是他所批判的，而东方正是一统帝国的典型状态，是失去动力的停滞状态。兰克以辩证对立作为历史发展动力的基本看法明显源自黑格尔。

解以及要被肯定的个体。①

1848 年上学期兰克在大学演讲课讲“世界史的第一部分或古代世界的历史”。在他的讲稿里，他从文本角度说明不把中国纳入世界古代历史的原因。他说中国的古代史籍在“第四个王朝”时都已毁损，相关的风俗、制度机构的描述都属于民族学的领域（dem ethnographischen Gebiet），所陈述的历史不是以文字为基础。中国古史不能用“纯粹语言学观点”（der rein philologische Standpunkt）处理，“而历史学范围是由文字遗物所塑造”（vor allem das schriftlich Überlieferte bildet das Umkreis der Geschichte）。兰克以他一贯狭义历史学的定义提供他不把中国纳入世界史源头的托词，因为中国没有古史文字记载，因此在古代世界史中将中国排除。

不论是以文明的僵化，没有参与人类历史的普遍发展，或以文字史料散失作为理由，兰克自身都没有直言他的世界史图像中之所以没有中国，那是因为中国文明没有基督教的渊源。事实上，兰克的终极关怀是了解神意，而神意是彰显在世界史的过程中的，世界

① 舒林批判地说，兰克名言“自我消融”的意思就是不想了解异文化。历史主义史学失去启蒙时代希望认识东方的基本态度，兰克是代表。Ernst Schulin, *Weltgeschichtliche Erfassung des Orients bei Hegel und Ranke*（《黑格尔与兰克世界史中的东方》），Göttingen，1958，S.270—275. 相对于这种批判精神，在《历史上的各个时代》“编者导言”中，编者面对中文读者太过美化兰克。编者强调兰克：“他认为，不应该为了自身文化的意义而相互斗争，甚至发生文明冲突，而应该在认识自身文化意义的同时，学会认识自身文化与其他文化的差异，并能够从历史的角度理解和承认其他文化。”值得读者注意的是，“编者导言”句子中所指的文化间的相互理解皆仅局限欧洲各族群间的文化理解。事实上，在兰克历史思考中，文化间的彼此肯定与理解，正排除中国的历史与文化于其外。兰克所用的文化（Kultur）词汇一直单数的，他心目中只有欧洲人类活动所形成的文化。

史是他所谓的圣书。这是兰克选择历史叙述对象的根本判准，他在课堂上从不提及它，然而却满溢于私下的书信与日记。

他最晚期的学生曼乃克在兰克逝世五十周年纪念演说中毫无遮掩地说到兰克撰写世界史把中国摆在一边（bei Seite stellen）的原因。①他说，兰克强调一部世界史不应该是人类族群文明史的杂汇，它该有内在一致性。这个内在一致性是整个世界史的个体性，是一切各别个体性之上的“一个大的整体个别性”（eine grosse Gesamtindividualität）。这个“整体个别性”有“神的气息”（göttliche Anhauch），它呈现出历史发展中活生生的力量。曼乃克在兰克过世后半世纪可以无所遮隐地凸显，兰克心中怀抱着的世界史观点，②以及没有基督教渊源的中国史无法被纳入世界史的“一个大的整体个别性”中。

二战后，舒林更明白地指出兰克《世界史》的终极关怀是基督教。③他说：“《世界史》是宗教性决定的‘世界史’陈述”（Die

---

① Friedrich Meinecke, *Die Entstehung des Historismus*, De Gruyter Oldenbourg, 2016. 曼乃克于1936年兰克逝世五十周年纪念柏林演讲稿附录该书。相较于二战后对兰克的重新评价，第三帝国时（1936年）的曼乃克仍充分地维护着兰克的价值观，坚持强权国家的信仰与宗教观点。在二战后的废墟中，他指出，与布克哈特相较，布氏对政治权力与对战争的观察，比乐观的兰克要深刻敏锐。兰克以史家身份，以写作侍奉神（als Geschichtsschreiber und Priester in Dienst Gottes），世界史经由国家间斗争而进步的信念，曼乃克在二战后无法再加以肯定。参见 F. Meinecke, “Ranke und Burckhardt”, in *Deutsche Akademie der Wissenschaft zu Berlin Vorträge und Schriften*, Akademie Verlag Berlin, 1948, S.13.

② 景德祥从认识论的角度指出，“像兰克那样不事先亮出宏观结论的历史学家的行为就不一定是对上帝虔诚的表现，反而有些学术懦弱的嫌疑了”。此评断符合笔者所知的兰克个性。

③ 东德史家 Hans Schleier 在兰克逝世百年纪念讨论会中，提出兰克四项史学特质，其中第一点是宗教的世界史观。参见 Wolfgang Mommsen（Hg.），*Leopold von Ranke und die moderne Geschichtswissenschaft*, Stuttgart, 1988.

religiös bestimmte Darstellung der "Weltgeschichte")。[①]他把兰克的世界史放入引号中，赋予局限性。这种批判，相对于曼乃克，真正跳出了历史主义的思维。他解释兰克《世界史》第一册溯源到北非的埃及以及近东的以色列，因为这两个古文明是基督教的源头，因为犹太教是"历史的基督教"，是基督教出现之前的基督教。[②]舒林也解释了正因为兰克的终极的关怀是基督教，所以在《世界史》中牺牲掉中国史，不会是兰克的最痛。[③]

---

① 上引舒林书，第 188 页。舒林将兰克的世界史放在引号中，以标示它的局限性。

② 上引舒林书，第 272 页。

③ 舒林的论点是兰克以宗教观点撰写世界史，因此宁可牺牲中国也不能牺牲掉基督教的源头。参见上引舒林书，第 191、192 页。兰克宗教取向的历史写作从早年第一部作品开始一直就有政治意义，之后没有间断，他的《世界史》的政治意义也同样存在。

第二章 兰克在华百年接触史

德国史家兰克（Leopold von Ranke）被誉为“科学史学之父”，不仅对欧美近代史学产生重大的影响，而且波及远东的日本和中国。兰克与中国结缘颇早，1900 年王国维最早提及兰克，①2000 年以后中国史学界始陆续有规模地翻译出版兰克作品。②整个二十世纪，兰克在中国有怎样的“经历”，这仍是一项尚待进一步发掘史料、重建史实的工作。关于兰克与中国近现代史学的关系，几乎所有研究二十世纪中国史学史的论著都会涉及，但并不意味着该问题已圆满解决。其一，中文世界有哪些与兰克有关的文献，先行研究大多未充分发掘，翻来覆去，所举例证不外傅斯年、陈寅恪、姚从吾等少数史家，且所提供的

① 1990 年 9 月 2 日余英时在《一生为故国招魂——敬悼钱宾四师》一文最早注意到王国维论及兰克，“那时日本人编欧洲史教科书往往以兰克为典范。王国维光绪二十六年（一九〇〇）撰《欧罗巴通史序》已明白指出”。（余英时：《钱穆与现代中国学术》，广西师范大学出版社 2006 年版，第 18 页）

② 杨培英译：《历史上的各个时代》，北京大学出版社 2010 年版；易兰译：《世界历史的秘密》，复旦大学出版社 2012 年版；付欣译：《拉丁与日耳曼民族史 1494—1514》，广西师范大学出版社 2015 年版；孙立新译：《近代史家批判》，北京大学出版社 2016 年版；王顺君译：《德国史稿 1555—1618》，吉林出版集团 2016 年版；陈笑天译：《世界史》（3 册），吉林出版集团 2017 年版。

证据又那么薄弱；其二，某人论著中论及兰克，或引用兰克某句话，便谓某人受兰克影响，或某位史家重视档案史料，便判定继承了兰克学风，诸如此类不靠谱的论证，在先行研究中颇为常见；其三，中国史家的兰克论述是直接阅读兰克著作后形成，还是通过二手著作，或仅是东抄西拼，先行研究似缺乏探源意识，一概用于说明兰克在中国接受的证据。本章拟以近代中国史家的兰克论述作为分析对象，一方面追溯中文世界兰克知识的本源，另一方面尝试重建兰克论述辗转传衍的知识锁链，藉此呈现兰克知识在中国史学界的实况，从而对兰克在多大程度上影响二十世纪中国史学提供一个参照。

一、润物无声：历史与兰克

中文世界最早出现“兰克”的文本是西洋史教科书，其次则是辞书性质的工具书，而这两类文本最初都与日本有关。十九世纪末始，兰克的思想及其著作译介至日本，对学院史学产生深刻的影响。适值中国掀起留学日本高潮，留日学生从日本翻译了大量的西学著述，包括数量庞大的各种教科书。中国读书人最初接触兰克，便通过这些不起眼的万国史、西洋史教科书。这类教材讲到十九世纪之进步，对欧洲各国史学发展多有“点名录”式的介绍，尤其对德国史学叙述略多些。当然，借径此类文本认识兰克，仅能知其名，不易见其学，但缘于它的普及性，不同教科书反复再现，使“兰克”与“历史”紧密相联，使之成为近代历史学的象征。

需要指出的是，教科书和辞书所呈现的兰克，与读者的互动程度或有差别。它们所包容的海量信息中，兰克所占的分量均微不足道，沧海一粟，但教科书读者一般需要通读全书，加之不同学程课本多次再现，兰克完全可能进入一般读者的知识世界；但辞书则未必，它的主要功能在备查，不是读者的日常读物，加之辞书中有兰克词条者甚少，故总体来看，辞书在提升兰克知名度方面远不如西洋史教科书。

西洋史教科书

国人最早提到兰克又见诸文字者是王国维（1877—1927）。1900 年他为箕作元八（1862—1919）、峰岸米造（1870—1947）合著《西洋史纲》中译本《欧罗巴通史》所作的“序”中说：“日本理学士箕作元八及峰岸米造两君所著《西洋史纲》，盖模德人兰克（Ranke）氏之作，以供中学教科之用者，书虽不越二百页，而数千年来西洋诸国之所以盛衰，文明之所以递嬗，若掌指而棋置，盖彼中最善之作也。”[①]《西洋史纲》扉页附“历史家之泰斗兰克先生之肖像”，第四部第十四章“最近之进步”写道：

> 史学家如尼布之《罗马史》，别开生面。次德人兰克，以炯炯史眼，与深刻研究，利用书籍，达观世界历史之趋势。

余如德之 Sybel、Baumgarten、Treitschke、Mommsen，英之 Freeman、Gardiner，法之 Taine，皆名史家，“渐用商业法律之人事学科，至压倒专行于第十八世纪之史法”。[②]《西洋史纲》出版于明治 32

---

① 王国维：《欧罗巴通史 · 序》，东亚译书会 1901 年版，第 2 页。

② 《欧罗巴通史》，第 158 页。［日］箕作元八、峰岸米造：《西洋史纲》，东京六盟馆，1899 年，第 340 页。

(1899) 年 1 月 30 日，五年之内再版 27 次，“详略得中，风行日本”。①《欧罗巴通史》则被清政府列为审定教科书，1901 年 1 月至 1902 年 8 月，再版 11 次，“风行海内，销数业逾二万”。②此外，《西洋史纲》及其《要解》，由华文祺、李澂译纂，题名《泰西通史》，文明编译印书局 1902 年出版，王国维早年的老师藤田丰八 (1869—1929) 为此译本作序。

箕作元八非常推崇兰克，1899 年在《史学杂志》发表《ランケの歴史研究法に就きて》，讨论兰克史学方法与尼布尔等同时代史家的不同。③此文曾被署名“嘤鸣”摘译成《历史研究法之三阶级》一小文，发表在成都《戊午周报》(第 37 期，1919 年 1 月 26 日)，这是迄今所见中文世界最早译述兰克史学理论的文字。文中称，兰克分历史研究法为三段：“(1) 考证的研究法者，就各个事实而正确考核之，以阐明其真相之方法也。(2) 连络的研究法者，以第一方法所确定之事实，与同时代之事实互相对照，而明其相关之处，次乃推究其与前后时代所有事实之关系，以发见原因、结果之理之方法也。(3) 哲学的研究法者，就前二段之研究所得之结果而总括之，以发见其间所存之真理之方法也。”兰克坚守客观立场，“常谓描写史实，须如玻镜之反射物体，以适符原状为度”，他毕生研究中古以下之史实，“利用古文书为治史之材料，盖亦自

① 《欧罗巴通史・凡例》。
② 《中外日报》1902 年 8 月 20 日第 11 版《欧罗巴通史》出版广告。
③ [日] 箕作元八：《ランケの歴史研究法に就きて》，《史学杂志》第 10 编第 6 号，1899 年 6 月、第 36—45 页。按，Riess 为兰克写的《空前绝后的最大史家》(《史学杂志》第 10 编第 1 号，1899 年 1 月)，并刊登兰克晚年肖像，与《西洋史纲》兰克插图属于不同图版。

兰克始也”；第二段研究法则较前者为危险，“初学之人，最易穿入迷途，而下误谬之判断，盖连络不可不据确实之证迹，作客观之研究而归本于理论。……大凡科学研究所得之事实，决非用盲人暗夜探物之法而来，必先立一理论，然后由各方面搜集事实以印证之。历史之第二段研究法，亦根据此法者也。”第三段研究法创始于兰克，他“于前二法之外，并着眼于此法”，其《世界史》即本此三段法完成。兰克谓：“吾人今日之历史，较诸古人之历史，区域广大。吾人力求以支配各国民全体生活之他种原动力，加入历史之中。反言之，即以历史作为一贯之物而考究之，决不为部分之研求是也。”箕作理解兰克之意，以为史家最后之目的，须考知人类发达，系用何种方法，及由何方向而来。若就各个史实而独立研究之，则无论如何精详，终不得为科学。据箕作的解说，“兰克常持客观之见地，以精密之注意，研究历史之事实，并据以观破人类全体发达之真相，实为后世治史者明示南针”。此文译刊于西南内地，在中国学界似无反响。

王国维之所以能准确判断《西洋史纲》与兰克《世界史》存在学缘关系，应与其师藤田丰八有关，后者 1895 年毕业于东京帝国大学，他读大学期间正是德国史家 Ludwig Riess（1861—1928）在东京帝国大学大力宣扬兰克史学之时。Riess、坪井九马三、箕作元八等在日本大讲兰克史学，藤田共享了明治时期流行的兰克思想，尤其关于世界史理念，已脱离兰克之名，而转化为普遍的常识，二十世纪初年中国新派读书人通过日本普遍加以接受，而王国维应从藤田处获悉。由此，形成了一个有趣的史学旅行现象：兰克→Riess、坪井九马三→藤田丰八→王国维（诸多传递路线之一）。他们在某些观念上的一致，显然不能说是一种巧合，而是有思想上的传承关系。

兰克曾谓“史学不只是罗列收集死寂的史实，而且要追求对它活生生地理解”，①展现历史事实之间具有内在的联系（Zusammenhang）。彼谓“我们必须承认，历史学不具有哲学系统那样的统一性，但它确实有自己的内在联系。我们看到一系列事件，一个跟着一个，一个又以另一个为条件”，但“条件”不是指绝对的、必然意义上的条件，②“一切现象与生命背后之变动发展，乃具有无穷的多样性”，③“探索因果之网”，④并认识这种联系。强调一切历史知识的基础必须是历史的独特的联系的再现，在狄尔泰（Wilhelm Dilthey，1833—1911）看来，这正是兰克的伟大贡献。⑤关联性原则也体现在兰克的世界史（Weltgeschichte，英译 Universal History）理念中，它不是各个民族国家历史（national histories）的简单集合，无论汇聚数量有多少，都不能称之为世界史，因为它并不能体现各自

① 《兰克全集》（*Leopold von Ranke's Sämmtliche Werke*）第 24 册“论历史与政治”，第 284 页。转引 E. Bernheim, *Lehrbuch der Historischen Methode*, Leipzig: Verlag von Duncker & Humblot，1889，S.4.

② Ranke, *Weltgeschichte*，引文见何兆武主编：《历史理论与史学理论——近现代西方史学著作选》，商务印书馆 1999 年版，第 227 页。

③ 转引柯瑟尔（E. Kessel）：《兰克的普遍历史观念》，刘小枫编：《从普遍历史到历史主义》，华夏出版社 2018 年版，第 315 页。

④ 兰克：《论普遍历史》，刘小枫编：《从普遍历史到历史主义》，第 185 页。

⑤ “Ranke's great contribution was his realization that the basis of all historical knowledge must be the representation of the unique context (Zusammenhang) of history.” in Georg G. Iggers，“The Image of Ranke in American and German Historical Thought”，*History and Theory*，Vol.2，No.1（1962），p.33. 中译文见何兆武译：《美国和德国历史思想中兰克的形象》（下），《历史译丛》1963 年第 2 期，第 36 页。

的关联。理想中的世界史应该“embraces the events of all nations, and times in their connection, in so far as these affect each other, appear one after the other, and all together form a living totality”。①兰克念兹在兹的 Zusammenhang，不是叙事写作的技巧，它是兰克心中最深沉的信念，即基督教文化，被视为神迹神意。

Riess 在日本讲“Universal History”，完全接受兰克世界史理念，即世界史不是各民族史的丛集，它关注的是“those ties and relations that always existed between different nations”，由此形成“one living community”，从而理解“the growth of one great community of nations, as it now exists”。换言之，世界史所要处理的是“that only phenomena that at the time or later affected all or nearly all members of the Community or that have left traits still perceivable in the present state of the Community”。Riess 世界史思想可概括为两点：其一，强调国与国之间的关联；其二，处理对当下历史团体形成产生重大影响的过去史实。这两点是兰克世界史的基本特点。Riess 承认 Universal History 这一概念并不是最合适的，因为亚洲国家（Asiatic nations）不包含在内，但他又认为暂时没有比 Universal History 更好的名称，European History 也不能代替它。②

曾留学柏林大学的坪井九马三是 Riess 在东京帝大的同事，同

---

① 英文引文转引自 J. M. Vincent, *Historical Research*, New York: Henry Holt and Co., 1911, p.12. 引文德文为“Die Weltgeschichte umfasst die Begebenheiten aller Nationen und Zeiten im Zusammenhang, insofern sie, die eine auf die andere wirkend, nach- [und neben-] einander erscheinen und miteinander eine lebendige Gesamtheit ausmachen.”转引 E. Bernheim, *Lehrbuch der Historischen Methode*, S.41.

② L. Riess, *A short survey of universal history*, Tokyo: Fusambo, 1899, pp.6—7.

样推崇兰克史学，谓“余辈所见纯正史学，始于德国兰克”。[①]他的《史学研究法》虽以伯伦汉（E. Bernheim）《史学方法论》（*Lehrbuch der Historischen Methode*）为蓝本，但间接接受了兰克的某些思想。例如，伯伦汉在引用兰克的基础上提出历史是一个广大又多面关连的“有生息的整体”（lebendiges Ganze），[②]直接启发坪井提出所谓“有機體の歷史”。坪井认为欧洲处于同一个社会组织，这个社会组织中包括众多国家，国家之间关系非常密切，所以欧洲历史可以作为“有机体”来书写。而中国、印度等国的历史只能算是程度相当低的“有机体的历史”。东洋史是否存在类似欧洲史那样的“有机体”，在坪井看来还是一个疑问。[③]与伯伦汉一样，坪井认为兰克所悬的世界史理想尚未实现，目前只有兰克所不承认的“列国史”式的万国史，“就好似在日本桥的鱼市场依次清点鱼的情况一样，按一定顺序就可以厘清数量，这是极为器械、极其幼稚的分类方法”。[④]此外，坪井也接受历史化现状思维方式，历史研究“只能通过观察现在的社会，以之追溯过往的社会”。[⑤]

藤田丰八作为 Riess 和坪井九马三在东京帝大的学生，颇受他们思想的熏陶。桑原隲藏《中等东洋史》（大日本图书株式会社，

---

① ［日］坪井九马三：《关于史学》，《史学杂志》明治 27 年第 5 编第 1 号，第 13 页。

② E. Bernheim, *Lehrbuch der Historischen Methode*, S.4. 陈韬译《史学方法论》第 3 页译为“有生气的全体”。

③ ［日］坪井九马三：《史学研究法》，早稻田大学出版部 1903 年版，第 46—47 页。

④ ［日］坪井九马三：《史学研究法》，第 66、68 页。

⑤ ［日］坪井九马三：《史学研究法》，第 20 页。

1898 年）由藤田的中国学生樊炳清翻译为《东洋史要》，上海东文学社 1899 年出版。藤田论述该书之旨，命学生王国维写下作为序，曰：

> 自近世历史为一科学，故事实之间不可无系统。抑无论何学，苟无系统之智识者，不可谓之科学。中国之所谓“历史”，殆无有系统者，不过集合社会中散见之事实，单可称史料而已，不得云历史。历史有二，有国史，有世界史。国史者，述关系于一国之事实；世界史者，述世界诸国历史上互相关系之事实。二者其界斠然，然其不可无系统则一也。抑古来西洋各国，自为一历史团体，以为今日西洋之文化。我东洋诸国亦自为一历史团体，以为东方数千年来固有之文化。至二者相受相拒，有密接之关系，不过最近世事耳。故欲为完全之历史，今日尚不能，于是大别世界史为东洋史、西洋史之二者，皆主研究历史上诸国相关系之事实，而与国史异其宗旨者也。又曩之所谓西洋史者，亦大抵不过西洋各国国史之集合者，不得称西洋史。其称东洋史、西洋史者，必自国史杂沓之事实中，取其影响及他国之事变，以说明现时之历史团体者也。①

藤田通过 Riess 间接接受兰克的世界史理念，作为 1897 年他撰写《中等教科东洋史》的指导原则。他把“Universal History”日译为

① 王国维：《东洋史要·序》。按，此序是“吾师藤田学士乃论述此书之大旨，而命国维书其端”，所论代表藤田丰八的见解，而不是王国维的。

“一般史”（普遍史），强调东洋史同样要贯彻兰克的原则，即不是各国国史的“器械的混合”，而是以中国为中心，“历史上与之相关的诸国合在一起形成一个团体”,①要求“观察国与国之关系，一起一伏，以其现在呈现的状态，尝试演绎其今日状态的由来”。②这种基于现状而陈述渊源，正是兰克和 Riess 的历史思考方式，对十九世纪末日本史学界影响颇大，当时出版的各种东洋史和西洋史都在不同程度上宣扬之，几乎与《欧罗巴通史》同时传入中国。如木寺柳次郎编《中等教育西洋历史》（1897 年）和《中等教育东洋历史》（1898 年）都在“绪论”中明确提出世界历史之定义：“世界历史者，乃及重大之影响于人间社会，以成今日形势之过去事实之记录也。故不问如何事实，苟于人间社会全体无关系者，皆非世界史上之所重者也。”③

“五四”以后，历史化现状的思考方式，在中国史学界得到相当广泛的推广。何炳松说：“历史为说明现状由来之学，学者果能对于已往陈迹多所会心，则对于当代情形必能了解。”④国民政府教育部制定的高级中学历史课程标准，目标第一条“叙述我国民族之

---

① ［日］藤田丰八：《中等教科东洋史》，东京文学社 1897 年版，第 1 页。

② ［日］藤田丰八：《中等教科东洋史・凡例》。

③ ［日］木寺柳次郎：《中等教育西洋历史・绪论》，东京博文馆 1897 年版，第 1 页。此书 1902 年由章师濂、李国磐、胡叙畴译成中文，题名《新译西洋历史》。木寺柳次郎：《中等教育东洋历史・绪论》，东京博文馆 1898 年版，第 1 页。

④ 何炳松：《历史研究法》，商务印书馆 1930 年版，第 82 页。按，何氏此说源于法人 *Introduction to the Study of History*，见英译本第 319 页“History enables us to understand the present in so far as it explains the origin of the existing state of things”，又见何炳松英文选注《历史研究法》（上海古籍出版社 2018 年版）第 289 页。

拓展，与历代文化政治社会之变迁，以说明我国现状之由来，而阐发三民主义之历史的根据”。①彼时出版的各种历史教科书都宣称探究和叙述“现状之由来”，以张荫麟《中国史纲》、钱穆《国史大纲》、吕思勉《中国通史》最为典型。张荫麟特别提出选择史实的“现状渊源的标准”（Standard of Genetic Relation with present situations），即详近略远。②当然，民国史家这一思考方式不尽直接渊源于兰克，而且它并不是兰克所独有，是十九世纪德国反启蒙的集体思维，但这一历史思维方式的流传，或与兰克思想在全球范围内的传布有一定的关联，尤其通过日文世界的转译，中国史家很早就接受历史化现状思考方式。事实上，兰克的思考方式是为了反启蒙，反对外来思想，从而肯定自我的特质，承认现状的合理性，为当下辩护。兰克的历史思想与他的政治立场有内在的逻辑关系，但他这一思想东渐中脱离了时代语境，在日本、中国史学界被化约为叙事方法。

藤田的东洋史理念与兰克和 Riess 的世界史理念相通，前者所用日语词汇“关系”、“关联”、“团体”，皆对译于 Riess 依据兰克 *Weltgeschichte* 所编写 *Universal History* 讲义中概念。“现时之历史团体者”应对译自“one great community of nations, as it now exists”，“关系”、“关联”正是 Riess 的“ties and relations”、兰克的“Zusammenhang”，“团体”正是兰克口中的“Gemeinschaft”、Riess 所说的

① 教育部中小学课程标准编订委员会编：《初高级中学课程标准》，商务印书馆 1936 年版，第 121 页。

② 张荫麟：《中国史纲·自序》，青年书店 1941 年版，第 9 页；张荫麟：《论史实之选择与综合》，《思想与时代》第 18 期，1943 年 1 月 1 日。

“community”。藤田不能接受兰克那种没有东洋史的世界史，直接冠之以 Riess 弃用的“欧洲史”（欧罗巴通史）或“西洋史”，故世界史是“最近世事”。同样，为桑原《中等东洋史》作序的那珂通世也不承认“叙述欧洲之盛衰，名之谓世界史与万国史”的做法，批评这是“一偏之见”，认为东洋文明应受到尊重，“世界文明，非必尽由欧洲，东洋诸国，社会之勃兴，风气之进化，亦不弱于欧洲”。①此外，与坪井对东洋史表示怀疑不同，藤田非常积极建构东洋史体系，后来转向研究西域史和南洋史，都可视为实践以兰克世界史理念主导东洋史的具体表现。

藤田在《泰西通史序》中对兰克世界史理念作了更形象发挥：

> 史上之现象，既为人类经营运动之成绩，则人类为历史之主题无论矣。而人类中之经营运动最大且伟者，必由其境遇智德最大且伟故，此为大化精神最大之表现乎？时代精神最伟大之权化乎？余虽不之知，然史上现象大都为此辈经营运动之成绩，古来历史如帝王起居注，又如英雄列传者，职是故也。虽然，历史非帝王之起居注，又非英雄之列传，其集合帝王起居注、英雄列传者，仍唯起居注、列传已耳，仍唯起居注、列传之集合者耳，是犹木材土石杂然丛积，而不可谓为室宇也。史上之现象，非由帝王起，非由英雄起，非由众人起，亦非由此等杂然集合者起，乃由此等一定之关系而起。申言之，实由此

① ［日］那珂通世：《中等东洋史教科书原序》，［日］桑原隲藏著，周同愈译：《中等东洋史教科书》，文明书局 1904 年版，第 1 页。

等之一有机团体相翕应相维系而起也，历史最宜致意者唯此耳。

既知集合帝王起居注、英雄列传者，不可称为一国之历史，则彼称世界各国历史之集合者为世界史，西洋各国历史之集合者为西洋史，固当知其无谓矣。人与人无关系，则无人群之历史，国与国无关系，则无国群之历史。于世界各国间有密切之关系始可为世界史，于西洋各国间有密切之关系始可谓西洋史。若夫胪列各国历史，而漫言此世界史也，此西洋史也，犹胪列国人之传记，而谓为一国之历史，实属无谓之甚者。

藤田再次强调“关系”是历史最根本的东西，“人类之史迹前因后果，如连珠之不绝，若不明其中之关系，则数千年已往之陈迹，幻梦耳，浮云耳，何意义之足云。盖零碎之智识不足称科学故也”。[①]正因为历史现象“彼此有因果之关系，各自有特别之意义”存焉，有“一定之理法网维于其间”，故呈现为“有机团体”，也就是 Riess 的“living community”、坪井“有机体的历史”，兰克用词则是“lebendige Gesamtheit”，史学由此成立。

藤田这一思想在当时日本已成为常识，但对中国学界而言却是一种新说，故不少新派学人不断阐扬之。王国维完全接受其师看法，“凡学问之事，其可称科学以上者，必不可无系统”。西洋史和

① ［日］藤田丰八：《泰西通史・藤田序》，文明编译印书局 1902 年版；又见《政艺通报》第 13 期，中篇“史学文编”，1902 年 9 月 2 日。

东洋史上“公共之材料者，除蒙古之西侵与近世欧人之东略外，数千年中殆无可指之事实，故历史之分东西亦所不得已也”。[①]藤田版世界史理念，不仅被王国维所继承，而且对其他中国学人也有影响。[②]裘廷梁是与藤田同为《泰西通史》作序者，表达了与藤田相似的观点，他认为历史非徒为“陈人塑绘其面目”，应考究“一群一族之渐张，一文一野之递嬗，始必有其所由来，后必有其所终极”，否则四千年之事实，如“梦幻泡影”。[③]1903 年贺绍章为特社译补的《世界通史》所作的“序例”，论述“世界史”则模仿藤田，谓：

> 虽然，土石材木所以为室也，贸然摭土石材木，错杂而丛积之，可以为室乎？夫史虽为人类经营运动之陈迹，而非有组织之法则，具特别意识发见其精神所存在，则亦漠然一无机物耳，奚屑屑于此数千年陈迹、数十百卷之故纸为然。而精神者究仍属于事迹之附丽物，则夫时期之发见、文野之递嬗、形势之变异，若政治、宗教、法律、学术、语言、文字、美术，与夫种种有形无形之事事物物，溯厥由来，究所终极，若何因若何果，若何关系，若何影响，沟而通之，键而钥之，厘然划然，若眉列而掌指，则舍世界史，奚赖读世界史而知数千年人类之经营运动之陈迹之非偶焉凑合也，而知综此数千年人类之

---

① 王国维：《欧罗巴通史 · 序》，第 2 页。

② 徐敬修《史学常识》（大东书局 1925 年版）“历史之范围”一节，抄录了藤田《泰西通史序》。

③ 裘廷梁：《泰西通史 · 裘序》，文明编译印书局 1902 年版。

经营运动之陈迹非漫焉掇录也，于历史哲学其亦庶几，抑予闻西哲之言曰："史一有机体物也。"①

贺氏所说"史一有机体物"应与藤田"有机团体"同意，强调因史实之间的关联而成一有生气之整体。一方面，兰克的有机体历史观，不同于彼时在日本和中国非常流行的进化论历史观，他所看重的内在关联，不是社会进化论意义上具有演化性质的有机体，兰克并不主张线性史观，相反的，他是进步史观强有力的批评者；另一方面，中日史家所理解的"关系"、"关联"，只是呈现事物之间的内在因果关系，在叙事方面则表现为写作技巧，掏空了兰克提出"关联"所蕴含的宗教信念。

兰克的思想遗产在被东亚接受过程中，他的精神面相被剥离，剩下的是冰冷的叙事技术，诸如因果关系、有机整体、团体等，早已脱离兰克之名蕴含于中国史学界，成为普遍的常识。当然，这些思想并不是兰克所独有，被十九世纪以来西方其他史学家所共享。我们发现一个有趣的现象，中国近代史学界一些非常流行的语录，与兰克某些观点颇有"形似"之处，但言说者似完全没有联想到兰克的存在。1920 年代梁启超谓"倘若把许多史迹相异的属性剔去，专抽出那相同的属性，结果便将史的精魂剥夺净尽了。……然则把许多'不共相'堆叠起来，怎么能成为一种有组织的学问？我们常说历史是整个的，又作何解呢？依我看，十有

① 贺绍章：《世界通史·序》，见［德］布列（K. J. Ploetz）著，特社译补：《世界通史》，东京并木活版所 1903 年版。

八九要从直觉得来，不是什么归纳演绎的问题，这是历史哲学里头的最大关键。”①他也讲过“历史是整个的、统一的。真是理想的历史，要把地球上全体人类的事迹连合起来，这才算得历史。既是整个的、统一的，所以各处的历史不过是此全部组织的一件机械”，“历史好像一条长练，环环相接，继续不断，坏了一环便不能活动了。所以对于事实与事实的关系，要用细密锐敏的眼光去观察它”。②与梁氏类似的论述者不少，如谓“历史是整个的……如许多铁环连系着的一条锁链”，③或“历史是整个的，一件事体的发生，都有他的前因后果”，④又谓“历史是整个的，有生命的，不可割裂的”，⑤或称“原来历史是许多相互因果的事件结构而成……因为历史是整个的”，⑥或说“历史是有机的”。⑦当然，这些言说的具体语境千差万别，不见得与兰克有关系，但他们都把历史想象成有内在联系的整体，历史是单数的，则与兰克一致。

《欧罗巴通史》之后，汉译日本西洋教科书陆续出现，数量颇多，大都提及兰克，并略有说明。1901 年金粟斋译刊的《西洋史要》说德国史家兰克、特莱屈克“皆以泰斗见称”。1902 年杭州史学斋发行的《西洋历史》谓德国“史学尤隆盛，伦恺、蒙逊、士俾

① 梁启超：《研究文化史的几个重要问题》，《梁任公学术讲演集》第 3 辑，商务印书馆 1923 年版，第 132—133 页。
② 梁启超：《中国历史研究法补编》，商务印书馆 1934 年版，第 28、30 页。
③ 章人钧：《中学历史教学的基本原则》，《历史教育》1937 年第 2 期。
④ 胡哲敷：《历史教学法》，中华书局 1932 年版，第 17 页。
⑤ 周容：《史学通论》，开明书店 1933 年版，第 146 页。
⑥ 卢文迪：《历史》，中华书局 1941 年版，第 18 页。
⑦ 徐文珊：《历史教育论》，史学书局 1945 年版，第 147 页。

尔、德黎底开，皆其选也”。①1902年敬业学社出版的《欧洲历史揽要》则说：“史学家如尼布之《罗马史》，德人兰克之实际研究世界历史，而德之西比尔，英之富利孟，皆著名欧洲者也。”1902年作新社编译的《万国历史》叙述“十九世纪之文学及哲学”，所涉及的欧洲史家更是繁多，其中“日耳曼史家最众，如索洛赛尔（Schlosser）、黑伦（Heeren）、路莫尔（Raumer）、伦科（Ranke）等，皆有名于时，而伦科尤著。其余潜讨各专门之历史者，皆以研究各国各时代为宗，如当科尔（Duncker）、威波尔（Weber）、妈母参（Mommsen）是也。而伦格（Lunge）之唯物论史，亦有名者也”。1903年开明书店译刊的《世界史要》谓“历史家有兰克一变史学之风潮”，余如Sybel、Mommsen等相继而出，“压倒专行于十八世纪之史法”，②此处当取自《欧罗巴通史》。1903年上海通社从日文译刊德人编著的《世界通史》，描述十九世纪欧洲史学之概况，颇能代表清末出版的各种西洋史、万国史教科书对此的叙述：

> 德国之日耳曼史，一八一九年，成于斯泰因（Freiherr V. Stein）之手。他若牛布尔（Niebuhr）著《罗马史》，秀落尔（Schlosser）著《十八世纪史》，德尔曼（Dahlmann）著《丹麦史》，皆史家之表表者。又有兰该（Ranke）一八八六年殁，开客观主义之一派，其文足雄视古今；于法国则西蒙底

---

① 此四位史家今译为兰克（Ranke）、蒙森（Mommsen）、瞿贝尔（Sybel）、特莱屈克（Treitschke）。

② 吴家煦、吴传绪译补：《世界史要》，上海开明书店1903年版，第190页。

(Sismondi)理财家兼通史学,巴伦的(Barante)著《文学史》,基俊(Guizot)著《革命史》,米奈(Mignet)著《革命史》,甲尔(Thiers)著《拿破仑传》,亦皆有名于世;于英国则克罗笃(Grote)著《希腊史》,墨哥列(Macaulay)著《英国史》,加雷尔(Carlyle)著《人物论》,最有特色。

1905年湖北法政编辑社编译的《西洋史》说:“德国史学界,输入科学的研究法,崭然一新面目者,先有牛布尔之《罗马史》,继有兰楷之《世界史》,均推杰作。二人学问该博,且历史之眼光极大,故能自杼机轴,雄视古今,诚史界之泰斗也。”①1905年教育普及社编译《西洋史提纲》谓兰克“为近世史学之泰斗”。②1906年梁焕均编的《西洋历史》在“十九世纪之文化思潮”一章谓“牛布尔著《罗马史》,与他历史家议论不同,能自立新派,一新史学界之面目。兰该以根本历史材料创科学历史”。③

在日本西洋史教科书中,本多浅治郎、濑川秀雄教科书的兰克叙述对中国影响尤巨。本多浅治郎编写的西洋史教科书种类多,《新体西洋历史教科书》(东京开盛堂,1899年)第374页和《新撰西洋史教科书》(宝永馆,1902年)第313页仅列兰克之名和生卒年,没有其他任何说明。《新撰西洋史教科书参照图画》(宝永

---

① 湖北法政编辑社编译:《西洋史》,湖北法政编辑社1905年版,第186页。按,牛布尔今译为尼布尔。

② 教育普及社编译:《西洋史提纲》,教育普及社1905年版,第205页。

③ 梁焕均编译:《西洋历史》,东京九段印刷所1906年版,第237页。

馆，1903 年）第 100 页有第 90 幅图兰克肖像。[1]《新体西洋历史参考书》（东京开盛堂，1900 年）第 686 页有兰克说明，并附兰克肖像插图，[2]1906 年湖北兴文社译刊此书，关于兰克，删除了肖像，但说明文字直译如下：

> 兰盖（Ranke），德意志人，近世历史家之泰斗也。其著作甚多，不遑枚举，然其最有名者，如《罗马法王史》（*History of Popes*）、《万国史》等是也。兰氏又唱道史学研究法之新说，及撰择材料不可不慎等云云。[3]

1910 年熊钟麟等译本多浅治郎《高等西洋史教科书》对兰克说明略有增添，如下：

> 兰格（Leopold von Ranke）千七百九十五年至千八百八十六年。幼聪颖，就学来比锡大学。二十二岁，为佛朗渡学校教员。千八百二十四年，梓《近代史论》一书，受知普鲁士文部省，擢柏林大学教授。旋衔命游意大利，因墨德尼绍介，得遍览各地宝藏书库。归后熏陶后学，搜索史事，主史学分科研究，造历史科学之新时期。其体躯强健，寿九十有奇。晚年犹孜孜不

---

① 与箕作元八、峰岸米造合著《西洋史纲》扉页插图属同一图版。

② 有关兰克说明文字和插图，又出现于本多浅治郎《欧洲近世史》（东京宝永馆 1903 年版）第 360 页。

③ ［日］本多浅治郎著，湖北兴文社译：《西洋历史参考》，上海群益书社 1906 年版，第 413 页；本多浅治郎：《新体西洋历史参考书》，东京开盛堂 1900 年版，第 686 页。

倦，故其著述浩如烟海，《罗马法王史》、《宗教改革时代之德意志史》、《普鲁士史》、《世界史》等，最显于世。①

该汉译本流传很广，至1915年再版4次。

濑川秀雄《西洋通史》是迄今所见西洋史教科书中对兰克叙述最详者，此后中国学人编写西洋史或世界史作品，有关兰克文字多辗转摘录于此。《西洋通史》初版于1904年，1907年富山房出版了汉译本，1911年商务印书馆出版章起渭中译本。此书特色之一，即“自古代以至今世，凡文艺科学进步之事，最史家所宜讲究，乃普遍教科书，所说皆甚简短，故本书特别立为章，以记其大概”。②其中对兰克的述评尤多，摘录如下：

及兰凯出，尤为世界史山斗。兰凯一千七百九十五年生，一千八百八十六年卒。幼入乡校受教育，后入利比瑟大学，习古典学、神学。年二十二，充法兰克福某校教授，任古典学、史学两科。精通古代史、中世史。寻著《罗马德意志民族史》自一千四百九十四年至一千五百十六年，推为柏林大学教授。厥后五十年，教育不倦。且入柏林图书馆，搜求残编，得宗教改革时代古文，著书名曰《十六七世纪之土耳其及西班牙帝国》，订正

① ［日］本多浅治郎著，熊钟麟等译：《高等西洋史教科书》，东京导文社1910年版，第752页。引文又见商务印书馆1915年版，第779—780页。日原文见本多浅治郎《高等教科西洋历史》，东京内田老鹤圃1917年版，第549页。按，熊钟麟等所译底本，当是1910年前版本，未见，笔者只找到1917年版。

② ［日］濑川秀雄著，章起渭译：《西洋通史·凡例》，商务印书馆1911年版。

> 沿传之讹。后又得普国资给，旅行维也纳、意大利，搜求古籍，以科学法研究史学，兰氏实建其基。归国后，充政府机关杂志主笔，以直言无忌，为人所嫉，乃专心史学，著《德意志宗教改革时代纪事》、《罗马教王纪》行世。旋任普国修史官，著《普国史》，风靡一世。一千八百六十五年，列为贵族。其《世界史》，八十一岁方属稿，内论世界发展以至变迁，盖积六十年之研究而后笔之于书，故史实丰富，而记述有统系也。要之兰凯之作史也，凡于文书记录，当解释之先，务祛偏见，本其博洽之学识，以试其科学的批判，必得有稳健之决案，而后下笔焉。故其书，议论中正确实，文章平易晓畅，生气跃然，令阅者赞叹不已也。氏又为散文大家，而其人格之伟，尤足矜式一时。①

此外，1911 年濑川出版《西洋全史》，下卷第五编“十九世纪以后文艺科学之概观”，重复《西洋通史》关于兰克叙述，仅增添兰克肖像。②此书虽没有中译本，但被中国史家广为参考。

本多浅治郎和濑川秀雄有关兰克叙述的史源何在？笔者以为他们都参考了 1903 年 12 月 20 日高桑驹吉在东京帝国大学举行的兰

---

① ［日］濑川秀雄著，章起渭译：《西洋通史》，第 177—180 页。这段文字日文本见濑川秀雄：《西洋通史》，富山房 1904 年版，第 748—755 页；又参照濑川秀雄：《西洋通史》（汉译），富山房 1907 年版，第 561—566 页。《学报》选译濑川《西洋通史》第四编第十章“十九世纪文艺科学概略”，题名为《百年来西洋学术之回顾》，介绍兰克文字见《学报》第 11 号（1908 年 6 月 26 日），第 3—4 页。

② ［日］濑川秀雄：《西洋全史》，富山房 1911 年版，第 1223—1225 页。按，与本多浅治郎《西洋历史参考书》插图属不同图版。

克纪念会上的讲话《关于兰克之事迹》。①两者的兰克说明文字都源于此，而本多又兼参考濑川的书，如关于尼布尔介绍，几乎抄自濑川。本多和濑川虽不是照抄高桑文，而是重新组织文字，但有关兰克的细节皆源于此。濑川谓兰克第一本著作 *Geschichten der romanischen und germanischen Völker*，上自 1494 年，下迄 1516 年，这并不是他的笔误，也不是手民误植。此书下限有 1535 或 1514 年两种，但从不曾出现 1516 年，濑川为什么会写成 1516 年，原来他是有所本的，即高桑《关于兰克之事迹》，应该是高桑的笔误，但这一笔误却可作为濑川有关兰克论述源出高桑的一个力证。为什么说本多氏不是完全依据濑川的书，同时也参考高桑《关于兰克之事迹》? 本多氏说兰克“因墨德尼绍介，得遍览各地宝藏书库”，墨德尼即梅特涅（Klemens Wenzel von Metternich）。濑川舍弃这一细节，本多氏依据高桑文保留。

高桑驹吉很崇拜兰克，1898 年他出版《中等西洋史》就写到德国史学家兰克等人开一新纪元，②1903 年《西洋史参考书略解题》介绍兰克《世界史》，谓“兰克作为空前的大史学家人尽皆知，因此本书的价值勿须赘述”，兰克写到十字军东征便去世，之后的记述从兰克其他数十种著作中能找到与之联络，“足以窥见兰克的近世史史论”。高桑氏很了解兰克《世界史》德文本和英译本出版状况，足见他一直跟踪兰克著作的出版动态。③他在《袖珍世界史要》

① ［日］高桑驹吉等著：《ランケ祭紀念講話》，第 1—9 页。
② ［日］高桑驹吉：《中等西洋史》，大日本图书 1898 年版，第 359 页。
③ ［日］高桑驹吉：《西洋史参考书略解题》，早稻田大学出版部 1903 年版，第 24—25 页。

自序引用“绝世之史家”兰克的话“对每个事象，在极大爱慕之中也不可忘记普遍意义”，认为特殊和普遍是史学两大生命，欲追求普遍意义应先注意特殊事象。①由此可见，他对兰克思想的个体性原则有所把握，与一般辗转抄袭者不可同语。

瀬川秀雄《西洋通史》和《西洋全史》对提高兰克在中文世界的知名度发挥了重要作用。就西洋通史性质著作来说，叙述兰克之详尚无出其右者。民国时期中国所编著的各种西洋史教科书对兰克略有介绍，如李泰棻《西洋大历史》（第3版）、《新著西洋近百年史》、《新著世界史》，顾康伯编《西洋文化史大纲》（中华书局，1936年），高维昌编《西洋近代文化史大纲》（1932年），许毅编《世界近世史》（百城书局，1932年），张仲和《西史纲要》（北平文化学社，1933年）等，都直接或间接渊源于瀬川、本多二氏的西洋史教科书。国人编西洋史教科书存在互相沿袭，如李泰棻有关兰克论述源出瀬川，他所编各种西洋史教科书颇为流行，后来其他人编西洋史对其有所取材，如刘炳荣《西洋文化史纲》（太平洋书店，1926年）的兰克论述就直接抄袭李泰棻，却不是取自瀬川。总之，一般中国读书人多听过兰克名字，对其略知一二，很大程度上要归功于上述西洋史教科书的普及作用，而它们之所以能提供一些兰克知识，则多发端于瀬川。从这层意义上说，兰克在华译介史上，瀬川扮演了类似“超级传播者”的功能。

---

① ［日］高桑驹吉：《袖珍世界史要・自序》，东亚书院1903年版。按，用“空前”“绝世”形容兰克，当取自Riess《空前絶後の大史家》（《史学杂志》第10编第1号，1899年1月）一文，高桑驹吉显然读过此文，瀬川秀雄的兰克论述也吸取了Riess文，如谓兰克是散文大家。

此外，傅运森《共和国教科书西洋史》和张相《新制西洋史教本》两种中学历史课本，是北洋政府时期流行最广的西洋史教科书，都提到兰克，前者谓“兰凯尤为近代世界史学之巨子，于历史之研究特开生面者”，①后者说“自德人蓝开以史学应用于科学之研究而史学界一新，故蓝开实为史学之泰斗”。②他们之所以会写到兰克，实受日本西洋史教科书的影响，如傅运森是濑川《西洋通史》章起渭中译本的校订者，自然熟悉这本书。1932 年唐幼峰编译《外国史纲要》是迄今所见中文世界西洋史教科书有兰克肖像插图者，谓“史学自德意志之兰克出，开科学的研究法”。③唐氏所列参考书除了中文书籍之外，都为日文书，尤其是诹访德太郎《最も要領を得たる西洋歴史：受験準備》（大修馆书店，1925 年），所附兰克肖像在日文书中颇为常见，如濑川的《西洋全史》，唐氏应该是复制于日文书。

1920 年代以来，美国鲁滨逊新史学派的西洋史教材逐渐占据中国西洋史教科书的广阔市场，而日本西洋史教科书从晚清以来在中国兴盛的局面日趋没落。但是，当时国人所编西洋史教科书提及兰克者，多数仍与日本教科书有关，只有少数取自欧美。1925 年周传儒《新撰初级中学教科书世界史》一书，受何炳松影响，专列一节介绍现代史学，篇幅近两页，叙述美国史家文字颇多，德国史学仅三人：蒙森、Schlosser、兰克。彼谓 Schlosser“侧重于国民生

① 傅运森编纂：《共和国教科书西洋史》下，商务印书馆 1922 年版（第 17 版，1913 年初版），第 132 页。

② 张相编：《新制西洋史教本》下，中华书局 1924 年版（第 21 版，1914 年初版），第 75 页。

③ 唐幼峰编译：《外国史纲要》，上海重庆书店 1932 年版，第 439 页。

活及文化之研究，在人文史上别开生面”，此语取自濑川；而谓兰克“侧重民族思想与爱国精神，为德国史学大师，而其应用科学之方法以研究历史，尤为世所推重云”，①为此处不仅有濑川的痕迹，还吸收了鲁滨逊的看法，尤其“民族思想与爱国精神”则是鲁氏《新史学》的观点。1933 年罗家柱《近百年西洋史》谓兰克“侧重民族思想，鼓示爱国主义，尤其特色”，②显然抄自周传儒的教科书。何炳松编的各种西洋史教科书都没有道及兰克，如《近世欧洲史》甚至写到“近代史学家”和“德国历史家及其影响”，不提任何一个史家名字。鲁滨逊和海斯（Carlton J. H. Hayes）的各种教科书在民国历史教育界最为流行，正文均无专门介绍兰克。1935 年金兆梓《高中外国史》将兰克定位在“属于康德学派而持唯心史观的史家”，强调由于兰克提倡“一时代历史的解释须根据其时代精神”，此后史家对于史料的别择便严格起来。③1937 年陈祖源《初中外国史》说“历史在十八世纪时大都阐明人生的哲理，至十九世纪，始考据严密，批评公正，成科学的历史”，注释谓“德国兰克和拉姆累赫特，创立历史科学的基础”。④金、陈二氏外国史与日人教科书并无交集，当本之西文著作。⑤进入 1950 年代以后，世界史

---

① 周传儒：《新撰初级中学教科书世界史》，商务印书馆 1925 年版，第 147 页。

② 罗家柱编：《近百年西洋史》，出版者不详，1933 年版，第 217 页。

③ 金兆梓：《高中外国史》下册，中华书局 1935 年版，第 84 页。

④ 陈祖源：《初中外国史》下，正中书局 1939 年版，第 147、150 页。按，拉姆累赫特即兰普瑞希特（K. Lamprecht）。

⑤ 朱鸿禧编《外国史》（商务印书馆 1935 年版，第 232 页）和徐瑞祥、陈锡祺编《外国史纲要》（镇江新苏印书馆 1937 年版，第 175 页）也提及兰克，至少没明显日人教科书痕迹。

教科书包括从苏联翻译来的，似都没再现兰克。如果评估西洋史教科书对译介兰克的作用，仍以日人西洋史教科书为主，国人所编西洋史教材若出现兰克，大多模仿和取材于日人教材。

辞书

如果说西洋史教科书中对于推介兰克有重要作用的是日人教科书，那么近代以来中国出版各种辞书中的兰克，则有日本、欧美、苏联多方力量的参与。中文世界辞书最早出现兰克是 1904 年宁波新学会社编译的日本坂本健一《外国地名人名辞典》，兰克译名为“兰该”，辞条内容则为“里泊德兰该者，德意志有名之历史家也。生于突林克，著《十六十七世纪罗马法皇之历史》及《德意志沿革史》等”，标明生卒年。①

上海山西大学译书院 1908 年出版《世界名人传略》（*One Thousand Biographies*），其中有“兰克”辞条，这是迄今所见中文世界最早从英文汉译的兰克文献，摘录如下：

> 兰克　立泊德 Ranke, Leopold 生一七九五年，卒一八八六年
>
> 德国史学家，初习神学、古文学。希腊、拉丁两种文谓之古文。学成，为某校教习。顾氏所注意者，尤在史学，著书论条顿种人、罗马种人在宗教改革时代之情形，复评骘近今史学家之得失，由是其名大著，柏林聘为史学教授，主讲席者四十

① ［日］坂本健一著，新学会社编译：《外国地名人名辞典》，新学会社 1904 年版，第 370 页。

余年。其间尝奉命往奥国之维也纳、意大利之腓尼斯、罗马、佛连色诸地，考其金匮石室之藏，于是闻见益夥，归著南欧第十六七两世纪志、塞尔维亚腓尼斯合志。《第十六七两世纪教皇历史》，此为氏生平最大著作。乃复究心于欧洲中北两境之事，著日耳曼改教史、普鲁士史、第十六七两世纪法兰西史、第十七世纪英吉利史。此外又有七年战之原因、日耳曼列邦联盟史、一七九一九二年间革命诸战史、腓尼斯史、世界史、第十七世纪之日耳曼法兰西史及普王大佛得力威廉第四、奥将瓦连士典、普臣哈登伯诸人大事记。政府重其才，封之以爵。氏著史以言政为主义，注重于朝廷，而于人民社会之情形，则从略焉。①

此辞条与从日文翻译的兰克信息有所不同，准确揭示了兰克史学特征之一，即“以言政为主义，注重于朝廷，而于人民社会之情形，则从略焉”（His standpoint was that of the statesman; and he fails to give due prominence to the social side of national development），此或为解释兰克在二十世纪初年中国史学界隐而不彰的原因之一。《世界名人传略》选译自 David Patrick（1849—1914）和 Francis Hindes Groome（1851—1902）编 *Chambers's Biographical Dictionary*（1897 年），取一千余条名人传记。中译本误会“张伯尔”（Chambers）为作者，此实是英国一家出版商名，由 Robert 和 William 兄

① 《世界名人传略》，山西大学译书院 1908 年版，第 5—6 页。David Patrick & Francis Hindes Groome（eds.），*Chambers's Biographical Dictionary*，W. & R. Chambers，1897，p.778.

弟创立，以出版 *Chambers's Encyclopaedia* 闻名。《世界名人传略》对提升兰克在华的知名度似没有发挥作用，远不及濑川秀雄《西洋通史》。

1923 年唐敬杲编纂《新文化辞书》收录兰克辞条：

> Ranke, Leopold von（1794—1886）［兰凯］
>
> 建设现代史学之基础的德意志著名历史家。生在土林弇（Thuringen = Thuringia）的维埃（Wiehe）。十八岁入来比锡（Leipzig）大学，学神学、古典学。一八一八年，为弗兰克津（Frankfurt = an-der-Oder = Frankfurt-on-the Oder）文科中学校（Gymnasium）教师，于教授古文学的时期中，立志一生专研究史学。一八二四年，始出《罗马和德意志民族史》（*Geschichten der romanischen und germanischen Völker* von 1494—1535）。一八二五年，任柏林大学的史学教授，着手于威尼斯（Venice = Venezia）旧记之研究，评定古文书之历史的价值。没有几时，受普鲁士政府委任，赴维也纳（Vienna = Wien）、威尼斯、罗马、佛罗稜斯（Florence = Firenze）等研究其书库。著南欧罗巴诸国的历史。从一八三四到三七年，出《十六七世纪的罗马教皇史》（*Die Römischen Päpste, ihre Kirche und ihr Staat im 16. Und 17. Jahrhundert*），得世界之叹赏。一八四一年，为普鲁士史官；一八七一年，辞去，专从事于著述。八十一岁时，着手著《世界史》，发表从古代到中代之一部，凡七卷；死后，更出版近世史之一部，共二卷。兰凯学殖深邃，识见高超，以公正无私的态度观察史实，以世界史的眼光论证事物，文章也极严正而多

含蓄。兰凯年九十一。全集极浩瀚，纂为五十四部。[①]

1928 年孙俍工编的《文艺辞典》兰克辞条，[②]则是摘录于唐氏《新文化辞书》，甚至连生年错误一并接受。唐氏说《辞书》的材料取自外国，[③]虽无明示，但应多为欧美出版的百科全书性质的工具书。如上述兰克辞条，与 *The New International Encyclopaedia* 文字雷同颇多。[④]1936 年潘念之、金溟编译《世界人名大辞典》也有兰克辞条，生平活动、著作介绍比《新文化辞书》详，其评价谓："他是德意志最大之史学家，历史之客观的叙述之代表者，以活用从来所舍弃之史料，且加以犀利之批评和艺术的叙述称著。他又最初开讲史学之演习（Übungen），指导后进，产生蓝刻派之史学家，如 Waitz、Giesebrecht、Sybel 等一时辈出，风靡于史学之世界。以 90 岁的长寿和学识之精励，其著述网罗南欧、德、法、英诸国底各时代各方面之历史，且及于自己所体验之史实。"[⑤]与《新文化辞书》一样，《世界人名大辞典》兰克辞条也应编译自 Encyclopædia 之类的辞书，

---

① 唐敬杲编纂：《新文化辞书》，商务印书馆 1923 年版，第 792 页。按，兰克生年不是 1794 年，而是 1795 年。

② 孙俍工编：《文艺辞典》，民智书局 1928 年版，第 968—969 页。

③ 唐敬杲编纂：《新文化辞书·叙言》，第 5 页。

④ "He was born at Wiehe in Thuringia. At the age of eighteen he went to the University of Leipzig, where he studied theology and the classics. In 1818 he became an instructor in the gymnasium at Frankfort-on-the-Oder." in *The New International Encyclopaedia*, Vol. XVI（第 16 卷），New York：Dodd, Mead and Company, 1906, p.698.

⑤ 潘念之、金溟编译：《世界人名大辞典》，世界书局 1936 年版，第 1440—1441 页。按，潘念之、张采苓编《思想家大辞典》（世界书局 1934 年版，第 983—984 页）也收录"兰恺"词条。

不过具体史源尚不能确定。

如果说以上辞书取材于日本、欧美，而1961年《辞海》兰克辞条：

> 兰克（Leopold von Ranke，1795—1886）德国历史学家。柏林大学教授（1825—1871）、普鲁士王家史官（1841年起）。他重视历史资料的分析，著有《1494—1535拉丁、日耳曼民族史》《罗马教皇史》等。但他是一个极端的唯心主义者和狭隘的民族主义者，承认上帝对历史的直接干涉，否认历史发展的客观规律性，认为神圣罗马帝国和普鲁士王国是“德国精神”和君主制度的体现，视革命运动为一种“混乱和破坏的力量”。以他为首的兰克学派，在德国资产阶级史学中，长期占着统治地位。①

生平活动描述文字大为减少，评论尚多，但以负面为主，当与苏联史学有关。以上这些辞书是兰克在华接触史所呈现的诸多面相之一，就重建接触史实有其意义。但从接受角度来说，这类文本所展现的兰克知识，编纂者虽认为是有价值的知识，但它隐藏在海量的知识库里，一般读者对此类书籍是否有兴趣？即使打开知识库，是否会注意到兰克？读者多大程度上会通过这类文本获取兰克知识？这些问题或不能过于乐观回答，它完全可能是一种“死”知识，不曾进入读者的视野。

---

① 中华书局辞海编辑所修订：《辞海试行本》第8分册历史，中华书局辞海编辑所1961年版，第400页。

二、大行其法：同质的兰克

“五四”前后，中国史学发展进入学院化、专业化、职业化之途，对史学研究法“有一种十分诚切的要求”，[①]而兰克又是在西方提倡以科学方法研究历史者，故中国史学界对兰克著作自然欢迎，规模略大的一些高校图书馆多购藏有若干种兰克著作。[②]1917 年北京大学史学门设有特别讲演，“以一书为范围者，如《尚书》《周官》《春秋》《史记》《汉书》《后汉书》《通志》、海罗多之《希腊史》、泰奇都之《罗马史》、基左之《法国文明史》、兰克之《德国史》《英国史》《法国史》等是”。[③]1928 年至 1934 年武大图书馆西文目录中兰克著作有四种：英译本《教皇史》(*The History of the Popes, during the last four centuries*, 1927)、德文本《教皇史》(*Die Römischen Päpste in den letzten vier Jahrhunderten*, 1923)、英译本《罗曼与日耳曼族群史 1494—1514》(*History of the Latin and Teutonic nations 1494—1514*, 1909)、德文本《宗教改革时期德意志史》(*Deutsche Geschichte im Zeitalter der Reformation*, 1924)。[④]1933 年中央大学史学系开设德国史，所列主要参考书中有

---

① 《陈衡哲先生演说词》，《北京大学日刊》1920 年 9 月 18 日，第 2 版。

② 笔者曾检索北京大学（燕京大学并入）、清华大学、北京师范大学（前身辅仁大学）、南开大学、华东师范大学（前身光华大学、大夏大学）、中山大学、浙江大学、厦门大学、四川大学图书馆，均有 1949 年前版的各种兰克著作，这些图书有的可能 1949 年后才入藏，但大部分继承自民国馆藏应属事实。

③ 《北京大学文理法科本预科改定课程一览》，《教育公报》1917 年第 14 期，1917 年 10 月 30 日。

④ *A Classified Catalogue of the National Wu-Han University Library 1928—1934*, National Wu-Han University Press, 1935, p.78.

兰克《世界史》(*Weltgeschichte*)。①1947年荷兰胡鲁士(Henry Kroes, 1903—1989)教授在辅仁大学开设"史学研究法"和"西洋近世史学史",前者"注重史料之来源、判断与分析",后者讲述近代欧美之历史家及其学派,尤注重十九世纪与二十世纪,并明确要求"选读兰凯、麦可来、蒙森、丹尼飞、巴司脱"等人之著作。②尤其值得注意的是,1937年与姚从吾一同留学德国的毛子水,为北大史学系拟欲购书目,多属兰克一派的史学作品,除了Ranke's Historical Works,关于史学史、史学方法、历史哲学类书籍,列举Bury's *Ancient Greek Historians*, Langlois and Seignobos's *Introduction*, Bernheim's *Lehrbuch*, Acton's *Lectures and Historical Essays*, Bury's *Idea of Progress*, Teggart's *Theory of history*, Vincent's *Historical Research*。③国内学者有条件接触到部分兰克著作,当不成问题。此外,兰克著作很多有英译本,④中国高校史学系师生通英文者多,语言上的障碍并不大。

然而,有书是一回事,中国师生是否有强烈欲望阅读则为另一

---

① 王应宪编校:《现代大学史学系概览》,上海古籍出版社2018年版,第662页。

② 《本科学科说明》,《私立北平辅仁大学一览》(1947年度),第64页。

③ 1937年2月18日姚从吾致陈受颐函所附。

④ 如*Civil Wars and Monarchy in France*, by M. A. Garvey (*1852*); *History of England, principally in the 17th Century* (Oxford, 1875); *History of the Latin and Teutonic Nations, 1494—1514*, by P. A. Ashworth (1887) and again by S.R. Dennis (1909); *History of the Reformation in Germany*, by S.Austin (1845—1847); *History of Servia and the Servian Revolution*, by Mrs A. Kerr (1847); *Ferdinand I. and Maximilian II. of Austria*; *State of Germany after the Reformation*, by Lady Duff Gordon (1853); *Memoirs of the House of Brandenburg and History of Prussia during the 17th and 18th Centuries*, by Sir Alexander and Lady Duff Gordon (1849); and *History of the Popes during the 16th and 17th Centuries*, by S.Austin (1840; new eds., 1841 and 1847), by W. K. Kelly (1843), and by E. Foster (1847—1853)。

回事。民国时期有些大学史学系常开设西洋史学名著选读课程，事实上极少选读兰克作品。1931 年周谦冲在武汉大学史学系开“史学名著选读”直接以法人 *Introduction* 英译本作为课本。1933 年郭斌佳在武大史学系开“西洋史学名著选读”（Selected Readings in History），选读西洋著名史家之著作，自希腊至二十世纪，择各时代之代表作品，依次读去，“使学生明白西洋史学发展之迹，并启发其阅书兴味”，①其中有 Flavius Josephus，*History of the Jewish War against the Romans*；J. A. Symonds，“The Renaissance”，in the *Encyclopedia Britannica*，11th ed.；Edward A. Freeman，*History of the Norman Conquest of England*；James A. Froude，*History of England*；George M. Trevelyan，*England under the Stuarts*；Frederick J. Turner in “Report of the American Historical Association for 1893”；Lord Acton，*History of Freedom and Other Essays*；S.B. Fay，*Origins of the World War*，却没有兰克的作品。1936 年北平大学女子文理学院文史学系“西洋史学名著选读”，旨在“养成学生阅读欧美历史名著之能力，并使体会西洋名史家主张及作史之体裁，以介绍 J. R. Green、E. A. Freeman、T. B. Macaulay、E. Gibbon、Lord Acton 等为主”。②1937 年清华大学史学系由孔繁霱、刘崇鋐、雷海宗、张荫麟合开“史学名著选读”，本年度选读之专书为下列五种：Gibbon，E.，*Decline and Fall of the Roman Empire*（Bury's Edition）；Dill，S.，*Roman Society in the Last Century of the Western Empire*；Spengler，O.，

---

① 王应宪编校：《现代大学史学系概览》，第 417 页。

② 《国立北平大学一览》（1936 年度），《课程指导书（女子文理学院）》，第 139 页。

The Decline of the West；Fay，S.B.，*Origins of the World War*；Langer，W. L.，*The Diplomacy of Imperialism*。[1]1937—1938 年度武汉大学史学系鄢远猷“西洋史籍选读”，一方面在增进历史知识，另一方面在养成阅读西洋史之能力，要求选读 Green、Macaulay、Trevelyan 与 Gooch 诸人之作品。[2]

中国史家论兰克却不读兰克著作，产生这一吊诡现象的原因或有数端：其一，彼时中国史学界讲得最多的是方法论知识，对近代西方史学方法尤为着迷，但兰克并无系统的方法论著作，他的方法大多融入于作品里面，对中国学者而言，与其直接读兰克著作，不如读那些已概括兰克治史方法的教科书，更切合实用。其二，兰克所处理的议题大多集中在十五至十七世纪欧洲历史，一般中国史家对此相对陌生，或也减弱中国学者的阅读兴趣。其三，兰克的史学理论带有神秘主义的宗教色彩，[3]与二十世纪国际史学发展潮流相悖，一般中国读者缺乏新教背景，对此难以共鸣，也不易理解。其四，兰克对中国并不友好，他把中国排斥在历史叙事之外，对他来

---

① 王应宪编校：《现代大学史学系概览》上，第 345 页。

② 《国立武汉大学一览》（1937、1938 年度合刊），《各学院概况学程内容及课程指导书》，第 38 页。

③ 兰克说：“我们认为，若无神，便无物存在；而万有的存在又无不仰赖神。当我们脱离了那有限的神学的束缚——便会认识到我们所有这些治史努力的背后，皆有一种更高的、宗教性的本源。”又谓“普遍历史唯有神才能知晓。我们的所知却是矛盾重重——正如一位诗人曾所说，‘人类不解和谐，唯有神知晓’，史学家也只能以猜测的姿态从远处探求”。（兰克：《论普遍历史》，刘小枫编：《从普遍历史到历史主义》，华夏出版社 2018 年版，第 183—184、189 页）兰克在一封信中说：“所有的历史中都有上帝在居住、生活、每一项行动都在证明上帝他的存在；每一个重大的时刻也在宣扬着上帝的名字，最能证明上帝存在的，我认为是历史的伟大连续性。”（易兰译：《世界历史的秘密》，导言，第 9 页）

说，世界史就是罗曼和日耳曼国家的历史。对于生活在民族主义高涨时代的中国读书人，不对他加以鞭笞已是尊重，遑论读其书。①1920 年代以来，中国史家普遍推崇兰克，时常援引兰克如何云云，但这并不表示引用者是直接取自兰克原著，事实上绝大多数为转述二手乃至三手、四手论述而已。兰克历史著作长期没有中译本这一现象，颇能佐证中国史家对兰克著作虽敬却远之的实况，不如对一般西方史学方法、史学史著作有阅读热情。

史学方法论

彼时规模略大的高校历史系，一般都将史学方法列为必修课，若采用外人写的教材，通常选德国伯伦汉的史学方法论著作、法国 Ch. V. Langlois & Ch. Seignobos，*Introduction to the Study of History*、美国 F. M. Fling，*The Writing of History*。这些教材均论及兰克，且在中国史学界非常流行，但它们对传播兰克的作用却不尽相同。

伯伦汉《史学方法论》（*Lehrbuch der historischen Methode*，1889）和《历史学导论》（*Einleitung in die Geschichtswissenschaft*，1905）反复修订再版，对各国史学专业化皆有影响，在中国更是被正统派史家所采纳，深度作用于中国近代史学发展。伯伦汉跟随兰

① 把兰克名字挂在嘴边的姚从吾，对于德国黑格尔、兰克、蒙森等轻视中国历史也愤愤不平，“栾克以西方文化代表世界，变成后来欧洲史学家的‘金科玉律’”。（姚从吾：《德国佛郎克教授对于中国历史研究的贡献》，《新中华》第 4 卷第 1 期，1936 年 1 月 10 日）；施子愉说：“他晚年口授而由其学生执笔写的《世界史》，把创造了丰富优秀的文化的许多东方民族排斥于历史主流之外，实际上只是古代希腊罗马和中世纪西欧的历史。”（《兰克教皇史选译》，“兰克简介”，商务印书馆 1962 年版，第 5 页）

克的弟子 Weizsäcke 与 Waitz 完成博士及教授资格论文，自然属于兰克学派，尽管他的史学思想不完全秉承兰克，但非常推崇兰克在史料考证上的贡献。1880 年他出版《历史研究与历史哲学》（*Geschichtsforschung und Geschichtsphilosophie*），已强调兰克《近代史家批判》（*Zur Kritik neuerer Geschichtsschreiber*）具有重要的方法论意义，但尚未提及日后广为流传的格言 wie es eigentlich gewesen。①尔后《史学方法论》论及兰克之处颇多，尤其第二章方法论，指出兰克《罗曼与日耳曼族群史 1494—1514》第一卷及补编《近代史家批判》，“于是具有近代科学意义之历史乃出现于世”，“对于方法学之发展上实有创辟新纪之意义”。②并引用兰克的名句“人们赋予史学尊职，整理既往，帮助现世，教导未来的岁月。如此崇高的尊职，目下的尝试不敢承担，它只想呈现，过去原本是如何”。③伯伦汉认为“它只想呈现，过去原本是如何”（er will blos zeigen，wie es eigentlich gewesen），意指“如何乃能实事求是的研究之”，只要将前此尼布尔等所提出之方法上的基本定理加以深刻而广大的应用，兰克以为可以达此目的。伯伦汉将兰克的名言“wie es eigentlich gewesen”从史料考证技术的方法学层面加以论述，以此说明兰克的客观取向，而略过兰克意在表达他对欧洲近世史脉络的基本看法（Ansicht），忽视了兰克的宗教情怀。然而，伯伦汉对兰克名句的释

① E. Bernheim，*Geschichtsforschung und Geschichtsphilosophie*，Göttingen：Verlag Robert Peppmüller，1880，S.8.

② E. Bernheim，*Lehrbuch der Historischen Methode und der Geschichtsphilosophie*，*Mit Nachweis der wichtigsten Quellen und Hilfsmittel zum Studium der Geschichte*，Leipzig：Duncker & Humblot，1908，S.237.

③ 胡昌智译文。

读，却成为此后世界各国史家引用此句的权威说法，兰克被定位在客观主义史家，很快被其他许多史家所承袭。

美国 Nebraska 大学欧洲史教授 F. M. Fling 的 *The Writing of History: An Introduction to Historical Method*（1920）一书，明白浅显，专为初学者，在中国史学界也甚为流行，1930 年代先后出版两种中译本，民国有些大学取为教材用。①作者将此书“献给伯伦汉”，谓“Dean of living writers on historical method，whose *Lehrbuch der historischen Methode*，the first detailed and scientific presentation of the process of historical investigation，has been the guide of a generation of scholars，this volume is fittingly dedicated.” Fling 在史法上完全本之伯伦汉，在序言末尾再次强调，“It is with a feeling of gratitude that I delicate this volume to Professor Bernheim. I was groping my way in method at a German university when his *Lehrbuch* appeared; it let me out into the light. It has saved many another lost soul in the quarter of a century of its existence. Bernheim's name should be as familiar to the student of history as Euclid's to the student of mathematics.”②中国学者谓 Fling 书就方法言不啻伯伦汉作品的一个缩本。③伯伦汉看重兰克的史料批判，Fling 完全因袭伯伦汉观点，*The Writing of History* 第五章“史料鉴别”中有一段“兰克的作品是少年史家的模范”：

---

① 1932 年陈祖源在武汉大学史学系讲授史学研究法，Fling 书列为参考书之一（《现代大学史学系概览》，第 403 页）。

② F. M. Fling, *The Writing of History: An Introduction to Historical Method*, New Haven: Yale University Press, 1920, p.10.

③ 李树峻译：《史学研究法导言》，“译者附识”，北京《益世报》1929 年 11 月 1 日，第 9 版。

> 论到发表种类较多而且品格高贵的鉴别的作品，没有史家能够比得上兰克（Leopold von Ranke），他是德国前世纪的大史家，也许是所有史家中的最伟大的。他生平的创作时期特别长久，他的第一部作品是在二十九岁发表的，最末一部，在六十年后。他的第一部作品含有鉴别的补编，鉴别彼时历史向来所依据的印刷的史料。在他后来的一切作品中，即便在他一生最后六年所作的《世界史》（*Weltgeschichte*）中，都保持着此种作法。在此等文集（*Analekten*）——他自己标的名称——中，能够寻得解决史家所必须解决的多数问题的纯正的实例。少年史家为补充他的方法的原理的研究，除了仔细研究兰克此等文集以外，再也寻不到更好的方法了。①

Fling所见之兰克，与伯伦汉完全一致，只有史法而无史义。当然，

---

① 李树峻译：《历史研究法》，北平立达书局1933年版，第63页。薛澄清译本《历史方法概论》，商务印书馆1934年版，第77页。"No historian ever published more varied critical work of a high quality than Leopold von Ranke, the great German historian of the last century and probably the greatest of all historians. The productive period of his life was of extraordinary length, his first work being published when he was twenty-nine years of age, his last sixty years later. His first volume contained a critical supplement in which he criticized the printed sources upon which the history of the period had hitherto been based. This practice was continued through all his later works even into his *Weltgeschichte*, written in the last six years of his life. In these *Analekten*, as he called them, can be found classical examples of the solution of most of the problems with which the historian has to deal. The young historian could find no better means of supplementing his theroretical study of method than by working over carefully these *Analekten* of Ranke." in F. M. Fling, *The Writing of History*: *An Introduction to Historical Method*, p.102.

这种片面的解读不能完全归咎于后来者，兰克在实作课上多讲史法少及史义，诚如陆懋德所言："义，属于主观者也，其为物也，因人而异。法，属于客观者也，其为事也，应用如一。义只可以意会，而法则可以言传，义只可以藏之已，而法则可以授之人。"①另一方面，"义随时变"，产生于农业时代的兰克的史观，事实上不合于十九世纪后半期以来各国史学专业化的价值指向，尤其是他忽视民众和社会经济的力量，因而人们只取其法而舍其义。史法不会因其史义而失去应用价值，所以兰克的史法仍然被各国所接受。

伯伦汉、Fling等对兰克的论述，深刻影响中国史家对兰克的印象。自称"中国的兰克学派"的傅斯年，②对兰克的认知，恐非通过阅读兰克著作，而主要借助二手研究。他个人的西文藏书中没有兰克作品，但有若干种非常流行的史学方法论和史学史书籍，如Wilhelm Bauer《历史研究入门》（*Einführung in das Studium der Geschichte*，1921）、Gustav wolf《近代史研究入门》（*Einführung in das Studium der neueren Geschichte*，1910）、Ernst Bernheim《历史学导论》（*Einleitung in die Geschichtswissenschaft*，1920）、Ed. Fueter《近代史学史》（*Histoire de l'historiographie moderne*，1914）、James T. Shotwell

---

① 李树峻译：《历史研究法·序》，第1页。

② 邓广铭：《怀念我的恩师傅斯年先生》，《台大历史学报》1996年第20期。邓广铭称"当傅先生回国之初，有时自称是'中国的朗克学派'，其在史学研究法方面，必然也受到德国史学家的一些影响；然而傅先生在回国后发表的部分文章当中，在北大史学系'史学方法导论'的课堂上，所再三再四提出的'史学即是史料学'这个命题，和他所经常放在嘴边的'上穷碧落下黄泉，动手动脚找东西'，都只是傅先生的一家之言，在古今中外的历史学界再也找不到第二家的"。邓的判断不尽可靠，傅氏思想承袭西学一面，是无法否认的事实。

《西洋史学史》（*An introduction to the history of history*，1922）等。[①]这些著作多详略不等论及兰克，若综合各家的观点，至少对兰克有一个较全面的认识。傅氏一生讲到兰克次数并不多，[②]1943 年 12 月他为《史料与史学》撰写发刊词，说明该刊之所以命名“史料与史学”的深意：

> 本所同人之治史学，不以空论为学问，亦不以“史观”为急图，乃纯就史料以探史实也。史料有之，则可因钩稽有此知识，史料所无，则不敢臆测，亦不敢比附成式。此在中国，固为司马光以至钱大昕之治史方法，在西洋，亦为软克、莫母森之著史立点。史学可为绝对客观者乎？此问题今姑不置答，然史料中可寻得之客观知识多矣。[③]

傅氏表述的口吻，与兰克的名句“人们赋予史学尊职，整理既往，帮助现世，教导未来的岁月。如此崇高的尊职，目下的尝试不敢承担，它只想呈现，过去原本是如何”，两者颇有神似之处。傅氏在写这段文字的时候，脑子所浮现的兰克，与司马光、钱大昕相提并论，“纯就史料以探史实”，这就是他所见的兰克。傅斯年对兰克认识深受伯伦汉的影响，不论《史学方法论》还是《历史学导论》，

---

① 参见台湾傅斯年图书馆网站公布的傅斯年外文藏书目录。

② 周一良回忆傅斯年：“有一晚我正在读法文，傅先生进来，说：‘你将来还可以学点德文，以便看兰克和莫姆森的原著。’我当时想，这谈何容易！”（周一良：《史语所一年》，《古今论衡》1998 年第 1 期，第 89 页）

③ 傅斯年：《〈史料与史学〉发刊词》，《国立中央研究院历史语言研究所集刊》外编第二种《史料与史学》，独立出版社 1944 年版，第 2 页。

伯伦汉所彰显的兰克都在客观、史料批评、考证的科学面相，应对傅斯年留下深刻印象。值得一说的是，傅斯年最心仪的两位德国史家兰克和蒙森，在他个人藏书中完全没有他们的著作，或也可说明傅斯年对他们的了解是间接的。

据张贵永回忆，傅斯年在抗战之前跟他说："史语所的研究工作系根据汉学与德国语文考证学派的优良传统。"①史语所同仁也说傅氏"接受了德国的正统历史学方法"，②而德国正统历史学方法，正是兰克的治史方法，而这一方法在傅氏的意识中所呈现的是"考证学派的优良传统"，而不是形而上学的思想。傅斯年之所以认可兰克，正是他看到兰克在史料批评上的突出贡献，而史料批评在傅斯年的史学思想居于核心地位。他在北大史学系讲授史学方法课，主要讲史料整理，"诸位到大学中的史学系来，乃应是借教员的指导，取得一种应付史料的严整方法，不应是借教员的贩卖，聚集一些不相干的杂货"，史学者如果不能直接处理某一部分史料，便是失败，治史程序"第一步是亲切的研习史籍，第二步是精勤的聚比史料，第三步是严整的辨析史实"，只有那些"取得史实者乃是史学中的学人"，而"不曾者是不相干的人"。③

傅斯年史学及其所开创的史语所事业，确与兰克学派有渊源关

① 张致远：《兰克的生平与著作·按语》，《张致远文集》，中华大典编印会 1967 年版，第 124 页。

② 劳榦：《傅孟真先生与近二十年来中国历史学的发展》，台湾《大陆杂志》1951 年第 2 卷第 1 期。

③ 《国立北京大学史学系课程指导书》1931 年 9 月至 1932 年 6 月，指导书引言。按，此文署名"暂代史学系主任蒋梦麟　中华民国二十年九月"，就内容和行文来看，应该是傅斯年代笔。

系，但这并不意味着傅氏曾深入研究过兰克。1870年代以后，德国各大学的历史讲座完全由兰克的学生或者他所推荐的史家把持，兰克成为德国历史学界的魁首，他的治史方法和理念构成了德国近代史学的底色，诚如张贵永指出："以兰克为师承的史家与编订日耳曼历史大系的学者，如魏次（G. Waitz）、基斯普莱特（W. Giesebrecht）、斯毕尔（H. v. Sybel）、狄罗逊（J. G. Droysen）等人，以及他们的学生，大家从事研究与教书工作，把这种方法推广应用，使成为近代历史研究的共同精神遗产。"[①]傅斯年不见得非要透过兰克本身才能接触兰克，十九世纪末、二十世纪初德国史学界正统派处处皆是兰克的门徒，他身处德国，耳濡目染尽是兰克遗产。对于德国正统派史学的认识，傅斯年所读之书与姚从吾高度重叠，当时欧美流行的史学研究法和史学史著作，是中国近代史家接触兰克的主要途径。傅氏的史学思想与法人《史学原论》极为契合，但他似有意或无意忽略了该书对兰克"史义"的批评，也拒绝了Ed. Fueter《近代史学史》所塑造的兰克形象，说明他是根据自己的需求而选择接受客观考证史家的兰克，而这个兰克恰恰是兰克本人所摒弃的，兰克定然不能接受后人对他的通常论述。

接替傅斯年在北大史学系讲史学方法论的是姚从吾，他被视为在中国推销兰克史学最有力的一位史家，长年在各大学讲授历史研究法，宣扬兰克史学，所编讲义主要参考伯伦汉《历史学导论》。他与傅斯年一样，似没怎么读过兰克著作。姚氏虽好谈兰克，但所谈皆非个人原创心得，而是辗转取自众多二手著作，除了伯伦汉作

---

① 张致远：《史学讲话》，中华文化出版事业委员会1952年版，第44页。

品，还有古奇（G. P. Gooch）《十九世纪之史学与史家》、M. Ritter《历史科学的发展》（*Die Entwicklung der Geschichtswissenschaft*），H. F. Helmolt《兰克生平与作为》（*Leopold Rankes Leben und Wirken*）、Eduard Fueter《近代史学史》（*Geschichte der neueren Historiographie*）等。他承认“从各家所著的历史，及‘史学史’，与‘历史学研究法’等书”，[①]可以了解欧洲近百年来的历史学。后人往往夸大姚氏接触兰克的深度，以为他曾“钻研名史家兰克等人的著作，深受兰克治史方法的影响”。[②]如同傅斯年一样，我们并不能因为傅斯年、姚从吾自己打着兰克的旗号，便想当然地认为他们就研读过兰克著作，这与事实并不相符。

与傅斯年著述中极少出现兰克不同，姚从吾几乎把兰克、伯伦汉挂在嘴边的，1930 年代他在中文世界讲兰克最为频繁。1936 年他在《欧洲近百年来的历史学》提出，十九世纪欧洲史学的发展分为两派：（1）偏重事变的考证。用科学的方法考证历史的事实，即是用科学的方法搜辑史料、分析史料，目的期于对已往历史的事变得到一种正确的认识；（2）偏重事变的解释。注重推究历史事变发生的原因，事变发生后有什么样的影响，曾有过如何的演变，这种发生，这种影响，这种演变，应如何解释。前者的长处，是能使传说与史事分离，真事与伪事不混。短处是拘泥考证，对于历史的演进，不能作综合的说明和贯通的解释；后

---

① 姚从吾：《欧洲近百年来的历史学》，《中央日报》副刊《文史》第 5 期，1936 年 12 月 6 日。

② 白寿彝总主编，陈得芝主编：《中国通史》第 8 卷中古时代·元时期上，上海人民出版社 1997 年版，第 115 页。

者的长处，是能运用一种观察，去说明史事的演变，使读者对于历史的演进，得一种明白的概念。短处是先入为主，主观遮蔽客观，往往滥引史事以迁就个人的成见。德国兰克学派和受过这个学派影响的历史学者，多属于前一派。实证主义派、唯物史观派、文化史观派多属于后一派。对于偏重事变考证一派，姚从吾主要论述了尼布尔和兰克的史学成就，他们都是“现代科学的历史的开创人，实事求是，不泥古而妄从”。姚氏评论尼布尔，主要参考Fueter《近代史学史》。

至于兰克，更是“现代科学的历史学的开山大师……属于语言文字学的批评派。因为他的天才超越，见解锐利，对于现代欧洲史学界的贡献较上述尼博儿尤觉伟大”。1925 年姚氏曾在柏林大学听近代史教授史太因斐尔德（R. Sternfeld，1858—1926）演讲兰克，盛赞兰克的方法。1924 年 Sternfeld 选印兰克著述中关于大人物的描写，自为一书，曰《历史人物集》（*Historische Charakterbilder*）。姚氏读过此书，摘译了该书的序文，强调《近代史家批判》（*Zur Kritik neuerer Geschichtsschreiber*）的特殊地位，“自此文出世，现代历史学研究的新基础方正式奠立”，在学术上的贡献约有两点：第一，“用锐利的眼光批评史料的来源”；第二，“对史事立明确的解说，并由此认识史事对于时代与环境的关系”。Sternfeld 又引兰克名句“wie es eigentlich gewesen”，姚氏译文：世人以历史的职务，在镜既往，诏方来。本书并无此等奢望。著者所要说明的：只是往事曾如何经过而已。对于这句话，Sternfeld 解释成：“简单说即是赤裸裸的记述事实，不加任何藻饰，仔细研究各个史事，不知道的存疑，切戒以意编造与杂以浮辞。再由各个史事的联贯中，了解它们间的相互关系。”①这些文字完全编译自 Sternfeld，也出现在1934年姚氏在北大史学系《历史研究法》讲义里面。

姚氏虽然突出兰克“实事求是”，但通过 Fueter 著作，他也看到了观念论的兰克，“栾克是近代特出的历史家，注重记述事实以外兼重历史理论，他的历史观是承袭德国正统派哲学观念主义的见解的，无形中在德国史学界建立一种观念论的历史观”。②他在讲义中引述 Fueter 的概括：“栾克的观念论（Ideenlehre），以观察现在的时代为出发点，从观察现时代认识观念。他以为各种观念（Ideen），是蕴含在实物中间的，只有从观察实物作起，方能对各种观念有所认识。比方历史上的大人物，大人物自身既是代表一种观念，并且能使一种观念见诸实行。所以打算认识一种观念，也有一个统一的表现。但栾克推求这种统一的表现，不仅运用哲学的想象，而根据研究历史的经验。从历史的经验上，注意观念的表现。”③因此，兰克不是绝对没有理论，他解释历史本体的理论，“根据康德、斐希特、黑格尔诸家的历史哲学，作为自己的理论，著史讲说，传诸门徒，和门徒的门徒；辗转皈依，因而观念论派的历史观，即弥漫于德国的史学界”。④不过，他在课堂中彰显更多的

① 姚从吾：《欧洲近百年来的历史学》，《中央日报》副刊《文史》第5期，1936年12月6日；姚从吾：《历史研究法》，李孝迁编校：《史学研究法未刊讲义四种》，第177页。

② 姚从吾：《欧洲近百年来的历史学》，《中央日报》副刊《文史》第5期，1936年12月6日。

③ 姚从吾：《历史研究法》，李孝迁编校：《史学研究法未刊讲义四种》，第277—278页。

④ 姚从吾：《德国史学界所称道的几种历史观》，《留德学志》第1期，1930年6月，第15—16页。

是“科学派”兰克，“观念论”不是重点，嗣后他在台湾大学继续讲授此课完全略过了“观念论”。

西洋史学史

兰克作为西方近代史学史上重量级人物，几乎是所有西方史学史著作必会论及的，相应的也是西方史学史课程重点讲授的对象。中国最早开设西洋史学史课程者或为北京大学史学系。1920 年代朱希祖主持北大史学系，锐志改革课程体系，趋向社会科学化，强调史学反思性质课程的重要，“既学史学，则于本国、外国史学之变迁利病，尤宜深知灼见，如史学研究法、史学思想史及本国史学概论、本国史学名著研究，即为此而设”。①于是北大史学系先后有何炳松“新史学”、李大钊“史学思想史”、陈翰笙“欧美史学史”诸课程，此后全国各大学史学系纷纷效仿，1930 年代至少有十余所高校开设西洋史学史课程，②或必修或选修。1944 年教育部召开第二次大学课程会议，修订史学系课程体系，中国史学史、史学方法、西洋史学史、史学通论列为第四学年必修课，要求学生选修其中两种。③如此，西洋史学史成为大学史学系的常设课程。

民国时期西洋史学史课程所用教材和参考书一般都直接以西文原著为主。陈翰笙“欧美史学史”讲授“欧美史学发达之经过与史

---

① 《国立北京大学史学系课程指导书》（1923—1924 年度），《北京大学日刊》第 1302 号，1923 年 9 月 29 日。

② 王应宪：《民国时期西洋史学史课程检视》，《史学史研究》2015 年第 3 期。

③ 《现行历史学系必修科目表》，《修订文学院历史学系必修科目表》（1944 年修订）。

学家思想之变迁，现时欧美史学社会之概况与史学杂志之介绍”，要求下列三种书籍，择一自备：（A）J. T. Shotwell，*An Introduction to the History of History*，N. Y.：Columbia University Press，1922；G. P. Gooch，*History and Historians in the 19 th Century*，Lodon：Longmans，Green and Co.，1920；（B）Ed. Fueter，*Histoire de l'historiographie moderne*，traduit par Emile Jeanmaire，Paris，Alcan，1914；（C）Moritz Ritter，*Die Entwicklung der Geschichtswissenschaft*，1919。1933 年中央大学史学系所开设的西洋史学史，主要“研究希腊迄今西洋史学界之沿革。其内容要目如下：（一）希腊史学，（二）罗马史学，（三）基督教会史学，（四）中古史学，（五）文艺复兴后之史学，（六）十九世纪之英、德、法、美、意等国之史学，（七）现代史学之趋势”。所列主要参考书有：Shotwell，*Introduction to the History of History*；Ritter，*Die Entwicklung der Geschichtswissenschaft*；Fueter，*Histoire de l'Historiographie Moderne*；Gooch，*History and Historians in the 19th Century*；*Histoire et historiens depuis cinquante ans*；Robinson，*New History*。①

1936 年四川大学史学系周谦冲开设西洋史学史，“讲述西洋史学之起源及其演进史。先略述自上古至十八世纪西洋史学之概况，及时代思潮对于史学研究与史学著述之影响；次详述十九世纪西洋各国史学发达史，叙述各名史家之生平，分析其治史方法，批评其著述，推论其影响，俾学者知所取法；继述各种专史研究之进步，以引起学者专攻之兴趣；最后讲述二十世纪西洋史学之趋势，并评论‘新史学’运动之得失。”主要参考书：何炳松译《西洋史学史》；Fueter，*Geschichte*

---

① 王应宪编校：《现代大学史学系概览》，第 666 页。

der neueren Historiographie（1936）；Gooch，*History and Historians in the 19th Century*（1928）；Bemont，*Histoire et historiens depuis cinquante ans*（1928）。①

1937 武汉大学史学系鄢远猷开设西洋史学史，课程说明："史学史材料内容，颇欠平均。古代史学，名著无多，中世纪又为超自然论所笼罩，尤乏良史。直至人文主义派崛起与十七、十八世纪之纯理派勃兴，而后史学之成绩始著。迨十九世纪蓝克（Ranke）提倡科学化之考证方法，史学之进展尤速，名著极多。综合派史学家出，益扩大史学之范围与眼界。故本课程拟以一半时间讲授十九世纪以前之史学，而以其余一半时间讲授十九世纪以来史学之发展，庶几对于客观之考证及史学家在民族、经济、社会、文化各方面之成就，能予以相当之注意。教材来源，略举数种如下：1. Bury，*The Ancient Greek Historians*；2. Barnes，*History*，*Its Rise and Development*（see *Encyclopedia Americana*，Vols. 14）；3. Shotwell，*An Introduction to the History of History*；4. Gooch，*History and Historians in the Nineteeth Century*；5. *American Historical Review*。"②以上诸种著作是彼时中国史家了解西方史学史的常用书，其中以英国古奇、Fueter 之书和美国鲁滨逊新史学派著作最为流行，前者侧重西洋近代史学，后者侧重古代和中古史学。

(1) 古奇《十九世纪之史学与史家》

古奇史学史论著是西洋史学史课程的必参之书，③他的代表作

---

① 王应宪编校：《现代大学史学系概览》，第 383 页。

② 王应宪编校：《现代大学史学系概览》，第 441—442 页。

③ 除了《十九世纪之史学与史家》，古奇还有其他史学史论文："The growth of historical science"，收录在 *The Cambridge modern history* 1910 年版第 12 卷第 816—850 页；"Historical research"，收录在 F. S. Marvin 编 *Recent Development in European Thought* 1920 年版第 140—163 页；"Progress in historical studies" 收录在 1924 年出版 *Birkbeck College Centenary Lectures*：*1823—1923*。

《十九世纪之史学与史家》初版于1913年，广受好评，多次再版，成为研究近代西方史学史必不可少的入门书。此书很早就引起中国史学界的注意，中国史家大半是借助他的书了解西方近代史学的。何炳松曾计划编译“西洋史学丛书”，除与郭斌佳合译Shotwell《西洋史学史》（*An Introduction to the History of History*）外，他们还合译古奇《十九世纪之史学与史家》，据说“已译成过半，不期年当可脱稿”。①1937年罗煌在《中央日报》副刊《文史》第14、15期上译刊《从文艺复兴到十八世纪欧洲史学进展大势》一文，系《十九世纪之史学与史家》的“绪论”，据编者介绍，该书已由译者译成近半。遗憾的是，何炳松和罗煌译本最后都没有正式出版。《十九世纪之史学与史家》在民国时期虽未见中译本，但其中部分章节曾被译刊：吴盦摘译《十九世纪之史学与史家》末章《欧洲文化史运动》（《历史教育》1937年第1期）；《经世日报》1946年8月30日、9月6日第4版发表《尼布尔》一文，译者“鲁人”谓：“本年八月二十七日，为德国史家尼布尔之一百八十年生辰。尼氏乃近代欧洲史学开山鼻祖，国人知者尚鲜，谨自古赤所著《十九世纪的历史学与历史学家》中译出第一章‘尼布尔’以资介绍。我们以为此种纪念方法，较之到国子监行礼祭祀，也许更有意义。译文曾经毛子水先生校阅，特此志谢。”

古奇《十九世纪之史学与史家》论兰克一章，虽至1961年始有中译文，但他的兰克观点很早就被中国学者所熟悉。1910年古奇为*The Cambridge modern history*撰写“The growth of historical sci-

---

① 《西洋史学史·译者序》，商务印书馆1929年版，第1—2页。

ence" 一文，可谓《十九世纪之史学与史家》兰克一章的雏形，已将兰克定性为客观主义史家。他引用兰克《罗曼与日耳曼族群史1494—1514》"前言"的名言"wie es eigentlich gewesen"，他英译为"as they actually happened"，对兰克治史特点作如下描述：

> The promise of complete objectivity was abundantly fulfilled, and a lengthy supplement examined the sources on which the narrative rested. He traced the statements of the famous chroniclers to their source, estimated their opportunity of knowledge, and analysed the influence of their opinions and surroundings on their writings. The work founded the science of evidence, and the modern historical method is generally held to date from its publication.①

古奇的兰克论述或受伯伦汉的影响，被他所看重的部分在史料学，1913 年《十九世纪之史学与史家》论兰克继续发挥这一观点。兰克《近代史家批判》是"史学的批判时代的开端"，因为兰克第一次把尼布尔的原则应用到近代历史，他提出的准则——对事件的最近人是最好的证人，当事人的信件比史家的纪录具有更大的价值——并不是什么新奇的东西。他的研究方法的新奇之处，在于他决心抓住历史写作者的性格，并查究他的资料是从哪里获得的。他

① G. P. Gooch, "The growth of historical science", in *The Cambridge modern history*, Volume Ⅻ, New York: The Macmillan Co., 1910, p.824.

引述兰克 wie es eigentlich gewesen，“对于一个人才辈出的时代的大人物一丝不苟地加以描绘，对于各个民族作了不偏不倚的概述。他的不动感情的语调，并不是他持冷淡态度的结果。正因为他很少发表论断，所以他的论断就更有力量”。古奇总结兰克的三点贡献：第一，尽最大可能把研究过去同当时的感情分别开来，并描写事情的实际情况（wie es eigentlich gewesen）；第二，建立论述历史事件必须严格依据同时代的资料的原则；第三，按照权威资料的作者的品质、交往和获得知识的机会，通过以他们来同其他作家的证据对比，分析权威性资料，从而创立考证的科学。①1920 年他为 F. S. Marvin 主编 *Recent Development in European Thought* 一书撰写“Historical research”一文，论及兰克的贡献，重申上述三条。②此文有两种中译文：张廷休译，题《近五十年历史讨源述略》，《史地学报》第 2 卷第 8 号，1924 年 2 月；刘朝阳《十九世纪后半期之西洋史学》，《国立第一中山大学语言历史学研究所周刊》第 1 集第 6 期，1928 年 12 月 6 日。

古奇所见多为兰克的资料鉴定，全然没有历史哲学，他再造了

---

① ［英］古奇著，耿淡如译：《十九世纪历史学与历史学家》上册，商务印书馆 1989 年版，第 214—215 页。

② “His greatest service to scholarship was to divorce the study of the past from the passions of the present, and, to quote the watchword of his first book, to relate what actually occurred. A second was to establish the necessity of founding historical construction on strictly contemporary authorities ... A third service was to found the science of evidence by the analysis of authorities, contemporary or otherwise, and opportunity of knowledge, and by comparison with the testimony of other writers.” in *Recent Development in European Thought*, edited by F. S. Marvin, H. Milford: Oxford University Press, 1920, p.157.

考证派形象的兰克，不仅在欧美学术界而且在中国都被广泛接受，成为解读兰克史学最流行的观点。徐则陵（1887—1972）毕业于美国伊利诺斯大学获得史学硕士，又在芝加哥、哥伦比亚大学研究欧洲史和教育学。①在他的影响之下，南京高等师范学校史地部学生对西方史学理论与史学史表现出强烈兴趣，论述兰克具有高度的同质性。徐氏《近今西洋史学之发展》一文开始即立兰克于独特地位：

> 西洋史学至十九世纪而入批评时代，史家乃揭櫫真确二概念以为标鹄，搜罗典籍古物以为质料，其方法则始于分析，成于综合。鉴别惟恐其不精，校雠惟恐其不密，辨纪录之创袭，审作家之诚伪，不苟同，无我执，“根据之学”（Documentary 乃 science）自有其不朽之精神。本此精神以号召史学界者，自德之朗开氏（Ranke，1795—1886）始，史学之根据、并世原著（Contemporary Source）、内证旁勘等原则，皆自氏所创。自氏以还，西洋史学家始有批评精神与考证方法，史学乃有发展之可言。……朗开而后，德之史学界，力矫轻信苟且之弊，一以批评态度为归，嗜冷事实而恶热感情，史学何幸而得此。孰知近四十年来，普鲁士因人民爱国思想而统一日耳曼，史学蒙其影响，顿失朗开派精神，而变为鼓吹国家主义之文字，自

---

① 《教职员一览》，《国立东南大学一览》（1923年度），第10页；按，徐则陵1902年就读于武昌方言学堂，1906年入南京汇文书院，1910年考入南京金陵大学攻读教育学，1914年与陶行知一同毕业。1917年赴美留学。1920年回国先后担任南京高等师范学校和东南大学教授，中央大学教育科主任等职。著有《五十年世界进化概论》、《中学本国史测验》、《汉代教育史》。

成为普鲁士史学派。

十九世纪有两大史学思潮：浪漫主义（Romanticism）与实验主义（Experimentalism）。实验主义惟事实是务，无征不信，其见于史学者有“朗开之倡考订之学”，与各国学者之罗掘古物、搜集典籍，使史学家能引以为戒，“祛情感，以事实为归”。[①]就内容来看，徐文属编译性质文章，不少内容取自古奇“Historical research”一文，[②]尤其关于兰克论述，多可见于古奇此文。如“普鲁士因人民爱国思想而统一日耳曼，史学蒙其影响，顿失朗开派精神，而变为鼓吹国家主义之文字，自成为普鲁士史学派”，编译于“The unification of Germany after fierce struggles within and without naturally deflected historical scholarship from the path marked out by Ranke, who had grown to manhood in the era of political stagnation following the downfall of Napoleon. The master's Olympian serenity was deplored by the group of hot-blooded scholars who are collectively known as the Prussian School”[③]；“祛情感，以事实为归”则根据

① 徐则陵：《近今西洋史学之发展》，《史地学报》第1卷第2期，1922年1月。

② 徐则陵《近今西洋史学之发展》谓“德有芒森而史学自成一派，后起研究罗马史者，莫不受氏之影响。费雷罗著《罗马兴亡史》，以经济与心理的原因解释民国之亡，耸动当世”。（第3页）兹比较古奇“Historical research”一文“Mommsen, like Ranke, was the founder of a school; and his inspiration has been felt by every worker in the field of Roman studies ... Ferrero's Greatness and Decline of Rome, though frowned on by scholars, aroused world-wide interest by interpreting the fall of the Republic in terms of economics and psychology.” in *Recent Development in European Thought*, p.150.

③ *Recent Development in European Thought*, pp.158—159.

"he must trample passion and prejudice under his feet and walk humbly and reverently in the temple of the Goddess of Truth"。[1] 1924 年古奇此文被译成中文，发表在《史地学报》，当与徐氏有关。徐则陵贩自古奇的兰克论述，影响颇大，不仅被南高史地学派的青年学人接受，卢绍稷《史学概要》论兰克也拼凑自徐则陵和陈训慈。

陈训慈是徐则陵任教南京高等师范学校史地部的学生，他与南高史地学派其他成员缪凤林、张其昀、王庸、向达等，在史法上推崇伯伦汉、瑟诺博司、Vincent、Fling，在史义上宣扬鲁滨逊新史学主张。陈氏对兰克的认识前后有所不同，最初受鲁滨逊《新史学》影响，先入为主，以为兰克是代表"国家主义史观"，"以唤醒国民"。[2]嗣后，他又接受徐则陵《近今西洋史学之发展》一文强调兰克与普鲁士学派的区别，改变对兰克的认识，1924 年彼谓十九世纪初德国史家"差不多都浸渍于国家主义之中"，只有"大史家 Ranke 可说是例外"。[3]至 1925 年发表《史学蠡测》长文仍持此见，其中"近今史学之祖——兰克与尼布尔"一小节，彼谓尼布尔"始以科学方法治史，用其史法，著《罗马史》等书。其卓见深识，已为史学辟其新径"；兰克"标揭史学之根本义旨，益悠然自有深造。晚年著《世界史》一书，不拘民族之畛域，以为'民族间互为影响，实成一有生命之整体'。在民族主义风靡之秋，独具大公之精神，要非有超人之史识，不能及此。后人论述，咸谓史学之批评的

---

① *Recent Development in European Thought*, p.163.

② 陈训慈：《史学观念之变迁及其趋势》，《史地学报》第 1 卷第 1 号，1921 年 11 月，第 11 页。

③ 陈叔谅：《大战与领袖主义》，《东方杂志》1924 年第 21 卷第 14 号，第 41 页。

精神，实由两氏导其端，而兰氏尤足为近今史学之鼻祖。自是以后，德英法意及大陆各国之史学，咸焕然发其新彩。即新大陆之美国，亦以兰氏门徒之传布，始有卓立可称之史学焉”。[①]陈训慈的兰克观点系从西人二手著作和徐则陵处获悉。《史学蠡测》附录“西洋论史学之书籍要目”共22种，包括伯伦汉《史学方法论》、法人《史学原论》、兰普瑞希特《历史是什么》、鲁滨逊《新史学》、古奇“The growth of historical science”、Fling的*The Writing of History*、Vincent的*Historical Research*、克罗齐《历史学的理论与实际》、绍特威尔《西洋史学史》。这些史学著作也是南高史地部其他师生的阅读书目，如陈氏同门张其昀谓“余近读西洋史家朗格（Langlois）、辛诺波（Seignobos）、文森（Vincent）、鲁平生（Robinson）、法林（Fling）诸氏之书”，所以他才说：“西洋史家之著作，有能重科学之精神，用批评之方法，起自最近六七十年。当中国道咸之际，开其端者，德史家朗凯（Ranke）是也。”[②]事实上，南高史地学派并没有直接接触兰克作品，他们的兰克观点大多依据二手著作编译摘述而已，多为一些流行的常识，但由于出现较早，居然被不少中国史家辗转复制，成为民国史学界有关兰克知识的源头之一。

南高史地学派译介兰克的世界史理念，被中国史家转引者甚

---

① 陈训慈：《史学蠡测》，《史地学报》1925年第3卷第5期，第28—29页。按，第37页注明：“关于近世西洋史学之进步，本学报一卷二期徐则陵教授《近今西洋史学之发展》及二卷八期张廷休君译《近五十年历史讨源述略》二文，可供参考。”

② 张其昀：《读〈史通〉与〈文史通义〉〈校雠通义〉》发表于《史地学报》第1卷第3期（1922年5月）、第1卷第4期（1922年8月）；这篇文字又易名《刘知幾与章实斋之史学》发表于《学衡》第5期，1922年5月。

多。陈训慈或许是中国史家最早直接论及兰克的世界史者，他通过 J. M. Vincent 的 *Historical Research* 转引兰克一段有关世界史的经典论述“Universal History（Weltgeschichte）embraces the events of all nations, and times in their connection, in so far as these affect each other, appear one after the other, and all together form a living totality”,①Universal History 译为“宇宙史”，并做解读“其意盖谓宇宙史包括全世界全时的事实，以人类全体为本，而明其相互之关系也。其所喻述，皆扩大空间与时间，最足表示此种趋势者也”。②此时陈氏的理解颇为生硬。1922 年缪凤林《研究历史之方法》特别说明《史地学报》第 1 期关于“历史者何”问题有三文讨论，即徐则陵《史之一种解释》、陈训慈《史学观念之变迁及其趋势》以及他自己的《历史与哲学》，他说：“今不欲繁称博引，惟采一家之言，揭以一字，以解释此问题。”此一家之言便是陈训慈所引兰克论世界史文字，缪氏译为：

> 朗克（Ranke）曰：“普遍史包罗万国相绵之事实与时间，交互影响，承递嬋绵，而以构成一活动的全体者也。”

彼谓兰克之言有一基本观念，即“史事为演化”,③“一切历史事

---

① J. M. Vincent, *Historical Research*, New York: Henry Holt and Co., 1911, p.12.

② 陈训慈：《史学观念之变迁及其趋势》，《史地学报》第 1 卷第 1 期，1921 年 11 月，第 28 页。

③ 缪凤林解释之所以将 evolution 译为“演化”，而放弃“进化”，在于“此字本义为逐渐发展之程序（the process of gradual development），中人通译进化，似有未允。述者以进化字颇有流弊，故改”。

实，皆属逐渐发展，逐渐蝉蜕，旧者未全灭，新者已兴；新者虽盛，旧者犹有存焉。而此新者即旧者之所演化，此则历史之真象也”。①缪氏译文信雅，有些史家据此视为兰克的历史定义，如郑鹤声《史与史字之解释》（《史学杂志》1929 年第 1 卷第 5 期）、左复《中国史表》（雅礼学校，1931 年）、王敏时《国学概论》（新亚书店，1933 年）、周容《史学通论》（开明书店，1933 年，第 4 页）、李承廉《史学方法论》（《江汉学报》1933 年第 1 期）。1925 年陈训慈或受同门缪氏的影响，将兰克的世界史理念改译成“民族间互为影响，实成一有生命之整体”，也被不少史家转相抄袭，如卢绍稷《史学概要》、罗元鲲《史学研究》、朱谦之关于兰克论述都直接抄自陈氏《史学蠡测》。②此种情形，诚如 1931 年齐思和批评卢绍稷《史学概要》，偶有征引西方学说，“亦不过取自他人之译本，甚至片辞只句之征引，亦悉就他人之论述辗转钞出”，“俨若原书已亡佚者”，“外人著作虽若何重要，苟国人尚未介绍”，皆茫然不知，而“国人之论述，虽肤浅疏陋，不堪入目者”，反而“一一征引，视若瑰宝”。③齐氏的批评同样适用于中文世界兰克论述的实况。

留美的陆懋德也长期在各大学讲授史学研究法，与孔繁霱一样，他推崇伯伦汉和瑟诺博司，谓伯氏书出，“始成为学界之权威”，瑟氏书出版，史学方法之书“始有简明的教本”，“欧美各国

---

① 缪凤林：《研究历史之方法》，《史地学报》第 1 卷第 2 期，1922 年 4 月，第 2—3 页。

② 卢绍稷：《史学概要》，商务印书馆 1930 年版，第 82 页。罗元鲲：《史学研究》，开明书店 1935 年版，第 153 页。朱谦之：《经济史研究序说》，《现代史学》1933 年第 1 卷第 3、4 期合刊，第 20 页。

③ 齐思和：《评十九年出版各家史学新著》，《国闻周报》第 8 卷第 4 期，1931 年 1 月 19 日。

关于历史方法之著作日多，而大抵均奉此二书为指归。大约后人之说虽多，而其基本法则，仍不外乎此二种著作”。①除此二人著作之外，他也广泛涉猎其他西方史学方法和史学史著作，如熟悉古奇、绍特威尔等人的论著。陆氏主要借助古奇论著了解兰克，如“德国史学派在近世纪史学中，有革新的工作。语其首功，当以柏林大学教授 Ranke 为代表……自此派出而十九世末期之史学家皆宗之，后之客观主义的史学，即始于此”。彼又谓“英人 G. P. Gooch 在其所作《史学研究篇》内，以为近世史学之新辟的正路，自德国史学家 Ranke 为始，并以为自 Ranke 始明白主张，使过去的事实与现在的感情脱离关系，并主张凡记述某时代之事迹，必须根据某时代同时代之著作。此即谓自 Ranke 始提出史学之正当方法。史学方法在史学上为入门之途径，古之大史学家固不借径于史学方法，然今人修史学，自当以史学方法为始。史学方法之书，以德人为长，Ranke 在其一八二四年印行之《罗马民族史》第一卷内，附有《近代史学家批评》一篇，颇详于史学方法之讨论。继其后者，又有 E. Bernheim 一八八九年印行之《史学方法教本》，自此书出而后史学可称专门之学。自此书明白示人以搜集史料、鉴别史料及运用史料之方法，而世人始知史学家必须经过一种专门技术之训练。其后英法美各国均有关于史学方法之著作，然均无以超过德国学派之上。然则史学方法之学，自当以德国学派为巨擘。”②陆氏完全接受古奇的看法，强调兰克在史法方面的作为，是一位实事求是的考证派史家。

---

① 陆懋德：《史学方法大纲》，独立出版社 1947 年版，第 12 页。

② 陆懋德：《西方史学变迁述略》，《师大史学丛刊》第 1 卷第 1 期，1931 年 6 月 6 日，第 7、9、10 页。

张贵永（1908—1965）是孔繁霱在清华大学历史系的学生，1929年毕业之后赴德国柏林大学留学，师从曼乃克（F. Meinecke，1862—1954），获史学博士学位，1934年进中央大学历史系任教，讲授西洋近世史、西洋史学史、史学方法，“讲起书来，条理清晰，内容丰富，娓娓动听，对于西洋史学史及西洋史学方法，更多精辟的见解”。①他讲史学方法与其师孔繁霱一样，推崇伯伦汉与Seignobos，而西洋史学史或以古奇之书为参考。兰克在华接触史上，张贵永的努力似未被后人充分关注，他的贡献并不亚于姚从吾，甚至有过之而无不及。张氏或是中国最早全面介绍兰克的史家。他最早向国人译介曼乃克《历史主义的起源》（*Die Entstehung des Historismus*，1936），认为其师“直接继承十九世纪德国史家兰克（Ranke）的传统，无论在治学与著述方面，都是严于史料考释，与富有实事求是的精神”。②1936年1月23日，曼乃克在兰克逝世五十周年纪念会演说词附录于《历史主义的起源》，张氏全文翻译，题名《莱奥坡·封·兰克》，发表在重庆《时事新报》“学灯”副刊，③这大概是当时中文世界论述兰克最详尽的一篇文字。翌年1946年是兰克逝世六十周年，张氏仿其师之故技，在《时事新报》“学灯”副刊连载长文《兰克之生平及其著述》，④这是中国学者专论兰克第一文。然而，张氏所译所撰两篇兰克的长文，发表在动荡

① 蔡守堃：《历史学系概况》，《国立中央大学概况》，国立中央大学学生自治会1944年版，第40页。

② 张贵永：《评〈历史学主义的起源〉》，《中德学志》1940年第2卷第4期。

③ 《时事新报》1945年8月6、28日，第4版。

④ 《时事新报》1946年4月15、22日，第4版。

时代，又地处后方重庆，印刷质量差，在学术界似无影响。

《兰克之生平及其著述》初稿完成于张贵永获得博士学位（1933年）以后的一年间里，正式发表则在1946年，1952年张氏在台湾《自由中国》第7卷第12期发表《兰克的生平与著作》，除了个别文字改动，实系旧作重刊。该文是张氏的原创研究还是编译文字，尚待进一步研究，不过就论文架构来说，与古奇《十九世纪之史学与史家》“兰克”一章非常相似，都以时间先后逐一论述兰克的著作。张氏与古奇结识甚早，1932年暑假他访问伦敦，会见古奇，此后两人长期保持联系。他们二人的学术兴趣一致，皆在西洋外交史和近代史学史。张在中央大学讲授西洋史学史，对古奇史学史著作不陌生，承认古奇是“当代对于英国、欧洲外交史最有研究的一位史学家，尤其是研究德国十九世纪的史学与史家，更具心得，给予我的影响颇多”。①张所译的曼乃克关于兰克的演讲，里面对兰克的世界观、历史观包括宗教信仰在研究历史中的指导作用着墨颇多，但《兰克之生平及其著述》一文不是沿着其师的思路，更接近于古奇，强调兰克“wie es eigentlich gewesen”之可贵，“兰克坚持历史的认识应该绝对自主。有人把他认为近代第一位史家，把历史纯粹由其本身的目的来追求；在他之前的学人往往具有政治、宗教及爱国的动机。真的自主的历史观是要把人和事物不加判断，只探求其客观的真相，不应对历史经过作主观与审判的企图。好多具有强烈伦理动机的人士认为在历史里有道德力量存在，足为政治

① 张贵永口述，吕天行笔记：《我的史学研究兴趣》，《新时代》1962年第2卷第10期，第46页。

家的绝对资鉴，兰克却以人与世界历史大事的客观认识为其治学的根本原则。”[①]张氏的兰克论是对其师言说的腰斩，只发挥形而下的部分，而舍弃形而上的精神事物。他之所以作如此退步，或与姚从吾一样，意在积极融入中国史学界的主流。事后他谓此文为纪念傅斯年而作，完全不合实情，但回忆傅斯年于抗战前跟他说：“史语所的研究工作系根据汉学与德国语文考证学派的优良传统。”此或为可信。张氏要把兰克定位在德国语文考证学派谱系中，始能为傅氏自称史语所为“中国的兰克学派”作脚注。

(2) 傅埃特《近代史学史》

古奇《十九世纪之史学与史家》前言提及的瑞士史学家傅埃特（Eduard Fueter，1876—1928）用德文撰写《近代史学史》（*Geschichte der neueren Historiographie*，1911）一书，是西方史学史一部名著，出版后很快被翻译为法文、意大利及西班牙文，多次再版。作者接受德国曼乃克与贝娄（G. v. Below）邀请撰写此书，并收于两人主编的《中古与近代史工具书》（*Handbuch der Mittealterlichen und Neueren Geschichte*）系列。傅埃特身为欧洲中部小国瑞士人，他的视野涵盖全欧，关注英国、法国、意大利、西班牙以及德国之间史学发展的相互关系，叙述十六世纪人文主义到作者当代四百年间的史学。此书以年代先后分为六卷：意大利的人文主义历史作品、人文主义史学在全欧洲的扩散以及民族政治史学、从人文主义之外的史学作品到启蒙史学、启蒙时代的史学作品、浪漫主义与自由主义的历史写作、现实主义对浪漫史学作品的响应以及社会运动的影响。每一卷先以

① 张致远：《兰克之生平及其著述》，《时事新报》1946 年 4 月 22 日，第 4 版。

"通论"介绍这个时代历史作品的共同特质，然后分国别介绍史家及其代表作品。他所介绍的作品涵括各类别，如编年史、地方史、城市史、教会史、帝国议会史、地理发现史、理念史及现实主义的作品。傅埃特以历史作品的特质来呈现史学史，正如他在"前言"中所说，不以各时代中的史家为主轴，要以史学风潮的嬗变为全书的主导，而且不以历史理论及方法学等史学反思的作品为内容，真正注目的是叙述历史的作品。因此，方法学家伯伦汉不在他的叙述之列，他所谓风潮嬗变不包括史学的专业化、制度化、科学化的问题。同时他也巧妙避开当时德国的史学论战。兰普瑞希特（K. Lamprecht）的德国文化史巨作，代表历史作品的新思潮，他也没有纳入这段史学史中，也许因为当时正值曼乃克与贝娄积极打击兰普瑞希特的时刻。然而，同样是社会文化和实证主义取向的英国巴克尔，在该书呈现的嬗变脉络中占有一席之地。

"兰克及其学派"位于第五卷，隶属于浪漫主义思潮史学，占有13页的篇幅。傅埃特在"通论"述说浪漫主义历史作品从启蒙史学蜕变脱身而出，摆脱启蒙历史作品只陈述现象中具有冰冷知识的特质，开始叙述历史中的人物与生活，要唤醒过去，赋予历史作品缤纷的色彩与人性的温情。苏格兰历史小说家司考特（W. Scott）是先驱，他热情洋溢的历史故事，如萨克森英雄传（Ivanhoe）深深启发并引导着早年的兰克。兰克同时承续德国语文考证学的传统，从尼布尔的罗马史考证得到鼓舞。他强调兰克融合了活泼叙事与追求真实这两个渊源。傅埃特提出兰克历史作品的八个特质：（1）兰克的观念论史学，不是虚无缥缈的形上理论，它就是保守复辟并且反对立宪的思想。（2）兰克反民族史学，任何一个民族无法单独地构成历史的发展，民族也只有在全欧洲族群交织发展中才能看清，他是民族历史理论强有力的反对者。(3) 兰克以艺术手腕掌握历史，尽情地描绘不同族群习俗举止的特质。(4) 兰克是历史心理学家，有超强的能力，透过文献文字，穿透当事人的思绪，了解其内心的欲求矛盾，尤其是面对他所喜爱景仰的历史人物，他最能深入其内心。《教皇史》中的人物心理描写，达到巅峰境界。(5) 兰克是语文考证学的大师，他在第一部成名作里就揭露 Guicciardini《意大利史》抄袭、伪造数据以及无意识地犯错，让《意大利史》从数百年以来史料权威的地位落入不具引述价值的杂著之列。他的作品展现他的语文考证之敏锐。(6) 兰克运用史料呈现片面性，在大量使用使节报告之后，考证相较于前期疏松许多。兰克使用这些史料以及官方档案，造成他几乎完全从执政者的观点叙述历史，经济、社会、宗教生活都不见于他的作品。(7) 兰克是文学家，他要呈现历史的缤纷，从不否认史学需要文学的叙事技能。(8) 兰克默默地对抗趋势，他不用分析的方式显示历史现象的错综交杂，也不用定义清晰的概念规范分类史事，他完全依附于史料，以叙事掌握历史现象的大局。傅埃特尊崇兰克，但没有溢美，不讳言兰克的弱点。①

傅埃特《近代史学史》德文本或法译本（1914 年 Emile Jeanmaire 译）在中国史学界有一定的流传，陈翰笙、熊遂、傅斯年、姚从吾、雷海宗、周谦冲、耿淡如等曾参阅过，甚至有的西洋史学史课程将其列为参考书之一。傅埃特描绘的兰克形象与伯伦汉、古奇刻板印象不同，更全面也更接近于兰克的本相，但中国史家多接

① 以上两段文字由胡昌智教授提供。

受伯伦汉、古奇的观点而抛弃了前者。兹举姚从吾的例证，他《欧洲近百年来的历史学》一文讲到尼布尔和兰克，前者撮译傅埃特《近代史学史》对尼布尔的论述，而论及兰克，则不用傅埃特，采用 R. Sternfeld 观点，因为后者称颂兰克的治史方法，说明中国史家刻意彰显兰克的某一面相。

（3）美国鲁滨逊新史学派著作

美国鲁滨逊新史学派的一个显著的特征，是除了写各种通论教材，还热衷于撰写史学史，鲁滨逊、班兹、绍特威尔均有史学史作品，通过回顾总结既往史学发展而提出"综合史观"。鲁滨逊新史学派将兰克刻画成是一位"静止的历史学家，其主要兴趣仅在于细节的叙述而不在于发展的研究"，他们提出的新史学主张经常以兰克作为反面批判的对象，诚如美国史学史家伊格尔斯指出："'新史学家'在号召历史应该超出事实而走向归纳和概括的时候，是在向兰克的方法论，更正确地说，是在向'科学派'所保持的兰克的形象挑战。他们承认'科学派'自命为是兰克学派的这种说法，并且大部分还接受了老一辈把兰克看作是一个经验主义的、非哲学的作家这一形象。这样一来，他们就特别反对兰克被人认为未能超出事实而进行概括的缺点。"[①]鲁滨逊新史学派呈现的刻板兰克形象，通过这一派著述大量被译介到中国，[②]被中国许多史家所接受。

---

① ［美］伊格尔斯著，何兆武译：《美国和德国历史思想中兰克的形象》（上），《历史译丛》1962 年第 1 期，第 27—28 页。

② 参阅李孝迁：《西方史学在中国的传播 1882—1949》，华东师范大学出版社 2007 年版，第五章。

鲁滨逊的《新史学》（*The New History*，1912）是民国史学界非常流行的一种史学理论著作，1924 年何炳松译成中文出版。鲁滨逊说："Ranke 以为史学的目的，是要明晰我们对于国家由来和性质的观念，因为国家是人类发达的继续的根据。"①以为 Ranke、Dahn、Giesebrecht、Waitz、Droysen 这班人"开始专门研究德国史，都是充满一种爱国的热忱，和前世纪的大同主义绝不相同。从此以后，欧洲各国的历史，慢慢的都变为民族的，历史资料的搜集同出版，亦异常的激动起来"。②史家普遍以为过去事实最值得知道的，都是同国家有直接或间接的关系，兰克"以为政治史是尽善尽美的历史"。③兰克被描绘成狭隘民族主义的政治史家。鲁滨逊又指出："Ranke 的豪语说要去'据实记载'——wie es eigentlich gewesen。在十九世纪中叶，要想做到这一步，还是不能没有一种声明。因为我们上面曾经说过，从前的历史家抱有别种目的，普通都希望历史帮助，或者至少不要反对，爱国的同宗教的成见。所以一个'据实记载'的决心，将历史家的地位，比从前提高了许多，而他的影响也是很大。"但鲁滨逊接着批评："决意慎选历史的材料同决意据实记载这两件事体，无论如何，不过是科学化的史学的初步。

---

① ［美］鲁滨逊著，何炳松译：《新史学》，商务印书馆，1924 年，第 8 页。"To Ranke the Purpose of history was to clarify our notions of the origin and nature of the State, which forms the basis of the continuity that we believe we observe in human development." in James Harvey Robinson, *The New History*, New York: The MacMillan Company, 1912, p.8. 齐思和译文"兰克认为历史学的目的，在于使我们对于国家的起源和性质具有明确的观念，因为国家是人类社会发展的基础"。（齐思和译：《新史学》，商务印书馆 1964 年版，第 8 页）

② 何炳松译：《新史学》，第 43 页。英文本，第 42 页。

③ 何炳松译：《新史学》，第 44 页。英文本，第 43 页。

因为人类过去的事实可以受我们检查的如此的多，所以断不能简单的记载下来；而且这种事实异常的复杂，所以可以加以许多的解释。"①鲁滨逊批评兰克没有认识到史料的分析批判只是历史研究的准备工作，而不是最后的工序。他把兰克错误想象成仅兴趣于搜集、分析史料，并加以如实记载，丝毫没有解释史料的冲动。这根本不是兰克的本相，恰恰是兰克极为反感的做法。

《新史学》英文本和中译本在中国很流行，鲁滨逊对兰克的只言片语的概括，很快转化为中国史家的兰克论述。陶孟和在北京高师附属中学教育研究会演讲"新历史"，他说："德国史家兰克曾写了很好的历史，并且会用校勘法、选报正当的史料。但是他也是偏重政治一方面，他以为国家是人类发展的继续绵延的基础，所以历史的目的，是使我们明白国家的起源及性质。"②1926年朱谦之《历史哲学》对兰克所知有限，他说："德国史学家兰克（Ranke）以为史学的目的，是要明了我们对于国家起源和性质的观念，似这种把国家—政治的组织，为研究史学中枢，把历史看作'民族之魂'和中国《二十四史》《资治通鉴》把帝室为史的中枢的观念，当然是一样地错误了。"③朱谦之这句兰克云云，取自何炳松译《新史学》。陈安仁《中国政治思想史大纲》（商务印书馆，1933年）"绪论"，提出要研究中国政治思想史，先要明白什么是历史，引征各家说法，其中"德国史学家（Ranke）'以为史学的目的，是我们对于国家起源和性质的观念'"。杨鸿烈《史学通论》谓：

---

① 何炳松译：《新史学》，第48页。英文本，第47页。

② 陶孟和：《新历史》，《新年青》第8卷第1号，1920年9月1日，第2页。

③ 朱谦之：《历史哲学》，泰东书局1928年版，第2页。

> 德国的大史学家郎开（Ranke）也曾说过："历史之'目的'是要明晰我们对于国家的由来和性质的观念，因为国家是人类发达的继续的根据。"

陈、杨二氏的引文都来自何炳松译本，却擅自改动文字，想当然以为这句话出自兰克，事实上这只是鲁滨逊的概括认识，而不是兰克的原文。①杨氏以兰克作为靶子，批评兰克观点，"人类生活不仅是当兵做臣民或君主，国家也决不是为与人类有惟一利害的机关"，"一般人看过去政治的事实，仍旧当做是尽善尽美的历史的资料，这就不能不待'史学通论'的作者们要'辞而辟之'了"。②但杨氏没有接受鲁滨逊视兰克为爱国的民族主义史家的看法，他认为兰克"嗜冷事实而恶热感情"的史风，与普鲁士学派不同。③此观点早见于他《史地新论》一书，④承袭自徐则陵的观点。

鲁滨逊的学生绍特威尔（J. T. Shotwell）《西洋史学史》（*An Introduction to the History of History*，1922）一书，何炳松、郭斌佳合译，商务印书馆1929年出版，是民国时期唯一一部汉译西洋史学

---

① 鲁滨逊的话出处在1836年兰克作为柏林大学教授的就职演说《历史与政治的区别和联系》（De historiae et politices cognatione atque discrimine）："从过去所发生的事物中得出对国家本质的认识，并指引我们理解这种国家本质，这是历史任务。而政治的任务是，在成功地认知并理解国家的本质之后，继续并发展这种国家本质。"（易兰中译本，第113页）如果对比鲁滨逊文字，则发现鲁氏误解了兰克原文，将论"政治任务"文字并入到"历史任务"。

② 杨鸿烈：《史学通论》，商务印书馆1939年版，第65页。

③ 杨鸿烈：《史学通论》，第93页。

④ 杨鸿烈：《史地新论》，晨报社1924年版，第3页。

史著作，被中国史家广泛采为教科书用。该书指出："兰克以为欲解明一国一时代，必须根据该时代之时代精神（Zeitgeist）进窥之……彼所标之时代精神，所以备史家之描写，而不期其加以思索也……苟历史而能恢复旧日之事象，非吾人今日心目中所见之事象，乃当日目睹其事者所见之事象，则吾人对之始可称为明了。此实为史家之内分事也。若记述往事，参以己见，是则徒乱事实之真相而已。为史家者，应只求旧事本身重现于今日，一听旧事解释其自身，则吾人自能见其真相；虽不能尽见其各方面，要就吾人能力所及，已可告无罪于世人矣……吾人苟能以历史之真相解释历史之本身，又何必劳心焦思，旁求他法耶?"在绍特威尔看来，"兰克之意不过欲活描过去，就其所能得之材料，察当时之政治情形，竭力求其完美而已，未能阐发其原理之阃奥也"。①

班兹（Harry Elmer Barnes，1889—1968）对史学史也非常有兴趣，1919 年版 *Encyclopedia Americana* 中《史学》（History，its rise and development：a survey of the progress of historical writing from its origins to the present day）一篇就是他撰写。②1925 年主编出版《社会科学的历史与趋势》（*The history and Prospects of the social sciences*），第一章史学由班兹执笔，向达译成中文，题名《史学》，商务印书馆 1930 年出版，此外雷震译《西洋史学进化概论》（文化学社，

① ［美］绍特威尔著，何炳松、郭斌佳合译：《西洋史学史》，商务印书馆 1929 年版，第 381—382 页。英文本，第 326—327 页。

② 燕京大学文科研究所历史学部指定世界史及西洋史应读书目有 8 种，西方史学方法用 J. M. Vincent 的 *Historical Research*，史学史则选用班兹《史学》。（《燕京大学研究院同学会会刊》，1939 年）

1932年）是异译本。1925年出版《新史学与社会科学》（*The New History and the Social studies*），商务印书馆1933年出版董之学中译本。1937年出版专书 *A History of Historical Writing*。兰克在班兹意识中是一位杰出的史料处理者，他将兰克与Jean Mabillon、Niebuhr并列，“发展精确搜求之极好方法学与使用源料（source material）之用法”，[①]充分承认兰克在“批判派史家”中的首席地位，自《近代史家批判》出，“以科学方法使用史料之程序及要点，始成有系统之学，而自一八三三年研究所教学法成立而后，有条理之史学训练，始树其久远之基”。[②]

绍特威尔、班兹著述经常论及兰克，并被中国史家所接受。朱谦之好谈兰克，但他并没有读过兰克著作，他的兰克观点是拼凑式的，杂糅鲁滨逊、班兹、Bury以及南高史地学派的看法，大体视兰克为考证派史家。[③]朱氏早期著作《历史哲学》（1926年）只知兰克是政治史家，“兰克对于历史现象，主张要严格探讨，所以他的方法和工作都是科学的，而所受于黑格儿派也不过在其收入于其结论中的一种意义罢了”。[④]朱氏最初的兰克知识取自两处：关于政治史家，从鲁滨逊《新史学》得知；关于受黑格尔影响，则直接抄袭J. B. Bury《进化论与历史》（Darwinism and History）中译文。[⑤]1929年他

① ［美］班兹著，董之学译：《新史学与社会科学》，商务印书馆1933年版，第464页。

② ［美］班慈著，向达译：《史学》，商务印书馆1930年版，第54页。

③ 朱谦之：《中国史学之阶段的发展》，《现代史学》1934年第2卷第1、2期合刊。

④ 朱谦之：《历史哲学》，第41—42页。

⑤ ［英］J. B. Bury著，严既澄译：《进化论与历史》，《民铎杂志》第3卷第4号，1922年4月1日，第5—6页。

留学日本，接触到更多西方史学理论，对兰克认识略有深化。1931年2—10月他在上海暨南大学短暂讲授西洋史学史，[①]所列参考书目丰富，包括古奇、Guilland、Fueter、克罗齐的史学史著作。[②]他说："自Ranke以下，所有各国谨严的名史家，多少均受他影响，而倾向于考证的及客观的史学精神，关于这一点，最好是参看G. P. Gooch所著《十九世纪之史学及史学家》（*History and Historians in the Nineteeth Century*，1913）一书。"[③]他也读过班兹《史学》英文本。

或受傅埃特的影响，朱谦之一度视兰克为历史哲学家，认为他在西方历史哲学史上有一席之地。因为兰克《历史上的各个时代》（*Über Die Epochen Der Neueren Geschichte*）"极力赞成观念论思想方法的伟大。但他虽受Kant派哲学的影响，就其对于历史现象主严格探讨"，不承认人类历史生活的原动力，是如Hegel所说有一个为指导观念（Leitende Ideen）的绝对理性，可以做活动的根本，必然的推进机。兰克认为支配各个时代的指导思想是"倾向"，"有时现为人类之宗教倾向，有时现为文学的倾向，有时为政治的倾向，在这个场合，史学单单认识或记述这些各种倾向，是不能推究出一个概念的。又通全人类的历史生活，也没有一贯的倾向，各时代现出各特殊的倾向或形式，在那里便发生了时代的特殊性。而且成为这时代倾向的，是从各时代人的自由观念出发，而表现于时代许多

---

① 国立暨南大学秘书处编：《国立暨南大学一览》（1930年度），《教员一览》，国立暨南大学秘书处印务组，1931年，第4页。按，《奋斗廿年》说："我在暨南大学，应文学院院长陈钟凡之约，担任了科目四种：历史哲学、西洋史学史、哲学概论、社会学史，每星期十二小时，这真够使我一点更无闲暇的时间了。"

② 朱谦之：《历史哲学大纲》，第365、367页。

③ 朱谦之：《经济史研究序说》，《现代史学》1933年第1卷第3、4期合刊。

之史实中，存有密接的内的联络关系。这个的史实可以看出是由于这个关系而联络，在这里形成了固定的有特色的时代相”。如何把握历史运动，一种是批评审查史料，从史料中体认精神，但此法不足以理解史实全体，也不能把握其间的关系；第二种是从事哲学的考察，“各时代里所有历史现象都是表现那时代人的自由精神，甚至极微细的事情，它里面都有很深之内的关系”。①以上引文，似转述于二手著作。朱氏并没有太坚持作为历史哲学家的兰克，他主要接受鲁滨逊新史学派的观点，视兰克为考证派。1940 年代，朱氏再提兰克，完全只有方法学意义上的兰克，《近代史家批判》出版之后，以内外考证为内容的“科学方法治史之一门学问，才格外成为有系统的了”。②还说鲁滨逊一派史学史著作，“至今尚很有价值，并且都已经有汉译本，这不能不算我们研究者不幸中之万幸”。③

1922 年黄文山就读于美国哥伦比亚及克拉克大学，专攻社会学、哲学、史学、文化人类学，“我在美国的时候，曾以班恩和桑戴克两先生游，得闻鲁滨逊先生之造诣，惊其赅博”。④黄文山的专长虽在社会学，但非常推崇新史学派。1932 年出版《西洋知识发展史纲要》，是他在北大、北平师大、暨南大学、劳动大学、中

① 朱谦之：《历史哲学大纲》，民智书局 1933 年版，第 109—112 页。

② 朱谦之：《现代史学概论》，《朱谦之文集》第 6 卷，福建教育出版社 2002 年版，第 43—44 页。

③ 朱谦之：《现代史学概论》，《朱谦之文集》第 6 卷，第 34 页。

④ 黄文山：《西洋知识发展史纲要 · 序》，上海华通书局 1932 年版，第 4 页；《黄文山文集 · 自序》（台湾商务印书馆 1983 年版）说：“我在美哥林比大学与新社会科学研究院留学时，曾随名史家桑戴克研究世界文化史，班思研究西洋知识史，鲍亚士研究人类学，对于历史哲学，发生深刻兴趣。”

央大学讲授过的讲义，取材最多的是鲁滨逊、班兹、海斯、桑戴克、绍特威尔等著述，可说是根据该派的著作编就。他对这派史学著作较为熟悉，读过班兹在《美国大百科全书》论史学一文，[①]1930 年他在北京大学史学系讲授西洋史学史，对兰克的认识不出新史学派的范围。我们虽无从了解黄氏讲授西洋史学史具体内容，但从他对兰克只言片语的论述，可见概观。他把兰克定位在“科学的历史”集大成者，其特性：（1）对于原料为慎重的鉴别；（2）以进化的眼光研究历史；（3）根据进化的标准打破以过去为尽善尽美的观念；（4）这派史法其实就是自然科学的方法。[②]他说：“德国科学的史家兰克早在一八二四年已经坚决地排斥古代史家以史学的职务在给人生以种种的教训之‘实际观’（Pragmatic view），同时他也不赞成启蒙时代的史家以史学的功能在于评判过去的说法。他对于历史只求个‘本然’。”[③]这些看法都渊源于鲁氏新史学派，误解之处甚多。

1936 年四川大学史学系周谦冲开设西洋史学史，“详述十九世纪西洋各国史学发达史，叙述各名史家之生平，分析其治史方法，批评其著述，推论其影响，俾学者知所取法”，自然不会遗漏兰克这样重要的史家。周氏认为兰克是考据派宗师，“鼓铸客观精神，重光考据方法，使历史学由附庸之地位，一跃而齐于独立科学之林

① 黄文山：《读了真如先生书信以后》，《政治评论》第 78 号，1933 年 11 月 23 日，第 1014 页。

② 黄文山：《西洋知识发展史纲要》，第 2—4 页。

③ 黄文山：《历史科学与民生史观》，《教与学》第 1 卷第 5 期，1935 年 11 月 1 日，第 16 页。

者，则袁克之光荣也”。考据派史学之发达，有两大阶段：一为历史辅助科学之发达，俾史家有所资以考订史料之真伪；二为内部考证之进步，不仅限于史料真伪之辨，并研究及作家之心理背景，以确定其可信之程度。兰克是第二阶段上贡献最伟大者，《近代史家批判》“首次建立现代‘内部考证法’之规模。袁克最伟大之贡献，在主张史家之研究，不仅应利用当代史料，并应彻底研究作家之人格、倾向与各种活动，以判断其叙事之个人心理”。兰克有两种基本观点：一为“时代精神”（Zeitgeist），彼认为各民族各时代均受一种时代思潮之支配；二为“客观精神”，因各时代有其特殊之时代思潮，故彼认为史家应完全不以现在之成见，观察过去之历史，而应以客观之精神，叙述过去之史实。兰克开创的实作课，“开历史教学法之新纪元”。周氏也指出：“袁克之史著，亦不无缺点：未能穷究史料之源泉，一也；偏重政治史及大人物，二也；忽略经济生活、社会生活，乃至政治生活，三也。”①

周氏对兰克的认识，与同时代其他史家一样，端赖二手著作。《现代西洋史学之趋势》注明参考 Antoine Guilland《近代德国及其史家》（*L'Allemagne nouvelle et ses historiens*，1899；英译本 *Modern Germany & her historians*，1915）、古奇的书和 H. F. Helmolt 的 *Leopold Rankes Leben und Wirken*，但该文大体编译自班兹的作品。如上引兰克最大贡献、基本观点和缺点云云，均译自班兹在 1919 年版 *Encyclopedia Americana* 所撰写的“History”，论兰克史学

① 周谦冲：《现代西洋史学之趋势》，《史学季刊》第 1 卷第 1 期，1940 年 3 月，第 74—76 页。

之局限："His defects have been pointed out by later writers as the failure to exhaust the sources available for any subject upon which he wrote and a primary concern with political events and dominating personalities to the neglect of the more fundamental facts of economic and social, and even of poltical, life."①若与周谦冲的文字对照，即可明白周氏论述渊源有自。不仅如此，《历代史家之批评与现代史学之趋势》一文，②其实也译自班兹此文。③1940 年周氏在文中注释特别说明，1934 年班兹的中国学生陈锡壮（国民大学史学教授）在广州将此书转赠给他，④同年他就节译发表。《历代史家之批评与现代史学之趋势》《现代西洋史学之趋势》两文均属编译文字，只是周氏不作声明，窃为自己作品。

---

① Harry Elmer Barnes, "History, its rise and development: a survey of the progress of historical writing from its origins to the present day", reprinted from the 1919 edition of *The Encyclopedia Americana*, p.245.

② 周谦冲《历代史家之批评与现代史学之趋势》（待续）一文发表在《现代史学》（第 2 卷第 1、2 期合刊，1934 年 5 月 25 日）。

③ 举证一例，如周谦冲《历代史家之批评与现代史学之趋势》一文开始第一句"埃及乃一考古学之博物馆，或如 Breasted 教授所云，乃'一浩如烟海之史籍'，在伟大建筑与艺术遗迹中，在坟墓、宫殿、寺院及碑铭中，保藏极丰富极有价值之史料，但埃及之史著，则荡然无存。"对译班兹"While the climatic conditions have made Egypt a veritable archaeological museum, or, as Professor Breasted has termed it 'a vast historical volume', and have made possible the preservation of very valuable and extensive sources of historical information in the remains of the architecture, the engineering feats, the plastic art, and even the inscriptions cut on the stone surfaces of tombs, palaces, temples and monuments, there have been few or no Egyptian historical writings preserved."（上引班兹文，第 208 页）事实上，周文通篇都译自班兹之文。

④ 周谦冲：《现代西洋史学之趋势》，《史学季刊》第 1 卷第 1 期，1940 年 3 月，第 77 页，注释 12。

（4）吉扬《近代德国及其史家》

周谦冲所提及的吉扬（Antoine Guilland，1861—1938）值得略加说明。他是法国史学家莫诺德（G. Monod）的弟子，1899 年用法文出版《近代德国及其史家》（*L'Allemagne nouvelle et ses historiens*），英译本（*Modern Germany & her historians*）出版于 1915 年。除了古奇的书，Guilland 著作也是中国史家认识兰克的流行文本之一，陈翰笙、朱谦之、①周谦冲、杨人楩、张芝联等都参考过此书。1943 年杨人楩（1903—1973）出版了一本小册子《德国民族之侵略性》，下篇“史学家与实际政治”，分六小节：德国历史学派之产生、几个先驱、代表现实主义的蒙森、普鲁士学派、特莱屈克、滥用史学之错误，大体编译自吉扬和古奇的书。书末附参考书目，除了古奇和吉扬的书，还有克罗齐 *Theory and History of Historiography*（1921）。杨氏模仿吉扬，将尼布尔和兰克作为先驱者，而兰克则是“头脑最冷静，态度最纯正”，“在他的著作中，并不因当日之实际政治而有任何偏见，只知诉之于知识，而不诉之于感情”，“各民族之特殊性与通史之联络性，是他的史观之二大条件；②批评的方法与综合的精神是兰克治学的态度，吉养（Guilland）称之为‘历史真理的奴隶’”。③杨氏之所以认为兰克对德国民族侵略性也有影响，同样依据吉扬的相关论述，但是

① 朱谦之《历史哲学大纲》将此书列为“历史哲学用书要目”。（《历史哲学大纲》，民智书局 1933 年版，第 367 页）

② “The individuality of nations and the concatenation of Universal History are the two characteristics of Ranke's history.” in Antoine Guilland，*Modern Germany & her historians*，New York：McBride，Nast & Company，1915，p.88.

③ “a slave to historical truth”，见英译本第 101 页。

兰克不同于其他史家，“即在乎他之不以历史做侵略主义的工具；历史是求真，而不是说教，做一个纯粹客观的史学家，并不妨碍其为一个爱国主义者；学术是一件事，政治主张又是一件事；不能因政治主张而牺牲学术。这便是兰克的态度”。①杨人楩这本小书或有一定的影响，1946 年有一本《新世纪的教育》小册，写到兰克如何推崇侵略主义、赞美战争云云，便摘抄于杨氏此书。②

杨氏在前言说“我敢告诉读者，全文中没有一语是无根据的”，③此言不虚，他有关兰克的论述，直接取自古奇尤其是吉扬。稍后，杨氏撰文《历史研究与实际政治》一文，④显然是从吉扬处获得启发，就篇名来说，是否模仿兰克的名文《历史与政治的区别和联系》呢？吉扬所塑造的兰克形象：关心政治但不介入政治，实事求是又服务国家政策，对杨氏有莫大的影响，这也是他对自己的期许。1934 年他留学英国牛津大学，师从法国革命史家汤普森(J. M. Thompson)，1937 年回国，曾在四川大学、武汉大学、北京大学历史系任教，讲授西洋通史、西洋近世史、法国革命史、西洋史学名著选读⑤等。自称自由主义者的杨氏，在治史上一方面推崇

---

① 杨人楩：《德国民族之侵略性》，开明书店 1943 年版，第 84—87 页。

② 丁十：《新世纪的教育》，世界书局 1946 年版，第 32 页。

③ 杨人楩：《德国民族之侵略性 · 前言》，第 2 页。

④ 发表于《客观》1945 年第 6 期。

⑤ 杨人楩编《西洋史学名著选读》（上），皆为英文，第一单元 The Relativity of Historical Thought 选读汤因比《历史研究》1933 年第 1 卷第 1—16 页，第二单元 Croce's Concept of history 选读 H. Wildon Carr 的 *The philosophy of Benedetto Croce* 1917 年版。第三单元 The English Town 选读格林（J. R. Green）《英国人民简史》1886 年版，第 187—195 页。第四单元 London in the time of Charles the second 选读麦考莱（T. B. Macaulay）《英国史》第 1 卷第 269—287 页。

马迪厄（Albert Mathiez），“不主张有史观”，“讲书没有一定的看法”，①具有兰克学派的某些特点。另一方面，他又很欣赏克罗齐，发表了《克罗齐历史学中的自由概念》②《克罗齐论政治与道德》，③难怪时人谓彼“脑子里装两套东西，他确实是一位兼容并蓄的‘民主’教授”。④

（5）克罗齐《历史学的理论和实际》

1930 年雷海宗在中央大学开设西洋史学史课，研究希腊迄今西洋史学界之沿革，其内容条目如次：（一）希腊史学，（二）罗马史学，（三）犹太史学，（四）基督教教会史学，（五）中古史学，（六）文艺复兴后之史学，（七）十九世纪之德国学派及其发展，（八）二十世纪之新史学。⑤1931 年他在武汉大学讲授“欧洲通史”，列举古奇、Fueter、绍特威尔三人史学史著作为参考，把尼布尔、兰克视为“专研究历史事实之真相”者。⑥1932 年他在清华大学开设“史学方法”课，讲述“历史研究方法之基础原则，旨在训练读书、搜集史料、批评、鉴别、综合、叙述各种能力。此外并略述古今重要历史哲学之派别”，⑦以法人《史学原论》和克罗齐《历史学的理论和实际》（*History：Its Theory and Practice*）为参考书，前者注

---

① 北京大学学生自治会北大半月刊社编：《北大 1946—1948》，北京大学学生自治会北大半月刊社，1948 年，第 16 页。

② 发表在上海《大公报》1947 年 4 月 16 日，第 9 版。

③ 发表在《学原》1947 年第 1 卷第 4 期。

④ 李孝迁、任虎编校：《近代中国史家学记》，上海古籍出版社 2018 年版，第 964 页。

⑤ 《国立中央大学一览》第二种《文学院概况》（1930 年度），第 67 页。

⑥ 雷海宗：《西洋文化史纲要》，上海古籍出版社 2001 年版，第 340、346 页。

⑦ 《大学本科暨研究院学程一览》，《国立清华大学一览》（1932 年度），第 70 页。

重考据，后者注重性质。①克罗齐《历史学的理论和实际》分上篇“历史学的理论”（theory of historiography）和下篇“历史学的历史”（the history of historiography），既可作为史学方法论课程的参考书，如1933年中央大学史学系“史学方法论”课程指定四种参考书中有克罗齐此书，②也可作为西洋史学史课程参考书，如1930年朱谦之在暨南大学讲西洋史学史，将此书列为参考书目之一。③

克罗齐将兰克定位为“实证主义”（positivism）史学家，专爱研究特殊事实（particular facts），而不好研究理论，史学家的领域是事实的实在性（reality），而不是它的价值（value），兰克身上具有实证主义史学家的所有特征：“他老是攻击哲学，尤其攻击黑格尔哲学，大大地有助于历史家们对哲学的不信任，但他的攻击是有礼貌的，小心地避免使用任何听来太粗鲁或太强烈的词句……在他的第一本书中，他用精致的反语抗辩说，他没有能力担起交给历史的那份重任，去判断过去或就未来教训现在，他觉得他只能表明‘事情真正是怎样发生的’。这就是他的整部著作的目标，他坚守这一目标，从而获得了别人所得不到的声誉……他是一位富有文采的作家，他能在礁石之间行驶甚至不暴露自己的宗教信念和哲学信

---

① 王敦书：《雷海宗1932年史学方法课程笔记》，《江西师范大学学报》2011年第2期。

② 《中央大学史学系选课指导书》（1933年），第106页。

③ 朱谦之所用的是羽仁五郎据1921年英译本的日译本，大正十五年岩波书店刊。第二部第187—417页，“对于希腊、罗马、中世、文艺复兴、启蒙主义、浪漫主义、实证主义等各时代之历史叙述，略为研究，而加以批评”。（朱谦之：《历史哲学大纲》，民智书局1933年版，第356页）

念，从不自己负责去作任何确定的解决，在任何情况下他都不对他所依靠的概念例如‘历史观念’、教会与国家的永远斗争，以及国家观等逼得太紧。”①克罗齐眼中的兰克，排斥哲学，只追求事实，与现实生活割裂，由此不难理解雷海宗为什么把兰克看成“专研究历史事实之真相”的史家。但雷氏不以追求事实自限，他赞同克罗齐的观点，“只有经过人心的化炼之后，确定的事实才变成生活的真理，考据学与哲学相熔化才产生出历史”，将1923年克罗齐著作英译本第一章“历史与记事”译成中文，题名《克罗奇的史学论——历史与记事》，认为：“克氏的议论虽不免有过度处，但以大体言之，他的学说颇足以调剂我们中国传统史学偏于‘记事’的弊病。”②

凭借各种渠道，兰克作为不偏不倚、为“科学的历史”立法的客观史家形象深植于中国学界，而1935年是兰克在华接触史上的一个“历史时刻”。南京《京报》1935年6月16日第七版发表“明日为世界著名历史大家郎克留梓德百周纪念日”一篇新闻报道，进一步向公众强化了兰克的考据家印象。6月15日记者访旅平德国史学家柏劳斯，询问兰克生平事迹，专门论及《教皇史》，“著者以

---

① ［意］克罗齐著，傅任敢译：《历史学的理论和实际》，商务印书馆1982年版，第230—232页。Benedetto Croce，*Theory and History of Historiography*，N. Y.：Harcourt，Brace and Co.，1923，pp.290—292. 按，此书1915年初版用德文写，1919年出版意大利文本，1921年英国Douglas Ainslie的英译本出版，书名为“Theory and History of Historiography”，1923年美国纽约再版英译本，书名则易为“History：Its Theory and Practice”，内容完全一致，傅任敢译的是1923年英译本。

② 雷海宗译：《克罗奇的史学论——历史与记事》，《史学》1930年第1期，第221、232页。

其积年探本穷源搜集之资料，为此书之基础，更以纯粹客观真实之态度，描写历史上之往迹，栩栩如生，遂使读者拍案惊奇。其行文叙事，丝毫不杂一己之臧否感情作用，一依事态之自然，而以冷隽之笔法出之……自郎氏此著一出，几乎使历史科学，完全移入一新的领域。从来人皆囿于传统观念，历史作家严守前人之法则，而不敢易，等于变相之复述，郎氏主张，以为历史的考察，当穷其源流，不明源流，决不能写成真正之历史。而从来历史上之源流，往往隐于政治实录中，湮没而不彰，郎氏遂独出心裁，成此光辉史乘之模范著作。'余只求所述，适如当日之事实'，此郎氏著书之格言也……夫以德国考据家，而能将历来完全隐于暗中当日大战秘密之动因，发觉而揭开其黑幕，此实不能不令人钦佩者也”。同年7月6日，此文被《中央时事周报》转载，题名《郎克史学名著出版百周纪念》，以按语形式添加一段兰克的简短履历，并附兰克所著书目十八种、关于兰克书目十八种。①

三、众声喧哗：多面的兰克

“七七事变”是中国史学界风气转变的分水岭，此前以考证为尚，史料研究占据主流，此后“这种纯粹考古考证的史风，似乎已经急剧地转变。民族意识的增强，使我们对于本国文化的价值，从极端怀疑古史中解放出来，考证考古的工作一转而从事抗战史

① 王梅荪：《郎克史学名著出版百周纪念》，《中央时事周报》第4卷第25期，1935年7月6日。

料的搜集、社会经济史料的搜集、民族文化史料的搜集，这种努力使研究工作与现在问题发生密切的联系，不能不说是有很重大底历史意义的。现代史学为要明了我们的现状，故将现在同过去同未来联成一条生命，而以'现代'为历史生命的中心，所以现代史学不应只是考古，更应该注重'考今'，不然读破'二十四史'，尚不知何谓'现代'，亦有何价值？有何益处？……过去是现在之积，现在是过去之续，所以有'古'即有'今'，考古即以考今，所谓'温故知新'便是。现代史学与从前史学的不同，即在从前史学以'考古'为目的，现代史学则以'考古'为方法，而以'考今'为目的"。①丁则良的观察与朱谦之相近，他认为"抗战不仅是中国民族生存史上一个新的界标，而且更是中国学术新生命的一个起点"，"五四"到全面抗战开始这近二十年中，全国史学界埋头于分析工作，"大家在一个求真的目标之下，分门别类去做各种不同的工作。中国的历史，好像是个才被发现的新大陆，探险家正实事求是地检点着他所遇到的一草一木。他细心谛视，发现问题之内复有问题，思考之余仍须思考。结果一个草叶的脉络、类型、营养等问题完全研究清楚了"，但这只是史学研究的初步工作，不是史学本身，"大家误解历史，误解史学，以为就是考据，就是校勘"。全面抗战爆发之后，"我们的史家改变了他们那一草一木的传统，他们开始要做综合的工作，从综合的工作中，寻求对于问题的解答"。②

---

① 朱谦之：《考今》，《读书通讯》第 31 期，1941 年 11 月 15 日。

② 丁则良：《中国史学之新趋势》，李孝迁编校：《中国现代史学评论》，上海古籍出版社 2018 年版，第 229 页。

与这一史风前后变化相对应的，全面抗战前兰克一直作为推动中国近代史学进步的正面史家加以积极宣扬，尤其他所标榜的“wie es eigentlich gewesen”，被中国正统派史家奉为圭臬。且不说胡适、傅斯年、陈寅恪、陈垣之辈治史主实事求是的考证学风，即使稍晚一辈的史家也大多崇尚实证，如齐思和认为史家应该取兰克《教皇史》等书“细审穿插事实，部勒资料之方法，庶于西洋历史之体裁，有较亲切之认识，将来著作时得极好之模范”，①主张“历史是过去的事实的客观的叙述，其中不能夹杂任何目的，史学家作历史应该和化学家作实验报告具同样的精神”。②然而，“七七事变”之后，史学界风气从“考古”“分析工作”转向“考今”“综合工作”，兰克作为主张史实的客观重建者，间或出现在中国学者的反省检讨文字，受到质疑、批评乃至批判，使兰克形象从原本趋同转向分歧的多重面相。事实上，兰克史学被中国史学界作为从事“考古”“分析工作”的外援，是对他的误解所致。兰克的思想更倾向于“考今”和“综合工作”，反讽的是，中国“考今”者却视之为对立面。

科学派的兰克

“wie es eigentlich gewesen”是将兰克定格在客观主义史家的一句最为流行的名言，几乎达到凡论兰克则必引的程度。在考据之风兴盛的二十世纪二三十年代中国史学界，“wie es eigentlich gewesen”不

---

① 齐思和：《史学概论讲义》，天津古籍出版社 2007 年版，第 88 页。

② 齐思和：《论历史的价值》，《燕大月刊》第 7 卷第 1、2 期合刊，1930 年 12 月 25 日。

仅不是一个问题，而且是为考据辩护的有力外援。但随着西方各种史学理论不断传入中国，尤其克罗齐、柯林伍德（R. G. Collingwood）以及1930年代美国史学界关于客观性问题论战，中国史家都有不同程度的接触和了解，激发了他们进一步思考客观史学的限度，对兰克格言是否能落实不尽像傅斯年在《史语所工作之旨趣》所表现得如此自信了。

1930年代美国史学家贝克尔（C. Becker）、比尔德（C. A. Beard）所发动的史学客观性问题论争，对中国年轻一辈的史家颇有影响。1942年9月1日，王绳祖在成都写了《美国历史学家对于赖克学说之意见》一文，并非无的放矢，正是借美国史家之口，重新评估科学派兰克的局限之所在。王氏早年在金陵大学读书的时候，受其师贝德士（M. S. Bates，1897—1978）指引，认真研读过*Introduction*，对兰克学派的治史方法并不陌生。1930年代他留学英国牛津大学，受柯林伍德、比尔德、贝克尔等的影响，史学思想倾向于相对主义，彼谓“历史的真理，是动的真理，是相对的真理”，[①]“历史学上一个普遍原则，历史真理是个相对的真理，史学方法的进步，新材料的发现，新的历史观念，使每一个时代对于历史事件真实性的认识皆有增加，继续不断的增加，且永无止境”。[②]1930年代美国一些史学家批评兰克所标榜“wie es eigentlich gewesen”，王氏当有共鸣，这是他写《美国历史学家对于赖克学说之意见》的学术语境。

---

① 王绳祖：《说史》，《斯文半月刊》1941年第1卷第21期，第3页。

② 王绳祖：《法国革命史》（书评），《观察》第3卷第1期，1947年8月30日，第23页。

王绳祖接受一般西方史学方法论，将治史程序分为两截：一是考订事实、鉴别史料（考据家之责）；二是搜求事实之因果关系，组合编次，写成史文（史学家之责）。前者近乎同于自然科学方法，对于后者，史家意见不一致。他说："十九世纪以来，历史学家斥文史不分，为史学发展之阻碍。文人冒充史家，'舞词弄札，饰非文过'，历史家乃悬'科学的历史'为鹄的。史文写作，应依据已加考订之事实，叙述描写，须求其忠实而正确。信如是也，则可达到历史之客观的真理。德国史家赖克，首倡此旨。彼谓写作史文，应将历史实在情况写出，巨细不遗，必忠必实，德语所谓'wie es eigentlich gewesen'。"简要介绍了兰克著史特点："德国史家，笃守师训，重视史料研究，以为舍史料外无历史。主张客观批评，以为事实既经考订，一经叙述，便可达到历史之客观真理。或称此种风气，曰'历史主义'（Historicism）。"①

"赖克陈义甚高，理论上无可非议，惟所悬理想，能实现否，颇有问题。美国历史学家，有谓赖克公式，在通常写史之技术未改变以前，无法可以实现。有谓赖克公式，在学理上为不可成立之理论"，于是王氏译介四位美国史家的观点，说明兰克主张非谓不当，但却无法达成。F. J. Teggart《论历史原理》（*Theory of History*，1925）认为兰克公式无法实现，因为历史叙述事实须经选择，然选择并无绝对标准，无法排除个人意见或某种历史哲学。比尔德形容兰克公式（Ranke formula）为一"高尚之梦境"（a noble dream），

① 王绳祖：《美国历史学家对于赖克学说之意见》，《学思》第 2 卷第 6 期，1942 年 9 月 30 日，第 13—14 页。

彼谓写作史文，“欲将种族、政治、社会、经济诸种偏见，排除净尽，完全客观，实不可能”，提出了十一条理由。①贝克尔《人人都是他自己的史学家》一文，②认为“叙述史事，欲取绝对客观态度，诚不可能之事”，因为“选择和叙述之工作，系就某种思想式样，给该类事实以某种地位”。最后又引折中言论者沙耳非米尼（G. Salvemini）《史学家与科学家》（*Historian and Scientist*，1939）对史家“成见”之解释：“历史家之人事经验，愈丰富，愈广博，则其了解历史事实之能力愈强。然个人经验，各各不同，故其对于同一事实之观点亦异。历史一门，所以不断有新著作问世者，以其对于同一问题，常有新解释也。”③

1946年李絜非《论历史的本真》一文，并不是他的原创论文，而是编译自1931年12月29日贝克尔在美国历史学会的主席致词《人人都是他自己的史学家》。李氏指出，“自兰克（Ranke）以次的科学之史家，相与辛勤搜集编印报告，坚持不置信于流行的一切，而唯证据是求是重，此其作用，诚属可称，则以人类文化的推进，最先应努力于不受欺罔，打倒偶像，而建立事实，一依其序，盖实为史家之第一任务”，“科学的史家，拒绝哲学的解释，而为拜倒于真确事实之下，无所动于衷意为未尝有所增减一分与先入之见于其中。史学仅为反映事实，遂乃以绝大辛勤与长期耐心，以穷究原

① Charles A. Beard，“That Noble Dream”，*The American Historical Review*，Vol.41，No.1（Oct.，1935），pp.74—87.

② Carl Becker，“Everyman His Own Historian”，*The American Historical Review*，Vol.37，No.2（Jan.，1932），pp.221—236.

③《史学家与科学家》有中译本，周谦冲译，商务印书馆1947年版。中译本引文见第35—36页，与王绳祖引译略有不同。

料，而无所屈折的反映此等事实之真确性。由之，人类经验之过程与其意义，显示以事实之本身，而不需假请史家之任何解说”。但他话锋一转，“假定事实一度建立完成，‘将自为言’，乃一假相”，“此种心情，今已成为过去”。为什么呢？李氏说：

> 无论历史事实之为如何“冷”，如何“酷”，要之，皆非一种物质材料，如竹木、器材之有一定形式与不变部位。是叙述史事，非投竹木，竹木任投何处，皆保持其形式与部位弗失，史事的形与质则异是。在文字的推论上，既已由于传达者所使用文字而已不同，抑历史事实，非客观世界之一部分，反之，仅为一往不复事实之想象的重构，形质不可或离。由于以文字推论实质时，实乃为一种理想，以成形式，终由形式传达理想，以成实质。因之，非不予事实以区别，但依史家之意念为言，其事实已使特殊意义传达于中，史家藉实质形式以创建一想象的事实之系统，固非表现之于解释。①
>
> However ‘hard ’ or ‘cold’ they may be, historical facts are after all not material substances which, like bricks or scantlings, possess definite shape and clear, persistent outline. To set forth historical facts is not comparable to dumping a barrow of bricks. A brick retains its form and pressure wherever placed; but the form and substance of historical facts, having a negotiable existence only

① 李絜非：《论历史的本真》，《新中华》复刊第4卷第24期，1946年12月16日，第29页。

> in literary discourse, vary with the words employed to convey them. Since history is not part of the external material world, but an imaginative reconstruction of vanished events, its form and substance are inseparable: in the realm of literary discourse substance, being an idea, is form; and form, conveying the idea, is substance. It is thus not the undiscriminated fact, but the perceiving mind of the historian that speaks: the special meaning which the facts are made to convey emerges from the substance-form which the historian employs to recreate imaginatively a series of events not present to perception.①

除了用“竹木”“器材”替换原文“砖块”（brick）“木片”（scantling），其余文字均译自贝克尔文章。贝克尔在文末讲到历史事件的重要性会“与时俱淡”，李氏添加王国维“最是人间留不住，朱颜辞镜花辞树”加以说明，倒是极为传神。

1947年朱杰勤《史诠》一文对兰克有所描述：“德国史家朗克（Leopold von Ranke）也以为历史之用在于判断过去，而指示将来，故须将事实真相写出。他提倡科学性的史学，主张历史之范围只在记述发生之事，不失分寸已足，遂为德国史学界开辟一新途径。德国史学家知搜罗事实之功实大胜于修饰文章之力……朗克氏的主张偏重于史料之客观研究，放弃一切史观和文字的修饰，未免过于枯燥和狭窄，

---

① Carl Becker, “Everyman His Own Historian”, *The American Historical Review*, Vol.37, No.2 (Jan., 1932), pp.233—234.

因为搜集材料，考订事实，乃史家之第一步工作，一至表现事实，就不能不涉及于艺术，所以史学之外，尚需史才。”他认为历史事实和解释是很难分开的。①朱氏对兰克的认识是接受美国 Waldemar Westergaard《西洋史学观念之变迁》一文的观点，颇多误解，后者认为“朗克大声疾呼谓历史之范围只在记述发生之事，不失分寸已足，遂为历史开辟一新途径”，但兰克不能造出一“确定时代”，“只能鼓舞吾人试将旧史重新做去，以应现世之需求而已”。②1934 年朱氏曾翻译此文，故他对兰克的定位以及质疑，都发端于此。

此外，1948 年胡秋原《历史哲学概论》谓“史学最高原则，就是求其实，就是客观，故作史必秉笔直书，或如兰克（Ranke）说的‘据实记载’，研史必博采考信，以明一时代一事件之当然与所以然。盖历史之任务即为记述，史学亦即记述之学。然记实谈何容易?”③长期在清华大学任教的俄裔史家噶邦福（J. J. Gapanovich，1891—1983）曾开设“欧洲近代史学史”，兼论“史学方法之发展及史学思想派别之推演”，讲演范围包括自文艺复兴时代至最近，尤注重近百年，但希腊罗马之史学，因其本身之价值及其所生之影响，亦略及之。④彼对兰克十分推崇，认为《教皇史》“详尽且精炼”（exhaustive and condensed），是历史著作的典范。⑤但他也引用

---

① 朱杰勤：《史诠》，《读书通讯》第 138 期，1947 年 8 月 10 日。

② ［美］Waldemar Westergaard 著，朱杰勤译：《西洋史学观念之变迁》，《国立中山大学文史学研究所月刊》第 3 卷第 2 期，1934 年 12 月 1 日。

③ 胡秋原：《历史哲学概论》，民主政治社 1948 年版，第 5 页。

④ 《大学本科暨研究院学程一览》，《国立清华大学一览》（1932 年度）。

⑤ J. J. Gapanovich, *Methods of historical Synthesis*, The Commercial Press, 1940, p.161.

兰克名言“how it really came to be（wie es eigentlich gewesen）”，说明即使像兰克那样的史家，也没有办法落实这个目标。史家无法变成没有感情的“加法器”（an adding machine），尽管情感受到克制，但仍会渗入其作品。

以上诸氏对兰克的质疑，是延续晚清以来对兰克的科学派史家印象基础上的检讨，主要针对兰克所悬“wie es eigentlich gewesen”理想是否能现实，并没有揭露兰克言与行的分离，即兰克的史学作品处处流露主观偏见和个人信念，他并不客观，也不科学。①科学派形象的兰克仍旧是中国史学界的流行看法。只不过到了 1930 年代后期，中国史学界不再以考证为治史之目的，由此投射及兰克，评价由正面转向负面。

观念论的兰克

兰克主要以科学派形象显现于中国史学界，但强调兰克唯心的观念主义者间或有之，当时出版的一些西方史学译著有详略不等的涉及。中文世界较早指出兰克具有观念论取向者，是英国史家 J. B. Bury《进化论与历史》一文，发表于 1909 年，②1922 年译成中文。该文谓“兰克（Ranke）于一八二四年，以坚决之态度，而废弃详列事实而显示其关联之见解，此见解盖委教师之职任于历史中者；又以正确之见地，而宣示‘阿夫客拉龙’之历史家所设定之历

① Charles A. Beard, “That Noble Dream”, *The American Historical Review*, Vol.41, No.1 (Oct., 1935), pp.78—87.

② A. C. Seward (ed.), *Darwin and Modern Science*, Cambridge University Press, 1909, pp.529—542.

史职责，以论决前人往事。彼自云：彼之所司，仅在显发往事之如何发生而已。”①此处或为兰克名言 wie es eigentlich gewesen 最早的汉译。Bury 指出兰克的思想受黑格尔影响：

> 兰克恒以历史过程中之各级，为显著于理想之征实，而有时论理想为无关于手与足之独立能力。然黑智儿之推决其理想，乃自其迹先的论理学，而兰克之理想，则以归纳之法得之——以对于现象之严格的探讨得之——故其方法与工作皆为科学的，而其所受于黑智儿派之所前得者，亦仅在其收入于其结论中之一种意义而已……在历史进程上之超越寻常之原素，以日耳曼哲学之影响而较有精确之形。吾见兰克之如何着眼于思想，一如思想为超越寻常之存在物，而自显现于历史之延续的运动中者矣。故于一时期之中，摘论某种思想，以概其余（如国家之思想，即其一例），此固巧慧事；但以科学的眼光观之，则所云思想不过存在于个人之心中，且纯为精神上的能力。②

① 原文“Ranke in 1824 definitely repudiated the pragmatical view which ascribes to history the duties of an instructress, and with no less decision renounced the function, assumed by the historians of the Aufklarung, to judge the past; it was his business, he said, merely to show how things really happened.”

② ［英］J. B. Bury 著，严既澄译：《进化论与历史》，《民铎杂志》第 3 卷第 4 号，1922 年 4 月 1 日。英文原文“He was inclined to conceive the stages in the process of history as marked by incarnations, as it were, of ideas, and sometimes speaks as if the ideas were independent forces, with hands and feet. But while Hegel determined his idea by a priori logic, Ranke obtained his by induction—by a （转下页）

此文曾引起朱谦之的注意，1926 年他在《历史哲学》中论及兰克时直接抄了上引部分文字。①此外，《进化论与历史》一文 1930 年收入 *Selected essays of J. B. Bury*，而此书曾被中国史家作为“西洋史学名著选读”，Bury 的兰克论或对中国史家有所影响。

法人 *Introduction to the Study of History* 一书通常被视为代表兰克方法（Ranke's method）的作品，②但反讽的是，与伯伦汉、Fling 对兰克予以正面论述不同，兰克在 *Introduction* 仅出现三次：其一，第 140 页：The works of the most celebrated historians of the nineteenth century, those who died but yesterday, Augustin Thierry, Ranke, Fustel de Coulanges, Taine, and others, are already battered and riddled with criticism，指出兰克著作在方法上也是有缺陷的；其二，第 222 页注释一：It is also the substance of the famous expression of Ranke："I wish to state how that really was"（wie es eigentlich gewesen），是为了说明史学家努力把那些事实想象得和他有可能观察到

（接上页）strict investigation of the phenomena; so that he was scientific in his method and work, and was influenced by Hegelian prepossessions only in the kind of significance which he was disposed to ascribe to his results ... I noticed how Ranke is prone to refer to ideas as if they were transcendent existences manifesting themselves in the successive movements of history. It is intelligible to speak of certain ideas as controlling, in a given period—for instance, the idea of nationality; but from the scientific point of view, such ideas have no existence outside the minds of individuals and are purely psychical forces."

① 朱谦之：《历史哲学》，第 41—42 页。

② Aviezer Tucker, *Our Knowledge of the Past: A Philosophy of Historiography*, New York: Cambridge University press, 2004, p.4.

的一样所添加的注释；其三，第 286 页，作者认为兰克是黑格尔主义者（Hegelianism），“披着世俗外衣的古老的神学终极因理论（the old theological theory of final causes）”，这种理论假设某种致力于引导人类朝向对其有利方向前进的神意是存在的。*Introduction* 认为这种假设并不科学，“因为历史事实的观察结果并不表明事情总是以最理性的或者对人们最有利的方式发生”。①兰克被安置于非常次要、不显目的位置，即使在这些吉光片羽文字中呈现的多为负面论述。作者不仅批评兰克治史方法存在缺憾，也质疑兰克唯心主义观念论的科学性。兰克的名言 wie es eigentlich gewesen，在作者看来，太过理想化，忽视了史家的主观想象的成分。在 *Introduction* 极为有限的论述中，读者很难对兰克产生印象，如果有印象，主要在观念论，而不是方法学。*Introduction* 完全排斥玄想式思想，有意与兰克拉开距离，淡化兰克在方法学领域的贡献，或与作者将兰克定位在黑格尔主义者有关。

英国麦尔兹（John. T. Merz，1840—1922）《十九世纪欧洲思想史》（*A History of European Thought in the Nineteenth Century*，1903—1914）是一部体量颇大的著作，伍光建译，商务印书馆 1935 年出版。此书不少章节讨论十九世纪欧洲史学，尤其对德国史学着墨甚多。麦氏开宗明义指出：“自从尼布尔以来，有兰克（Ranke）及宗其学派者以为之继，德国则产生多数历史家，其大潜力则达于德国之外。如是之伟大名声，不全在乎其所用之材料曾经批判，而尤在

① 余伟中译本，第 172 页。按，李思纯中译本（李孝迁、胡昌智编校《历史研究法二种合刊》，上海古籍出版社 2018 年版）三处涉及兰克的页码在第 72、117、156 页，余伟中译本见第 79、139、172 页。

乎其眼界之较为广大。此亦并非专恃批判研究而得之于外者，居多加以博识之功，如是之功，则是受教练所得之效果。”而兰克的历史著作是“德国之博识主义及训诂，结合于第十九世纪之初期三十余年间之宽大哲学眼界所生之最大结果”。兰克之所以能享其盛名，并不是他搜集丰富的档案资料，博识的批判研究，而在于“恃其有研究及著作历史之术”。麦氏认为：“在一方面既有如是多数材料之烦重，在另一方面，又有多数之抽象哲学之反省，其他德国历史家，则为此两方面所困，而兰克则不然，其叙事及议论两方面，皆不能掩过其美术方面（art of historiography）也。”①讨论兰克与兰普瑞希特关系时，麦氏又引述兰普瑞希特《历史学中的新与旧方向》（*Alte und neue Richtungen in der Geschichtswissenschaft*，1896）的兰克观点，“彼谓依兰克之意，精神之新发展如何藉新思想之努力从显赫之人物而出。兰克以为历史进步之动因固为一种神圣之神秘”，②“兰克自知具有一种坚强信念之核心，但彼从不谋正式发表此种内容，彼不思系统化之，亦不思洞识其中互相矛盾之部分。一言以蔽之，彼不思将其内心之所信仰暴诸文字语音也。彼只进至某

① ［英］麦尔兹（J. T. Merz）著，伍光建译：《十九世纪欧洲思想史》第2编上册之一，商务印书馆1935年版，第161—163页。John. T. Merz，*A History of European Thought in the Nineteenth Century*，Vol.Ⅲ，pp.150—151.

② “He points out how，according to Ranke，every new mental development has emanated from imposing personalities through the conquering influence of new ideas. He considers the agencies which bring about historical progress to be a Divine secret”，in John. T. Merz，*A History of European Thought in the Nineteenth Century*，Vol.Ⅳ，p.572.

点为止，最内之一部分始终未曾显露，只能藉直觉了解之”。① “兰克之历史见解集中于两特点：依据当日极占势力之哲学之唯心信条与夫仿佛德国古典文学之世界的性质之普遍史观”。②凡此种种，麦氏受兰普瑞希特的影响，所欲强调兰克者，全不在一般所说的史料搜集批评，而是被兰克隐藏起来的史观。

无独有偶，1936 年商务印书馆出版王孝鱼译《现代文化史》（*A Cultural History of Modern Age*）一书，作者是奥地利文化史学家福利德尔（E. Friedell，1878—1938），他直言“兰克的错误”（Ranke's error），认为史家无法做到客观，“直到现在，还没有一个人能够把客观性做到理想的地步。如果能有一个人做到毫无偏见的地步，那么，还需要再有一个同样的人去读他如此干燥无味纪载，这可是件极难得事了”。兰克自己宣称“as it really happened”（wie es eigentlich gewesen），“这话乍然听来，好像是很够谦逊的了。但实在说，这是一件极大胆的工作。果然，他失败了！他所以在历史家中占重要地位的缘故，完全因为他是一个最大的思想家。他并不曾发现新的史

---

① “Ranke was well aware that he possessed a kernel of solid conviction，but he never attempted a formally well-considered and detailed expression of this content；he never systematised it or tried to reconcile its possibly contradictory elements；he shrank from putting the innermost of his convictions into works. He ever goes only a certain length；the innermost remains undisclosed，like those groves in which the old Teutons considered the Deity to be directly active，and it is therefore similarly grasped only intuitively *sola reverentia* .” in Vol.Ⅳ，p.573.

② “Ranke's historical thought gathered up in two characteristic points：the idealistic creed after the manner of the then ruling philosophy，and the universalistic conception of history after the manner of the cosmopolitan character of the classical literature of Germany.” in Vol.Ⅳ，p.573.［英］麦尔兹（J. T. Merz）著，伍光建译：《十九世纪欧洲思想史》第 2 编下册之二，第 511—512 页。

实，他只是用他创造的天才把那些人所共知的史实重新联合起来。他有一种内在的慧光（an inner vision），逼迫着他建设新计划、新解释、新范畴，这种慧光是他自己本身的。如果没有的话，不管如何广博的学问，如何强锐的批评精神都不能够传给与他。”①《十九世纪欧洲思想史》和《现代文化史》在中国史学界并非全无读者，但他们所描绘的兰克形象，似没有引起中国史家的共鸣。

民国史家论及兰克的观念论者很少，姚从吾、朱谦之偶有涉及，但在他们的眼中，兰克主要还是一位考证派史家。中国史家之所以只接受兰克的史法而拒绝他的史义，一方面因兰克的史义与二十世纪国际史学发展的潮流相悖，被视为过时的东西，甚至早在兰克的晚年，有的史家对他的思想就不以为然，弃之如落伍的事物；另一方面兰克那套带有浓厚新教神学意味的思想体系，与中国本土思想毫无相通之处，时人视而不见，或根本在视野之外，并不令人意外。诚如杨东蓴分析康德哲学之所以难以在中国生根说：“自张之洞辈的‘中学为体西学为用’，而严复的‘迻译时代’，而民国八、九年的胡适辈的‘实用主义’，其间思想之进展之各阶段，都明示随社会的转变而转变之一系列的痕迹。没有社会的转变，便没有思想的转变。任凭康德哲学怎样伟大，任凭罗素哲学怎样精深，然而移植到中国来，都博不到回声，都得不到反响，这并非由于中国人对于思想不关怀、不接受，而是伟大的康德哲学、精深的罗素哲学在中国之社

① ［奥］福利德尔（E. Friedell）著、王孝鱼译：《现代文化史》上册，商务印书馆1936年版，第14—15页。英译本第1卷，第10—11页。按，《现代文化史》（*Kulturgeschichte der Neuzeit*）德文本于1927年至1931年间分3卷出版，第1卷由C. F. Atkinson英译，1930年出版。

会的存在中没有这些哲学之存立的根据。”①对于兰克史学亦当如此观，中国没有新教的土壤，无法移植兰克的神学历史观，但他的史法剥离“精神”成分，化约为具体的可操作的规则，被编写进史学研究法教科书，则可与中国土法——考据学相接榫，在中国史学界大行其“法”，而土法依附于洋法得以提升到“科学”之列。②

“反动派”的兰克

1940 年代，国内各派史学斗争激烈，尤其左翼史家对胡适、傅斯年为首的“资产阶级史学”展开批判攻势，成为二十世纪五十到七十年代举国上下讨伐中外资产阶级史学的先声。1940 年 12 月 18 日重庆《新华日报》译刊苏联学者的一篇文章中出现兰克：“旧的史学家只将自己限制于收集事实，与排列事迹的连贯，他们不能把握住这些事迹之间的关联。十九世纪著名的德国史学家 L·望·兰克认为一个史学家的职责只在说明‘实际上发生了些什么’就是，只要提出一幅事迹进展的图画就够了，无须再来研究它们之间的关系。”并引用歌德《浮士德》上的话形容旧史家所谓的时代精神“不过是他们自己的精神……不过是一个乱七八糟的房间，一个垃圾坑而已……”。③兰克所关心的关联（Zusammenhang），显然与

---

① 杨东蓴：《思想界之方向转变》，《民铎杂志》第 10 卷第 4 号，1929 年 9 月，第 2 页。

② “及西洋学术输入，新文化运动勃兴，全盘西化之论，格于政治社会之阻碍，未克实行；考据之学乃反得于所谓科学方法一名词下，延续其生命。二十年来，仍承胜朝之余烈，风靡一世者，职是之由。”（程会昌：《论今日大学中文系教学之蔽》，《国文月刊》第 16 期，1942 年 10 月 16 日）

③ 博尔译：《联共（布）党史中的斯大林方法与历史科学》，《新华日报》1940 年 12 月 18 日，第 4 版。

马克思主义者心目中带有哲学系统的“关联”不是一回事。

1945 年《时代杂志》发表了苏联科学院哲学研究所研究员巴斯金（M. P. Baskin）《反动的德国历史学》，①这是中文世界最早将兰克定性为反动派的一篇文献。它对兰克的论述，既不同于中外史家质疑兰克所谓客观史学何以可能，也不同于呈现观念论的兰克，而是站在无产阶级的立场，将兰克描绘成彻头彻尾的反动派。1945 年德国法西斯灭亡，清除法西斯思想成为接踵而至的任务。巴斯金认为法西斯思想与德国历史学有内在联系，德国大学中的历史教授做了反动派的传声筒，反动历史学思想培养了数百万德国人的侵略精神。德国历史学的反动特点表现为：宣传侵略性的国家主义；把历史的进程或者看作是绝对思想的产物，或者是个别“历史人物”的创造；认为历史的发展是神秘的不可认识的“自在之物”，以浮面描写代替历史事实的解释。因此，马克思、恩格斯批判德国思想的反动和落后时，对德国历史学作出“从来不曾有过一个历史家”的判断。兰克是普鲁士历史学的奠基人，故巴斯金着重加以批判：

> 兰葛是德国地主资本家的典型的伪自由主义的代表……兰葛诈称自己是“客观主义”的代表，口头上宣称研究历史的目的是“中立”地叙述事实。然而兰葛的“客观主义”和“中立性”只是它的外表，里面却隐藏着黩武的观念论和反动的辩护。兰葛认为历史是绝对精神的产物。由于精神的命令，社会上产生了思想，而思想的实现则是伟人的职务，他们是直接操

① 朱声扬译，连载于《时代杂志》1945 年第 21、22、23 期。

纵事件的发展的。马克思尖刻地嘲笑兰葛的这种“客观主义”，并且批评它的“科学价值”。在一八六四年致恩格斯的信中，马克思写道：“江湖术士兰葛所认为‘精神’的事情——笑话的搜集，把重要事件附会到琐屑的小事情上去——对于乡村里出来的青年人是禁止的。他们一定要严守‘客观’，而把精神寄托在自己的导师身上。”

兰葛说历史是“精神”意志的表现，他否定了社会的经济史，否定了人民大众在历史发展中的任何作用，否定了阶级斗争。兰葛的著作中有着大量的实际材料，这可算是它的功绩，然而应该注意，他只是收集了那些对他有利的事实，只是那些能帮助德国宣传的事件。所以兰葛的倾向并不比浪漫主义者少。他不过披了一件“中立学者”的外衣。这使得兰葛不但在“自由的”教授集团中，而且在公开的反动代表中得到好感……兰葛企图用一切方法来否定其他民族的作用和它们的政治活动，虽然这是在隐蔽的方式之下进行的……兰葛以地主贵族的憎恶态度对待欧洲的革命运动。他是民主的公开敌人，劳动者的公开敌人……把历史归因于个别人物之活动的兰葛的一般理论概念之带着反民主性质是很明显的……如果在“中立”和“客观”的口头声明的掩护下的兰葛本人的思想是属于帝国主义以前时期的，那末后来的兰葛派的代表们却公开表现了帝国主义的倾向。①

---

① 巴斯金：《反动的德国历史学》，《时代杂志》1945 年第 134 期，第 12 页；第 135 期，第 16 页。

马克思评论兰克的一段文字，即1864年9月7日他致恩格斯信中说：

> 这个飞跃的深刻的小研究家兰克所谓精神的东西——游戏的轶事的整理、一切大事的微细和琐碎的溯源——对于国中这些青年人是严加限制的。他们只限于作“外表的东西”，至于精神当留给他们的主人……是一个生成的“历史”的“仆人”。① [What the bouncing little root-grubber Ranke regarded as the spirit of history—facile anecdote-mongering and the attribution of all great events to petty and mean causes—was strictly forbidden to these young men from the country. They were to confine themselves to “objectivity” and leave the spirit to their master ... a born “valet” to “history” as Ranke.②]

将兰克定格为反动形象，始作俑者虽不是马克思，但他受同时代德国左翼知识分子的影响，对兰克只言片语的批判，借助马克思文本在全球范围内的传播，尤其在社会主义国家被聚焦放大，深刻影响人们对兰克的认知。巴斯金此文用意在于揭露德国历史学的政治

① 李季译：《马克思恩格斯通信集》第3卷，三联书店1958年版，第218页。马克思评语另一中译文为：“手舞足蹈的矮子兰克认为收集趣闻轶事和把一切重大事件归为琐碎小事是属于‘精神’的事情，是严禁这些乡村年青人去做的。他们必须守住‘客观事物’，而把‘精神’领域让给他们的导师……是天生的‘历史的宫廷侍从’。”（《马克思恩格斯全集》第30卷，人民出版社1974年版，第422—423页）

② *Karl Marx and Frederick Engels: selected correspondence, 1846—1895*, translated and edited by Dona Torr, International publishers, 1942, p.159.

性，与此前杨人楩所作的探讨属于同类，但两者立场不同。没有资料显示巴文对中国马克思主义史家是否有影响，也没有证据说明《时代杂志》选译此文，意在隐射中国正统派史学，然而中国学者借径苏俄学者的论著获悉马克思的兰克评语，遂转相引用，为新中国前三十年史学界认知兰克立下了基调。

四、兴无灭资：反面的兰克

兰克“反动派”形象在大陆史学界的确立是在 1960 年代初，尤其是马克思对兰克的评语被广为人知之后。留在大陆的学院派史家最初仍然延续民国时期对兰克的好感，刻意将原本存在学缘关系的兰克学派与胡适、傅斯年一派两者分离开来，只强调后者的反动性，而对兰克学派略有肯定。例如，1955 年北京大学历史系教师座谈会，邵循正批判胡适的考据学，强调后者不但与乾嘉学派不同，也和西方资本主义上升时期的资产阶级学者的考据学不同，“乾嘉学派在一定条件下进行了实事求是的考据，而胡适提倡的是从假设回到假设的所谓考据。同时例如德国学派初期巨大的历史工作，胡适和其徒党傅斯年等，是完全没有也不想进行的”。杨人楩呼应邵氏的观点，认为胡适“和资本主义上升时期的德国学派不能相比；对于中国史学界，他除散布腐朽资产阶级思想的毒素以外，不曾像德国学派史学家那样留下一些值得我们保存的东西。当时的德国学派史学家亦不至于用想象力来创作历史”。①抑胡适扬兰克的

① 《批判胡适主观唯心论的历史观与方法论——北京大学历史系教师座谈会发言摘要》，《光明日报》1955 年 1 月 6 日，第 3 版。

倾向相当明显，但 1958 年开始史学界推行“兴无灭资”的两条路线斗争，马克思对兰克的评语通过苏联译著被中国学人所熟知，兰克很快就作为西方资产阶级史学的典型而列入被批判的黑名单。

总体而言，此前兰克在中文世界的信息并不多，相当零散，没有形成聚焦，直至 1960 年代最初几年，兰克作为反面的批判对象，在中国迎来了短暂的“春天”，不仅与兰克有关的论著有些被译成中文，而且中国史家也从批判立场评论兰克，中文世界的兰克资讯量突然密集增长，这是兰克在华传播史上罕见的奇观。究其原因主要有两方面：

其一，批判中外资产阶级史学。进入 1950 年代以后，一直到 1970 年代，大陆史学界一直把批判资产阶级史学作为重要任务之一。①1956 年至 1967 年哲学社会科学十年规划纲要，明确将“中国资产阶级史学的批判”和“世界各国历史学各学派的研究和批判”作为重要问题。②1958 年史学界开展了所谓“史学革命”，原先即已存在的批判资产阶级史学风气进一步加强，并置于“兴无灭资”的高度推进。同年 3 月 18 日翦伯赞在《人民日报》发表《兴无灭资，发展历史科学》一文，谓：“必须把这些资产阶级思想反掉，才能提高历史学的思想性、科学性、战斗性，才能使历史学沿着真正的马克思主义的道路向前跃进。要反掉资产阶级思想，就必须在历史

---

① 1978 年 4 月中国社科院世界历史研究所制定《一九七八——一九八五年世界史学科发展规划初步设想（供讨论修改用）》，仍然把“批判资产阶级的反动史学观点”作为重点研究专题，“批判西方资产阶级史学观点”作为编写重点书目。

② 《一九五六——一九六七哲学社会科学规划纲要（修正草案）》，北京国务院科学规划委员会办公室 1958 年 7 月印，第 14 页。

学领域内展开两条路线的斗争，替历史学的大跃进开辟道路。”①同年7月15日他又在《人民日报》发表《历史科学战线上两条路线的斗争》，再次强调：“厚古薄今，烦琐的考证，唯史料论等等，都是资产阶级历史学的特点，也是资产阶级历史学的道路，我们必须反对这种道路，必须和这种资产阶级的道路进行斗争，我们希望资产阶级的史学家和我们一道来进行这个斗争，彻底地批判自己的资产阶级思想，从自己的头脑中拔掉白旗，插上红旗。高举马克思列宁主义的旗帜，高举毛泽东的旗帜，对资产阶级历史学展开坚决的斗争。”②批判资产阶级史学要点之一即重史料，强调客观，而在西方史坛重史料讲客观最著名的史家就是兰克，所以在“兴无灭资”的风潮之下，兰克是一面大白旗，诚如有学者所指出的：“客观主义在我国史学界仍然耀武扬威，不少史学家仍然相信它是引向科学真理的道路。因之挖一下十九世纪西方客观主义史学的祖坟，解开朗克的外衣，看一看在这件外衣下隐蔽着什么样的货色，在今天史学界的两条路线斗争中，有极为现实的意义。”③

其二，外国史学史课程设置。民国时期大学开设中国史学史和西洋史学史已较为普遍，但到了1950年代，教育部取消了西洋史

---

① 翦伯赞：《兴无灭资，发展历史科学》，《人民日报》1958年3月18日，第7版。

② 翦伯赞：《历史科学战线上两条路线的斗争》，《人民日报》1958年7月15日，第7版。

③ 吴于廑：《揭开朗克史学客观主义的外衣》，《武汉大学人文科学学报》1960年第5—6期，第37页。

学史，仅保留中国史学史、史料学，并增设马列主义史学名著选读，[①]然实际情形则是：不仅西洋史学史在高校历史系课程中绝迹，而且中国史学史也极少开设。出于批判资产阶级史学的需要，有必要进一步了解敌情，“别人研究我们，而我们却不研究他们，那是不行的。我们要研究社会主义国家的历史，那是为了要吸取它们的经验，我们也要研究民族国家的历史，那是为了要帮助它们，我们也要研究资本主义国家的历史，那是为了战胜敌人”。[②]1956 年制定“历史科学研究工作十二年远景规划草案”，要求批判资产阶级唯心史观，计划出版论文集，同时提出“西洋史料学的研究”“西洋史学史的研究”，将古奇《十九世纪之史学与史家》一书列入翻译出版计划。1961 年全国文科教材工作会议召开，议定复旦大学耿淡如主编《外国史学史》、武汉大学吴于廑主编《外国史学名著选》。1962 年 2 月 19 日至 26 日，在上海举办“外国史学史”与“近代现代资产阶级史学流派资料选辑”讨论会。1962 年 5 月，高等师范学校文科教学计划讨论会拟定《历史专业教学计划（草案）》，在这份由北京师范大学、华东师范大学等校拟定的计划书中，外国史学史成为专业课之一。此后，雷海宗、耿淡如分别在南开、复旦两校讲授“外国史学史”。复旦大学历史系“外国史学史”教材编写组所列提纲中，由中山大学负责写第六章“十八世纪末十九世纪中

---

① 中央人民政府教育部编：《高等学校课程草案——文法理工学院各系》，光明日报社，1950 年，第 6—7 页。

② 《翦伯赞同志在“外国史学史”讨论会上的发言（摘要）》，参见王应宪选编：《“外国史学史”与“近代现代资产阶级史学流派资料选辑”讨论会档案选辑》，《历史教学问题》2019 年第 2 期，第 136 页。

叶的史学”，第二节“德国学派”，分下列细目：史料整理和批判方法的运用、《德意志史料集成》的出版、德国学派的前驱——格丁根运动、兰克（Ranke）的生平及其著作、兰克学派的特点（注重第一手资料、客观主义、重政治轻经济、西欧中心论）、德国学派对欧美史学的影响、对德国学派的评价。[①]

在中国史学界批判中外资产阶级史学和高校开设外国史学史课程两方面的推动下，一时之间出现许多兰克资讯。这并非拥护、信仰兰克，而是把他作为反面批判对象来看待。如何批判兰克？先了解再批判，“我们对批判的对象如果缺乏历史的研究和了解，就必然会削弱批判的战斗性和科学性”。[②]如何了解？一是翻译兰克及其相关著作，二是加强对兰克史学的研究。

兰克在中国史学界知名度虽颇高，但民国时期没有翻译兰克任何一本著作，[③]一般中国史家并没有直接读过兰克的书，所以兰克以何种方式影响中国近代史学，很值得讨论。兰克作品大量翻译出版是2000年以后的事情，此前仅施子愉选译《教皇史》席克斯特第五的若干段，共61页，作为吴于廑主编《外国史学名著选》之一，商务印书馆1962年出版，供高等学校历史系学生使用。1961年8月吴于廑所作前言，说明编译此书的背景：“高等学校历史专业设有史学名著选读一课，其中包括外国史学名著选读。本书

① 王应宪选编：《“外国史学史”与“近代现代资产阶级史学流派资料选辑”讨论会档案选辑》，《历史教学问题》2019年第2期，第134页。

② 王庭科：《试论研究外国史学史的意义》，《文史哲》1964年第3期，第46页。

③ 1949年前兰克文字被译成中文的仅《政治问答》一篇，陆飞译，发表在台湾《建国月刊》1948年第1卷第5期、第2卷第3期。

的编译，即为适应这一课程的需要，目的在使学生略知若干重要著作的内容，借以扩大学术眼界，为批判地接受外国史学遗产提供资料。”①除此，当时并无兰克其他作品翻译发表。1963年商务印书馆曾将兰克《教皇史》列入翻译出版计划，但最后未见正式出版。

然而，涉及兰克史学的西方史家著作，许多被列入翻译出版计划。新中国成立后，全国各有关出版社根据党的方针，分别担负翻译和出版外国哲学、社会科学重要著作的工作，1958年春中央文化部规定这项出版任务主要由商务印书馆承担。“为了批判地吸收外国文化遗产，并为学术界批判近代、现代资产阶级学术思想提供参考材料”，②1963年商务印书馆编制《翻译和出版外国哲学、社会科学重要著作十年（1963—1972）规划（草案）》，除了兰克《教皇史》，还有克罗齐《历史学的理论和实际》、伯伦汉《史学方法论》（*Lehrbuch der Historischen Methode*）、瑟诺博司和朗格罗瓦合著《历史研究法概论》（*Introduction aux Etudes Historiques*）、鲁滨逊《新史学》、汤普森（J. W. Thompson）《史学史》（*A History of Historical Writing*）、古奇《十九世纪之史学与史家》、费茨赛蒙（M. A. Fitzsimons）和彭特（A. G. Pundt）《史学发展》（*The Development of Historiography*）、傅埃特（Eduard Fueter）《近代史学史》等，这些都是了解兰克史学的重要文本，均被列入翻译出版计划。③

---

① 吴于廑：《前言》，施子愉译：《朗克〈教皇史〉选》，商务印书馆1962年版，第1页。

② 商务印书馆编辑部：《商务印书馆翻译和出版外国哲学、社会科学重要著作十年（1963—1972）规划（草案）》，1963年5月，“说明”。

③ 商务印书馆编辑部：《商务印书馆翻译和出版外国哲学、社会科学重要著作十年（1963—1972）规划（草案）》，第115—119页。

《史学资料》（内部参考）第5期（1961年11月1日）策划“兰克”专号，发表了《马克思对兰克史学的评语》、①盖尔（Pieter Geyl）《从灾难的角度看兰克》（何兆武译）、古奇《十九世纪之史学与史家》第六章“兰克”（黄巨兴译）、《英国大百科全书》中“兰克”条（张书生译）。《历史译丛》1962年第1期、1963年第2期及时翻译发表两篇有分量的最新研究兰克论文：苏联瓦因施坦《兰克和现代资产阶级史学》和美国伊格尔斯《美国和德国历史思想中兰克的形象》，分别代表“无产阶级”和“资产阶级”学者的观点。这是新中国史学界一次密集译介兰克史学的行动，应该不是自发行为，而是为了配合“历史科学战线上两条路线的斗争”需要所策划的。需要说明的是，上述兰克论述长期主导中国史学界对兰克的认知水准，一直延续到1980年代，乃至更长的时间。

苏东社会主义国家涉及兰克的论著有的被译成中文出版，如苏联康恩《哲学唯心主义与资产阶级历史思想的危机》（三联书店，1961年）和《穷途末路的资产阶级历史哲学》（三联书店，1962年）、波兰沙夫《历史规律的客观性（马克思主义史学方法论的若干问题）》（三联书店，1963年）。二十世纪六七十年代，大陆史学界了解国际史学动态及相关著作非常有限，上述译著涉及欧美众多史家，观点虽偏颇，但资料丰富，成为一般中国史家认识欧美近现代史学史不可多得的文本。这些作品对兰克皆有详略不等的论述，其中沙夫著作论及兰克之处尤多。他比较恩格斯《德国农民战

① “……兰克认为‘精神’事业就是历史变成琐闻逸事的汇集，把重大事件归结为小事和闲谈……”

争》与兰克《宗教改革时期德意志史》，指出：

> 兰克宣扬的是客观主义，而自己所作却是极端的主观主义；他鼓吹超党性，而自己却无论从好战的唯心主义，或是从对人民革命的反动的敌对态度来说，都是站在极端的党性的立场的。在他的解释中“如实直书”这个公式具有特殊的意义：即这个公式应该是用来为极端主观主义选择事实服务的幌子，应该作为他所采用的唯心主义方法的幕布。“客观主义”和“超党性”不过是被用来掩盖兰克及其学派十分明显的党性而已。宣扬“纯记载”史学的兰克否认客观规律性，是为了用有意识地选择符合于他的观点的事实的方法，使自己便于对历史进行普通的伪造。因为兰克与自己的声明相反，他具有一定的历史过程的概念。这就是根据大日耳曼帝国沙文主义，仇视民主的一切表现和仇视人民群众运动的资产阶级——容克贵族的概念。①

他对兰克此书总体定位是：“一本为了资产阶级容克贵族反动派的利益反对民主和革命群众运动的典型的具有党性的作品。作品与它的表面优点和声明相反，具有鲜明的政治性质，而作品的全部方法论正是服从于这种反动的政治目的的。”②

苏联科学院历史研究所研究员瓦因施坦（O. L. Weinstein，

---

① ［波］沙夫著，叶开琪等译：《历史规律的客观性（马克思主义史学方法论的若干问题）》，三联书店 1963 年版，第 42—43 页。

② ［波］沙夫著，叶开琪等译：《历史规律的客观性（马克思主义史学方法论的若干问题）》，第 48 页。

1894—1980）《兰克和现代资产阶级史学》长文，资料丰富，论证深刻，流传广泛，迄今看来仍具较高的学术价值。他概括兰克的历史观点：把战争奉为各民族间、各国家间起作用的永恒规律，因而认为对外政策在世界历史过程中起主导作用；信奉极端的欧洲中心主义，把“西方文明”奉为文化历史唯一的价值；强调与东方对立的西方世界的统一性；抱着深信罗马日耳曼民族自古就胜过世界上其他一切民族；仇视一切革命，把革命看做只会破坏人类社会的缓慢进化，从而引起文化价值的混乱和毁灭。①这些观点确实呈现在兰克的历史作品中，而时常被西方学者有意或无意地淡化处理。瓦因施坦论文有一段文字专讲马克思评论兰克：

> 远在 1845 年，当马克思和恩格斯对德国的全部唯心主义史学进行非常有力的批判的时候，他们就这样说过：“法国人和英国人至少抱着一种毕竟是同现实最接近的政治幻想，而德国人却……把宗教幻想推崇为历史的动力。”在《德意志意识形态》的同一地方，马克思还加了一个首先是指兰克学派而言的边注：“所谓客观的历史编纂学正是离开活动来考察历史关系的反动的性质。”1864 年，马克思在写给恩格斯的信中，第一次也是最后一次提到兰克的名字，称他为“历史的仆人”。这个仆人迫使自己的门生“编辑讨厌的旧德意志皇帝年鉴”，他本人则从事游戏的轶事整理，“把一切重大事件归结为小事

① ［苏］瓦因施坦著，全地、魏辛译：《兰克和现代资产阶级史学》（下），《历史译丛》1963 年第 2 期，第 28 页。

> 和闲谈”。在以后的年代里，马克思和恩格斯根本不理睬兰克的著作，这件事本身表明他们对这个史学家是采取极端否定的态度。①

沙夫《历史规律的客观性（马克思主义史学方法论的若干问题）》中译本第42页也引用马克思评语，此后被中国史家所熟知。

瓦因施坦此文在中国史学界影响颇大，除了全文译刊在《历史译丛》，同时译者又以《奥·瓦因施坦论兰克和现代资产阶级史学》为题，摘译此文主要观点，发表于《历史研究》1962年第5期。1965年刘大年《亚洲历史怎样评价》一文，引用兰克名言“历史就是国王的科学”，表明“普鲁士的历史编纂学家”、西方史学界赫赫有名的“大师”兰克是资产阶级唯心主义观点，他便转引自瓦因施坦论文。②1964年施子愉《对西方资产阶级史学中所谓研究历史的客观态度、科学方法的说法的批判》和肖萐父《历史科学的对象问题——冯友兰先生的史学思想商兑之一》③两文引用马克思的兰克评语，均取自瓦因施坦论文，而不是直接引用马克思著作。1979年李时岳《史料的考订》一文批判客观主义，“一部分资产阶级历史学家为了抵制对历史发展规律的探求，鼓吹客观主义地叙述历史，用史料批判代替历史研究，即用史料学代

---

① ［苏］瓦因施坦著，全地、魏辛译：《兰克和现代资产阶级史学》（上），《历史译丛》1962年第1期，第13页。

② 刘大年：《亚洲历史怎样评价》，《历史研究》1965年第3期，第7页，又见《人民日报》1965年7月8日，第5版。

③ 肖萐父：《历史科学的对象问题——冯友兰先生的史学思想商兑之一》，《哲学研究》1964年第3期。

替历史学。他们的著名代表即兰克”，然后以兰克为例，用一整段文字批判资产阶级客观主义的虚伪本质。如果仔细分析这段文字，其实它整合了瓦因施坦和沙夫的兰克论述，包括马克思对兰克的评语。①

苏东学者的兰克观点深刻影响二十世纪六七十年代中国史学界的兰克论述。1965 年戚本禹发表《为革命而研究历史》②一文，居然也论及兰克：

> 被西方资产阶级学术界公认为“现代客观主义历史学派之父”的德国兰克，尽管一生埋头在尘埃扑面的史料库里，但是他研究历史的最终目的，不过是企图用最好的历史教材来作为向德国资产阶级和容克地主的献礼。他本人就是普鲁士霸权和俾斯麦铁血政策的支持者。他最著名的著作《教皇史》，就是一部关于统治阶级如何统治人民的经验总结。

戚氏的兰克论显然渊源于苏东学者的观点。似可推测，借助戚文在当年的影响力，使这位德国史家在中国得到了极高的曝光率，成为史学界家喻户晓的人物。兰克作为西方反动史家的印象，则在一般中国读书人的记忆中留下了深深的烙印。

新中国前三十年史学界译介和评论兰克，主要集中在 1960 年代初，进入“文革”时代，中国史家似无人敢再谈兰克，哪怕是基

① 李时岳：《史料的考订》，《社会科学战线》1979 年第 3 期，第 170—171 页。

② 《红旗》1965 年第 13 期；《人民日报》1965 年 12 月 8 日，第 5 版；《历史研究》1965 年第 6 期，第 38 页。

于批判立场的也没有，兰克话题已然进入禁区。综括来说，受时代、学术环境的影响，当时中国研究兰克的原创性多不足，虽强调运用马克思主义观点研究兰克，不同于欧美史家，但在观点和材料两方面皆难有突破，大体局限在苏联学者和古奇、汤普森著作的论域之内。专文论兰克者仅两位史家。最早用马克思主义观点批判兰克的是武汉大学吴于廑，1959 年 9 月 30 日他完成《巴拉克劳的史学观点与对欧洲历史的末世感》一文，用一页篇幅概述兰克史学，主要参考古奇和汤普森的史学史著作，认为十九世纪西方资产阶级史学开端于兰克学派，“wie es eigentlich gewesen”这句话被认为是西方资产阶级史学“客观主义”和“科学态度”的概括，然而所有这些都只是方法论上的外衣；在外衣的下面，“还掩藏着一个根本的、而且从朗克及其学派看来是不待论证就可以自明的历史思想”，兰克史学体系是脱胎于机械唯物主义和反动神学“不伦不类婚配的血裔”。①1960 年 5 月吴于廑对兰克的认识发展成专题论文，完成《揭开朗克史学客观主义的外衣》一文，开宗明义说：“客观主义是近代西方资产阶级史学一块装璜门面的招牌。最先把这块招牌挂起来的，是十九世纪德国史学家朗克。”文末的结束语则谓：“除了说客观主义是一块虚假的招牌，朗克史学是一个彻头彻尾具有资产阶级党性并为资产阶级服务的流派，另外还能得到什么结论呢？”②吴文虽在注释中出现兰克《罗曼与日耳曼族群史 1494—1514》《教

① 吴于廑：《巴拉克劳的史学观点与对欧洲历史的末世感》，《武汉大学人文科学学报》1959 年第 8 期，第 60—61 页。

② 吴于廑：《揭开朗克史学客观主义的外衣》，《武汉大学人文科学学报》1960 年第 5—6 期，第 35、44 页。

皇史》，但他所提供的兰克知识，主要源于古奇和汤普森著作，尚处于借助二手著作研究兰克的阶段。1963 年 5 月吴氏在湖北省历史学会第一次年会上作关于修昔底德和兰克所谓“客观”史学问题的报告，大体沿袭前文对兰克的认识。吴氏多次将兰克作为批判的靶子，与彼时史学界推行“兴无灭资”两条路线斗争有关。他说：“现在还憧憬‘客观’史学的人，不论他对修昔底德和朗克有无直接或间接的因缘，也不论他有意或无意接受他们的影响，他对于史论关系的看法，对无产阶级史学党性和科学性一致的怀疑，对为政治服务的逡巡却步，在思想实质上都和西方这两个古今‘客观’史学家有一脉相通的地方。修昔底德和朗克的史学对这种人有极大的魅力……在今天，承认不承认历史科学的党性，对所谓‘客观’史学是否还怀有向往之心，仍然是存在于史学界的两条路线的斗争。在这场必须取得胜利的斗争中，重新认识在旧史学中有重大影响的西方古今两大‘客观’史学家的面目，对于我们是有益的。”①

1962 年施子愉为选译《教皇史》所写的《朗克简介》，在当时算是“详尽”了。兰克的名言“wie es eigentlich gewesen”成为近代西方资产阶级“客观主义”史学惑人耳目、掩盖其阶级实质的花招。为了客观，兰克强调原始资料和对资料进行严格鉴别，但这并不始于兰克；兰克标榜客观公正，反映真实，实际却不是如此；兰克不是与政治“绝缘”的人。1964 年施子愉发表《对西方资产阶

① 吴于廑：《论西方古今两个“客观”史学家》，《江汉学报》1963 年第 6 期，第 32、39 页。

级史学中所谓研究历史的客观态度、科学方法的说法的批判》一文，参考英文著作颇多。[①]兰克是他批判的主要对象，观点沿袭前文，并补充兰克的鉴别史料方法没有也不能用阶级观点对史料进行分析批判。最后重申资产阶级客观主义史学家所谓研究历史的"客观公正"的态度，只是"掩盖他们阶级实质的幌子"。[②]

此外，还有一些零星论及兰克者。1961 年蒋孟引在南京大学历史系讲演"十九世纪的德国史学"，将其定性为"容克资产阶级史学"，对兰克《教皇史》《宗教改革时期德意志史》《世界史》有所剖析，认为兰克史学居十九至二十世纪资产阶级史学界的统治地位，批评兰克无视人民群众在历史上的作用。[③]耿淡如是积极推动西方史学史研究者，翻译古奇《十九世纪之史学与史家》一书，其中专论兰克一章，1961 年黄巨兴虽已译刊，1979 年耿氏仍重译再刊。[④]1962 年他在《文汇报》发表《资产阶级史学流派与批判问题》和《西方资产阶级史家的传统作风》两文，[⑤]简略论及兰克，称兰克是"德国容克地主——资产阶级的代表人物"，第一次世界大战

① H. Temperley (ed.), *Selected Essays of J. B. Bury*; Acton, *Lectures on Modern History*; J. W. Thompson, *A History of Historical Writing*; Langlois and Seignobos, *Introduction to the Study of History*; G. M. Trevelyan, *Clio, A Muse*; G. M. Trevelyan, *History and the Reader*; G. P. Gooch, *History and Historians in Nineteenth Century*; L. von Ranke, *History of the Popes*; Charles A. Beard, "That Noble Dream"; W. Stubbs, *The Constitutional History of England*; B. Russell, *Freedom and Organization*.

② 施子愉：《对西方资产阶级史学中所谓研究历史的客观态度、科学方法的说法的批判》，《武汉大学学报》1964 年第 2 期，第 23 页。

③ 《蒋孟引论十九世纪的德国史学》，《光明日报》1962 年 1 月 24 日，第 1 版。

④ 耿淡如译：《兰克》，《世界历史译丛》1979 年第 3 期。

⑤ 《文汇报》1962 年 2 月 11 日、1962 年 6 月 14 日，皆在第 3 版。

前夕，西方史学家已抛弃兰克的史学传统。①1962年江爱沪《“西欧中心”史学思想探源》一文将兰克作为“西欧中心”史学思想的具体阐发者加以批判，参考吴于廑《巴拉克劳的史学观点与对欧洲历史的末世感》以及古奇、汤普森的史学史著作，没有直接引用兰克作品。②1963年7月5日北京市历史学会座谈会，张芝联发言谈及有没有超阶级、超政治的“客观”史学问题，他认为历史为政治服务，在马克思主义产生以前，资产阶级史学家并不讳言，“到了德国史学家朗克才开始标榜‘客观’历史，但他大肆宣扬大国至上和对外政策（即侵略政策）决定一切的论调，贬低西欧以外小国的地位，鄙视人民，竭力为普鲁士国家效劳。这就是他的所谓‘客观’！”③1979年张芝联发表《资产阶级历史主义的形成及其特征》一文，用了三小段文字讲兰克，参考古奇、Guilland（*Modern Germany & her historians*）、Theodore H. von Laue（*Leopold Ranke*，*The Formative Years*）著作，同样没有兰克作品。④这些评论兰克的文字，多借用二手著作，不属于原创研究，学术价值有限。

马克思对兰克的评论虽仅只言片语，但力透纸背，为后来者揭示兰克思想的另一面提供了方向。在以阶级斗争为纲的年代，不论苏联还是中国，批判兰克皆趋极端。不过需要说明的是，偏见之中亦不乏洞见，如揭露兰克的政治立场、宗教信仰、西欧中心论、双

---

① 耿淡如：《资产阶级史学流派与批判问题》，《文汇报》1962年2月11日，第3版。

② 江爱沪：《“西欧中心”史学思想探源》，《安徽大学学报》1962年第1期。

③ 《阶级观点、历史主义及论史结合问题——北京市历史学会1963年7月5日座谈纪要》，《光明日报》1963年7月31日，第4版。

④ 张芝联：《资产阶级历史主义的形成及其特征》，《世界历史》1979年第1期。

重价值标准等，确实与兰克标榜的客观如实目标相去甚远。作为中国学者，除了对兰克史学作“了解之同情”的研究外，其隐藏的“毒素”同样应该加以“清算”，如兰克持东西方两套价值标准（他的个体性多元历史观只用于处理欧洲的历史，而对东方历史则仍旧是他表面上坚决对抗、摒弃的进步、落后、退化的单一价值观），这些“有害”成分在西方社会至今仍发挥着作用。

近代中国史学界对“兰克”之名并不陌生。从晚清以来不论汉译日本西洋史教科书还是中国学者编写西洋史或世界史教科书，都一再出现兰克，视他为十九世纪西方近代史学史上的大家。借助流布范围极广的教科书媒介，若说兰克在近代中国史学界知名度颇高，应该说离实况不算远。此外，民国时期各大学史学系开设西洋史学史或史学研究法性质课程颇多，这类课程通常也会讲到兰克。因此，中国史家在课堂或著作中偶尔提及兰克，①并不能说明后者对前者产生如何影响，也不能说明前者一定对后者有实质性的认识。

中国史家的兰克论述，绝大部分只是从外国流行的西洋史教科书、史学理论与史学史之类著作转述而来，甚至是经过多重转引，引述者未必清晰了解兰克的思想脉络，人云亦云、寻章摘句是较为普遍的现象。不论在民国时期还是新中国，不论推崇还是批判，中国史家直接阅读兰克原著者寥寥无几，哪怕号称“中国兰克”的傅

① 例如，曾亲聆陈寅恪课堂的李坚回忆：“他还在黑板上书写了好些西方历史学家的外文名字，记得其中有被誉为欧洲‘近代史学之父’的德国考据学派史家兰克（Ranke）以及英国剑桥学派史家阿克顿（Acton）；但是，寅恪师却不同意阿克顿关于写历史要使各国人都满意的说法”（李坚：《陈寅恪二三事》，《民国春秋》1990年第5期）。这则材料经常被研究者引用，说明陈寅恪知道兰克，他的治学深受兰克的影响。

斯年和把兰克挂在嘴边的姚从吾也不例外,①没有证据表明他们曾研读过兰克著作。

在兰克史学中，史法与史义是融为一体的，史法是工具，史义是目的，前者服务于后者。兰克史学在中国接受过程中，史法与史义被割裂了，史法被保留，史义被抛弃，其中伯伦汉、古奇、鲁滨逊新史学派等著作发挥了中介作用，误解兰克为考证学家。应该说，中国史家有条件全面认识兰克，但选择性彰显兰克的史法，而拒绝他的史义。“理论在一个国家的实现程度，决定于理论满足这个国家的需要的程度”,②不论过去还是现在，真实的兰克是中国史学界无法消化的。他那根深蒂固的以西欧历史为中心的文化偏见、对东西方历史采取双重的价值标准，这幅面目可憎的兰克形象，中国史家何以能接受呢？余英时认为“近代中国的史学，从清代训诂考证的基础上出发，一度凑泊而汇入兰克历史主义的末流，真是一个值得惋惜的发展”。③但笔者更倾向于陈寅恪的思路，但凡对中国思想史上发生重大久远影响者，“皆经国人吸收改造之过程。其忠实输入不改本来面目者，若玄奘唯识之学，虽震动一时之人心，而卒归于消沉歇绝”，因为两者“性质与环境互相方圆凿枘”。④二十

---

① 陈得芝谓姚从吾曾“钻研名史家兰克等人的著作，深受兰克治史方法的影响”。（白寿彝总主编，陈得芝主编：《中国通史》第 8 卷中古时代・元时期上，上海人民出版社 1997 年版，第 115 页）

② 马克思：《〈黑格尔法哲学批判〉导言》,《马克思恩格斯选集》第 1 卷，人民出版社 1972 年版，第 10 页。

③ 余英时：《历史与思想》，联经出版事业公司 1987 年版，第 9 页。

④ 陈寅恪：《冯友兰〈中国哲学史〉下册审查报告》,《金明官丛稿二编》，三联书店 2001 年版，第 283—284 页。

世纪中国史学发展过程中，曾输入各种西方史学理论，大多昙花一现，惟西方客观史学一派落地生根。兰克史学只有经过改造，安置在中国考证学脉络之下，才不至于重蹈唯识宗之覆辙。

兰克曾对中国近代史学产生重要的影响是毋庸置疑的，但这层关系是间接的，两者的联系具有象征意味，没有实质性的联络。近代中国史家很少公开宣称受到兰克的影响，即便傅斯年非常强调史料的重要性，若就此与兰克联结在一起，或谓傅斯年思想深受兰克的启发，未免过于夸大。关于陈寅恪是否受兰克的影响，也是如此，论者往往以陈氏曾在德国留学，又如此注重全面占有史料，便推导他必受兰克的影响，这种论证实难令人置信。①其实重视史料的观念不必非来自兰克不可，如伯伦汉、Seignobos的史学方法著作都有系统化的论述，中国传统考证学也很强调实事求是的精神。傅斯年的治史方法纯然近乎《史学方法论》《史学原论》的取径，与兰克只有遥远的想象呼应。像史学研究法与史学史之类的教科书，在中国史学界产生共鸣效应，或远大于真正的兰克。

长期以来，中国史家论兰克不脱欧美或苏俄史家之范域，缺乏深入研读兰克著作基础上的原创研究。此种情形一直延续到2000年前后，中国史学界研究兰克状况未有根本改观。晚近十余

---

① “虽然陈先生精通多种语言，研究佛经，又受德国兰克学派的影响，对中国古典文献也非常熟悉。总而言之，他具备了各方面的条件来研究历史。”（周一良：《毕竟是书生》，天津人民出版社2006年版，第147页）“寅恪在德国读书时，正当兰克学派的盛世，对兰克的史学必定熟悉。”（汪荣祖：《陈寅恪评传》，百花洲文艺出版社2015年版，第44页）

年，兰克著作始有规模地翻译成中文，通德语的历史学者日益增多，直接阅读兰克原著及其相关一手文献的能力不断提升，研究兰克的水准遂有显著的进步。

第三章　伯伦汉《史学方法论》

十九世纪后半期，西方学界弥漫着“科学主义”思潮，所有学术都必须符合科学的要求才能为人所接受，故而史学的专业化（科学化）开始提上了日程。自从启蒙时代以来形成的语文考据学方法，经过尼布尔、兰克等人的发展，形成了完备的治史程序。在史学专业化的驱动之下，急需将这些方法加以充分解释，整理成有系统的方法论教材，以便训练专业史学工作者有所凭借。德国史家伯伦汉（Ernst Bernheim）率先出版《史学方法论》（*Lehrbuch der historischen Methode*，1889，简称 *Lehrbuch*），此后不断增订再版，在西方各种史法教材中影响最大，诚如齐思和所言，此书为历史方法开山之作，亦为此学最高之权威，在此之前关于历史方法之作皆属片段未具系统，后乎此书者无不受其影响，且亦难出其范围，诚史学中最重要之著作也。[①]伯氏史学曾对中国近代史学产生重要影响，但中文世界对他的认识略有不足：第一，过去谈伯氏，都笼统地认为他代表兰克史学，对他史学思想缺乏深入的理解；第二，过去对

① 《齐思和史学概论讲义》，天津古籍出版社 2007 年版，第 73 页。

伯氏两种史学方法著作常混为一谈，往往都看成是《史学方法论》，对各种版本修订情况语焉不详；第三，过去对伯氏史学在日本、中国史学界译介的具体细节并不清楚。因此，本章将用四节讨论伯伦汉《史学方法论》及其在东亚的知识旅行。首先，叙述伯伦汉的生平，将他放回十九世纪中叶到二十世纪中叶的德国历史背景中。历史背景包括政治面：他青年时期经历的德国建国，成熟时期的威廉帝国与老来迫害他的纳粹政权；学术面：科学主义与唯心史学之间的激荡，尤其是延续十余年、有史学界以及哲学界、社会科学界参与的史学论战。其次，说明《史学方法论》的版本与分析版本之间的修订。藉着增修内容的分析，期望读者一方面可以了解伯伦汉提出的方法学内容，另一方面也可以见到他个人的情绪波动。再次，尝试评论伯氏的史学方法，从史学史以及史学理论的角度说明他在史料学上的成就，以及他的历史解释方法学的局限。最后，讨论伯伦汉史学在近代日本、中国的接受情形。

一、伯伦汉的生平

恩司特·伯伦汉 1850 年出生在德国汉堡市的一个海外贸易商家庭中。父亲路易司·伯伦汉及母亲伊玛都是犹太裔，隶属自由派的犹太革新教会圣殿会所，与保守派的犹太社群保持着距离。伯伦汉一家代表当时积极融入德国社会的犹太人。伯伦汉在一个开放的城市汉堡以及开明的犹太家庭中成长。十二岁时，他进入以人文教育为主的约翰诺恩（Johanneum）中学。这所 1529 年成立的中学，几百年来一直是汉堡市民阶级富裕人家子弟的教育机构。他在这所中学学习人文教育核心的拉丁文与希腊文，现代语方面，他通晓了法文与英文。而且中学期间，在母亲影响之下，伯伦汉立志当史学家。①

1868 年伯伦汉进入柏林大学。当时德国尚未完成建国，普鲁士国王在俾斯麦相佐之下，正积极地进行以战争推动统一的工作，而且明确要将奥匈帝国排除在未来的国家之外。②当时柏林除了是新兴军事强权普鲁士王国的首府，而且也是新兴的历史学重镇。伯伦汉上过兰克的课，也听过德罗伊森的历史导论课。③1870 年普鲁士与

① 追述伯伦汉的生平首度出现在 1950 年战后汉堡市《历史与乡土》（*Geschichte und Heimatsblatt*）期刊，1942 年过世时，他的行传因为犹太裔的身份没有依例出现在报刊上。1955 年的《新德国传记》（*Neue Deutsche Biographie*）年刊将他收入，由 Gottfried Opitz 执笔，有半页篇幅。1961 年 Herbert Schönebaum 发表《兰普瑞希特与伯伦汉》（Karl Lamprecht und Ernst Bernheim）其中有传记部分。1988 年 Notker Hammerstein 编《1900 年前后的德国历史学》，其中没有提及伯伦汉。1971—1982 年 H. U. Wehler 编九册《德国史学家》也没有伯伦汉。直到 2009 年 Knut Langewand 撰写《历史主义中的历史知识理论：伯伦汉的历史哲学与史学方法》（*Historik im Historismus*，*Geschichtsphilosophie und historische Methode bei Ernst Bernheim*，Frankfurt am Main：Peter Lang，2009）小书，才有比较详尽的传记。2012 年 Mircea Ogrin 的《恩司特・伯伦汉：帝国与魏玛共和国期间的史学家及学术政治家》（*Ernst Bernheim 1850—1942 Historiker und Wissenschaftspolitiker im Kaiserreich und in der Weimarer Republik*，Stuttgart：Franz Steiner Verlag，2012）最为完善。伯伦汉个人资料及手稿由格莱斯瓦德大学哲学学院档案室保存管理。

② 普鲁士王室不接受以 1848 年自由主义的中产阶级以立宪整合各邦的统一建国工作。德国最后以武力建国的方式与氛围陪伴着伯伦汉成长以及他的一生：一位有世界公民取向的犹太裔学者置身在强烈民族主义的国家中。

③ 2012 年 Ogrin 的研究修正了 1998 年 Schleier 所说：伯伦汉在柏林没有听过德罗伊森的课。Ogrin 指出伯伦汉在柏林大学期间德罗伊森每年有开历史理论课程。根据伯伦汉亲手填写的资料，他从 1868 年春到 1871 年春在柏林大学，之间于 1869 年夏季班一个学期前往海德堡大学。1872 年春前往史特拉斯堡大学。次年博士毕业。伯伦汉档案 PA 卷。

法国宣战，他请缨上战场，但因为眼疾未被接受。1872 年他决定离开柏林，转校到建国后创立的史特拉斯堡（Strassburg）帝国大学。这所位于德国西南角新成立的帝国大学有许多现代特质：自然科学学科独立成为一个学院，不像在传统大学里隶属于哲学学院之下。①历史学科也独立成为一个系（Seminar），不再与语言学、哲学、国家学、地理学等课程混杂在一起，新聘任的教师明显的都比较年轻，而且有实证主义的新倾向。

伯伦汉离开柏林大学是否因为历史系里或大学里或柏林城市里有反犹的气氛不得而知。②可以确定的是，他在柏林大学没有与兰克、德罗伊森或其他教授建立紧密的师徒关系。③相对的，在史特拉斯堡帝国大学里，他立即遇到了两位与其亲近并长期照顾着他的教授。④一位是

---

① 伯伦汉任教于格莱斯瓦德大学期间自然科学与历史系属于同一个学院——哲学学院。一直到 1952 年，在东德时期，自然科学才从哲学学院独立出来，成为单独的学院。德国各大学学院调整步调不一。

② 著名的反犹史家 Heinrich Treitschke 次年 1873 年才进入柏林大学，接任兰克退休所空出的讲席。

③ 这样看法可以从他 1880 年的小书《历史研究与历史哲学》（*Geschichtsforschung und Geschichtsphilosophie*，Salzwasser Verlag，Göttingen，1880）得到印证。他将兰克与德罗伊森列为与实证主义取向历史研究对立的唯心史学派，强调两派都显示片面性。他与兰克、德罗伊森保持着距离的态度，说明了他在柏林没有投入大师门下的意愿。在 1889 年《史学方法论》中他认为兰克有空前的成就，但是已过时（1903 年版 *Lehrbuch*，第 214 页）；有关德罗伊森作品的十五行文字也在平实冷淡中略带贬抑。他说德罗伊森对历史方法学“点到但未加说明”（andeutend aber nicht erklärend）（1903 年版 *Lehrbuch*，第 221 页）。Ernst Bernheim，*Lehrbuch der historischen Methode und der Geschichtsphilosophie*，Leipzig：Duncker und Humblot，1903.

④ 当年有两位学生入学进入该校历史系。格莱斯瓦德大学 1902 年哲学院中历史、语言、哲学三系共有一百名学生，包括全院入学的 25 名新生。当时全校 618 名学生，到 1919 年全校有 2 190 名学生，增加三倍多。德国大学学生从 1900 年后人数激增，原因包括 1908 年起女性入学。

参与建校工作，学官两栖的法学教授阿特赫夫。①另外一位是他博士论文指导教授魏泽克。②

1873年伯伦汉在魏泽克指导下完成中古时期宗教、政治与法制史的论文。在《洛塔三世与沃尔姆合约》（*Lothar Ⅲ. und das Wormser Concordat*）为主题的论文里，他讨论1133年当选的神圣罗马帝国皇帝洛塔三世如何解释帝国与教皇在1122年签订的合约，并从中争取帝国的权力。刚毕业，魏泽克立即将新科博士伯伦汉推荐给创立哥廷根大学历史系（1848年）的大师威次，③请他把伯伦汉收入门下，并担任其教授资格论文（Habilitation）研究与写作的指导教授。威次是兰克教书早期的大弟子，是高魏泽克十五届的学长。在威次指导下，伯伦汉的教授资格论文主题也是中古史。他从法律与宪法发展的线索分析教会与君主之间的权力冲突。1875年他顺利完成论文，通过考试，获得了申请全德国地区教授职位的资格。在申请到正式教授职位之前，他以待业教授的身份（Privatdozent）留在哥廷根大学开课。

---

① Friedrich Althoff（1839—1908）是十九世纪末二十世纪初普鲁士大学改革者。1872年参与史特拉斯堡大学建校工作，1882年进入普鲁士宗教、教育、医学事务部担任处长。次年伯伦汉的教授申请获得他的协助。

② Julius Weizsäcker（1828—1889），兰克的学生，研究中古史，受历史委员会（Historische Kommission）委托编纂德意志帝国议会档早期的部分，其中有关Ruprecht国王（1400—1410）的三册由他转交付伯伦汉。第三册伯伦汉于1888年在格莱斯瓦德才完成。1896年伯伦汉撰写恩师行传，细数建校时期感人的轶事，刊于 *Allgemeine Deutsche Biographie*，Bd. 41，Leipzig，S.637—645.

③ 威次在尼布尔及兰克的影响下由法律转入史学，在柏林大学先跟随兰克，后投入历史法学派萨威尼门下。经兰克推荐参与《德意志史料集成》中古史料编纂工作。1848年后在哥廷根大学建立所谓哥廷根学派。

伯伦汉从 1875 年开始在哥廷根大学历史系开课，一直到 1883 年获得正式教职离开为止，总共八年。其间，他一直讲授历史学导论以及历史方法学两门课，而且有三件事值得特别提出。第一件事，兰普瑞希特在 1876 年冬季班上了伯伦汉的历史学导论课，受了启发，后来走上了与传统唯心史学完全不同的一个史学新方向。他不再视政治精英的活动为历史发展的轴心，而以群众的经济活动、集体心理现象、文化表现为研究对象，而且用量化的方法处理与这些现象相关的资料，进而追求历史发展的规律。1878 年兰氏转校到莱比锡大学跟随经济史专家罗谢，但一直与伯伦汉保持密切联系，并受到他的支持。①十三年后，成为教授的兰氏在 1891 年出版了代表新史学方向的《德国史》十三册中的第一册。这本书在仍然充满政治史、人物传记研究的史学界里引起轩然大波，而且备受攻击。兰氏《德国史》提及启蒙的伯伦汉，因此后者被视为是与兰氏一伙的实证主义史家。

第二件事，魏泽克在 1876 年交付伯伦汉编纂神圣罗马帝国议会 1400 年到 1410 年档案的工作，亦是收集整理卢普瑞希国王当选帝国皇帝前后与各选侯、大主教及意大利金主城市之间关系的资料。帝国议会档案的编纂工作是兰克 1858 年召集成立，由巴伐利亚科学院的历史委员会秘书长瞿贝尔主导，②目的是整理收集日耳曼民族的历史资料。近古部分第一册收集的是 1376 年到 1387 年间

① 参见上引 Orgin 书，第 31—32 页。

② 瞿贝尔是兰克的学生（1834—1838），1856 年创立巴伐利亚大学历史系，1859 年创办德国史学界第一份学术期刊《史学杂志》（*Historische Zeitschrift*），替历史主义唯心史学建立大本营。

的帝国议会相关资料，由魏泽克在1867年完成并出版。伯伦汉以待业教授的身份肩负这项工作，一方面是殊荣，另一方面也补贴了他待业期间的经济收入。学术上，因为他前往布拉格、汉诺威、威尼斯、佛罗伦萨、卢卡、罗马等地阅读档案，筛选、比对、考证、抄录、编纂与帝国议会相关的资料，进一步提升了他中古史资料的见识与辨别史料的能力。

伯伦汉在哥廷根时期第三件值得提出的事，是1880年他出版了《历史研究与历史哲学》。这本一百三十八页的小书是他授课三年的一个结晶。他感受到欧洲当时有两个对立的历史研究潮流，一个是唯心主义哲学潮流下的历史研究，另一个是社会主义与自然科学潮流下的历史研究。前者哲学思想从康德、斐希特经黑格尔一脉相承，而落实在兰克、德罗伊森、特莱屈克等的德国历史主义史家的历史研究中。后者哲学思想源自法国的康多塞、孔德，而落实在英国的巴克尔以及尚未成名的年轻人兰普瑞希特的历史研究上。①他在这本小书里也提出具有折衷立场的一个方向：以哥廷根的当代哲学家洛策（Rudolf Hermann Lotze）微宇宙观为基础，认为人类史可以与自然史整合为一，而且可以同时摘取唯心主义与实

① 这两个潮流明显地表现在德罗伊森1863年所发表批判英国史家巴克尔的书评中。这篇刊登在《史学杂志》代表历史主义阵营的书评，它面对的是法国哲学家孔德思想影响下的实证主义史学以及模仿自然科学的史学趋势。这个趋势在巴克尔的《英国文明史》翻译成德文（1859年）后，在德国造成风潮。生理学家杜伯雷（Emile Du Bois Reymond），当时的柏林大学科学院数学与自然组秘书长、柏林大学校长，他以巴克尔信徒身份宣扬这个实证科学的历史研究。德罗伊森书评的中译文，参见胡昌智《译介德罗伊森书评〈提升历史学成为一门科学〉》（《台大历史学报》2013年第51期，第182—221页）。

证主义史学研究的长处。这本书透露出，一位正统兰克学派训练出的新生代史家，在思想上跳出兰克唯心主义的历史叙事模式，期望着与社会科学观点及方法结合的历史学。

从学术血统而言，伯伦汉是标准的兰克第二代弟子，跟随两位兰克的亲炙弟子魏泽克以及威次完成学术论文，而且参与兰克和瞿贝尔的德意志帝国议会档案编纂工作。然而，年轻的伯伦汉成长的时代已经不是兰克及德罗伊森成长时的农业与阶层社会，而且他也能从档案堆中探出头，综观当时史学研究在急速工业化时代里的处境。同时，他能超越德文出版的界限，进入英国以及法国的另一种学术传统中，注意到孔德对社会及学术研究的取向。也正因为如此，他在历史方法学的反省中表现出对历史学广大的视野，能够察觉到同时兴起的经济学、心理学、人类学、社会学等与历史学的关系，给他带来精神上的冲击。一方面，他个人必须尝试跳出在传统考证与唯心史学寻找出路，另一方面他必须面对“背叛”传统史学受到的挞伐。①显然，这位待业准教授所受到的压力远远超过仅作为一位考证史学家所承受的。

当年史特拉斯堡大学的法律系教授阿特赫夫，1880 年起任职

① 1880 年他出版的小书表达对实证主义研究的赞赏，但又无法畅所欲言。参见胡昌智：《译介德罗伊森书评〈提升历史学成为一门科学〉》译序。根据《史学方法论》几个版本修改增添的线索，他努力在长期的方法学论战中澄清学界对他的误解。他不断引述唯心派新出版的历史知识论，论述实证主义史学追求历史法则的不当，但是又强调孔德以及唯物主义史学有可取之处。伯伦汉在论战中被论战对立两派所排斥，他是论战的边缘人，也自认为是论战敌对立场的超越者。《史学方法论》各版本增添与修改显示：伯伦汉没有阵营的归属感是长期的心理状态。

普鲁士邦文化部处长，负责督导高等教育。在他协助之下，1883 年伯伦汉终于获得该邦格莱斯瓦德（Greifswald）大学的教授职位，这时距离他通过教授资格考试正好八年。格莱斯瓦德大学创立于 1456 年，独立的历史系成立于 1863 年，在这两方面，它都扮演全德国先驱者的角色。伯伦汉在系里讲授他专长的欧洲中古史以及历史方法学课程。格莱斯瓦德市邻近波罗的海，离汉堡不远，城市虽小，但是建筑风格与商业带来的自由气息都与故乡汉堡类似。伯伦汉在生活与工作上都觉得稳定和舒畅。1886 年他与同样是祖籍汉堡的阿玛丽·耶森（Amalie Henriette Jessen）女士结婚。婚前，伯伦汉改宗，加入了阿玛丽所属的基督新教。此举，一方面完成了他的老师魏泽克为了他的职业生涯考虑一直期望他改宗的心愿，另一方面延续了他父祖辈逐渐接受德国市民阶级生活方式的趋势，正式脱离了犹太教。伯伦汉婚后的新家是学校同事经常聚会的场所。①教学之余，1888 年他完成了 1400 年到 1410 年神圣罗马帝国议会资料汇编第三册。②次年，我们中文世界所熟知的《史学方法论》出版，该书德文的全名是《历史方法教科书：附加历史学程所需的重要史料与辅助科学引介》。③这本书是他教历史学导论以及历

---

① 根据每年出版的大学课程手册所登记的教师资料，伯伦汉住 Brink 街 71 号。该门号今（1925 年以后）已不存在。格莱斯瓦德城市 1965 年纪念为伯伦汉而颁发的纪念门牌镶崁在 Arndt 街 26 号。根据 Knut Langewand 所述，家中常有音乐会的聚会，参见上引 Langewand 书，第 75 页。

② 这三巨册资料汇编充分显示伯伦汉是位熟悉拉丁文及中古德文孜孜矻矻的文献考证学者。《史学方法论》中的史料分类与考证步骤建立在他长年中古史扎实的实作基础上。

③ 1903 年版书名加上“与历史哲学”，成为《历史方法与历史哲学教科书：附加历史学程所需的重要史料与辅助科学引介》。

史学方法十二年的结晶。他撰写的目的之一是为了让历史系的学生对历史学科有整体的看法以及让他们从事历史研究时有可资遵守的规则。这本书融合了他长期所致力的中古史史料考证心得，①以及他所见到十九世纪末新学科——国民经济学、社会心理学、人类学、社会学等的兴起，也呈现他在唯心史学与实证主义史学的冲突中所采取的立场。

《史学方法论》这本书在西方史学发展史上具有先驱者的地位：当传统的历史研究逐渐成为现代的历史学科时，在蜕化过程中，方法学的出现代表着学术规范的建立；而最具有全面性的规范、最有系统的整理就在伯伦汉1889年出版的这本书里。②他从历史研究的对象到史料的定义与分类，以及史料的各种考证方法与解释，如何综合叙述，都进行了先后有序细密的解说。在学生的教学上，也就是说，在未来新一代历史研究者的培训上，从此历史学科有了一个统一而严谨的步骤。

1889年《史学方法论》出版之前，伯伦汉给兰普瑞希特的私人信函中充分表达对历史研究新方向的肯定。他支持历史学以经

---

① 伯伦汉在格莱斯瓦德大学几乎每年开两门课，一门史料考证以及一门中古史专题。史料考证课每星期一、二、四、五，早上8点到9点，共四小时。专题课星期六8点到10点。长年如此。考证是他研究与教学的重点，而所用的采料都是中古史范围的材料。伯伦汉档案PA。

② Horst Blanke将历史主义分为三个阶段：思想萌芽时期、古典时期、理论反省与史学专业化。在第三阶段中历史主义在政治、学术组织与学术理论都完全制度化。Blanke认为伯伦汉《史学方法论》就代表历史主义史学理论在历史学专业化过程中落实在制式的方法上。伯伦汉《史学方法论》比法国Ch. V. Langlois and Ch. Seignobos合著的*Introduction aux études historiques*（1897）早出版八年。*Introduction*于1926年由李思纯译成中文，书名《史学原论》，参见第四章。

济生活、法律演变、社会心理现象为研究对象，走向广义的文化史研究，正如兰氏所要呈现德国中古时代伦理生活与经济生活的面貌。在《史学方法论》里，这个研究方向的合理性被默默地安置在各个章节中。譬如在历史研究对象的定义上，他的定义就包含了群众的经济生活与心理状态。伯伦汉给历史学所下的定义是："历史学这门学术是藉着人之作为社会动物其（个别性的、典型的以及集体性的）行为的因果关联，研究并呈现人类发展事实。"①在定义里，伯伦汉所谓集体性或典型的行为指那些习惯性、无意识、平凡人的日常行为。它们与强调有创造力、有理念意识的独特性个别行为不同。这样的定义将历史学研究的对象做了大幅度的扩充，历史研究将不再局限在兰克开创的方式。它开启了政治决策人物、军事领袖、外交代表与教会首脑等作为研究对象之外的历史研究大门。

《史学方法论》的出版没有获得传统政治史阵营的肯定。当时许多传统唯心历史主义的史学大师尚健在，他们的学生遍布在各大学，担任重要职务，加上 1870 年德国建国带来的狂热政治风潮，使得政治史研究仍然笼罩着史学界。而新的文化史研究取向显然有从根本的历史现象定义向传统历史研究权威挑战的态势。新兰克学派学者连兹（Max Lenz）对新出版的《史学方法论》做了简短的回

---

① 译自伯伦汉的 1903 年版 *Lehrbuch*，第 6 页。该版的定义较之于 1894 年版，增加了括号内的文字，伯伦汉要凸显集体性的行为也是历史研究对象。增加那些文字是为了能将社会科学方法合理地引进历史学中。陈韬所翻译的中文版《史学方法论》根据的是 1903 年版，他的译文为："史之为学，在将人类演化上的事实，视人类为社会动物，就其（单独仅有的、典型的或集体的）动作，加以因果的研究及叙述。"（《史学方法论》，上海古籍出版社 2018 年版，第 3 页）

应，他在 1890 年的书评里说："伯伦汉书里那些所谓的方法，对史家而言都是理所当然的；把那些平凡无奇的工作讲成理论，其实都是多余的；史家该专注在叙事工夫上。"①连兹代表普遍敌视方法学的立场，他以简洁的文字浇了伯伦汉一头冷水：建立历史学方法论的工作根本是无的放矢。历史主义阵营此时没有人深入具体的讨论这本新书，譬如讨论这本书与历史主义大师德罗伊森的《历史知识理论》之间的关系，或者讨论伯氏所精通的考证方法、史料分类与考证大师尼布尔之间的关系等等。这是历史主义阵营对他的"冷处理"，②忽略他，不讨论他。

1891 年兰普瑞希特出版从广义文化史角度撰写的《德国史》第一册，在史学界投下了震撼弹。德国的第一份学术期刊《史学杂志》主编瞿贝尔鼓励年轻学者贝娄撰文挞伐兰氏，巨细靡遗的长篇负面评论开启了史学界的方法学论战。③1895 年曼乃克继瞿贝尔担任主编，也持续着以整个期刊的力量进行论战。在

---

① 有关 Max Lenz 的评论参见上引 Ogrin 书，第 45—46 页。强调群众生活的期刊《文化史研究》1905 年第三次刊行之后有篇简短肯定的书评，参见 Georg Steinhausen，"Lehrbuch der historischen Methode 3. u. 4. Aufl."，*Archiv für Kulturgeschichte*，Bd. 3，1905，S.235—237.

② "冷处理"这个词是曼乃克作为历史主义传统史学堡垒的《史学杂志》主编对待兰普瑞希特 1903 年所使用的话，他不同意在《史学杂志》上刊登连兹批判兰氏《德国史》的长篇书评，以免炒热读者对兰氏的兴趣，以及提升对方的身价。笔者认为这个概念也适用于表达正统史学阵营对待伯伦汉《史学方法论》的态度。

③ Georg von Below 评论 *Über Deutsche Geschichte* Ⅰ—Ⅲ 刊于《史学杂志》1893 年第 71 期，第 465—498 页。34 页长篇书评没有讨论兰普瑞希特历史解释的观点，他只从考证角度批评该书文字欠简炼与精确，指出书中许多不确定的事实，也批评该书材料配置不佳，政治史不足。

学界中，伯伦汉被归类为实证主义文化史学派阵营，①因此1893年贝娄批判兰氏的同时，也指责伯伦汉在四年前出版的《史学方法论》叙述唯心史家的部分太过简略，而且对尼布尔的叙述出自剽窃。②

1895年伯伦汉申请转校，希望前往兰普瑞希特任教的莱比锡大学历史系。他的申请广受莱比锡大学同仁的欢迎。在校方送往萨克森邦政府文化部的三人推荐名单中，伯氏名列第一，而且从资历、学术研究、教学能力以及与师生相处融洽能力各方面，他的评语都极为正面，然而，文化部圈选了排名第二的塞立格（Gerhard Seeliger）。伯伦汉申请转校失败原因不易确定，是否政府中有反犹情结或兰氏从中作梗，研究伯氏的学者各有揣测。不争的事实是：1895年之后，伯伦汉与兰氏双方几乎没有书信往来，之后偶尔的往来也互称“您”，以尊敬营造距离。这样的关系也显示在1903年《史学方法论》修订版中，其中许多增添的论述及批判明显是针对兰氏而发。

延续十余年激烈的方法论论战，1903年伯伦汉在第二次修订的《史学方法论》中，留下清晰的痕迹。其中，他努力澄清学术立场，并且强烈抨击兰氏。伯氏重申自己的立场：历史研究要注重社会生活各个层面的现象以及彼此的关系，但是不能模仿自然科学追

---

① 1895年前伯伦汉与兰普瑞希特的亲密往来，参见 Herbert Schönebaum，“Karl Lamprecht und Ernst Bernheim”，*Archiv für Kulturgeschichte*，Bd. 43，1961，S.217—239.

② 为此毁谤式的批评，伯伦汉考虑走法律的途径控告贝娄，为此他向老师阿特赫夫（Althoff）请教。有关贝娄多次在书评中对伯伦汉作品表达轻贬之意，以及两人间的冲突，参见上引 Ogrin 书，第51—57页。

求定则。针对兰氏，伯氏肯定他扩大历史研究的视野，但不同意他将德国史划分为九个历史发展阶段，更不能接受各阶段转换机制中有其规律。他尤其不能接受的是，兰氏自认为是新研究取向的创始人，无视孔德以来的实证主义传统。兰氏的自大而且对伯伦汉1880年的论述视而不见，着实伤了伯氏的心。

笔者认为两人疏离的真正原因是两人个性与学术立场的差异，与转校莱比锡大学失败无关。在激烈的论战中，兰氏立场鲜明，他坚持历史发展有社会集体心理的规律，而且他自信建立历史发展规律的研究是他自发而且首创的，并非跟随或承续法国孔德哲学而衍生。. 他是头角峥嵘的斗士，自视极高，喜好论战，乐在其中，当他从唯心史学的大本营柏林大学吸收到几位跟随他作博士论文的学生时，他更兴高采烈。兰氏适合这样的斗争。然而个性温和的伯伦汉在方法学上明显采取折中的立场。他一方面深深感觉到传统历史主义史学的局限，感觉到战争史、人物思想史、政治史无法在工业化的社会、群众力量浮现的社会里继续让人信服。另一方面他又无法接受着重社会经济文化生活的历史研究以自然科学为榜样，在历史中追寻定则，他认为历史学不该骥附于自然科学的特质上。因此，他不甘被论战者界定为相敌对的任何一派。他相信他追求的是超越唯心与实证的、更高层次的历史研究。他相信他调和的努力，能呈现未来历史研究的正确方向。即使如此，伯伦汉在1903年版的《史学方法论》对兰氏激情的批判，显然已经有超出纯粹学术立场差异的因素，而包含了私人的情绪。

1895年莱比锡大学教职申请失利，并没有影响伯伦汉在格莱斯瓦德大学的声望。当年，他接任哲学学院院长职位，负责学校四个学院（神学院、法学院、医学院与哲学学院）之一的行政工作。1900 年他更被推举为格莱斯瓦德大学校长。作为一个校长，他所面对的是急速的工业化带来教育变革的时代。高等科技专校、高等商业专校纷纷成立，传统大学与它们之间的分际必须厘清。同时，1890 年之后学生人数激增：1902 年学校有学生 618 人，较十二年前（1890 年）的人数，增加了一倍。到了 1919 年，学生人数更高达 2 190 人，是十七年前的三倍。大学不再是十九世纪初年威廉·洪堡提出大学理念时的状态，它不再是两三百名贵族、牧师与上层市民子弟的精英教育自由游学场所。因此，大学的入学条件、授课课程、考试方式，甚至教育目标都需要重新界定。为了让全国各邦的大学能有效而且一致的面对这些变迁，伯伦汉推动成立德国大学校长联合会议，这个会议持续发展到今天已成为重要的正式机构。同时，为了面对高等教育的变革，他也推动成立专业的高等教育学系，把高等教育当成一个研究的课题，成立全国性高等教育学学会。在他担任校长期间，他展现新构想，创立国民大学（类似社区大学）的民间教育组织。现今这类大学也推广成为德国全国性的普遍机构。伯伦汉是十足的教育家，他有远见、有创意，即他的学术作品《史学方法论》也充满着教育性质，它其实也是为历史系新生的教学而写作，它是有学术深度的教材。1909 年，卸下担任了九年的校长职位之后，他又回到哲学学院担任院长。

伯伦汉在校长任期中完成了一件普及历史学方法论的重要出版工作。1905 年他应葛申出版社之请，在丛书计划之下将原本写给历史系学生以及专业同仁阅读的《史学方法论》改写成给一般民众阅读的《历史学导论》（*Einleitung in die Geschichtswissenschaft*，1905，简称 *Einleitung*）。①葛申丛书有不同的知识系列，历史学系列也在其中。伯伦汉配合葛申丛书简洁与广面的宗旨，在巴掌大小共156页的《历史学导论》中开宗明义地强调，这本手册本之于1903年版的《史学方法论》，以简明易解为首要目的，读者若要进一步了解相关的背景知识可以参考《史学方法论》。事实上，这本手册就是《史学方法论》章节的重组。手册全书只有三章，第一章“历史学的本质与任务”即是《史学方法论》的第一章第六节。第二章“历史学的工作领域”以鸟瞰式的说明辅助科学及史籍的分类：编年史、世界史、地方史、类书等，它出自《史学方法论》第三章第三节。该书真正的重点是第三章“研究工作的方法”。在这里，伯氏将《史学方法论》的第二、三、四、五、六章的内容简化融入，而明显的，史料学的分类、考证学、史料的解释被凸显出来。除了章节重组的变化以外，这本手册与《史学方法论》最大的不同在它的叙述方式。它舍弃《史学方法论》中辩论式的叙述，而采用直述的方式。学界的不同意见不再是伯伦汉要引述、质问、肯定或驳斥的对象。在直述的文字中因此不再有方法学论战带来的激情。②同时，《史学方法论》中大量的引文、脚注全都在手册中消失。比起《史学方法论》，这本简易的手册显得格外顺畅且具有可读性。伯伦汉在葛申丛书历史学系列中的这本《历史学导论》广受喜爱，1907年、1909年以及1912年分别重印一次。它不只受德国

---

① 葛申出版书商（Göschensche Verlagsbuchhandlung）是十九世纪柏林莱比锡古典书籍出版社，普及科学的“葛申丛书”创于1889年。

② 伯伦汉在 *Lehrbuch* 显现的激情，参见本章第二节。

读者喜爱，而且在国际上它的流传即使面对《史学方法论》也不遑相让。1920年伯氏七十岁时，出版了第二版的增订本。刚退休的他还亲自替1922年日译本写序言。①

1914年欧战爆发，德国举国欢欣地迎接这场战争。伯伦汉的三个儿子一起从军。小儿子在医疗单位服务，两位兄长都上了前线，先后负伤，荣耀地退出战场。然而战争在军民无预期中忽然以投降结束，威廉帝国瓦解，接着缔结了屈辱的《凡尔赛合约》。举国哗然中，检讨投降的原因，谣传最广的说法是犹太人在国内出卖了自己的国家，他们制造内部分裂，这是所谓的“背后一刀”论。犹太裔的伯伦汉在一定程度上也认同这个说法，他婉转地表示：社会内部不合是战败的主要原因。

1920年伯伦汉正式从任职三十八年的格莱斯瓦德大学退休。除了仍然担任高等教育学学会主席之外，他卸下一切正式职位。1933年纳粹执政后，他进入了艰难的老年岁月。德国的反犹思想从中古以来的文化取向变成了全然的血缘决定论。1933年“净化运动”就开始在格莱斯瓦德大学展开，犹太裔的伯伦汉此后不能再参与哲学学院里的任何会议。1935年的纽伦堡法案（种族法案）公布实施后，法案更剥夺了他“帝国公民”的身份与基本权利。他为此事曾亲自致函希特勒，未获回复。他担任律师的长子代表八名孙辈以及两位曾孙替他陈情，也没有结果。1940年伯氏九十岁，格莱斯瓦德大学哲学学院希望在他生日时对老校长、院长表达祝贺与敬意。

---

① *Einleitung* 与 *Lehrbuch* 在日本与中国的流传，参见本章第四节。

院长梅契纳以正式公文请示普鲁士邦政府文化教育部，①在获得“可以没有顾虑”指示后，才致贺函给伯伦汉。1942 年伯伦汉过世后，依种族法规定犹太裔不得葬入市立墓园。妻女陈情，细数他个人对德意志民族的忠诚，次子在一战后受伤不治，三个孙儿正加入二战中，讯息不明。最后仍然在哲学学院院长梅契纳协助下，延至 1943 年终于获准安葬骨灰于市立墓园。②

战后格莱斯瓦德市隶属东德，经历了四十年分裂之后，1989 年两德统一。伯伦汉也在战后的全面历史反省中重新获得他的荣誉，以及获得他对格莱斯瓦德大学终身贡献的肯定。市政府除了颁发纪念牌镶嵌在阿昂特街二十六号门楣上，在老城南方六公里之遥的新社区中一条道路也以伯伦汉为名，③纪念这位格莱斯瓦德的历史学家。

二、《史学方法论》的各个版本

《史学方法论》一共有六版，由莱比锡的 Duncker & Humblot

---

① 梅契纳在信中强调伯伦汉的“中古宪法史的研究以及史料考证的详实为学界所推崇，而且代表着民族的立场。个人深信，这些成就都出自他人格的信念。我请求惠予指示，在这样的情况下是否可以由院里致贺函给伯伦汉教授，虽然他不是雅利安人。”梅契纳在信中避免用正面表述直称他是犹太裔，而用反面表述。同时，该信函显示伯伦汉的学术成就在同事中显然是中古史以及考证学，而不是广义的方法学。参见伯伦汉档 PA。

② 其妻与其女之后也葬于该墓地，墓地于 1985 年铲平无可凭吊。市府墓园局公文参见伯伦汉档 PA。

③ 纪念牌所在地的 Arndtstrasse 26 并非他任教期间的住所。新社区 Weitenhagen 原是几户旧农庄，两德统一后扩建而成新住宅区，伯伦汉路长 247 米。统一之后格莱斯瓦德市强化了对这位犹太裔史学家伯伦汉的纪念。

出版社发行。第一版刊行于1889年，第二版1894年。1903年第三次发行时，第三、第四版同时出书，1908年最后一次发行，也是第五、第六版同时出书。从1889年到1908年，二十年间共刊行六版。之后，1914年在德国，1960年及1970年在美国（分为两册）分别重印，重印根据的是1908年版本，没有任何变动与增添。二十一世纪伯伦汉似乎从被遗忘到再次获得关注。2013年德国Duncker & Humblot以及Salzwasser两家出版社同时重印该书，2015年Verlag der Wissenschaften出版社也加入重印行列，所根据的都是1908年版本。①我们可以简化地说，《史学方法论》一共刊行十次，但是只有四种版本：1889年版、1894年版、1903年版以及1908年版。②

《史学方法论》与1880年伯伦汉在哥廷根大学待业期间出版的小书《历史研究与历史哲学》思想上一脉相承，它们都呈现调和唯心与实证主义史学的折中立场。《历史研究与历史哲学》是以学派源流为主轴依时间顺序叙述，而《史学方法论》是根据研究工作流程所做的系统说明，呈现在章节的分配中。《史学方法论》的章节分配大致是承续德罗伊森1868年的《历史知识理论》③中

---

① 他们除了重印《史学方法论》之外，也重印伯伦汉1880年的小书《历史研究与历史哲学》。Mircea Ogrin的伯伦汉研究出版于2012年，这本完整的研究著作是二十一世纪伯伦汉重新被讨论的一个高峰。2013年之后《史学方法论》被争相重印，应与Ogrin书的研究与出版有关。

② 德国图书馆一般仅收藏1908年版《史学方法论》，1894年版笔者得自卢森堡国家图书馆，1903年版由华东师范大学李孝迁提供多伦多大学图书馆电子档，1889年第一版笔者得自格莱斯瓦德大学新图书馆。

③ 德罗伊森在1868年于莱比锡出版的《历史知识理论》将91条论述安置在（1）有关历史方法及历史知识理论的导论、（2）方法学、（3）历史研（转下页）

的章节。伯氏将《史学方法论》分为六章：历史学的概念与本质、方法学、史料学、考证学、综观解释、叙述。前后六个版本的章节都一致，没有变动。在第一版的绪言中他强调撰写这本书的目的是要从历史学的基本概念到实际操作准则将它们整合为一体。他认为历史学本质的定义与之后的综观、方法的采用、考证、叙述等等环环相扣，他希望在历史学界对自己学科看法极为歧异的状况下，这本书能够澄清历史学的本质，并提出一套大家可以遵循的研究方法。①从这个角度而言，撰写《史学方法论》的目的就不只是给学生当教材而已，它更有从方法上整合历史学界的宏大企图心。

伯伦汉替《史学方法论》一共做过三次修订，他自称修订得很多，有时候宛如重新写过。三次修订分别是 1894 年版、1903 年版以及 1908 年版。就总页数而言，1889 年首版共 530 页，最后的 1908 年版达 842 页，总共增加 312 页，超过第一版一半以上的篇幅。其中 1894 年第一次增修增加了 94 页，1903 年版增加 158 页，1908 年版增加 63 页。各版各章节的页码及页数一览表如下，它显示增添之所在。

（接上页）究与社会生活关系等三章中。伯伦汉撷取、修订的是前两章的章节，第三章内容完全不是伯伦汉所要论述的。有关德罗伊森、伯伦汉及朗格诺瓦三人史学方法的比较，参见 Rolf Torstendahl，“Fact，Truth and Text：The Quest for a firm Basis for historical Knowledge around 1900”，*History and Theory*，No.42，2003，pp.303—331.

① 第一版绪言第一个句子，伯伦汉说：“几乎没有一个学科像我们这样笼罩在对重要的基本概念与方法还有极其歧异的看法之中。”

史学方法论	1889 年版 页码 页数	1894 年版 页码 页数	1903 年版 页码 页数	1908 年版 页码 页数
第一章　史学之概念及本质	1—96 96	1—117 117	1—157 157	1—178 178
第一节　史学之概念	1—11 11	1—13 13	1—17 17	1—21 21
第二节　史学概念史的变迁	11—29 19	13—32 20	17—37 21	21—43 23
第三节　史学之范畴及分类	29—59 31	32—67 36	37—76 40	43—84 42
第四节　史学与其他科学之关系	59—82 24	66—99 33	76—126 50	85—145 60
第五节　历史与艺术之关系	82—90 9	99—108 10	126—138 13	145—157 13
第六节　史学之本质与任务	90—96 7	108—117 10	138—157 20	157—178 22
第二章　方法论	97—152 56	118—181 60	158—226 68	179—251 72
引言	97—100 4	118—122 5	163—167 6	179—184 8
第一节　历史方法之特质	101—105 5	123—127 5	163—167 5	185—189 5
第二节　史学何以需要方法	106—119 14	127—142 15	167—184 18	189—206 18
第三节　方法之史的发展	119—151 23	143—180 28	184—225 41	206—250 45
第四节　方法学之分类	151—152 2	180—181 2	225—226 2	250—251 2
第三章　史料学	153—201 48	182—236 54	227—293 67	252—323 71
引言	153—155 3	182—184 3	227—230 4	252—255 4

续表

史学方法论	1889 年版 页码 页数	1894 年版 页码 页数	1903 年版 页码 页数	1908 年版 页码 页数
第一节　史料之分类	155—157 3	184—187 4	230—234 5	255—259 5
第二节　史料之搜罗、出处注明及书目	158—170 13	187—202 16	234—253 20	259—279 21
第三节　辅助科学	170—201 32	202—235 34	253—293 41	279—323 44
第四章　考证	202—390 188	236—439 204	294—524 238	324—561 238
引言	202—204 3	237—241 5	294—300 7	324—330 7
第一节　真伪之辨识	204—256 53	242—294 53	300—358 59	330—29 62
第二节　史料之外表上的推定	256—299 44	294—341 47	358—413 56	39—447 57
第三节　考订与编纂	300—313 14	341—354 14	413—429 17	447—464 57
第四节　史料价值之内在的推定	313—361 49	355—407 52	429—486 57	465—524 59
第五节　史料之互相比勘	361—377 17	407—424 17	486—503 18	524—543 20
第六节　事实性之整个判断	377—382 9	424—429 6	504—510 7	543—549 7
第七节　材料之考证的整列	282—390 9	430—438 8	510—521 10	549—561 13
第五章　综观	390—491 102	439—578 140	522—720 198	562—776 214
引言	390—395 5	439—443 5	522—526 5	562—566 5

续表

史学方法论	1889 年版 页码 页数	1894 年版 页码 页数	1903 年版 页码 页数	1908 年版 页码 页数
第一节　解释	395—428 34	443—476 34	526—570 44	566—613 47
第二节　综结	428—437 10	476—487 12	571—582 12	613—625 13
第三节　复述与幻想	437—442 6	487—492 6	582—589 8	625—633 9
第四节　一般因素之综观	442—466 25	492—522 31	589—637 48	633—685 52
第五节　历史哲学	466—491 25	522—556 34	637—695 59	685—749 64
第六节　综观之本质	491—510 20	556—578 23	696—720 25	749—776 28
第六章　叙述	511—528 18	579—598 18	721—741 21	777—798 22
修正与补充	529—530 2			
补充及人名事物检索		599—624 26	742—782 41	799—842 43
总页数	530	624	782	842

综观整个页数的变动，首先值得注意的是：1903 年版较之于 1894 的版本，它的篇幅增加了 158 页，在三次修订增添中居首位。这现象反映出学界方法学论战在世纪转换的前后十年中达到高峰，因为哲学界、社会科学界的参与，使得方法学、知识论的出版变得极为丰富，让伯伦汉能够引述各种新学说巩固自己的论述。1903 年版本修订的前十年，他学术生涯中有许多波折，增添之处可见出他面对激烈的学术震荡的内心活动。笔者认为 1903 年版在

几次版本修订中最具意义。其次，在检视《史学方法论》四个版本各章节页数时，四点变化最为醒目：一是第一章第四节“史学与其他科学的关系”，从首版 24 页增加到最后一版的 60 页。这现象显示伯伦汉持续的注意发展中的新兴学科，以及它们与史学的关系。其中 1903 年版增加 17 页论述最为突出。二是第一章第六节“史学之本质与任务”，从 1894 年版的 10 页倍增为 1903 年的 20 页，也是大幅的变动。三是第五章“综观”在版本变动中增添最多的是第四节，页数倍增，其中讨论有关社会心理学用于历史解释衍生的问题，1903 年版补充了 12 页。四是第五章第五节“历史哲学”在整个版本修订过程中总共从 26 页增加到 65 页，而 1903 年版他替这节大幅补上了 25 页。上述从页数上凸显出的四点，事实上伯伦汉在 1903 年版“序言”里也提及，他说那些添增之所在正是他最关心的论点。①

基于上述的分析，笔者在检视各版本变动时将把焦点放在 1894 年版到 1903 年版之间的改变，②同时也将分别以上述的四小节中伯伦汉所增添的文字为主要分析对象。

第一，在第一章第六节“史学之本质与任务”里，陈述史学与

---

① 1903 年版伯伦汉撰写的“序言”由笔者翻译为中文，加入 2018 年上海古籍出版社重印中文版《史学方法论》，补陈韬之所略。伯伦汉在序言提及他增添之处以及增添的原因背景。

② Ogrin 与 Langewand 都指出伯伦汉在 1891 年兰普瑞希特出版第一册《德国史》时还与他密切往来，并对该书赞赏有加。之后，伯伦汉从支持兰氏到拉开距离，最后关系在 1895 年中断。参见上引 Ogrin 书，第 84—86 页。Ogrin 根据两人越来越稀疏的书信往来了解两人的关系。本章从 1894 年与 1903 年《史学方法论》版本变动的内容，说明伯伦汉对兰氏的看法究竟有何变化，借以回溯了解两人关系的中断。

其他科学的关系。他分别叙述六个学科：语言学、政治学、社会学、人类学、民族学以及自然科学。1903 年版添加的文字几乎完全集中在历史学与自然科学（法则与概念）的关系上。他在叙述自然科学的研究对象之后，1903 年新提出的问题是：在历史知识范围里，“法则”适用的情形如何？接着他用 15 页的篇幅回答自己提出的这个问题。他将法则区分为自然法则以及经验法则。首先他认为自然法则不论是物理学或心理学的因果律在人事界都不适用。他说，即使背景相同的人，面对类似的人事状况，他们也不会有一致性的作为。在原则性的论述之后，他有针对性地说：“兰普瑞希特犯了一个基本的错误，这错误在他的《什么是文化史？》①论文里表现的最明显。相对于有自由性质的个人行为及个人心理因素，他把群众集体行为以及社会心理因素看待成有必然性的现象。”②伯伦汉指出兰氏将历史研究对象限定于群众集体行为，他的目的就在于企图将历史学等同于有定则的自然科学。相对于自然法则，经验法则指的是从历史现象中整理出的发展规律，伯氏认为一般经验法则都具有模糊与宽松的特质，一旦涉及具体的事件与内容，它就会变质沦为仅具类比性、相似性或重叠性。他再次指名道姓说：“兰普瑞希特在《什么是文化史？》论文里把所研究整理出的各个文化阶段的转移机制当作经验法则（规律）看待，而且将它与统计的法则视

---

① Karl Lamprecht, “Was ist Kulturgeschichte? Beitrag zu einer empirischen Historik”, in *Deutsche Zeitschrift für Geschichtswissenschaft*, Neue Folge, Bd. 1, Freiburg/i. Br. und Leipzig, 1897.

② 1903 年版 *Lehrbuch*，第 114 页。

为一类，那是不正确的看法。”①除了指出兰氏相信社会心理学符合自然法则，并在历史研究中抛弃一切个别事件，以符合追求历史法则的目的，伯伦汉在添加的15页文字中也细述藉着《英国文明史》追求历史定则在德国造成风潮的巴克尔，②以及他所承继的英法哲学家孔德与米勒（John Stuart Mill）。伯伦汉的意图是要将兰氏与在他之前的巴克尔一起安置在法国孔德哲学影响之下史学研究传承中。藉此，他又重新强调了在1880年有关史学学术源流小书中早已提出的论点，重申实证哲学与社会主义思想影响了历史研究而自成一个学术渊源。伯伦汉增添文字的目的明显是为了驳斥兰氏自视为“原创性”的实证主义历史研究者。③

在这一小节添加的文字中另有两点值得提出：一是伯伦汉对曾经在1893年“诬蔑”过他的贝娄，在此处表现出不记前仇的态度，而且对他赞誉有加。伯氏称赞贝娄1901年《史学杂志》发表对经

① 1903年版 *Lehrbuch*，第105页。

② 巴克尔将人类的进步归之于人的智性，历史发展的规律也由智性所创造，而德性与感性只是进步规律中的干扰因素。所幸这些干扰因素，巴克尔认为从古至今不断减低其影响力。

③ 兰普瑞希特1896年用一本小书《历史学中的新与旧方向》回复Rachfahl的批评。他说Rachfahl以及之前的Below都挑剔他《德国史》细节上的错误，想要藉此摧毁他的学术生命。他强调他是着眼大处，并陈述兰克及新兰克学派的研究无视社会的进步与群众生活，相反的，他的《德国史》开创了史学的新方向。伯伦汉也一直强调群众与经济现象是历史的内容，但是他无法接受兰氏自视为开创者的自大与狭隘，无视邻近英法国家的实证社会学的传统以及对德国史学界早已有了的影响。伯伦汉1880年的小书《历史研究与历史哲学》早已陈述欧洲的两个史学研究方向，而其中的实证主义史学传统却被兰氏简化为他个人的化身。K. Lamprecht，*Alte und neue Richtungen in der Geschichtswissenschaft*，Berlin：Gaertners Verlagsbuchhandlung，1896.

济发展阶段论的批判“清晰透澈”（einleuchtend），并引述其批评当时经济史追求法则的文字：“所谓的经济发展法则受特殊地理条件、民族特质、对外关系等因素冲击，所丛生的例外使它千疮百孔，根本无法再称之为规律。”①虽然他是站在自己的学术立场论述，但是对贝娄态度的转变仍然呈现出他有朝向传统唯心史学派倾斜的意向。二是他在添加的文字中虽然明确的表示经验法则不可能在历史重建中出现，然而，他又说经验法则确有引导研究者提问及收集材料的（heuristische）功能。②将经验法则视为提问与收集材料的引导，伯伦汉的思路与同时期的韦伯（Max Weber）在方法学上提出的理想型概念十分吻合。③这点呈现伯伦汉坚定的折中的立场，能够在论战中，一方面倾向了唯心史学阵营，但又坚持社会科学对史学有正面影响的看法，并肯定不同研究方法的优点。可惜他没有在这个看法上展开进一步的论述，并尝试建立研究工具。

第二，伯伦汉在 1894 年版第一章第六节以 10 页的文字论述“史学之本质与任务”，1903 年这一小节的篇幅倍增为 20 页。这一小节里，

---

① 1903 年版 *Lehrbuch*，第 118 页。

② 1903 年版 *Lehrbuch*，第 114 页。

③ 伯伦汉没有在这个思路上继续建构方法学上的工具，这是他与韦伯的差别。伯伦汉在全书中仅有一次提及韦伯，而且是在一个不甚关键的注中。韦伯也是论战的边缘人，他不能接受兰普瑞希特甚于传统政治史派学者，毕竟前者否定历史中个人自由意志的因素，而这个因素是韦伯学术的出发点。他称兰氏是学术骗子。1898 年韦伯病发，1900 年停止授课，1903 年完全放弃海德堡大学的教职。而他著名的“客观性”（Objektivität）方法学论文以及其中整合逻辑思维与价值抉择的“理想型”（Idealtypus）研究工具的说明在 1904 年才发表。伯伦汉在修订 1903 年版时当然无法得知此概念。但是在 1908 年版 *Lehrbuch* 的修订中，伯伦汉也未尝引述及讨论韦伯。对勤于补充新知增修版本的伯伦汉，这确实是一缺失。

他主要讨论的是历史学本质，附带的说明它的功能，增添的文字集中在前者部分。他将历史学的本质增添定义为“历史学这门学术是藉着人之作为社会动物其（个别性的、典型的以及集体性的）行为的因果关联，研究并呈现人类发展事实。”这里他增添两点：（1）用因果关联强调“发展”概念；（2）凸显历史研究要涵括集体性的行为。①

关于第一点，历史学对他而言不再是为娱乐讲故事或因实用教训目的而叙事。历史学是有意识地整理事件因果关系的研究工作。伯伦汉用“发展的”（entwickelnde）与“渊源式”（genetische）这两个近似的词表达现代的历史学，②并将它们放在现代史学里的核心位置。他重新诠释兰克认为历史学之所以成为学术的关联性（Zusammenhang）。他说：发展的概念赋予了我们学科内在的关联性。他引述兰克的就职演说以及他的第一部著作，赞誉兰克是发展观现代史学开山立范者。③发展观的历史思考及研究对他而言就是科学的，

① 1894 年版 *Lehrbuch* 第 5 页的定义：“历史学是藉着人之为社会动物的作为呈现人类发展的一门学术。”

② 陈韬将 entwickelnde 译为演化、genetische 译为渊源，参见《史学方法论》第 3、8 页。伯伦汉所强调的、书中不断出现 Entwickelung（正确的译法是“发展”）一词，在中文本里遂不断以“演化”出现。“演化”一词的德文一如英文是 evolution，这是伯伦汉没有使用的词。陈韬显然为配合时代的思潮，使用在民国流行的自然科学的用词，引导读者以特定方式了解《史学方法论》。genetische 也译为“发生的”。此外，德文的 Wissenschaft 与英文 Science 意义不尽相同，前者除了自然科学，也包含文学与历史学、哲学等。Geschichtswissenschaft（历史学）、Geschichte als Wissenschaft（历史学之为学科）等词陈韬迳译为“历史科学”或“历史之为科学”。在史学领域将 Wissenschaft 直接译为“科学”亦有译者引导的意图。

③ 1894 年版 *Lehrbuch*，第 22 页，注释；1903 年版 *Lehrbuch*，第 26 页；伯伦汉说兰克在现代历史考证、解释、叙事各方面都是主要的塑造者（massgenbende Ausbildung），见 1903 年版 *Lehrbuch*，第 214 页，陈韬译《史学方法论》，第 100 页。

其中自有其因果关联的看法，历史学的科学性因此不必外求经验法则，历史研究更与自然法则无关。这是他在 1903 年版增订中针对 1889 年版到 1894 年版的基调所做的补强。关于第二点，伯伦汉 1903 年版第五页之后，又加入了将近六页的文字，讨论历史学从研究个别现象及个人转移到研究集体行为与集体现象的新趋势。他肯定史学研究对象扩大的正面意义。但是，当时研究集体现象的史家根本的目的是希望能运用统计与社会心理学将历史学提升成如同自然科学一样，能够呈现法则。伯伦汉说这正是我们所要“打击对抗”（bekämpfen）的。他引用新康德派学者李凯尔特（Heinrich Rickert）新发表的《自然科学概念的界限》《文化科学与自然科学》，强调自然科学的概念无法套用在历史学上。接着强调兰普瑞希特“错认”（verkennt）历史学的性质，才会在文化阶段论里只呈现文化阶段之间“典型”的变迁，而不探讨任何个别性的事物。伯伦汉进一步说，“集体”这个概念并不等同于“典型”，前者是有一致表象的诸事物，而后者有内在因素的一致性。他说：“兰普瑞希特一贯的从来没有正确的区分‘典型的’与‘集体的’两词’。”[①]他强调兰氏利用冯特（Wilhelm Wundt）的社会心理学，但没有遵守冯特严谨的原意。若是照着兰氏的思路走下去，伯伦汉说历史所呈现的将会是没有个人、没有民族内容的抽象的发展过程。他此处添加文字的焦点就在于批判他昔日的学生。

至于历史的功能，伯伦汉认为它奠基于历史的本质之上。它的功能不再是昔日所指的实用（pragmatisch），而是透过演化式的眼

① 1903 年版 *Lehrbuch*，第 144 页。

光提供自我认识的深度，不至于只被目下情况所局限，它的功能也包括提供一个民族的自我意识。[1]在增添的文字中他强调演化式的思考方式有助于人们对一切现象的了解，[2]他说，即使自然科学，在演化式的自我了解中也获得长足的进步。话锋一转，他进一步指出唯独斯宾塞（Herbert Spencer）在《社会学原理》（*Principles of Sociology*）中论述对社会学有助益的学科时，推荐了几乎所有学科，就是不提历史学。他批评斯宾塞的同时，再度引述“宿敌”贝娄的观点。贝娄刊于《史学杂志》的《历史新方法》，伯伦汉肯定地加以转述：“针对一切系统性的观察方式，历史思考的方式与方法能够提供一个健全的修正与管控，因此它适合平抑系统学者的夸大与片面性。”曼乃克主编的《史学杂志》当时是打击兰氏的大本营，而伯氏在1903年添加的文字中引用其中论点，毫不隐饰的认同历史主义的基本信念。

第三，伯伦汉在1903年版第五章“综观”添加了58页文字。“综观”这一章分为六小节，分别讲述：解释、综结、复述与幻想、一般因素之综观、历史哲学、综观之本质（客观性与主观性）。其中第一项指史料的解释，内容上仍然是史料学的一个部分。第四项包括物理因素、个人与社会心理因素、文化因素等等，在这项里他

---

① 1903年版 *Lehrbuch*，第152页。

② 这是历史主义的基本态度：不再用纯理性建立起的标准衡量及了解一切事物，而把一切事物放在它本身的发展过程中去了解及评价。历史主义从启蒙思想的绝对价值标准中解放出来，进入到多元的价值观中，走入认为所有存在皆合理的相对主义中。然而伯伦汉在强调演化式思考了解事物的同时，他仍相信一个绝对的真实性及单一的价值，他没自觉其间相互矛盾与互不兼容性。详见本章第三节。

增添了 20 页的文字。而他增添最多之处是社会心理因素在历史研究中的角色，补充了 12 页的内容。

伯伦汉强调黑格尔历史哲学中核心概念“时代精神”，其实就是后来流行的词汇“集体心理”或“社会心理”的前身。历史解释从使用“时代精神”的概念到使用“集体心理”，它所解释的现象扩大了，而且也变得具体了。但是，“集体心理”仍然坚持个人脱离不了特定时空整体特质的笼罩，每个个体都反映着集体的特质。在这样的背景论述之下，伯伦汉在 1903 年版中开始补充他对“集体心理”方法用于历史解释上的看法。首先，他加入了相关的新书目，并讨论冯特与布克哈特（Jacob Burckhardt）对这个概念的界定。之后，从第 617 页到 625 页，他做了长篇论述。他的论述可以归纳为三点：一是他强调冯特的社会心理学原意极为严谨，它只用于语言、神话以及风俗现象，因为这三方面有相当足够的资料提供掌握社会心理的共同点。但是，它被引申到经济行为、艺术及政治行为上，用来建构一个特定时空社会心理的“整体状态”（Gesamtposition），进而将各个时代的整体心理状态连接成为阶段式的发展，如兰普瑞希特之所为。伯氏警告说这样扩大使用该概念的历史解释，“要谨慎对待”（cum grano salis）。[①]二是这个类似“时代精神”或“民族精神”的集体心理状态笼罩着所有的个人。个人完全被制约及决定，个人行为及个别事物成了不是自由开展的现象。伯伦汉指出兰氏用“假论述”（Scheinargumente）以及用“狡猾的调包”（sophistische Vertauschung）手法让人觉得他没有抹杀个人心理

① 1903 年版 *Lehrbuch*，第 617 页。

因素，有将它视为建构社会心理整体状态的积极成分。他说，实际上兰氏只服膺他自己所揭橥的原则："个体对社会的依赖性在关键点上是绝对的。"①三是兰氏引用社会心理学的概念建构一个有规律发展阶段的德国史，他在1896年《历史学中的新与旧方向》（*Alte und neue Richtungen in der Geschichtswissenschaft*）中自我剖析，他的研究受到冯特社会心理学的启发以及威廉·洪堡（Wilhelm von Humboldt）的影响，走出了一个相对于兰克史学的"新史学"方向。然而，对伯伦汉而言，当时德国所谓的新、旧史学就是唯心史学与实证主义史学，而这两个对立的学术渊源与相关发展他早已在1880年的《历史研究与历史哲学》中以全欧洲的视野做了分类、叙述及评论。他在修订版添加的文字中批评兰氏1896年的小书无视英法的实证思想的传统，"好像他们不存在一样"，"如果认为他们对德国的发展观点没有影响或对一般历史界没有影响，这样的看法完全站不住脚"。②批评兰氏学术上的自大带来的狭隘视野。伯伦汉在此处添加的文字可以视为是他对兰氏1896年小书迟来的书评。③伯伦汉对这位1875—1876年在哥廷根大学第一年教过的学生及之后长年的学友无视他的论述，显然无法释怀。

第四，1903年版第五章第五节"历史哲学"共有59页，比1894年版增加了25页。其中引言部分增加将近一页，历史哲学的

---

① 1903年版 *Lehrbuch*，第619页。

② 1903年版 *Lehrbuch*，第624页。

③ 伯伦汉修订1903年版 *Lehrbuch* 时做了长篇论述，焦点之一即兰普瑞希特的这本1896年的小书，可以感受到他心中积压了多年（从担任格莱斯瓦德大学哲学学院院长到担任该校校长的行政工作生涯）的不满。

概念与功能部分增加三页，而历史哲学的发展史部分由原来的24页变为45页，增添了21页之多。在历史哲学的发展史部分，伯伦汉原来各以大约五页的篇幅介绍古代中古与启蒙的历史观、从赫德到兰克的唯心史观、康多塞与孔德及巴克尔的实证主义史观、达尔文及马克思史观等五个部分。在1903年版中他在实证主义的部分加入了13页文字，共达18页之多。其余四个史观仅各有些微的补充。伯伦汉新增的13页文字内容为何？它们又透露什么信息？

伯伦汉在介绍康多塞的哲学之后，在孔德的部分他添加了五页，对孔德一个人所用的篇幅超过了叙述两百年德国唯心哲学及史学学派的篇幅。他说如此“深入的”（eingehend）说明孔德哲学思想的目的，是要让读者了解孔德的方法观点与德国兰普瑞希特代表的“新历史观点”有密切相连的“亲属关系”（Verwandschaft）。此处，他就是要指出兰氏的历史研究源于孔德的实证哲学。伯氏细述孔德哲学思想时显然是充满不平的情绪，他的思绪充满着驳斥兰氏的意图，他要揭露兰氏不实的说法：自视其十三册《德国史》的写法是首创的研究取向。他不满兰氏扬言根本不知道孔德是谁？更不满兰氏的学生费司特（Richard Fester）在论文中讥讽：伯伦汉“发现”（entdeckt）了兰氏的思想有“一点细微的须根”（eine schwache Wurzel）伸在孔德的哲学中。伯伦汉细述孔德思想之后反击说：“不论是谁比较一下两人所陈述的观点，都看得出这个根有多粗壮。”①他在此处一并提出三点对兰氏的批评。一是学术思想的吸收有许多不自觉的途径，实证主义思想在欧洲已经流行了两个世代，

① 1903年版 *Lehrbuch*，第659页。

不能以“不认识孔德”否认学术上受到他的影响。二是写论文引用资料出处早已成为学术常规，同样的，论文使用的理论来源，也应该明确标示。三是兰氏既然坚信在一个文化阶段中个人跳不出整体的社会心理状态的笼罩，就不该自限于矛盾：在现实中强调自己研究的原创性，以及自己如同天才般的冲破旧思维开启了新研究取向。①

总结而言，1903 年版 *Lehrbuch* 中添加了 158 页的文字。这些主要散置在上述四章节的文字，它们引述了世纪转换间学界有关方法论的著作，担任格莱斯瓦德大学校长的伯伦汉其勤奋与纪律跃然纸上。这些文字回应当时德国历史方法学论战的各类问题，它们应该被视为当时历史方法论论战的一部分。伯氏藉着新版增订的机会努力澄清他的立场，不愿被归类为兰氏的实证主义阵营。他一直相信从 1880 年以来早已在方法学上超越了唯心与实证之争。新版增添的文字显示出伯伦汉除了学术立场的表白之外，还带有丰沛的个人情绪的发泄，毕竟他所要划清界限的正是他昔日最亲密的伙伴。从他在各个章节中以不同的面向一致的、指名道姓的批判兰氏，从这现象而言，②我们甚至可以大胆的认为，撰写修订版文字时，他个人的情绪引领着他，让他以批判兰氏为焦点，进而引述当时出版界的新论点。上述分析也显示增添部分的文体

---

① 1903 年版 *Lehrbuch*，第 660—667 页，有伯伦汉最激情的文字。

② 在第五章第五节“历史哲学”里，伯伦汉特意附上了这十年来兰普瑞希特在方法学论战中所发表的论战文字书目，以及唯心史学阵营驳斥的书目。Knut Langewand 在讨论伯伦汉史学时强调伯伦汉在 1903 年还公开维护着兰氏。这样的说法与笔者分析的结果不相符合。参见上引 Langewand 书。

完全配合《史学方法论》的叙事方式，密集地使用论辩程序。该书交错质疑的论述特质在修订版中因此更形强烈，与两年后1905年出版的《历史学导论》相较之下，与其平铺直叙的文体形成了强烈的对比。

三、评论《史学方法论》

当代学者托司登达（Rolf Torstendahl）比较伯伦汉、朗格诺瓦及德罗伊森等三位十九世纪史家时，[①]将前两人定位为方法学专家，而德罗伊森为历史知识理论的反省者。方法学家提供系统的研究工具，而历史知识理论说明历史学的性质以及它与现实生活的关联。前者不究根本，后者不提供实际操作的指南。伯氏诚如所谓是一位方法学家，他并没有探讨历史知识的根源。笔者认为他的方法学可以区分为两个部分：其一为说明追求史料真实性的方法，其二为有关史实解释客观性的方法。在前者他所作出的贡献，使得他在史学史上留下了不可抹灭的声望。而在后者呈现出他史学思考的乐观与不成熟。

第一点，有关追求史料真实性的方法。一般认为伯伦汉是考证学家，这看法不错。[②]他早期跟随历史主义巨擘威次以及魏泽克搜集编修神圣罗马帝国议会的档案，比对欧洲各国中古时期相关条约的资料，奠定了他扎实的史料学基础。从1883年到

① 参见上引 Rolf Torstendahl 文。
② 不只格莱斯瓦德大学同仁如此看待他，他的中古史考证论文皆获学界好评。

1921年他相继在哥廷根大学及格莱斯瓦德大学开课，所讲授的课程也都围绕史料分类、资料考证与金石、徽章、泉币等辅助学科，在1901年到1911年三次开所谓的“历史知识理论”（Historik）的课，实际上，如布朗克指出，他讲授的内容也都是史料的分类与考证。①在他的《史学方法论》中史料分类及史料批判共占310页的篇幅，加上第五章“综观”之下的“解释”小节中58页的文字，全部将焦点放在个别史料的解释，而非史事因果的解释。所以全书有关史料学的篇幅共有368页，史料学是该书的重点。②

伯伦汉对史料分类、系统建立以及视野扩大都有充分的自信。这份自信让他在“方法学史”一节盛赞兰克文书考证学之后留下评语：“为在若干主要点方面，则吾人今日已超出兰克之上耳。”③事实上，兰克终身以文字档案为史料，尤其是官方政治档几乎被他视为唯一史料。相对的，伯伦汉一方面将文献、器物、遗迹、口述传说、纪念碑等纳入史料范围，另一方面把民间经济活动、社会活动所遗留的遗迹与资料也纳入方法学处理的范围。在史料学上他确实超过了兰克。1889年和1894年版中对兰克的评语，在1903年版中，或许因为遭受质疑，他以委婉但更坚定的语气补充道：“说历

① Horst Blanke, “Ernst Bernheim's Lehrbuch der historischen Methode,” in *125 Jahre Historisches Seminar an der Universität Greifswald*, Greifswald, 1988. 该论文收入他三年后的专书《史学史作为历史知识理论》（Horst Blanke, *Hisroriographiegeschichte als Historik*, Frommann-holzboog, Bad Cannstatt, 1991），此处引述后者，第376页，尤其注1159。

② 数据根据1908年版 *Lehrbuch*。

③ 陈韬译：《史学方法论》，上海古籍出版社2018年版，第100页。

史学与时俱进，绝非自大。”①他说兰克确实是大师，也广泛地注意历史现象，“但无法否认的是，在唯心哲学的思想圈里，整个视野让他以陌路的态度面对社会思潮、自然科学带来的启发”。②

伯伦汉的成就在于他将启蒙时代以来不断累积的考证技术与知识做了系统的分类与说明。他的分类显示其心思细密，而他援例说明时，能够左右逢源恰到好处，也显示他具有极为丰富的史料经验。所谓直接史料、间接史料，文献、纪念碑、传说、亲身经历等分类法以及史料的外部考证与内部考证的概念及定义，这些今日史学入门的基本知识全都源自伯氏所创的系统分类。研究启蒙以来史学史的德国史家布朗克说，伯伦汉在近代历史学的专业化（Verwissenschaftlichung）过程中扮演着里程碑的角色，他将两百年以来的考证技艺凝聚及转化，藉由创立新名词，使它成为系统的规则。这些规则被纳入历史系课程中，配合着同期间的历史学专业期刊的创立，以及配合着历史研究学术组织与机构的成立，一起将历史学带向专业化之途。③布朗克这里泛称的方法学的里程碑，精确地说，

---

① 1903 年版 *Lehrbuch*，第 215 页，注释。原文 Es liegt gewiss keine Überhebung darin, wenn man meint, dass die Geschichtswissenschaft mit der Zeit weiter fortgeschritten sei.

② 1903 年版 *Lehrbuch*，第 215 页，注释。《史学方法论》中译文略过所有注释。伯伦汉对唯心哲学的史学批判态度引导着全书的建构，包括历史解释的方法、客观理论的立场。

③ 参见上引 Horst Blanke 书，第 377 页。研究历史主义以及历史学专业化过程的布朗克指出从 1880 年到 1914 年德国以 Historik（历史知识理论）为名的课程不断增加，除了有专书，而且教授的讲义也被学生整理出版。1919—1933 年德国 22 所大学中共开 250 次史学史及史学理论课程，但已经比之前 1880 年到 1914 年间减少甚多。

所指的其实只是追求历史资料真实性方法学的里程碑，布朗克并未分析与评论伯伦汉历史诠释的方法学，更没有认为伯伦汉的历史诠释方法广为世人接受。

就史料学观点而言，笔者同意布朗克所说伯伦汉在史学专业化过程中扮演里程碑的角色。就此狭义的方法学而言，伯氏在方法学史中具有先驱者的地位。《史学方法论》比与其齐名的法国朗格诺、瓦瑟诺博司合著的《史学原论》出版早八年。欧格林研究伯伦汉时指出，《史学原论》的撰写参考了《史学方法论》，同时，他认为《史学原论》对伯氏的史料学、辅助学科以及考证学的部分几乎是全部接受，①但对《史学方法论》的其他章节诸如综观、历史哲学等等，却舍而不取。同样的，意大利史学界在《史学方法论》出版后的短期间内，接受了先驱者伯伦汉史学方法学的洗礼，但也是做了选择性的接受。1897 年，《史学方法论》出版后的第八年，与伯伦汉同年而曾在柏林大学及莱比锡大学就读的 Pisa 大学教授科维鲁希（Amedeo Crivellucci）将该书的“史料学”“史料考证”两章译成意大利文，②其余历史定义、解释及哲学的部分未做翻译，也没有转述。直到二十年后，《史学方法论》全书在 1917 年翻译出版时才完整呈现在意大利学界。伯伦汉在方法学史里的里程碑及先驱角

① 参见上引 Ogrin 书第五章叙述有关伯伦汉《史学方法论》以及《历史学导论》在国际间的传播。Ogrin 分别从美国、法国、意大利、西班牙、阿根廷、俄国、立陶宛、捷克、波兰、瑞典、芬兰以及日本等国家加以叙述。Ogrin 未述及中国，日本的部分他以一页半的篇幅简述 Riess 的活动影响与 1922 年 *Einleitung* 的传入。Ogrin 指出法国及意大利是最早接受伯伦汉方法学的国家，而且都有鲜明的选择性。法国部分参见第 325—329 页。

② 参见上引 Ogrin 书，第 332 页。

色，从《史学方法论》在跨文化被接受的情形而言，也呈现出该角色是建立在他系统化史料学与考证学、创造分类概念的伟大成就之上。

第二点，有关追求历史解释客观性的方法，伯伦汉《史学方法论》首先表达历史研究绝对不是以追求发展规律为目的。他在书中多次引述当代哲学家李凯尔特所做的文化科学的定义，认为历史研究对象是有价值内涵的现象，这些现象呈现出个别性及个人意志，它们既是社会发展动力也是历史学的内涵。他强调了历史的个别性，因此，历史解释客观性的方法，笔者认为应该从诠释学的途径开展。然而，书中没有这方面的论述。事实上也正好相反，伯伦汉一直被学界标签为反对主观诠释的实证主义学者。唯心派史家曼乃克早在 1887 年的国家考试论文中就将伯伦汉定位为实证主义学者。①延续多年的历史方法学论战中，他一直被归入兰普瑞希特阵营；1922 年特罗伊屈（Ernst Troeltsch）《历史主义及其问题》也将他视为与社会心理学家冯特一派的实证主义者；1924 年贝娄回顾世纪转换之际的方法学论战时，他仍保持着早年对伯伦汉是实证主义者的看法；近年当代学者瓦特（Helmut Walter）在《德罗伊森的〈历史知识理论〉与历史主义中的实证主义》论文里，也称伯伦汉为委婉的实证主义者。②

---

① 他主要根据的是伯伦汉 1880 年的《历史研究与历史哲学》小书，以及他授课的取向，当时《史学方法论》尚未出版。

② Helmut Walter, "Droysens Historik und der Positivismus des deutschen Historismus", in Klaus Ries (Hg.), *Johann Gustav Droysen. Facetten eines Historikers*, Steiner, Stuttgart, 2010.

笔者同意前人对他的定位，并认为伯伦汉在《史学方法论》中提出的历史解释的方法是基于实证主义的信念而展开的。他的实证主义信念与方法学的关系，可以从两个角度进一步加以说明：伯氏对研究者主体性（Subjektivität）的看法，以及对研究对象是一个实体的看法。

伯氏对研究者主体性的看法。《史学方法论》第三章以“史料学（提问及相关史料的收集）”［Quellenkunden（Heuristik）］为标题。传统德国历史理论家所使用的 Heuristik 这个概念，被放在括号内。Heuristik 的原意是：带动研究的提问以及相关史料的收集。在这个概念里，没有提问就不会有收集史料的需求以及收集史料的方向。提问与史料收集在这个概念里是两者合而为一的，精确地说，是开始收集史料之前的阶段。然而伯伦汉舍弃了传统使用的概念，径以“史料学”为标题。他所舍弃的是研究者在社会生活中价值关怀的课题，以及研究动机的课题，而这些关怀与内心的价值取向正是研究者提问的基础，它们会融入在提问之中。伯伦汉把德文的 Heuristik 简化为史料学，显然，他认为 Heuristik 的意涵不能被一般人所了解，因此用通俗的 Quellenkunden（史料学）取代它，并且将 Heuristik 放在括号内。他本身也不认为“提问”是值得讨论的课题，因此，研究者的问题意识以及其在社会生活中的价值关怀等问题都在他的方法学中消失了。

伯伦汉在《史学方法论》的“方法学史”小节，讲述历史学求真精神时，他引述兰克第一部著作《罗曼与日耳曼族群史 1494—1514》中的句子：“人们赋予史学尊职，整理既往，助益现世，教导未来的岁月。如此崇高的尊职，目下的尝试不敢承担，它只想呈现，过去原本是如何。”他藉这段话推崇兰克，赞誉他“为知识而知识”的态度，谓兰克提出了“知识自为目的的历史学”（die Erkenntnis als Selbstzweck der Geschichte）。这段话，兰克原本是用来说明他这部书写作的根本精神所在，是在他的基本看法（Ansicht）之下，开始有写这部著作的企图心（Absicht）。而他的基本看法是：欧洲族群从民族大迁徙彼此先后接受基督教，经历几个世纪共同的十字军东征，最后海外殖民，虽然彼此间有无数斗争，但终究融合为基督欧洲的一个整体。这是兰克刚进入历史研究时，所带有的强烈宗教精神。欧洲千余年的历史对他而言，是神在世间国度茁壮的过程。①伯伦汉无视兰克面对历史时内心的感受与关怀。他将这段兰克说明内心问题的文句，视为兰克为历史学求真的誓言，将它放在描述史料考证进步的脉络中细述兰克的贡献。②伯伦汉对兰克的曲解，从他一贯对唯心主义质疑的立场，是可以充分理解的。历史学对他而言，必须摆脱一切主观的倾向，包括摆脱个人性质的提问，以及其内心的关怀，更不用说宗教的精神。研究者的主体性不存在于伯氏的方法学思维中，《史学方法论》第三章的标题显示他没有接受诠释学传统中研究者主观的意念与关怀是知识建构的积极因素。他将 Heuristik 简化成为技术性的史料学，显示他

① 参见本书第一章第一节。

② 在伯伦汉的曲解下，以及引文被安置在求真考证论述脉络中，兰克的这段文字，陈韬因此将它译为：“一般人恒以为历史之任务，在洞察已往及现在之情形，俾将来得所借鉴；其实此种观念，非史家所宜有，研究历史者，但当实事求是，说明其曾经若何而已。”（陈韬译：《史学方法论》，第 99 页）原文所无的“实事求是”一词，是陈韬在理解伯伦汉建立的论述脉络时自行添加。陈韬对伯伦汉的理解是正确的。

心目中既往的事迹，不是随着研究者在不同时代和处境中透过新的提问不断被重新诠释的。①

伯伦汉没有接受研究者的主体性在历史知识产生中具有积极的、正面的角色与功能。“价值关联”是李凯尔特论述文化科学时所提出的核心概念，他多次引述李凯尔特，但只着重在“历史学不像自然科学追求定则”这个结论。李凯尔特的学生梅黎司 1915 年在自己《历史哲学教材》中批评伯伦汉引述李凯尔特但不谈历史知识的意义及研究者的价值关怀，完全没有了解李凯尔特，②笔者深有同感。相反的，李凯尔特的论述被同时代的学者韦伯引为历史社会学知识论的基础，并借以建构他方法学上的“理想型”（Idealtypus）研究工具。韦伯建构“理想型”工具的第一个步骤正是提问：只有以研究者一己的价值关怀为主导，才能展开建构一个与该价值在逻辑上应然的各种现象的关联。对比之下，伯伦汉明显

① Hans Schleier，“Ernst Bernheims Historik in seinem Lehrbuch der historischen Methode”，in Wolfgang Küttler（Hg.），*Das lange 19. Jahrhundert. Personen-Ereignisse-Ideen-Umwälzungen*，Trafo Verlag，Berlin，1999，2. Halbband，S. 275—292. 史莱尔也指出伯伦汉没有说明考证出的史料如何整合成历史过程，因为他忽略提问的意义。参见第 281 页。相较于 Ogrin，Schleier 有更专业的史学史与史学理论的训练，所做的评论极具启发性。

② Georg Mehlis，*Lehrbuch der Geschichtsphilosophie*，Verlag von Julius Springer，Berlin，1915. 参见第二部分第三章“德国唯心主义的成熟”，第 487 页。梅黎思是新康德派哲学家，师承李凯尔特及文德尔班，博士论文又以孔德哲学为题，对各历史哲学学派内涵有专业的了解与系统的评论。他的《历史哲学教材》巨作同时以专题及以历史哲学史的方式论述。伯伦汉《史学方法论》自 1903 年起德文书名增订为《历史方法与历史哲学教科书》，其中历史哲学的部分在 1915 年《历史哲学教材》对比之下，充分显示它出自史料考证学家之手。伯伦汉尝试将史料考证学与历史哲学整合为一体，透露他对科学史学的信念。此信念与新康德学派背道而驰。

没有认同这个诠释学的传统。在《史学方法论》中，甚至在1880年的《历史研究与历史哲学》中，他一直强调他的立场是融合唯心与实证两个学术传统，撷取两者之长并超越两者争执的。从这个自我期许的目标而言，他是失败的，因为他未曾接纳更遑论承续唯心史学传统的核心思想。

历史主义传统中对研究者自我角色的处理有两极：其中的一端是兰克所代表的立场，他曾说："我愿我的自身倏尔消融。"要提升自我的观点到客观的高度。①另一端是格维纽思（Georg Gottfried Gervinius）、德罗伊森反省的立场，从理论上正视研究者的主体性，并彰显它在知识建构过程中正面的功能。伯伦汉在《史学方法论》的"史学之概念"小节里，乐于引述兰克驳斥格维纽思的句子作为自己立场的支柱。格维纽思认为学术必须深入生活中，对当下起作用。兰克回复说："然而，为了起作用，首要的是，它必须是学术……如果我们能先求于此，将我们所从事的提升为客观的学术，然后我们才能对当下起真正的作用。"②伯伦汉在兰克身上见到历史学客观理想的捍卫者。③

伯伦汉也不吝于指出兰克对历史研究客观性信念不坚定之处。他说：兰克大师也自知研究者在处理历史场景中的派系倾轧时，不可避免会有个人的喜恶及偏见，研究者只能勉力压低自我的情绪。

---

① 参见本书第一章第四节，"评史添策《普鲁士国家史》"。

② 1903年版 *Lehrbuch*，第12页。

③ 1903年版 *Lehrbuch*，第12页。陈韬译《史学方法论》第6页"欲使科学能发生影响，必先使其成为科学而后可……必先去其致用之念，使科学成为客观无私者，而后可语致用，而后能发生影响于当前之事物"。

伯伦汉接着自信地说，兰克所指出的这个事实不该让研究者在客观问题上变得悲观无助。他认为史家“认识到自我个体性的偏见是错误的根源，以一切力量把这个根源灭除……如果真有这样严谨深刻的毅力与决心追求真实性的话，方法学里有足够的辅助工具能帮他达到高度的客观性”。①他相信谨守研究的方法可以协助研究者克制自我，达到如兰克自我消融的期许，进而将研究贴近真实的历史。他说：“我们必须把自己与生俱来而且处处预设的感受、想法及意向等去除掉……客观解释的困难正在于，到底我们能化解（abstrahierend）我们的个体性到什么程度，进而毫无预设地解释历史事实的关联性。”②伯氏更认为社会科学，尤其是辅助科学中的社会心理学，它是能够提供协助史家解除自我桎梏的方法之一，他比兰克更坚信历史学客观可以透过方法学达成。正如美国史家称兰克是史料的实证主义者，笔者认为伯伦汉是十足的方法学实证主义者。他们共同的信念是有一个真实而具体存在的历史客体，研究者可以以明镜般的自我将他映射出来。研究者的主体性（Sbjektivität）必须让它消融或净化。③

另一个可以继续说明伯伦汉实证主义特质的角度是：伯氏心目中的过去是一个实体。托司登达在比较伯伦汉、朗格诺瓦及德罗伊森时，他以历史客观主义（historical objectivism）称呼伯伦汉相信

① 1908 年版 *Lehrbuch*，第 762—763 页。

② 1908 年版 *Lehrbuch*，第 757 页，第六章讨论历史解释客观性。

③ 传统中国史学思想中“史德”的概念与此接近，将“人欲”提升至与“天理”合一，作为追求客观性的保证。具体的方法因各家而异，如“读史以蓄德”是其一。

有一个真实历史（a real history）存在的想法。[①]昔日东德史家史莱尔也指出伯伦汉认为一个具体的世界史是所有研究者应该共同揭露的目标，在历史哲学中出现的概念“世界史”对他而言就是历史的实体。[②]

伯伦汉在《史学方法论》中引述兰克《世界史》第一册“前言”：“世界史涵括所有民族、所有时代，先后或同时出现的事迹，透过它们的交互影响，形成一个关联，在它们相互之间，构成一个活生生的整体。”[③]伯伦汉捍卫兰克这个涵括一切人类事迹的世界史的理想。他指出其中的危险性，认为世界史已是历史学的边际，与历史哲学只有一线之隔。他引述兰克，并接受世界史是历史学的领域，但实际上，他不可能接受兰克的世界史看法。兰克信念中的“世界史”，它之为学术，是要在所有时空族群的活动事迹里认出它们的内在关联性（Zusammenhang）。世界史对兰克而言是神意从古代显现、基督教形成、落实在欧洲族群、成长茁壮的整个争战融合的辩证过程，这是他所谓的关联性。[④]伯伦汉撷取兰克历史学追求世界史的理想，同时也撷取兰克所用的“关联性”概念。但是，他将两者分离开来，将兰克唯心主义的成分从世界史中过滤掉，同时将“关联性”概念从精神层面的地位，拉到方法学的层面。他将历史解释所强调的“因果”的概念与“关联性”相结合，成为“因果关联”（der kausale Zusammenhang）的新概念。他对历史学定义里

---

① 参见上引 Torstendahl 文，第 322 页。

② 参见上引 Schleier 文，第 281—282 页。

③ 1903 年版 *Lehrbuch*，第 51 页。《史学方法论》中译本，第 23—24 页。

④ 参见第一章第六节“《世界史》是上帝展现的足迹”。

强调“因果关联”，关联对他而言是历史解释事件——综观（Auffassung）中的一个准则。①依据这个准则，从事研究人类不同时空的事迹。世界史对他而言是这些研究累积的目标，是巨大的拼图，需由众力集体追寻，它不是杂乱无限，它是既成的发展体系，它要被揭发。

虽然伯伦汉在1903年版《史学方法论》里多次引述李凯尔特的文化科学理论，认为自然科学追求定则的特质与历史学不相符合。但是他的立场正如自然科学一样，将研究者与研究对象清楚地区分开来，并且将历史学研究的对象像自然科学一样视为是一个实体——一个发展过程的实体。②在回顾历史学发展时，他以肯定的口吻说，研究历史不再是讲故事以达到娱乐的目的，也不再是提供训诫事例以达到实用的目的，历史学的目的是以演化的角度呈现既往。对他而言，以演化的方式呈现历史就是科学的历史学。他心目中的历史实体内容上包括经济活动、社会心理、民族学对象、政治行为等等，而且是这些现象的发展过程，它对任何文化区、任何时代的研究者而言都是同样的一个发展过程。伯伦汉是科学史学的信仰者，这个发展过程必须如实呈现，即使语言都会是它客观重现的

---

① 1903年版 *Lehrbuch*，第225页，“die Auffassung, welche die Bedeutung und den Zusammenhang der Tatsachen zu erkennen hat.”陈韬的译文是“综合的观察，在认识事实之意义及其间之连系性”。（《史学方法论》中译本，第102页）

② 1942年一篇纳粹时期的博士论文《恩司特・伯伦汉史观的局限与危害》，论文指出伯伦汉思想深植在自然科学思考方式中，作者称这样的思想缺少内在的温暖（innere Wärme），第133页。Edmund Edel, *Grenzen und Gefahren der Geschichtsauffassung Ernst Bernheims*, Köln, 1942. 该论文未曾出版，笔者参阅的是鲁尔大学历史系图书馆打字复印本。

障碍。在《史学方法论》第六章“叙述”里，他认为修辞学不属史学方法的范围，只有当历史写作还被视为艺术时，美学及修辞学才会被强调。①现代的历史学是科学，它的叙述方式必须“符合知识的特性”（erkenntnisgemäß）。所谓“符合知识的特性”的叙述，指直接陈述历史事件的“本质”部分。②伯伦汉相信既往是客体而且有本质的部分，这正是他作为一位实证主义者的基本信念。在方法学论战中，面对历史解释的唯心与实证主义两个阵营，他经常重复的一句话是“不能让任何一方主宰对方”。不可以放弃唯心传统对个人心理及意志的描述，同时更应该采用经济学、社会心理的观点与计量方法。他重复申述历史研究必须利用一切“有用的”（nützlich）方法，在他结束对马克思史学的批判时也强调必须摘取其中“有用的”方法。伯伦汉视既往为一个外在于研究者的真实实体的信念，让他能够欢迎不同的历史解释方法。只要这个方法不扭曲他信念中历史是演化的过程就都是“有用的”。他相信史家研究所呈现出的人类历史终究可以拼凑出几近于真实的既往，而与自然历史合而为一。

---

① 布朗克也提出在伯伦汉的方法学里，美学完全被排除掉，参见 H. Blanke 前引书《史学史作为历史知识理论》，第 285 页。他说兰克优美的文字、Theodor Mommsen 以《罗马史》获得 1902 年诺贝尔文学奖、德罗伊森书籍的耐读，这些叙述的传统皆被否定。

② 1908 年版 *Lehrbuch*，第 724 页。伯伦汉在这里引述兰克《罗曼与日耳曼族群史 1494—1514》里的名言“das Allgemeine unmittelbar und ohne langen Umschweif durch das Besondere darstellen”（透过具体事实直截了当不经太多转弯抹角地将普遍性呈现出来）。兰克所谓的“普遍性”就是伯伦汉所说历史中的本质。两人视既往为一实际存在的客体，看法一致，而且也都认为在既往的事件中有些具有关键核心的角色。

伯伦汉揭櫫的历史解释方法是杂汇式的，各种方法在研究时是否能搭配使用，彼此是否相互排斥，都不是他所关心的。只要它呈现部分历史的实体，它就对了解既往的整体作出了贡献。从正面的意义而言，它具有开放性，但它不是一个系统。伯氏在1889年第一版绪言中乐观的期望以整合的方法学统一分歧的历史学界，这乐观源自他对历史是一个实体的信念，一如兰克。他的期望无法实现，方法学论战中学界激烈的对立更是对他天真的期望形成一个讽刺。伯伦汉所指导的众多学生也无法在一个系统之下形成一个学术的方向。[1]伯伦汉在二十世纪学界很快消失无闻，与他不成体系的方法学无法启发、引导、研究问题有关。1988年Notker Hammerstein编的《1900年前后的德国历史学》中没有提及伯氏，[2]同时期H.-U. Wehler主编的九册《德国史学家》，[3]系列介绍的三十六位德国史家中也没有伯氏。笔者认为伯氏的历史解释方法学，正好与他的史料学及考证学相反，它使伯伦汉走入被遗忘的场域。

伯伦汉《史学方法论》反映出十九世纪史学史的重要脉络。启蒙思潮以来大约一百五十年自然科学的成就笼罩着当时学术界，历史学也在它的影响之下，有些历史学者跃跃欲试，努力将历史学提升为一门科学。有些历史学者相信历史学与自然科学不同，有自己特殊的专业性。这两个大潮流在伯伦汉读大学之前就已经由潜伏的

---

① 东德出身的史家史莱尔首先指出此点，参见上引Schleier文。

② Notker Hammerstein (Hg.), *Deutsche Geschichtswissenschaft um 1900*, Steiner Stuttgart, 1988.

③ H.-U. Wehler (Hg.), *Deutsche Historiker*, Vandenhoeck & Ruprecht, 1971—1982. 共出版九册，每册有四篇传记，共介绍三十六位德国史家。

暗流演变成彼此激荡的波涛。德国传统的历史主义是后者的代表，强力批判从英法两国传入的科学史学的信念。德罗伊森在《史学杂志》激情地讥讽巴克尔《英国文明史》，并宣言式的陈述历史主义史学的知识论。伯伦汉成长在这汹涌的浪潮及荡漾的余波之中，他在历史主义大本营的柏林大学读了一年就离开了，巅峰期的德罗伊森没有吸引住他。年未三十初任教职时，伯伦汉鼓励学生走向与历史主义不同的研究方向，而且出书叙述他所见的这两股学术潮流。年轻的伯伦汉在《历史研究与历史哲学》里自我期许要超越这个冲突，以方法学整合双方，但他信仰的终究是科学史学。将史料学系统化只是他实践其信念的一部分。就这部分而言，他杰出且成功，毕竟史料学是历史真实性的基础，所有不同学术立场的史家都必须站在这个基础上。伯伦汉科学史学信念的核心是他的历史观：他将人类的过去视为一个完整的、有时间深度的图像。他相信只要利用各种社会科学的知识和方法，研究过去的变迁，就能提供这个图像真实的片段。研究者不用提问，不要受追求规律的引诱，只要遵守方法学就会是成功的历史学者。这样的史观使得伯伦汉在世纪交替前后方法学论战的涡流中既受唯心学派排挤，又不被实证主义学派接受。后人在回顾中说他是软性的实证主义者，这是非常恰当的。伯伦汉《史学方法论》反映了他与上述两个思潮的纠结，同时，透过该书巨细靡遗的脚注，学界的动态纷争跃然纸上。就此而言，这一部《史学方法论》确实是研究十九世纪史学史的关键文本。①

---

① 胡昌智按，笔者撰写本章期间，承蒙格莱斯瓦德大学哲学学院档案室副主任 Barbara Peters 女士以及格莱斯瓦德大学新图书馆馆员的协助，特此致谢。

四、伯伦汉史学在东亚的接受

伯伦汉史学方法著作为史学专业化提供了必要的理论支持，尤其在史料方法学部分，受到各国普遍的欢迎，因此在各国史学专业化过程中对伯伦汉史学皆有不同程度的译介。日本近代史学专业化比中国早，1886 年东京大学改为帝国大学，1887 年其文科大学设置了史学科，聘请德国史家利斯（Ludwig Riess）担任教授。利斯出生于西普鲁士犹太裔的制造厂商富裕之家，1880 年进入柏林大学，主修历史与地理。那时兰克已近九十岁高龄，所以利斯没有机会听到兰克讲课，一生只见过他两次，大学期间仅做过兰克的抄写员，然而他非常崇拜兰克，熟悉其著作和方法，认为兰克《教皇史》是历史著作的典范。他精通英语，在柏林大学 Hans Delbrück 指导下，研究《英国议会选举法史》。Delbrück 不是兰克的学生，也不是普鲁士学派，他研究重点在英国史，也以兰克的方式对待世界史。1884 年利斯博士毕业后通过教师资格考试，然而他没有立即任职，而是前往英国阅读中古史料。在 Delbrück 推荐下，1887 年利斯赴日本帝国大学就职，那时他才 26 岁。在利斯的建议下，帝大成立史学科，最初只教欧洲史。1889 年在他协助下日本创建历史学会，模仿德国历史学专业刊物 *Historische Zeitschrift*，定期出版《史学杂志》，论文摘要大部分也是用德文写的。甲午战争之后，日本占领台湾，他阅读有关台湾的历史资料，写了《台湾岛史》（*Geschichte der Insel Formosa*，1897）。他认为台湾在政治上从未长期被整合进中国，间接为日本占领台湾提供正当性。利斯跟普鲁士学派一样，在日本宣扬沙文主义，强调扩展政策。1888 年利斯与日本女子结婚，育有一子四女。1902 年他和帝大的合约没有获得延长，留下家属，只身回到德国。1908 年他在柏林大学任教，1912 年出版《历史知识理论：历史思考与研究的工具》（*Historik*），1928 年去世。利斯在日本学术界的声誉很大程度是基于他把兰克的理论介绍到日本，培养了日本第一代职业史学家，为日本近代史学专业化作出积极贡献。①

利斯在帝大用英语授课，最主要的是两门课程：世界史（Universal History）和史学方法论（Methodology of History）。世界史采用的是兰克晚年著作《世界史》模式，讲述以日耳曼民族为中心的欧洲民族形成、发展以及向外扩张的历史。他批判了英国巴克尔抽象地从整体上概括人类历史，忽视人类在特定时空下的活动，此举或受德罗伊森的影响。②而“史学方法论”，从他所编写的英文讲义来看，除了导论（Introduction）还有初级方法和高级方法两部分。初级方法（Elementary Methodology）共四章：提出问题（Moulding the question）、史料搜集（Heuristics）、史料批判（Critique）、解释（Hermeneutics or Interpretation）；高级方法（Higher Methodology）共

① 关于利斯的在日本的活动及其影响，参阅 Kentaro Hayashi，“Ludwig Riess，einer der Vater der Geschichtswissenschaft in Japan”，*Bonner Zeitschrift für Japanologie*，vol. 3，1981，S.31—45；Bernd Martin，“Deutsche Geschichtswissenschaft als Instrument nationaler Selbstfindung in Japan”，in Gangolf Hübinger，Jürgen Osterhammel，Erich Pelzer（Hg.），*Universalgeschichte und Nationalgeschichte*，Freiburg，1994，S.209—229.

② 关于德罗伊森批判巴克尔，参阅胡昌智《译介德罗伊森书评〈提升历史学成为一门科学〉》，《台大历史学报》2013 年第 51 期。

三章：历史现象的系统研究（Systematic survey of Historical phenomena）、体裁论（Topik）、历史哲学（Philosophy of History）。初级方法讲如何处理史料，高级方法讲如何理解历史现象以及如何让它变得可理解。所列参考文献：W. Wachsmuth，*Entwurf einer Theorie der Geschichte*，Halle，1820；J. G. Droysen，*Grundriss der Historik*，Leipzig，1882；E. Bernheim，*Lehrbuch der Historischen Methode*，Leipzig，1889；E. A. Freeman，*The Methods of Historical Study*，London，1886；O. Lorenz，*Die Geschichtswissenschaft in Hauptrichtungen und Aufgaben kritisch eroertert*，Berlin，1886。[①] 讲义第七章"Philosophy of History"，实际上没有写出，或在他看来，历史哲学并非十分紧要的东西。[②]

利斯在帝大讲史学方法，许多学者误以为他采用的教材是伯伦汉《史学方法论》，[③]然而如果对利斯讲义略作分析，我们发现他虽

① Ludwig Riess，*Methodology of History*，pp.18—19.

② John S.Brownlee，*Japanese Historians and the National Myths*，*1600—1945*，UBC Press，1997，pp.77—80. Brownlee对利斯的史学方法论英文讲义内容有所介绍，但没有揭示其理论来源；Bernd Martin，"Deutsche Geschichtswissenschaft als Instrument nationaler Selbstfindung in Japan"，in Gangolf Hübinger，Jürgen Osterhammel，Erich Pelzer（Hg.），*Universalgeschichte und Nationalgeschichten*，Freiburg，1994，S. 209—229. Martin指出利斯在日本讲史学方法，整个框架是建立在德罗伊森1857年的方法论课程手稿 *Vorlesung über Enzyklopädie und Methodologie der Geschichte*（1937年首次刊行），1912年他用德文出版 *Histirik*，延续了德罗伊森的体系。笔者以为这是一项有价值的发现，但Martin似没有见过利斯在日本的史学方法论英文讲义，是通过后来的 *Histirik* 一书倒推之前利斯在日本所讲内容。事实上，利斯的史学方法论英文讲义根据的是德罗伊森1882年 *Grundriss der Historik*，而不是1857年演讲稿，因为英文讲义的分类与1882年 *Grundriss der Historik* 完全一致，1857年演讲稿没有"Topik"一章，而1882年版及英文讲义皆有。

③ Georg G. Iggers and Q. Edward Wang，*A Global History of Modern Historiography*，Routledge，2013，p.144.

然把伯伦汉著作列为参考文献，但就讲义章节和内容来看，他多根据1882年德罗伊森的 *Grundriss der Historik*。*Grundriss der Historik* 第二章方法论（Methodik）、第三章系统论（Systematik）、第四章体裁论（Topik），都被利斯所吸收；利斯采用德罗伊森的 Heuristik 这个关键词，那是被伯氏所抛弃的，研究者的主体性是利斯所正视而被伯氏轻忽。系统论（Systematik）是德罗伊森的用词，伯伦汉完全舍弃，连其内容也不谈，但利斯将它列为一章。伯伦汉在追求科学史学目标下切断史学作品与美学的关系，认为体裁、情节与修辞学不是方法学应该讨论的东西，而利斯着墨甚深。①很明显，他的史学方法论框架采用德罗伊森的旧作（1882年），而不是伯伦汉的新书（1889年）。可以确定的是，利斯在日本所讲史学方法，承袭的是德罗伊森而非伯伦汉，他本人是坚定的德国历史主义者，与伯伦汉徘徊于历史主义与实证主义之间不同。1912年利斯出版德文著作 *Historik*，也不满法人《史学原论》，认为历史学课题呈现的不是文献或“史实”，而在于不同类别的性格、社会与政治生活、理念与信仰的各种形式，方法问题是次要的，操作极其简易。他批评法人没有告诉读者选择研究某一问题是基于什么原则，或研究历史的一般用意何在，而且，历史学家除了能认识文献之外，好像不需要其他知识准备似的。他们没有意识到一部著作的优点大半取决于作者的通识教育、道德标准和政治价值观，以及有关人性、社会科学、通史的知识基础。历史意识不是靠特殊门类的学问勤勉地培

---

① 参见伯伦汉1889年版 *Lehrbuch*，第579页。利斯在英文讲义中以德罗伊森1882年书中的用词及架构说明方法学中的叙述问题，参见 Ludwig Riess，*Methodology of History*，pp.119—128.

育出来的，这是一种习性，是在比较、分析、概括的长期实践中形成。利斯希望初学者多接触威次（Waitz）、尼契（Karl Wilhelm Nitzsch，1818—1880）之类学派的理论，强调需要开阔视野、扩充文化，而不是通常所期望的成为历史专家。①

利斯的 *Methodology of History* 讲义经过修改之后，题名“*Notes of a course of lectures on Methodology of History*”，1896 年在东京正式出版。1896 年版第三章史料批判添加了“辅助科学”（auxiliary science），包括印章学（sphragistics）、古文字学（palaeography）、古文书学（diplomatics）、年代学（chronology）、族谱学（genealogy）、纹章学（heraldry）和古泉学（numismatics），约 17 页，这些固化的论述参考伯伦汉《史学方法论》（1889 年）。②总之，利斯的史学方法论学步的是德罗伊森的框架，当然他也没有亦步亦趋跟着走，而是积极吸收了十九世纪后期社会学、人类学的成果。利斯与伯伦汉《史学方法论》关系疏远，以至当时就读帝大史学科的矢野仁一回忆道：“利斯先生授课时没有使用伯伦汉的著述，倒是坪井九马三先生经常使用。”③若从译介角度论，伯伦汉《史学方法论》在日本的推销者不是利斯，而是坪井九马三。

---

① H. W. C. Davis，“Historik：Ein Organon geschichtlichen Denkens und Forschens by Ludwig Riess”，*The English Historical Review*，Vol.28，No.112（Oct.，1913），p.752.

② 杨晶晶：《从方法到理论：里斯 1893 年及 1912 年史学思想之变化》，北京大学 2019 年本科生毕业论文，第 10 页。

③ 中山治一：《ドイツ史学の受容と白鳥博士》，收入《白鳥庫吉全集・月報》(7)，东京岩波书店 1971 年版，第 5—6 页，转引周雨霏：《兰克史学在日本的传播与接受》（《学术研究》2021 年第 8 期）。

伯伦汉史学虽然通过坪井九马三等人绍述，很早便在日本史学界流行，但日译本出版则甚晚。*Einleitung* 在世界各国流传广泛，①此书日译本《历史とは何ぞや》，由坂口昂（利斯的学生）、小野铁二合译，岩波书店 1922 年出版。朱谦之《历史哲学大纲》《黑格儿与孔德主义》、杨鸿烈《史学通论》、卢绍稷《史学概要》都引征过日译本。日本立教大学西洋史教授小林秀雄（1876—1955）曾翻译 1908 年版 *Lehrbuch* 为日文，题名《史学研究法》，删除原著大量注释，正文亦有删减，分 46 期连载《史苑》杂志，从第 1 卷第 1 号（1928 年 10 月）至第 14 卷第 3 号（1942 年 1 月），后出版合订本，立教大学史学研究室 1942 年 10 月 10 日发行。1935 年陈啸江在《建立史学为独立的法则的科学新议》一文中介绍伯氏此书，便用小林秀雄译文，谓“此书甚奥深，至今尚未有英文译本，近日人小林秀雄氏曾将其译出，陆续登载立教大学《史苑》杂志第 1 卷第 1 号至最近号”。②中国学人最初接触伯伦汉史学，以间接借助坪井九马三《史学研究法》和 *Einleitung* 日译本为主。到了民国史坛，坪井《史学研究法》仍一直存在隐性传播。③

“五四”前后中国史学界在西方学术的刺激下，以科学的方法整理国史的呼声日渐高涨。时人普遍强调整理国史需要科学方法，而他们心目中所谓科学方法，大体是指“西法”，而不是“土法”。

---

① ［日］坂口昂、小野铁二译：《历史とは何ぞや》，东京岩波书店 1935 年版，“初版绪言”，第 3 页。

② 陈啸江：《建立史学为独立的法则的科学新议》，《现代史学》1935 年第 2 卷第 4 期。

③ 参阅本书第五章。

傅斯年便说："若直用朴学家的方法，不问西洋人的研究学问法，仍然是一无是处，仍不能得结果。"① "土法"虽不能说毫无可取之处，但开辟现代学术主要依靠"西法"，这是那个年代新派学人的共识；对方法论有一种自觉的要求，又与中国史学专业化有内在的关系。陆懋德曾说："今人欲修史学，自当以史学方法始"，"史学家必须经过一种专门技术之训练"，② "凡作史者必如此而后为专业化，凡历史必须专业化，犹如一切科学皆须专业化。"③由此，民国各大学历史系普遍开设史学方法性质课程，被教育部定为专业必修课，④而所凭借的理论知识主要汲取域外，不是法人的 *Introduction*，便是伯伦汉的史学方法著作。前者 1898 年有英译本（G. G. Berry 译）、1901 年有日译本、1926 年有中译本《史学原论》（李思纯译）、1928 年有英译本选编本（何炳松编），读者取阅便易，使此书在中国史学界风行不衰。⑤后者系德文书籍，长期没有英译本，日译本出现亦甚晚，故只有到留学欧美的中国史家回国，伯伦汉史学始直接引入大学历史系专业课程。

在民国各大学中，北京大学史学系与伯伦汉渊源最深。北大创建史学门之初即开设方法论性质课程，1917 年"历史学原理"，1918 年曹馥珊"历史研究法"，1919 年王徵"史学研究法"，1920 年何炳松"新史学"。1923 年张健讲"史学研究法"，始间接引入伯伦

---

① 傅斯年：《清代学问的门径书几种》，《新潮》1919 年第 1 卷第 4 号。
② 陆懋德：《西方史学变迁述略》，《师大史学丛刊》1931 年第 1 卷第 1 期。
③ 陆懋德：《史学方法大纲》，独立出版社 1947 年版，第 9 页。
④ 教育部编：《大学科目表》，正中书局 1940 年版，第 49 页。
⑤ 详参本书第四章。

汉史学。张健讲授史学研究法，大量编译、引述英文著作，以 M. Nordau，*The Interpretation of History*，Frederick J. E. Woodbridge，*The Purpose of History*，C. A. Mcmurry，*Special Method in History*，Fred M. Fling，*The Writing of History* 为教学参考书。[①]Fling 的书继承伯伦汉史学最为彻底，张健既以之作为参考，那么北大史学系最晚于 1923 年已间接接触到伯伦汉史学。1924 年陈翰笙讲授"欧美史学史"，列了大量英、德、法文各种著作作为参考书，包括 Bernheim、Fueter、Gooch、Guilland、Bauer、Shotwell 等当时流行的史学史与史学方法著作。他向学生传发的讲义中多次论及伯伦汉，引述 1908 年版《史学方法论》第 9 页历史定义："Ernst Bernheim 说历史是研究与叙述人群进化的；所谓人群进化是指与心理、物理有关系的个人、模范人、团体的含有社会意义的一切事业。"他不同意伯伦汉的观点，认为人群进化是"一种想象，一种假定，一种推想"，研究或著述历史也许完全是从好奇心、从知识的欲望发生出来的，并且历史上的事实未必都含有社会的意义。陈翰笙不满足于历史只讲事实，他认为还须讲理想，"有了理想然后许多大小的事实方才觉得有真意义，没有理想则历史的真意义一定要被许多单独的事实蒙蔽了"。[②]

1925 年留法学者李璜在北大开设"历史学"一课，"陈述近今欧洲历史学家之历史研究方法，使治史学者了然历史材料的搜集、批判及综合等功夫，而知所从事。但为学者明了历史学在近今学术

---

① 参阅张健编：《史学研究法》，未刊讲义。

② 陈翰笙编：《北京大学欧美史学史》，未刊讲义，第 8—10 页。

界之地位及价值起见，本课特先及历史学之意义与其范围，历史学与社会科学的关系，以及历史哲学等题”，所列参考书两种：*Introduction* 英译本和 *Lehrbuch der Historischen Methode und der Geschichtsphilosophie*。①李璜在《历史学》讲义中特别论及这两本书：

> 第一个搜集这些散见各处的历史方法论而成专书的要算是德国史学家白尔仑罕（Ernst Bernheim）一八九四年出版的《历史学方法论》（*Lehrbuch der Historischen Methode*）。他这部书不像前人去述说自家的见解或理想，而是将近今许多关于历史方法论的著作汇拢起来，而加以整理和选择。我们于是有真正本科学见地的历史学方法论的书了。白尔仑罕的书出版三年，法国历史学家塞足博斯（Ch. Seignobos）和郎克瓦（Ch. V. Langlois）出《历史研究导言》（*Introduction aux Etudes Historiques*，1897）书分三部，分别叙述史迹的搜求、批判和综合三种功夫。于是历史的科学方法愈见明了，而使一般研究者都知所从事了。白尔仑罕和塞足博斯两书的影响很大，从此几乎是用科学方法的历史研究，要把历史学这个字专占了去了。②

就讲义内容来看，李璜主要接受 Seignobos 思想，并没有讲授伯伦汉《史学方法论》。他对伯伦汉著作的说明，也是照着 *Introduction*

---

① 《国立北京大学史学系课程指导书》（1925—1926 年度），第 6 页。
② 李璜：《历史学》，未刊讲义，第 2 页。

讲，本人或没有看过伯伦汉的书。①

1929年开始，傅斯年在北大主讲“史学方法论”课，②内容侧重中国、欧洲史学观点之演进、自然科学与史学之关系、史料之整理方法等。③课程共七讲：第一讲论史学非求结论之学问、论史学在“叙述科学”中之位置、论历史的知识与艺术的手段；第二讲中国及欧洲历代史学观念演变之纲领；第三讲统计方法与史学；第四讲史料论略；第五讲古代史与近代史；第六讲史学的逻辑；第七讲所谓“史观”。④就课程架构来看，似模仿伯伦汉《历史学导论》《史学方法论》，而不是 *Introduction*。第一讲相当于伯伦汉《史学方

---

① 伯伦汉《史学方法论》初版是1889年，1894年是修订版，而 *Introduction* 讲该书出版于1894年，李璜也跟着这样说，如果他读过伯伦汉的书，当不会不知准确的出版年份。

② 1929年、1930年课程名“史学方法论”，1931年停一次，由黎东方代讲，1932年、1933年课程名改为“史学方法导论”，1934年开始这门课由姚从吾接替。1933年史学方法导论课据说因傅斯年因事赴南京，“本学期暂不开班”。（《世界日报》1933年3月9日，第7版）说明傅斯年至少在北大讲了三次史学方法课，并非如邓广铭回忆傅斯年只讲了一次。（邓广铭：《怀念我的恩师傅斯年先生》，《台大历史学报》1996年第20期）

③ 《国立北京大学一览》（1933年度），第223页。按，傅斯年在北京大学史学系讲义《史学方法论》今仅存第四讲“史料论略”，其他未见，北大史学系学生白宝瑾在校期间发表《历史和其他科学的关系》（《史学》第1期，1935年1月）一文，引述傅斯年“史学的工作是整理史料……不是去扶持或退倒这个运动，或那个主义”，出处标注“见傅著《史学方法论》”。该引文出于第四讲“史料论略”，白宝瑾说“傅著《史学方法论》”，而没有说《史料论略》，傅氏《史学方法论》讲义有可能是完整的，或成文至少不止第四讲。傅振伦回忆傅斯年在北大史学系讲授史学研究法，“编印了讲义”。（《我所知道的傅斯年》，王富仁、石兴泽编：《谔谔之士——名人笔下的傅斯年》，东方出版中心1999年版，第176页）讲义最初名称不是“史学方法导论”，而是“史学方法论”。

④ 傅斯年：《史学方法导论》，《傅斯年全集》第2卷，湖南教育出版社2000年版，第307页。

法论》第一章“史学概念及其本质”，第二讲相当于《历史学导论》第一章第二节“现代历史观之主要学派”，第三讲伯伦汉虽无专节，但《史学方法论》第一章第四节第六小节“与自然科学之关系”，其中颇多篇幅讨论统计学与史学之关系，[①]第四讲相当于《历史学导论》第二章第二节史料学、第三节批判，第五讲伯伦汉无，第六讲相当于《史学方法论》第五章综观，第七讲相当于《史学方法论》第五章第五节历史哲学。就内容来说，傅斯年史学方法兼采伯伦汉和瑟诺博司，这也是当时中国史学界普遍的现象。

傅斯年承认“现在中国史料由于地下之发掘与考古学之贡献，日益加多，作史较易，加以近代西洋史学方法之运用与乎社会科学工具之完备，今后史学界定有长足的进展”，[②]被他看重的是西洋史学方法，而在他那个年代，伯伦汉和瑟诺博司是西方讲史学方法的权威，所以在他个人外文藏书中，有好几种史学方法论著作，如 Wilhelm Bauer《历史研究入门》（*Einführung in das Studium der Geschichte*，1921）、Gustav Wolf《近代史研究入门》（*Einführung in das Studium der neueren Geschichte*，1910）、Ernst Bernheim《历史学导论》（*Einleitung in die Geschichtswissenschaft*，1920），他大概借助这些著作认识西洋史学方法。在傅斯年的史学思想中，不仅留有 *Introduction* 痕迹，伯伦汉也是构成他史学思想的渊源之一。

---

① 伯伦汉与瑟诺博司在各自的书中虽没专列一节讨论统计学与史学，但都有论及，可参考本书第四章第三节。至于傅斯年为什么要专门讲统计学与史学，或与 1920 年代中国史学界在丁文江、梁启超等鼓吹之下过度迷信统计学有关，他似有纠偏之意。

② 傅斯年：《中西史学观点之变迁》，《傅斯年全集》第 3 卷，第 152 页。

傅斯年虽然说："现代的历史学研究已经成了一个各种科学的方法之汇集。地质、地理、考古、生物、气象、天文等学，无一不供给研究历史问题者之工具。……若干历史学的问题非有自然科学之资助无从下手、无从解决。"又谓"近代的历史学是史料学，利用自然科学供给我们的一切工具，整理一切可逢着的史料"。①但是他只是把自然科学作为治史之器，并不是要将史学作为一般自然科学来看待，包括他对社会科学的理解，也仅停留在"辅助科学"（auxiliary sciences）的工具层面。辅助科学与社会科学的基本差别，前者为史学之工具，帮助辨伪、考订与解读文献，后者则提供史学解释的理论与方法，②傅斯年显然只看重工具层面的自然科学和社会科学。他与伯伦汉一样，充分利用自然科学和社会科学的工具价值，"一切知识凡能使吾人对于演化之一般的形态、历程、条件及原因，以及其进程之全体，能有所了解者，均足为有价值之补助工具。惟仅为补助工具，不能用以代替历史知识，或视之为目标"。③他们都拒绝定律、通则、归纳。傅斯年认为"我们没有两件相同的史事，历史中异样石子之数，何止六千万，所以归纳是说不来，因果是谈不定的"。④伯伦汉主张"历史知识决不能求之于定律之探求及应用"，⑤"自然科学性质之定律及概念，对于历史知识不

① 傅斯年：《历史语言研究所工作之旨趣》，《傅斯年全集》第3卷，第70页。

② 黄进兴：《机构的宣言：重读傅斯年的〈历史语言研究所之旨趣〉》，《复旦学报》2017年第5期。

③ 陈韬译：《史学方法论》，第65页；1903年版 *Lehrbuch*，第148页。

④ 傅孟真：《闲谈历史教科书》，《教与学》第1卷第4期，1935年10月1日，第101页。

⑤ 陈韬译：《史学方法论》，第50页；1903年版 *Lehrbuch*，第114页。

足为充分的工具”,①“史学无法求之，亦无须求之。倘能将事实间之连贯，根据人类性质上之相同性及其心理的因果律，就统一演化之意义了解之，则史学之任务亦即达到矣”。②

傅斯年在北大讲史学方法，第四讲“史料论略”似受伯伦汉的影响。关于整理史料的方法，傅斯年提出：

> 史学的对象是史料，不是文词，不是伦理，不是神学，并且不是社会学。史学的工作是整理史料，不是作艺术的建设，不是做疏通的事业，不是去扶持或退倒这个运动，或那个主义。假如有人问我们整理史料的方法，我们要回答说：第一是比较不同的史料，第二是比较不同的史料，第三还是比较不同的史料。假如一件事只有一个记载，而这个记载和天地间一切其他记载不相干，则对这件事只好姑信姑疑，我们没有法子去对他做任何史学的工夫。……历史的事件虽然一件事只有一次，但一个事件既不尽止有一个记载，所以这个事件在或种情形下，可以比较而得其近真；好几件的事情又每每有相关联的地方，更可以比较而得其头绪。……史料学便是比较方法之应用：这话是我们讨论这一篇的主旨。但史料是不同的，有来源的不同，有先后的不同，有价值的不同，有一切花样的不同。比较方法之使用，每每是“因时制宜”的。处理每一历史的事件，每每取用一种特别的手段，这手段在宗旨上诚然不过是比

---

① 陈韬译：《史学方法论》，第 54 页；1903 年版 *Lehrbuch*，第 125 页。
② 陈韬译：《史学方法论》，第 61—62 页；1903 年版 *Lehrbuch*，第 141 页。

较，在迎合事体上却是甲不能转到乙，乙不能转到丙，丙不能转到丁……①

伯伦汉虽不如傅斯年说得那么绝对，但比较法确是他史料学的核心，他认为“历史研究上所应用之心理的经验定理，只有一部分得自归纳法，其大部分均出于类比法”，历史研究特多应用比较法，盖此法“不仅可使人求得总共之处，且可用以决定个别事物，知其与他事物间之相同及相异者何在”。②他在《史学方法论》《历史学导论》讲史料批判，不厌其烦讨论各种史料的比较，强调“吾人之主要方法，在将所欲考证者，与已经确定者作比较及连系”，③又说“辨别真伪之方法，仍多在与真者作比较，或与其他已知之事实相较。由比较之结果如何，即能对于上述之种种问题作答复，以甄别真伪”。④关于“一件事只有一个记载”，傅斯年态度与伯伦汉是一致的，后者谓“吾人之方法，既多须借重于比较，今此法既不能用，则可靠之结果，其希望自更少”。⑤傅斯年所谓“处理每一历史的事件，每每取用一种特别的手段”，或源自伯伦汉《史学方法论》

① 傅斯年：《史料论略》，《傅斯年全集》第2卷，第308—309页。
② 陈韬译：《史学方法论》，第73页。
③ 陈韬译：《史学方法论》，第120页。
④ 陈韬译：《史学方法论》，第127—128页。
⑤ 陈韬译：《史学方法论》，第153页。第193页“亦有若干史料，因系单独性质，无有同时代之其他史料可资比较，虽其不能完全可信为无疑者，但其程度及界限亦不能决定，则考证法此时即感困难矣。关于极古时代或极远处之报告，每可发生此种情形…… 吾人对之虽不敢深信，但因无法校勘，对于该项事实全无所知，故亦不敢轻弃之，因而仍不能不承认其可用。在此状况下，应用时自须加以保留方可”。

“不仅每一类之史料，须有其特殊之方法，即一类中之各部门，亦有其差别，故亦须各别的从事之”，史料考订“实无普遍适用之法则可言”,①两者其意完全相同。

关于考证与综观两者的关系，伯伦汉说：

> 谓历史必经有方法的考证后乃得成为科学，实非过语，盖历史上基本事实之正确性、真伪之辨别，必待考证而后有之也。……自考证方法进步以后，古来之传说、不正确之史料，以及赝造等等，乃得甄别之无疑，可信之史料亦得抉剔而出，于是历史乃为之改观，真正之历史知识始有可能。因之，将有考证之意义过于重视，以为历史工作除考证而外不复有其他者，此固为一偏之见，然其出发点则未尝不可原谅也。须知考证仅能予吾人以材料，其构成仍须由综观解得之，故仅有考证而不知综观仍劳而无功。惟如不能免于偏见，则与其有综观而无考证，毋宁有考证而无综观之为愈。须知以谬误材料为根据之综观，纵使其富有精彩，于史学又何所补？故科学虽有待于综观，然事实性之确定，仍为其必要的先决条件，必先有此而后乃能语乎真知识。②

1943年傅斯年谓史语所治学“不以空论为学问，亦不以‘史观’

---

① 陈韬译：《史学方法论》，第158—159页。

② 陈韬译：《史学方法论》，第121页。

为急图，乃纯就史料以探史实也”，[①]他背后的理论支撑或来自上述引文。傅氏谓不急图“史观”，说明他并不是说史观不重要，而是先求客观知识，在此基础上探求史观，犹如伯伦汉要求综观是在可靠事实上形成的。傅斯年说：“历史哲学可以当作很有趣的作品看待，因为没有事实做根据，所以与史学是不同的。历史的对象是史料，离开史料，也许成为很好的哲学和文学，究其实与历史无关。”[②]他的表述口吻与伯伦汉说“以谬误材料为根据之综观，纵使其富有精彩，于史学又何所补”，两者极神似。

傅斯年一生最重要的学术事业是1928年在中央研究院创立历史语言研究所，该所的英文名称定为Institute of History and Philology。他多次谈到史学（History）与语学（Philology）的关系，认为“史学、语学是全不能分”，[③]“在欧洲大陆上，特别是在德国，史学、语学皆总称之曰Philologie”。[④]主张史学与语学不可分，同样出现在傅斯年所熟悉的伯伦汉著作里。伯伦汉既说语学与史学的联系又强调分际，最后提出综合看法：“倘语言学者无史学的涵养而强欲从事历史，或史学家无语言学之涵养而强欲从事语言学，均所不可。”[⑤]傅斯年是一位有主见的史家，并不全盘复制伯伦汉的观

① 傅斯年：《〈史料与史学〉发刊词》，《国立中央研究院历史语言研究所集刊》外编第二种《史料与史学》，独立出版社1944年版，第2页。

② 傅斯年讲，王培棠记：《考古学的新方法》，《史学》1930年第1期，第196页。

③ 欧阳哲生主编：《傅斯年全集》第2卷，第321页。

④ 《国立北京大学史学系课程指导书》1931年9月至1932年6月，指导书引言，署名“暂代史学系主任蒋梦麟　中华民国二十年九月”，就内容和行文来看，应该是傅斯年代笔。

⑤ 陈韬译：《史学方法论》，第37页。

点，他似更偏爱伯伦汉引述语言学大师柏克（Boeckh，兰克的老师）的观点“语言学就是历史学”。傅斯年名文《性命古训辩证》自豪称“以语言学的观点解释一个思想史的问题”，语学的观点和历史的观点同其重要，“用语学的观点所以识性命诸字之原，用历史的观点所以疏性论历来之变”。①伯伦汉讲语学与史学关系谓语言学重在“将文字确定之而求其义”，而史学所重者“为事实间之连贯，为演化也”，②与傅斯年讲语学为“诸子之原”、史学为“历来之变”若合符节。傅斯年或从伯伦汉等人的史学方法论之类著作中习得 Philology 常识。

傅斯年一方面追求历史知识的客观性，另一方面强调历史学的社会功能。1935 年他谈历史教科书选择历史事件的原则，主张凡是“不与近代生活相干”者皆可一律不采，他提出三项原则：第一是对于“人类”（Menschheit）及“人性”（Menschlichkeit）之了解，把历史知识当作“人学”。“人性是难于抽象解释的，尤其是人的团体行动。如借历史说明生命界最近一段的进化论，当然是与我们现在生活有关的”。第二是国民的训练。“把历史教科做成一种公民教科，借历史事件做榜样，启发爱国心，民族向上心，纪律性，民族不屈性”。第三是文化演进之阶段，民族形态之述状，在中国史更应注重政治、社会、文物三事之相互影响。③这三项原则也是渊源有自的，大体综合伯伦汉和瑟诺博司两家的论述。第一，历史

① 傅斯年：《性命古训辩证》，《傅斯年全集》第 2 卷，第 506、508 页。

② 陈韬译：《史学方法论》，第 37 页。

③ 傅孟真：《闲谈历史教科书》，《教与学》第 1 卷第 4 期，1935 年 10 月 1 日，第 102 页。

知识是“人学”，虽然是傅氏的概括，但论历史有助于人类自我认识，这是伯伦汉再三致意的，他说：“历史予吾人以演化之知识，故能使吾人认识吾人之本身以及人与人间之关系”，“历史乃能使吾人了解者”。①瑟诺博司也认为“若要认识过去事件所发生的情况，我们就必须观察今日的人性”，②从这个意义上说，历史学就是人学。第二国民训练，傅斯年所讲与伯伦汉、瑟诺博司接近。伯伦汉强调史学对于国家社会之意义，“史学之内在的特殊性，于养成爱群之念以及摧毁自利心上深有所助，国家史及社会群之史尤多此作用”。③瑟诺博司希望以史学与历史教育训练提升法国国民知识文化，克服轻信、恐惧变化的毛病，④其目的要以历史教育“打败德国人”，他有强烈的民族激情。第三文化演进之阶段，伯伦汉和瑟诺博司皆强调。当然，傅斯年思想是多元的，杂糅各种成分，一方面他汲取了伯伦汉某些思想，另一方面与之拉开距离，如伯伦汉热衷讨论“历史哲学”，傅氏则将其排除在历史学领域之外。

1934年姚从吾从德国留学回国，接替傅斯年开设“历史研究法”。他服膺十九世纪以来德国兰克史学，在方法论上推崇伯伦汉，课程以大半时间讲授尼布尔、兰克以至伯伦汉的史学，主要内容包括：（1）历史学的性质与任务；（2）史源学（或史料的研究，为本课主要部分）；（3）历史学的辅助科学和历史学与其他社会科学的

① 陈韬译：《史学方法论》，第66—67页。
② 余伟译本，第134页。
③ 陈韬译：《史学方法论》，第68页。
④ 余伟译本，第193页。

关系；（4）欧洲近代通行的几种历史观。①他在北大开设“历史研究法”的同时，又在辅仁大学讲“历史学原理”。姚氏讲义共四编：历史学的性质与任务、史源学、欧洲近代通行的几种历史观、历史学的辅助科学和历史学与其他科学的关系。他在北大和辅仁所授历史研究法或历史学原理，以 1926 年版 *Einleitung* 为主，兼参伯伦汉《史学方法论》、鲍瓦（W. Bauer）《历史研究入门》（*Einführung in das Studium der Geschichte*）、斐德儿（A. Feder）《历史研究法教科书》（*Lehrbuch der Geschichtlichen Methode*）三书。他的讲义组织架构仿 *Einleitung*，“取人成说，又只撮取大要，故拟名‘述要’”。②这本讲义印成时间或在 1934 年，在师生之间颇有传阅。③

姚氏之所以被北大史学系选派去德国留学，系主任朱希祖是为了让他去“学习欧洲人所谓治史的方法，以期把西洋的史学研究法介绍到中国来，作中国人研究历史的一个借镜”，④所以学习和研究各种西洋史学研究法著作是他留学的一项既定任务。留德期间他不见得用力研读兰克著作，但他对当时西文历史研究法下过一番功夫，1925 年至 1928 年在柏林大学历史研究所选修过“历史研究入门”“历史哲学”“现代历史观”课程，1926 年至 1929 年“选读

① 《国立北京大学文学院课程一览》（1934—1935 年度），第 110 页。

② 李孝迁编校：《史学研究法未刊讲义四种》，上海古籍出版社 2015 年版，第 127 页。

③ 姚从吾曾将《历史研究法》讲义赠送给朱希祖，后者连续三天阅读。（《朱希祖日记》中册，中华书局 2012 年版，第 528 页）北大史学系学生发表文章，也时常引述姚氏《历史研究法》，如白宝瑾《历史和其他科学的关系》（《史学》第 1 期，1935 年 1 月）、徐世勖（靖方）《响应中国新史学建设运动》（《华北日报》1936 年 1 月 16 日，第 7 版）。

④ 诚之：《介绍一位新史学家姚士鳌教授》，《北平晨报》1935 年 6 月 21 日，第 7 版。

Vico的《历史哲学》、Comte的《实证哲学》、Hegel的《历史哲学讲义》”。1930年至1932年，他在波恩大学任教，同时研究“文化范围说”及“现代的历史学”等。①1924年他向朱希祖汇报最近“从事读中等历史教科书，及历史学入门等书［如班海穆之《史学大纲》（Prof. E. Bernheim，*Einleitung in die Geschichtseissenschaft*），史奈德之《历史哲学》（Schneider，*Philosophie der Geschichte*）］”，其中特别提及他跟随一位助教读伯伦汉 *Einleitung*。②姚氏回国即能开设历史研究法，说明前期早有谋划，他在留德期间已着手编译《历史研究法》讲义，以备回国后任教用。

应该说，姚从吾对当时西方史学史与史学研究法著作阅读相当全面，他说：

> 说到讨论历史学理论的专书，欧洲大陆，尤其是德国，自十九世纪末叶以来，出版的很多。但是方法与理论兼顾，而且方法以外兼说到历史学的演进的，当推德国班海穆教授的《历史研究法与历史哲学》（原书八百四十余面）。一九二一年复有奥国鲍瓦教授的《历史研究入门》（四百十四面）出版，方法以外，也曾讨论到历史学演进的派别。班海穆是现代历史学界兼讲方法与理论的开山大师，许多关于历史学的至理名言，和近代历史学演进的大势，都可从他的这部著作中得识概要。他的这部书流行既广，国际的地位也很高。鲍瓦教授的书虽时有

① 姚世鳌：《研究历史学的步骤》，《大学新闻》特刊之四，1935年5月21日。

② 《史学系派遣留德学生姚士鳌致朱逷先先生书》，《北京大学日刊》1924年5月9日，第2版。

> 创见，但他自己也承认他的研究是因袭班海穆，不过将班海穆一九〇八年《历史研究法与历史哲学》最后改版以后，到一九二〇年，十余年间，历史学界的新现象新问题，从新加以整理和收集而已。因此我们可以说，直到现在德国各大学历史科诸教授，解释历史的立场，容有改变，而研究历史的基本态度，则仍是近参鲍瓦新书，远承班海穆教授所倡导的方法与理论兼顾的精神。①

就姚从吾在德阅读历史研究法一类书的情形看，很能反映当时中国史家留学欧美的普遍心态，即习得西洋先进的史学方法，回国以后用来治中国史，而他们学习西洋史学方法的途径不外乎研读欧美各种史学研究法作品，而伯伦汉著作是首选。与姚从吾同在德国留学的，如傅斯年、孔繁霱、罗家伦，都接触过伯伦汉著作，视之为近代西洋史学方法的化身。

姚氏晚年回忆说：

> 班海穆教授（Prof. Dr. E. Bernheim）是德国十九世纪末与二十世纪初期有名的历史方法论家。名著《历史方法论与历史哲学》（*Lehrbuch der Historischen Methode und der Geschichtsphilosophie*），一九〇八年第六版，厚达八百四十二页，为德国二十世纪四十年代历史学者奉为的经典，声名远在法国近代史学

① 姚从吾：《欧洲近百年来的历史学》，《中央日报》副刊《文史》第5期，1936年12月6日，第11版。

> 方法论专家Ch. V. Langlois与Ch. Seignobos二位学者之上。班氏又有一部小书，名《历史学导论》（*Einleitung in die Geschichtswissenschaft*），一九二六年版，收入《葛申丛书》（*Sammlung Göschen*）二七〇号，尤为有名。日本岩波文库（一二〇八—一三〇九）坂口昂与小野铁二合译本。鄙人民国二十三年回国以后，任教北京大学时，曾加以翻译，用于历史方法论的参考讲义。后台湾大学张致远教授曾节译为中文，名《史学讲话》，〔1952年〕在“现代国民基本知识丛书”中出版。……近年商务印书馆“汉译世界名著”中，有陈韬翻译班氏的书，名《史学方法论》，厚五佰二十二页。既无序言，又无说明，不知是从日文翻译成中文的，或者是从德文翻译成中文的。译文读起来也不甚明白，而译“班海穆”（Bernheim）为“伯伦汉”，也似与德文的读法不甚切合。①

这段注文初步勾勒了伯伦汉史学在东亚的旅行轨迹。姚氏所见到陈韬译本是台湾商务印书馆1968年重印本，而不是1937年初版本，说明他不知三十年前伯氏著作已译成中文，足见1937年初版本流传不广。姚氏提示中译本可能从日文转译，这是一条有价值的线索。

---

① 姚从吾：《历史方法论》，《姚从吾先生全集》第1卷，台北正中书局1981年版，第14页，注1。按，何兆武《近代西方史学理论在中国》一文说：“在西方，另一部自上世纪即被认为是标准著作的，是德国史学家伯伦汉于1889年出版的《史学方法论》。这是一部兰克方法的著作，本世纪三四十年代，姚从吾留德归来后，在北京大学讲授史学方法一课多年，他所依据的主要就是这部书。”（《历史研究方法论集》，河南人民出版社1987年版，第393页）其实，姚氏所依据的是 *Einleitung*，不是《史学方法论》。

姚从吾最初完全接受伯伦汉史学，兼顾方法和理论，勤读历史哲学。他批评法人 *Introduction* “只重在讨论历史研究法而忽略历史学的理论与研究的范围，更嫌缺而不全”。[①]姚氏开始跟伯伦汉一样，历史哲学在他的思想版图中相当突出，“历史学者不应关着门只专心考证史事，摸索史料，应当于考证史料之外，与世界思潮共进。利用其他哲学家、其他社会科学家对历史贡献的意见，作自己研究的参考和补助。历史家固然不可专就偏而不全的史料中推寻定律，有意建立一种历史哲学。但历史家却不可不知道什么是现在学者们所说的历史哲学。此外考证史料时，价值的判断是否允当？观察是否精密？客观、主观与由习惯而得的成见，怎样分别？怎样才能使自己的态度常常是客观的，不是主观的？都需要哲学和其他社会科学的提醒与指示。”[②]强调史学理论的指导意义，“理论是实际工作的导师：知道搜辑材料，考订真伪，固然紧要；但是怎样方能搜辑到正确的材料，怎样方能认识材料的真价值，怎样方能考订真伪；这些理论方面的指示与辅助更为紧要。若是只求多识前言往事，不注意当代学者观察历史的各种见解；或者是只知道考订各物，不知道各种社会科学发达的近状，与追随世界学术前进的高潮；那末不是‘读父书而不知合辨’，便是只能株守成规的抄胥手，而不是自立独裁的历史家了。……我们若是想整理我国数千年堆积到现在、陈陈相因的历史，若是想使我们的历史研究成为世界历史

① 李孝迁编校：《史学研究法未刊讲义四种》，第 127 页。
② 李孝迁编校：《史学研究法未刊讲义四种》，第 150 页。

学的一部分，即应当先认识这种精神。”①这是他在德国期间的豪言壮语，颇有师法伯伦汉的意味，综合“偏重事变的考证”“偏重事变的解释”两派的长处，格局可谓大矣。然落实到实践层面，姚氏仍局限在事变的考证，他所谓的理论不是一套解释体系，仅仅视作处理史料的工具而已，“怎么样才能作到记载与事实两相符合呢？这些理论，是我们讲历史研究法时，要从长讨论的”。就像伯伦汉欢迎各种自然科学和社会科学一样，最终是为了达成科学的历史。在姚从吾的信念中，科学的历史（著作）就是“记载与客观事实两相符合的历史”。②如何保证科学的历史完成，第一步就是史料的分析与审定，从所有要用的材料中，分别出哪些是我们必须用的，哪些只是供我们研究时比较参考的，从这个角度看，我们就能理解傅斯年为什么说“近代的历史学是史料学”。

在其他大学史学系，同样能发现伯伦汉史学的印痕。1929 年清华正式改制大学，史学系开设“史学方法”一课，请孔繁霱③和雷海宗担任讲授。孔繁霱在清华开设西洋史学史和史学方法等课。他的史学方法课主要介绍德人 *Lehrbuch* 和法人 *Introduction*，④凡重要的历史辅助科学、目录学及“治史必具之常识”，均择要讲授，“示

---

① 姚从吾：《德国史学界所称道的几种历史观》，《留德学志》第 1 期，1930 年 6 月，第 19 页。

② 姚从吾：《北京大学辽宋金元史》，未刊讲义，第 31 页。

③ 孔繁霱（1894—1959），字云卿，山东滕县人。1917 年留学美国，1920 年毕业于格林奈尔大学（Grinnell College）。1922 年获得芝加哥大学硕士学位。1923 年赴德国柏林大学研究院深造，研究西洋中古史和通史。1927 年回国后，被清华大学聘为历史系教授。

④ 黎东方：《史学讲话·序》（修订新版），台北中国文化大学出版部 1984 年版。

学生以治史之正确方向及途径”。[①]据听课者黎东方回忆：“在上课的时候，他引经据典，列举若干德国历史家的名著，说明其中的得失。……孔先生知道我们读过法国人塞诺波与朗格罗瓦的《历史研究入门》（Seignobos et Langlois，*Introduction aux Etudes Historiques*），便不再强调‘克制主观成见与本人好恶’的重要，而着重于介绍德国人班汉姆的《历史科学教本》（E. Bernheim，*Lehrbuch der Geschichtsphilosophie*），班汉姆的这本书，堪比于梁先生的《国学要籍书目》。”[②]孔氏长期留学欧美，专治史学，1922 年他给梁启超信中强调：“史无目的，治史专为治史，不必有为而为。有为必失真，失真则非史。”[③]他的治学影响到了新一代史家，如黎东方、张贵永都是他在清华的学生，“同受孔先生的影响而服膺史学方法权威拜儿音哈埃姆与瑟诺博”。[④]

嗣后，黎东方留学法国，师从瑟诺博司，研习西洋史和史学研究法，受孔氏的指示，希望他“探取西洋史家的治史方法，于回国以后用来治中国史”。[⑤]1944 年他出版《中国历史通论远古篇》，所列参考书中有两种伯伦汉著作：其一 1908 年版 *Lehrbuch*，其二李述礼译《史学纲要》（*Einleitung*，重庆正中书局，在排印中）。张贵永的史学方法以伯伦汉为依据，1952 年在台湾出版《史学讲话》，前三章史学的涵义及其问题、史学的研究范围、史学方法纲

---

① 《大学本科学程一览》，《国立清华大学一览》（1930 年度），第 67 页。

② 黎东方：《平凡的我——黎东方回忆录》，中国工人出版社 2011 年版，第 110 页。

③ 孔繁霱：《讨论中国历史研究法》，《改造》1922 年第 4 卷第 8 号。

④ 黎东方：《史学讲话·序》（修订新版）。

⑤ 黎东方：《平凡的我——黎东方回忆录》，第 150 页。

要，就是 *Einleitung* 节译本，谓“班汉姆公认为历史方法论权威”，*Einleitung* 较其《史学方法论》“尤为读书所欢迎，特为国人介绍于此”。①

陆懋德十分推崇伯伦汉《史学方法论》，“好读德人白恩海氏之书”，②此书示人以搜集史料、鉴别史料，及运用史料之方法，“史学可称为专门之学”。③他在辅仁大学讲授史学研究法，开始讲演史学理论，次及搜集史料、审查史料、运用史料之方法，并讨论历史的考证，及历史的批评，“务使初学对于历史具有深刻认识”。④他在清华、辅仁讲授史学研究法的同时，在北平师范大学、西北大学及东北大学亦讲授过同一性质的科目。《史学方法大纲》（独立出版社，1945 年），即是他多年授课讲义，自序谓：“德人柏尔亥谟氏及法人塞音奴朴氏之言史法，其精密尤非吾国前人所及”，主讲史学方法，每于援引吾国旧说之外，“多采取西人名著，以为补助”。⑤所列西文参考书甚多，包括伯伦汉 *Lehrbuch* 和 *Einleitung*。1933 年中央大学史学系开史学方法论课程，讲授史源学与辅助科学、史料之考证与运用、历史事实之解释与组织、著述，以 E. Bernheim（*Lehrbuch der Historischen Methode und der Geschichtsphilosophie*，1903）、Langlois and Seignobos（*Introduction aux Etudes historiques*）、B. Croce（*Theory and Practice of History*）、W. Bauer（*Einführung in das*

---

① 张致远：《史学讲话》，前言。

② ［美］F. M. Fling 著，李树峻译：《历史研究法·序》，立达书局 1933 年版。

③ 陆懋德：《西方史学变迁述略》，《师大史学丛刊》1931 年第 1 卷第 1 期。

④ 《北平辅仁大学文学院概况》（1935 年度），第 65 页。

⑤ 陆懋德：《史学方法大纲·自序》，第 2 页。

Studium der Geschichte，Neue Auflage）诸氏著作为参考书。①

民国时期史学系广泛开设史学方法课程，所讲授者多侧重史料学，即搜集史料、审定史料、综合史料等方法。中国公学大学部历史系开设的历史研究法，讲授搜罗、鉴别、整理史料的重要方法。②北平大学文史系的历史研究法，第一部分概述中国及欧美史学史，第二部分详论史学方法，"以示治史之途径"，治史最忌空谈，故每论一义，必广举例证，以资参考。③河南大学史学系开设史学研究法，讲授"史料之认识、史料搜集及整理、史料编纂"。④大夏大学历史社会学系开设历史研究法，"为有志作高深之研究或充当历史教员者而设"，内容包括历史之意义及目的、过去史学界、"史料之种类、史料之搜集、史料之鉴别、史事之比较"等。⑤厦门大学历史社会学系开设历史研究法，先讨论怎样收集材料及其他预备工作，再讨论怎样进行分析的工作，如考订版本、调查作者、类分史料、解释文句、辨别诚伪程度、断定个别事实，然后讨论怎样进行综合的工作，如编比之条件、推论之方式，以及著述的标准。⑥凡此种种，有一个共同取向，即重史法轻史观，与那时国际史学界取向颇为同调，"西方近时之言史学者，尤以客观为尚，故多舍义而言法，且视史法几与自然科学方法无异"。⑦

① 《中央大学史学系选课指导书》(1933年)，第106页。
② 《各院科目及预科课程》，《中国公学大学部一览》(1930年度)，第43页。
③ 《各学院课程指导书》，《国立北平大学一览》(1934年度)，第71页。
④ 《文学院一览》，《河南大学一览》(1930年度)，第90页。
⑤ 《文学院课程》，《私立大夏大学一览》(1933年度)，第46页。
⑥ 《私立厦门大学文学院一览》(1936—1937年度)，第51页。
⑦ 陆懋德：《历史研究法·序》，立达书局1933年版。

近代中国史家讲史法，分土法和洋法，前者以姚永朴《史学研究法》（1912 年）和张尔田《史微》（1914 年）为典型，对中国近代史学影响甚微；后者分德国伯伦汉和法国瑟诺博司两派，在中国皆有传承。一般史家论史法不会固守一家之说，尽量收众家之长，但取法也有侧重之别。胡适、梁启超、傅斯年、何炳松、杨鸿烈、陆懋德讲史法似更偏向法人，重在辨析史料，几乎不谈史学辅助科学，更不谈历史哲学；而黄人望、李泰棻、柳诒徵、李季谷、吴贯因、姚从吾、张贵永等，则重视史学辅助科学，①主要受坪井或伯伦汉的影响。伯伦汉史学强调史法与史观兼顾，而他被中国史家所接受的，却是有关史料学的史法，这也是他在西方史学界被普遍赞誉的部分，透过课程设置，深刻影响中国近代史学的专业化。②二十世纪三四十年代，“史学概论”“史学方法”性质的著作，如卢绍稷《史学概要》、李则纲《史学通论》、罗元鲲《史学研究》、杨鸿烈《历史研究法》、齐思和《史学概论》、陆懋德《史学方法大纲》，“国内史学方法的名著，那一本曾脱却 Ranke 的史学方法论的范围”。③所

---

① “研究史学，常有赖于他学，如古文字学、谱牒学、年代学、舆地学、纹章学、古泉学等，皆有直接关系者也。他如言语、法律、地质诸学，其关系亦不在少。若不得此等学科之助，则其所研究者，必不能望其真确。”（李承廉：《史学方法论》，《江汉学报》1933 年第 1 期）

② 胡昌智认为：“国人在 1920 年代及 30 年代对科学的崇拜，当时我国学者，不论是留学德国的或在国内的，他们接触德国刊行最广的这部史学方法作品时，所注重的毋宁是考证方法，以及自然环境与社会心理取向等科学性的、实证的历史解释，而不是有宗教内涵的、政治理念的历史主义式历史解释。”（胡昌智：《译介朵伊森书评〈提升历史学成为一门科学〉》，《台大历史学报》2013 年第 51 期，第 185 页，注 10）

③ 朱谦之：《文化科学的方法论之一——现代史学方法》，《朱谦之文集》第 2 卷，福建教育出版社 2002 年版，第 211 页。

谓“Ranke的史学方法论”，即指伯伦汉、朗格诺瓦、瑟诺博司诸氏的史学方法著作。

1937年3月上海商务印书馆出版中译本《史学方法论》（三册，陈韬译），版权页显示“*Lehrbuch der Historischen Methode*”，[①]没有其他任何说明文字。经比对，中译本依据的底本系增订之后的1903年版*Lehrbuch*，不是最初1889年的版本，也不是流传最广的1908年版，删除了大量注释、序言，正文亦有节译。若就译文相似程度来判断，陈韬译本与小林译本或有一定的渊源，但两者是什么关系，有待进一步研究。此外，有关译者陈韬，[②]以及策划中译本的相关历史细节，我们所知也很有限。

商务版《史学方法论》出版后，最初十余年似毫无反响，被学人提及仅寥寥几处，[③]笔者以为有三方面的原因：其一，译文质量不高，姚从吾批评“不甚明白”，杜维运更谓之“天书”，[④]影响读者的积极性。其实，民国史学译著，既忠实于原著，译文又可读者，极为罕见。常见的情形则是随意裁剪割裂原著，删除注释图表，节译正文，损之又损，译本与原著差距甚大。加之不少译者本身外语、国文水平有限，缺乏专业知识，译文难免不堪卒读；其

① 《万有文库第二集目录》第14页标注陈韬译的书名是“《历史方法论》（Bernheim：*Lehrbuch der Historischen Methode und der Geschichtsphilosophie*）”。

② 陈韬似为职业翻译者，尚译有《少年维特之烦恼》（中学生书局1934年版）、《科学典范》（K. Pearson，*The Grammar of Science*）。

③ 李絜非：《论历史的概念及其趋势》，《东方杂志》1946年第42卷第4号，第56页。陈训慈、沈嵩华编著《历史》下册，正中书局1946年版，第336页，列陈韬译《史学方法论》为参考书之一。

④ 杜维运：《西方史学输入中国考》，《与西方史家论中国史学》，台北东大图书股份公司1981年版，第328页。

二，时值抗战爆发，发行渠道或受阻，流通不畅，多数学人或根本不知道有中译本，像推崇伯伦汉的姚从吾居然也不知，颇能说明中译本最初读者甚少；其三，作为西方史学方法论经典教科书，在“五四”之后中国史学界热衷谈论方法的时代，伯氏著作本应早早译成中文出版，发挥它更大的作用，但令人遗憾的是，让法人《史学原论》占了先机，它不仅较早有英译本、日译本、中译本，而且得到中国学界领袖胡适等人的推崇，不少中国史家师从 Seignobos，使此书在中国史学界极为风行。此外，坪井九马三《史学研究法》从清末以来一直有不少中国读者。F. M. Fling 的 *The Writing of History*（1920 年）在中国史学界也很流行，曾有两种中译本，作者承认受益于伯氏史学方法著作，但他也取史法舍史观。中国史学界前期经过这些中外著作（包括中国学者编写的史学方法著作，如梁启超、何炳松等）的洗礼，伯伦汉史学理论对中国读者来说已缺乏新鲜感，所以 1937 年中译本问世后，没有发现一篇书评，也没有发现哪个学校以中译本作为课程参考书，多少说明这本汉译名著来得太迟了。

《史学方法论》虽在国际史学界享受有盛誉，不少通德语的中国学者积极推介之，但事实上它在中国的译介之旅颇为曲折。首先，就内容来说，《史学方法论》经过多次修订，篇幅达八百余页，又是一本理论性著作，即便是通德语者，恐怕没几人能尽读。中国学者更喜读伯氏小书 *Einleitung*，如傅斯年、姚从吾、陆懋德、张贵永等曾以之为教学参考。日译本于 1922 年出版后多次再版，同样受中国读者欢迎。1940 年代，国立编译馆临时编译员李述礼曾

翻译 *Einleitung*。[①]他是留德学者，据德文译成中文，书名译为“史学纲要”，[②]据黎东方说，由重庆正中书局出版，在排印中，不知何故，最后没有问世。有些大学历史系史学方法性质课程，虽列德文本《史学方法论》为参考书，但彼时学生是否能找到书、多少人有能力阅读，以及又有多少人愿意阅读，这些都大成问题。[③]更多时候学生只是在课堂听老师讲解，或阅读讲义，如姚从吾编《历史研究法》，对伯氏史学略有认识。总之，《史学方法论》虽在中国史学界知名度很高，但真正阅读过的人应属少数，相对而言，*Einleitung* 及其日译本更易被中国读者接受。

其次，伯氏史学在中国传播受阻，与他的著作没有英译本（日译本出现亦晚）有莫大的关系。一般中国学人通德语者少，通英文者多，彼时西方史学理论著作，如 Robinson（*New History*）、

① 李述礼（1904—1984），广东人，早年参加革命。1921 年考入北京大学。1926 年参加中国共产党。1929 年毕业于北京大学国文系。毕业后做了大量的德文著作翻译工作，其中有德·波林《战斗的唯物论》、瑞典地理学家斯文·赫定《伟大的旅程》《长征记》《埃佛勒斯峰》《亚洲腹地旅行记》等。因德文译著成绩斐然，获得柏林大学的奖学金，1936 年取道莫斯科抵柏林大学。1938 年离开柏林回到重庆，担任《中苏文化》杂志编辑。

② 《国立编译馆工作概况》（1940 年 11 月），第 11 页。按，李述礼译稿藏南京中国历史第二档案馆。

③ 1938 年《暨南大学图书馆劫余书目》（下）西文之部第 110 页，有伯伦汉 *Lehrbuch der Historischen Methode*。按，笔者曾检索现今中国各大学图书馆藏伯伦汉史学方法著作情况如下：北京大学图书馆有 1908 年版《史学方法论》、1920 年版和 1926 年版《历史学导论》，清华大学图书馆有 1908 年版《史学方法论》，北京师范大学图书馆有 1903 年版《史学方法论》、1935 年版日译本《历史学导论》，南开大学图书馆有 1908 年版《史学方法论》，南京大学图书馆（前身中央大学）有 1908 年版《史学方法论》、华东师范大学图书馆有 1922 年版日译本《历史学导论》。

Langlois and Seignobos（*Introduction to the Study of History*）、Nordau（*Interpretation of History*）、Seligman（*Economic Interpretation of History*）、Woodbridge（*The Purpose of History*）、Vincent（*History Research*）、McMurry（*Special Method in History*）、Fling（*The Writing of History*）诸氏英文作品，皆为中国学人所喜读，[①]其中 *New History*、*Introduction to the Study of History*、*Economic Interpretation of History*、*The Writing of History* 较早译成中文出版，流传广泛。此外，由于时代关系，中国近代学人通日文者颇多，许多学者透过日文世界接触西学。伯氏著作日译本出现亦甚晚，随之也影响他在中国的接受程度。

最后，民国史学译业乏善可陈，急功近利，趋易避难，大部头著作不愿译，难度大者亦不在考虑之列，导致国际史学界公认的一流著作大多未及时译介到中国，而二三流或通俗性作品，国人竞相译之。像坪井《史学研究法》这本五百余页的著作，被时人裁剪割裂成五十页讲义，经典实例被拆解，供人们随意重组，却无人愿意完整翻译。伯氏《史学方法论》是一部体大思精的著作，七八百页，内容繁复，不易翻译，哪怕是在大谈方法的 1920 年代，如此大部头的著作，也令译者望而却步。等到 1937 年出版中译本的时候，中国史学界对此书已无多大刚性需求。1930 年齐思和意识到国人对史学理论之幼稚，出人意表，建议："为今之计，欲提倡新史学，苟学识尚未成熟，莫若先从事翻译工作，将西方名著，择要

---

① 王庸：《欧史举要》，《史地学报》1921 年第 1 卷第 1 号。张其昀：《刘知幾与章实斋之史学》，《学衡》1922 年第 5 期。

介绍于国人。此虽无著书之名，然犹愈于不知而作者乎？至其贡献，必远非疏陋荒谬之著作所可同日而语，此则又可断言者也。”①民国史坛在史学理论领域没有留给后人多少可值得称道的遗产，不能不归咎于时人好著轻译的结果。

① 齐思和：《评十九年出版各家史学新著》，《国闻周报》1931年第8卷第4期。

第四章　朗格诺瓦、瑟诺博司《史学原论》

全球历史学的专业化过程中，1897 年法国朗格诺瓦（Ch. V. Langlois，1863—1929）、瑟诺博司（Ch. Seignobos，1854—1942）合著的《史学原论》（*Introduction*），[①]风行欧美，被誉为“英文中讨论史法之唯一名著”，[②]译介到世界各地，对各国史学专业化起到积极的推动作用。此书三百余页，简要阐述治史之步骤，使治史者有法可依，不仅是“法国几代学生学习史学方法的标准教材”，[③]而且在中国风行了近半个世纪。*Introduction* 所立下的规则，沉淀于专业史家的日常实践，构成了中国近代史学的方法论基础。不论国际学术界还是中文世界，既有研究对此书关注很不够。本章拟对此书的写作缘起、史学思想及其在中国的影响，作深入全面的

① 法文书名 *Introduction aux Etudes Historiques*，1898 年 G. G. Berry 译成英文 *Introduction to the Study of History*，简称 *Introduction*。中译本书名《史学原论》，系李思纯译，今从旧。本章引用的译本是余伟的新译本《史学原论》（大象出版社 2010 年版），简称“余伟译本”。

② 何炳松：《历史研究法·编者导言》，商务印书馆 1928 年版，第 8 页。

③ ［美］伊格尔斯著，赵世玲等译：《欧洲史学新方向》，华夏出版社 1989 年版，第 52 页。

探讨。首先尝试说明 *Introduction* 与时代需求的关联性。以瑟诺博司的生平为主轴，叙述法国在普法战争之后以教育革新强化国力的作为。在瑟氏积极参与的历史教育制度改革中，出现了历史方法学的需求，*Introduction* 是配合他推动制度改革而产生的著作；其次分析 *Introduction* 史学思想特色，将从四个方面说明：（1）以人物解释社会结构的演变；（2）怀疑精神与对社会科学的态度；（3）历史学的主观性与科学性；（4）实证主义与非实证主义之间的史学思想。最后，钩沉相关史料，集腋成裘，以期说明此书在民国史学界受与拒的具体情形。

一、成书缘起

Introduction 作者之一瑟诺博司 1854 年出生在法国南部阿迭协河域一个小镇。①理性的休京诺（Huguenot）基督新教背景，加上父亲从政所持的中间偏左的政治立场，塑造了瑟氏一生思想活泼、据理力争、好辩的个性。十九岁时他先进入巴黎大学法律系，一年后，1874 年转到高等师范学院（École normale supérieure）历史系，②跟随两位老师：古朗士（Numa Denis Fustel de Coulanges，

---

① 1987 年荷兰来登大学伯尔（Pim Den Boer）的博士论文 *Geschiedenis als beroep. De professionalisering van de geschiedbeoefening in Frankrijk 1818—1914*，Arnold J. Pomerans 译成英文 *History as a Profession: The Study of History in France 1818—1914*，Princeton，1998. 简称“Pomerans 译著”。其中瑟诺博司传六页（第 295—300 页），以法国十九世纪历史教育为背景。

② 高等师范学院是法国大学之外的精英高等教育机构之一，当时每年仅收二十名学生。

1830—1889）和拉威瑟（Ernest Lavisse，1842—1922）。前者在智性上终生引导、挑战着他，后者赋予他现实社会中的使命，携手共创事业。

个性羞涩的古朗士也出身于高等师范学院，不满六十年的生命，却成为学术界后辈的导师。①他崇高的地位不是因为曾经担任高等师范学院院长而获得，而是来自他面对学术的观念、严谨、原则与纪律。他为史学耗尽一生心血，所留下未竟的作品，成为学术的典范。②古朗士没有方法学及理论的著作，所有典范性的概念与方法都落实在他的作品，偶尔也散见在著作的反思部分，譬如序文或导论。

古朗士的博士论文《古代城市》（1864 年）承续着孟德斯鸠对风俗、制度的研究传统。他的研究始于怀疑，书本上习以为常的说法都在他质疑之列，譬如“罗马人发明民法”。他自问既然罗马人有民法的需求，难道在他们之前的人们以及其他城市的人们没有类似的需求以及相关的规定吗？对他而言，法律及政治制度都是人们内心道德与秩序需求的落实，而道德需求也植根于宗教，并藉宗教仪式与节庆活动表达出来。若要了解罗马人的民法，研究者必须追溯到他们的宗教、风俗以及之前希腊人的习俗，并且从原始文献中察看它们的关系及演变过程。他以宗教、风俗、法律、政治制度等整体社会行为观察古代城市，而且是以长时段的观点、以把时间拉

① 古朗士的传，参见 Tourneur-Aumont，J. M.，*Fustel de Coulanges*，*1830—1889*，Paris，1931. 瑟诺博司撰写序言。中文方面，李璜《法兰西近代历史学》（《少年中国》1921 年第 3 卷第 6 期，第 1—12 页）对古朗士有所介绍。

② “在今（法国）历史学界里，也是他的势力最大。”上引李璜文，第 10 页。

长的方式观察它们。①

在《古代城市》里，他表现出对历史研究对象以及历史研究方法清晰的信念，也贯穿于他晚期的著作。1875 年《罗马的高卢》是他成名的经典作品，它是古朗士构想中《古代法国政治制度史》系列之下的第一部作品。②1888 年完成《法兰克王朝》，过世当年即 1889 年出版的《墨洛温时代封地及辖区》是该系列的第三部著作，1891 年出版的遗稿《日耳曼入侵以及帝国的结束》是他过世前亲自整理的最后一部作品。③对古朗士而言，历史研究的对象是社会机构以及社会中人们的集体活动，包括法律的、经济的、物质与精神习俗等机构与活动。在他的观念里，“历史学”与当时新潮的概念“社会学”没有差别，都是对制度及人群的研究。④他在《墨洛温时代封地及辖区》导论里说：“历史是处理社会事实的科学，因此它就是社会学。”⑤个人行为以及个别事件不是他关注所在。他曾说事件总是不易完整呈现，不如制度有多方史料可将它重建并加以证实。

方法学上，古朗士在写作《古代城市》时，不看当代人有关古

---

① 他古代城市研究的自述，参见 1862 年他在史特拉斯堡大学的就职演讲“科学的史家之信念”。参阅 Fritz Stern 的英译文“The Ethos of a scientific Historian”，Fritz Stern (ed.)，*The Varieties of History*，*From Voltaire to the Present*，Macmillan London，1956，pp.178—188.

② 系列名称：Histoire *des Institutions Politiques de L'Ancienne France*。

③ 古朗士系列中另两部遗作由 Camille Jullian 整理出版，分别有关封建起源以及加洛琳王朝。

④ 古朗士是社会学开创人之一涂尔干（Émile Durkheim，1858—1917）的老师。涂氏 1877 年入学，当年瑟诺博司毕业。

⑤ Fustel de Coulanges，*L'Alleu et le domaine rural pendant l'époque mérovingienne*（《墨洛温时代封地及辖区》），Librairie Hachette，Paris，1931，Introduction. 原文为：“L'histoire est la science des faits sociaux，c'est-à-dire la sociologie même.”

代城市的著作，只看第一手文献。他不希望后人所使用的方法及概念影响他对资料的理解，他要直驱源头，直接接触原始文献，以不带偏见及不预设立场纯然的心智仔细地推敲文献。①《古代城市》杰出的成就正在于它的论述完全奠基于被前人所忽略的文献之上。多年后在《法兰克王朝》的序言里，他说："在我所有研究中我一直实践着三十五年以来同样的方法。这方法包括三个规则：直接地研读文献到最细微的地步，也只读文献；只相信有证据显示的；最后，果决地把错误方法养成的现代观念从过去历史中去除掉。"②伯尔描写他的生平时，将他定位为法国十九世纪史学的精神导师（An Intellectural Leader），他说：古朗士开创了一切以文献为依归的新史学。③

瑟诺博司在高等师范学院跟随古朗士四年，除了历史学研究对象与方法学之外，后者系统性思考方式以及怀疑精神对他有终身的影响。古朗士有"隐藏不住的追求系统的念头"，这是 1869 年普法战争前一年他还在史特拉斯堡大学任教时，教育督学给他的评语。非常巧合的是，1882 年作为他的学生瑟诺博司的博士论文获得的

---

① 知识论上他与兰克希望能在史料前自我消融，让文献自己讲话态度一样，甚至更坚信能够如此。

② 古朗士的原文："Dans ces recherches, je suivrai la meme methode que j'ai pratiqute depuis trente-cinq ans. Elle se resume en ces trois règles: etudier directement et uniquement les textes dans le plus minitieux détail, ne croire que ce qu'ils démontrent, enfin ecarter de l'histoire du passé les idees modernes qu'une fausse methode y a portées." in Preface, *La Monarchie Franque*, Paris, 1922, p.2.

③ Pomerans 译著，第 244 页。伯尔说古朗士掌握丰富的史料，并以无比选择史实的能力打破了传统假博学的传统。李璜也说他"代表写实派的历史学家"（上引文，第 10 页）。

评语也如出一辙。①而在怀疑精神上，瑟氏更不只是承续古朗士，他在方法学上将它发挥到极致。他与古朗士一样，概念与用词非常明确，一切模糊的字汇都在怀疑及舍弃之列，隐喻、类比的词藻也为他终身所不取；不同的是，瑟氏从文献考证的怀疑精神进一步走向对所有社会科学怀疑的立场。②

1877 年瑟氏毕业后即前往德国游学。在 1881 年他的德国留学游记中多处表达接受历史主义强调发展与演化的倾向，这些信念融入了他的世界观，注入了他从古朗士承袭的系统思考之中。1887 年发表在《哲学评论》一篇论文中，瑟氏从心理学角度剖析文献形成的心路历程。他强调文献记录者的心理状态在研究者对史实了解中占关键地位。③这样的学术立场背离了古朗士不看重个别

---

① Pomerans 译著，第 297 页。瑟诺博司系统化的倾向也呈现在文献史料的分类上，伯伦汉曾指出他在 *Introduction* 中所做的文献系统分类是不必要的。伯伦汉在 1903 年《史学方法论》（*Lehrbuch der Historischen Methode und der Geschichtsphilosophie*）第三版修订版中开始引用及讨论 *Introduction*。他同意瑟氏将人类行为做系统的分类，并藉以替史料归类，但他指出瑟氏自己也知道：人类行为可以无限地细分。因此伯氏建议历史研究者该有所取舍，并与相关学科合作（参见 1903 年版 *Lehrbuch*，第 510—515 页）。同时，系统性的章节细目也呈现在瑟氏《历史学方法于社会科学之运用》（*La méthode historique appliquée aux documents des sciences sociales*，Paris Félix Alcan，1901）书中，成为其特色之一。

② 详见本章第二节。

③ Seignobos，“Conditions psychologiques de la connaissance en histoire”（《历史知识的心理学基础》），*Revue Philosophique*，1887，p.28. 他总结说：“L'histoire est surtout une application de la psychologie.”（历史学是心理学的一个运用〔项目〕）瑟诺博司对一份文献产生过程中观察者细微的心路历程以及文字符号的意义做了非常详细的分析。历史文献隐含着大量的心理成分，研究者在进行史实真实性考证以及进行解释工作时必须面对这些心理现象。这篇 1887 年论文可视为是 1897 年普及方法学的 *Introduction* 的理论基础。

事件的基本信念。更明显的，1897 年他在 *Introduction* 从方法学上具体说明历史个别人物在历史发展中的作用。[①]综观而言，瑟氏 1880 年代以后的论文与专书显示：他从古朗士承袭的精准学术精神与他追随拉威瑟在历史教育上的投入，两者发生了冲撞。对现实社会中历史教育的关怀与对历史中人物活动的重视交织在一起，让他背离了古朗士无视历史中个别事件的态度，并采取了跟古朗士将知识与研究者的社会关怀截然分开的不同立场。[②]瑟氏在两位老师之间塑造了他自己独特的史学思想。

在高等师范学院中另一位深刻影响瑟诺博司，而且长期在职业生涯中提拔他的是拉威瑟。如伯尔所述，拉威瑟具有组织与行政长才而非智性的导师，他比瑟氏年长十二岁，也是高等师范学院毕业生。年轻拉威瑟的才识被同学赫赫有名的父亲杜儒义（Victor Duruy，1811—1894）所赏识。杜氏与当时复辟王室拿破仑三世家族关系密切，1863 年他以高等师范学院担任讲师时被任命为教育部长，所辖的不只是狭义教育的事，被称为超级部长。上任后，他聘任刚以最高等毕业文凭（agregation）毕业的拉威瑟为部长私人秘书，协助他推动教育改革的工作。[③]杜氏推动各级教育机构的改革，他要将教育的决定权从天主教的掌控中夺取过来，完成教育国

---

① 参见 *Introduction* 第三卷第十四章通式的建构。

② 古朗士坚持："爱国心是美德，历史学是科学，两者不可混淆。"（"Patriotism is virtue and history is science, and two should not be confounded"，见上引 F. Stern 书，第 178 页）

③ 历史系通过这项考试毕业的获得头衔 agregé d'histoire。1874 年至 1883 年凡十年间全国共有 95 人获得此头衔，1884 年至 1893 年有 130 人获得此头衔，1894 年至 1903 年有 137 位学生获得此头衔。

家化，以教育强化民族国家。在小学义务教育方面，他提高教师薪资及其社会地位，将历史与地理纳入课程。①中等学校也强化哲学、历史与地理的课程。高等教育相对应的改革是历史师资的培训。杜儒义创立高等实践研究院（École pratique des hautes études），以培训研究人员为目的，弥补一般大学教育中完全没有研究训练的缺陷。拉威瑟的国家教育理念受到杜氏的影响，而这些教育理念，尤其是以训练研究提升师资、培养国力的基本信念，也传递给瑟诺博司。在此传承过程中，他们留学德国的经验也扮演着关键角色。

十九世纪下半叶，法国与德国大学教育中的研究取向，存在着极大的差异。与法国正好相反，当时的德国大学历史学充满着研究的激情，研究（Forschung）是史家强调的关键概念之一。早在十九世纪初的 1806 年，普鲁士败于拿破仑军下，在继起的全面改革运动中，教育方面，威廉·洪堡在 1810 年创立柏林大学。他揭橥“研究与教学合一”作为大学的新精神。兰克将第一部著作《罗曼与日耳曼族群史 1494—1514》献给普鲁士文化部高等教育处时，他请求的就是希望离开法兰克福的中学，调职到可以从事静心研究写作的岗位。兰克搭上了普鲁士鼓励研究的大学政策的“早班车”。兰克在柏林大学执教的第一年（1825 年），在饶莫尔建议之下，他开了研究实作课。这类在当时大学中非正式、少有的实作课，兰克于担任教师一开始，就将它承袭着，②而且在接下来的生涯中，将它提升为全德意志历史研究的典型课程。

---

① 参见 Pomerans 译著，第 281—286 页，拉威瑟传。

② 参见本书第一章第二节。

兰克在柏林大学对街巷道内租的房间，他说像学生时代一样的简单，聚集了对历史有热情的学生，进行私下的实作课。一如在莱比锡大学求学时代，由学长史添策引导他阅读中古时代的文书，此时，兰克也以前行者的角色做着历史研究的启蒙工作。根据兰克学生的回忆与追述，上课的学生各选择一个历史人物或事迹，阅读相关的史料，追究它们的真实性，提出论证，与同学共同讨论，或由一位同学讲评。兰克以平等的身份参与实作课，但遇到杰出的报告，譬如布克哈特的报告，他会争着担任评论工作。①个性内敛的兰克，在大家一起破解一个流传长远的错误史实时，他也会纵声欢呼。他给家人的信说，上实作课给他带来快乐，他与学生们一起塑造着研究的气息。

兰克的实作课在学界里逐渐有了名气。1837 年德罗伊森带着敌意地称呼实作课与其中的学生为“兰克学派”（Ranke Schule 或“兰克学校”）。②事实上，参加实作课的学生，在成长过程中透过自由选题，亲自分析史料，察看它的外观与文字内涵，彼此检验所做的论述，令他们沉浸在共同塑造的研究情境中。而且新旧学生不断重叠延续，在每学期五到十人的密切相聚中，他们共享求真的目

---

① Guter Berg, *Leopold von Ranke als Akademischer Lehrer*（《作为学院老师的利奥波德·冯·兰克》），Göttingen，1968. 第 A 卷第二章“兰克与其教学”（Ranke und seine Schule）其中第一小节叙述研究实作课（Das Seminar），第二小节叙述讲演课（Besuch der Vorlesungen）。

② 上引 Guter Berg 书，参见第 53 页注。Berg 认为这是“兰克学派”一词的首度出现。1910 年兰克孙辈史家连兹（Max Lenz，瞿贝尔的学生）的《历史研究实作课》（“Das historische Seminar”，*Geschichte der Universität Berlin*，Bd. 3，S.247—260）对这门课制度的演变有清楚的说明。他从 Übung 的名称走向 Seminar，从个人的课程走向历史系的代称，成为全德国哲学院里的独立组织，其中描述兰克早期实作课上课的情形。

标，交流有效、合理的史料批判方法。威次在1867年回忆兰克研究实作课说，他们分享的精神是批判、精准与钻研（Kritik, Prezision und Pernetration）。①他也说，研究就是批判。他计算三十个学期，兰克一共成就了145位历史学者，他们是一个研究求真的学派。兰克本身也称呼它为"历史家族"（historische Familie）。②在两次历史委员会面临存亡危机时，他在给担任执行秘书的昔日学生吉泽布瑞希特（F. Giesebrecht）信中，屡屡提及"我们的学派"。③晚年口述自传中，兰克甚至视这个群体是一个文学的家族。1885年瞿贝尔在兰克九十岁祝贺文中更称呼遍布全国各地的兰克学生代表的是"德国学派"（Deutsche Schule）。④

兰克终身没有历史方法学的专著，在实作课里教的就是他的方法学。布克哈特开始参加兰克的实作课时，他说课程里不一定能马上得到什么结果，但这门课"极有助益，到现在我才感受到一点什么是历史方法"。⑤布克哈特表达得很精确：兰克的研究实作课就是他

① Georg Waitz, "Die historische Übungen zu Göttingen, Glückwünscheschreiben an Leopold von Ranke zur Tage seines Fünfzigjährigen Dokterjubilium"（《哥廷根的历史实作课，兰克博士五十周年贺文》），20 Feb., 1867. 该文共12页，引文出自第3页。

② 上引M. Lenz书，第250页。

③ 参见本书第一章第五小节"与巴伐利亚国王的情谊成就了兰克学派"。1870年7月3日兰克致威次信用词为"我们的历史学派"（...unserer historischen Schule）或"这个历史学派"（die historische Schule），见《兰克全集》第53—54册，第492页。

④ 参见本书第一章第六节，Conrad Varrentrapp（Hg.），V*orträge und Abhandlungen von Heinrich von Sybel*, Leipzig, 1897, S.290—308.

⑤ 上引Guter Berg书，第55页。布克哈特说实作课"grossen Vorteil davon; jetzt erst ahne ich etwas von historischer Methode"。

的历史方法的具形。研究取向的实作课培养出的整个学派，就是史料批判及运用求真方法的学术团体。当1867年威次回忆实作课并祝贺兰克时，这个团体还在活跃地向前迈进。威次在哥廷根大学担任教授做出众目所瞩的成就，他在哥廷根所做的，就是把一手从兰克那里收到的再以另一手施之于他自己的学生。在贺文中，他以尊崇的语气说：称自己的学生为兰克的“孙辈学生”（Enkelschüler）应不为过。

这里，我们应强调，充满研究激情以及有内在凝聚力的兰克学派，它呈现兰克史学的一部分，是他从事的史料考证的部分。兰克长年的研究实作课，是方法学中批判史料与检验真伪的群聚。而兰克的史学思想——大学的讲座课中，以及在等身的著作所呈现的历史解释与宏观的历史看法——这些都完全不存在于实作课中。我们强调，从实作课成长形成的兰克学派，与兰克的史学思想，它们是两个不等同的概念。①

1868年，威次祝贺兰克获得博士学位五十周年的第二年，23岁的法国年轻史家莫诺德（Gabriel Monod，1844—1912）到德国哥廷根大学，参加威次的实作课，成为兰克的孙辈学生。威次

① 瞿贝尔作为兰克弟子，盛赞兰克带出一个学派，但他本人提出的历史解释与兰克大不相同，被称为普鲁士学派。同样的，布克哈特作为兰克的学生，接受兰克方法学的训练，但所呈现出的文化史取向历史解释，对国家权力在历史中负面的定位，与兰克大相径庭。所谓的兰克学派从它的形成而言是与研究实作课相结合，而基础正是实作课中的史料考订。兰克与布克哈特对权力认识的极端差异，在二战后曼乃克的反省中被提出。F. Meinecke，*Ranke und Burckhardt*，in *Deutsche Akademie der Wissenschaft zu Berlin*，*Vorträge und Schriften*，Berlin，1948. 兰克学派成为史料考证的学派，这现象Ottokar Lorenz（1832—1904）以奥地利人的局外人观察提出，兰克史学中对全面的历史解释这巨观的精神被德国学界忽视、误导。参见Ottokar Lorenz，*Die Geschichtswissenschaft in Hauptrichtungen und Aufgaben*，Bd. 2，Berlin，1891，S.59—60.

当时身兼《德意志史料集成》执行秘书以及历史委员会（Historische Kommission）委员，学识与视野极为广大。如伯尔所说，威次的实作课深深地影响莫诺德，后者终身的教学都在培养学生从事史料批判，而自己更运用“德国所传授的历史考证学重写法国中古史”。①

时局遽变，1871年普法之战法国战败，皇室逊位，帝国改组为共和国。拉威瑟彗星般的职业生涯也告终止。在莫诺德的建议下，他前往哥廷根大学进修养晦，参加威次的实作课，接受其指导。在两年沉潜研究的基础上，1875年他完成博士论文《普鲁士王朝的源始与布兰登王室的兴起》。②论文研究目的在于探究普鲁士成功的根源，他说一个人若不了解一段事情的根源，就无法真正掌握该事。他的普鲁士研究不是为研究而研究，而是为了了解这个羞辱法国的敌人到底是怎样的一个新兴国家。拉威瑟对德国的历史教育充满嫉妒与敬意，在他后来重返教育改革工作岗位时，期望法国能透过历史教育从灰烬中再度兴起，他不断以“打败德国人”来形容他努力推动历史教育改革的目标。③

拉威瑟凭藉这篇带有强烈叙事情绪而又杰出的论文进入高等师范学院担任讲师。他承续着德国兰克、德罗伊森以来的写作传统，在高等师范学院展开与古朗士迥异的教学风格；而瑟诺博司的历史

---

① 上引伯尔书，第286页。

② *Étude sur l'une des origins de la monarchie prusienne ou la marche de Brandenbourg sous la dynastie ascanienne*, 1875.

③ “combattre les allemands”（打败德国人）用词出自Lavisse，“La Réforme du concours d'agrégation d'histoire”，*Revue universitaire*，3，1894. 引自Pomerans译著，第217—218页。

写作也受到拉威瑟的影响，在严谨的文献基础上不乏对人物的激情描述。1881年拉威瑟又出版成名作《青年腓特烈大帝》，他从心理学的角度细腻描写腓特烈·威廉一世的个性。因为拉威瑟熟悉普鲁士历史以及他与政界紧密的关系，一度谣传他将接受派任驻德国大使。但拉威瑟强调他终身的志业是改革法国的历史教育，要让国民热爱法国。1903年他被任命为高等师范学院院长，肩负推动历史教育改革的重任。在这之前拉威瑟就已经是巴黎学界最具影响力的领袖，任何人事案都必须经由他同意。

1874年到1877年瑟诺博司就读于高等师范学院，后面两年他跟随着拉威瑟。1877年瑟氏也以最高等毕业文凭完成学业，在老师们的推荐下获得前往德国哥廷根、莱比锡、柏林、波恩等大学的三年奖学金。在面对普鲁士德国大学历史教育时，瑟氏也有与老师们类似的复杂情绪。1881年回国后，他发表游学报导《德国大学的历史教育》，这是他当时历史教育思想的记录。①这篇报导与十三年后即1894年的大学历史教育改革有明显的一贯性，它显示这位年轻的法国历史学家、教育家，他面对德国的嫉妒、羡慕情结与所做的判断。瑟氏在后来的教育改革中，将兰克模式的实作课程，嵌入法国的大学历史教育中，同时带着批判的立场，撰写 *Introduction* 作为实作课的手册。回顾之后的教育改革，这篇留学报导与 *Introduction* 之间有紧密的关联。

《德国大学的历史教育》(37页）报导分为八章：教育的对象、

① 瑟诺博司留学报导的标题是 L'Enseignement de l'histoire dans les Universités allemandes，发表于年刊《教育学国际评论》(*Revue Internationale de L'enseignement*，1881年创刊于 Paris，简称“评论”），第563—600页。

教授教师、历史教育的位阶、历史教育的形式、辅助科学、图书馆、考试、历史教育的一般性质。

第一章两页，说明德国来自文法中学的学生都有良好的古典语言学基础。与法国不同的是，除了大多数以担任中学教师为目标之外，德国许多学生立志做研究。学生没有学业及毕业年限。第二章五页，说明德国教授的工作以研究为主，教学占其中较小的一部分，自由主义的政治倾向曾在 1848 年国会中有很大的影响。系里除了讲座教授，另有编制外教授、待业教授。每所大学阵容不一，柏林、莱比锡等大系有八位正教授担任讲座教授，其他波恩、哥廷根有四名正教授，格莱斯瓦德、弗莱堡仅有两位正教授。教授薪资不高，待业教授生活更为拮据，但是仍然有许多学生决定走研究之路。他说："这岂不显示德国人对历史学无可置疑的品味吗?"①第三章"历史教育的位阶"，在短短的两页中，他指出历史学成了德国所有学科的基础，德国历史学的思考方式提升了所有其他道德科学（人文科学）的质量，不论宗教、哲学、法政制度、语言、经济行为都必须放在发展的观点下来了解，他以肯定的口气说："不知道曾经如何，就是对现状的无知。"②瑟氏感受德国历史主义的思潮，认识到那里把一切现象都历史化的思维方式，已渗透到整个生活中，成为普遍的文化现象。1901 年他《历史学方法于社会科学之运用》一书反映出的正是这个感受，强调所有社会科学都必须使用历史学发展的观点及方法。

---

① 原文"n'est-ce pas une prevue irrécusable du goût des Allemands pour les sciences historiques?"（《评论》，第 569 页）

② 《评论》，第 571 页。

第四章“历史教育的形式”，共十七页，几乎占全文一半的篇幅，报导德国大学中授课的情形。瑟氏提到德国大学中有演讲课与研究实作课（Seminar）两种授课方式。关于前者，文中完全没有说明，相反的，他聚焦于具有播种意涵，且将所有与课者视为对等研究者的研究实作课。他一一罗列所参与的各个德国大学研究实作课，并加以解说。1877 年他到波恩大学上了兰克的学生诺登（Carl von Noorden，1833—1883）的课。瑟诺博司留学生涯的第一步就踏入了兰克学术群体，成为兰克“孙辈的学生”。显然，瑟氏喜欢诺登的课，同年追随他去莱比锡大学。1877 年，正是兰普瑞希特从哥廷根伯伦汉门下转到莱比锡以诺登为博士指导老师的一年。①瑟氏此时在莱比锡与兰普瑞希特同一系并跟随同一位老师。他对莱比锡大学历史系的活泼及研究方向非常肯定，在这篇报导的最后总结部分，他回顾所见所闻，预言莱比锡将会是德国史学未来的中心。②在莱比锡大学，瑟氏也上了阿恩特（Wilhelm Arndt，1838—1895）的研究实作课。阿恩特是威次与兰克的学生，他的课以日耳曼法中的豁免权为题，使用 Conrad 的法律条文及加洛林颁布的宪章为材料做考证的练习与材料的解释。1878 年瑟氏转往哥廷根大学，在那里参加了伯伦汉指导教授魏泽克一个学期有关中古时代城

① 另一位指导老师为著名的历史经济学家 Wilhelm Roscher（1817—1894）。

② “普鲁士战胜后教授们又回归到纯学术里，人们可以感受到一个改革运动展开了，莱比锡似乎是这运动的中心。”（depuis la victoire de la Prusse，les professeurs sont rentrés dans la science pure，et l'on voit commencer un mouvement de réforme dont le centre paraît être Leipzig. 见《评论》，第 600 页）

市联盟的实作课。当时伯伦汉在系里担任待业教授，瑟氏在报导里没有提及伯氏及其所开的课程，我们相信后来彼此在 *Introduction* 及 *Lehrbuch* 相互援引的两人，在此地初识。①之后，瑟氏去了柏林，参加了尼契（Karl Wilhelm Nitzsch）的古罗马政治史实作课。

瑟诺博司用全文一半的篇幅，叙述在德国上研究实作课的情形，而他所跟随的老师，不论是诺登、阿恩特、魏泽克，或是最后的尼契，他们全部都是兰克的学生。这篇报告显示，他在德国留学三年密集接触的是兰克学派。之后，他执行历史教育改革，将实作课带入法国，同时撰写 *Introduction* 解说研究方法。从这两件事回顾，他讲述德国上实作课的留学报告里，已埋下了之后改革与写作的根源。

第五章他以一页半的文字介绍德国大学中的古文书学。这是瑟诺博司骄傲之处，因为这项历史辅助科学是法国先开启的。早在法国大革命后，王室与贵族所拥有的私人档案面临丧失及损毁的威胁。1825 年第二帝国设立国家文献学院（Ecole de Chartes），培养古文书学、档案学、目录学专家，并将档案保存及管理国家化。瑟氏叙述德国学生吉克尔（Theodor Sickel，1826—1908）在 1850 年代初从国家文献学院毕业，将所学带回德语地区，播下德国古文书学、证照学的种子。第六章"图书馆"，他用一页篇幅赞誉德国大

① 我们可以想象 27 岁精通法语的伯伦汉与 23 岁也精通德语的瑟诺博司的接触。两人往来正式见诸文字是：伯伦汉在 1889 年第一版《史学方法论》讨论历史学方法在各国的发展时提及瑟氏《德国大学的历史教育》，参见 1889 年版 *Lehrbuch*，第 175 页。

学图书馆有很好的藏书。他特别介绍了莱比锡大学和哥廷根大学历史系图书馆古文书学及证照学的书目。这些书目都是吉克尔将法国影响带回德国后的研究成果。第七章“考试”，瑟诺博司以两页半篇幅介绍德国大学的两种考试：一个是大学替国家执行的中学教师检定考试，另一个是大学本身的博士考试。前者赋予通过的考生中学教师的职位，后者考生只获得头衔而无职位。瑟氏借德国的例子为法国提供一个他山之石。他面对教师培育的立场与其师拉威瑟一样，认为中学历史教师必须如德国一样具有历史研究的训练，而非仅仅记诵一般历史知识与熟习演讲术。1881 年他对德国历史教育的认识，最终落实在之后他的改革方案中。

最后第八章总评德国大学历史教育。瑟氏认为德国的历史教育走上训练学究之途，学生的训练机械而枯燥，僵化了思想，与现实脱节。他认为，历史原是政治与社会生活之母，现在这个资源在德国完全被忽略了，历史知识支离破碎，没有像法国基佐（Guizot，1787—1874）、英国麦考莱大文豪史家一样，将一个民族的身、心与血整合起来。①瑟诺博司以一位年轻史家局外人的眼光，敏锐地察觉到，“兰克学派”在德国半世纪的发展中隐藏着问题。他着眼的不是专业化、方法学的问题，而是社会思想活力与对待现实生活思考能力的问题。报告中他说，在课堂中学问扎实的德国教授一旦面向群众发表公开论述，其言论都荒腔走板，有太多的政治玄思。他作了敏锐的判断，认为德国的历史教育缺少考证研究与政治玄思

① 《评论》，第 597—598 页。

中间的部分，即一个综合性通史的写作训练。①这看法也引导着他之后 *Introduction* 的写作。最后报告中他说，虽然有这些值得批评之处，但还是羡慕德国的历史学。②

这篇报导刊发表在高等教育协会发行的《教育学国际评论》创刊号。他的老师拉威瑟担任该协会的秘书长，实际推动整个教育改革协会的业务，包括这份历史教育改革号角的创刊。瑟氏以亲身的经历提供"先进的"德国教育榜样，同时又展现批判的能力，他期望法国未来新的历史教育具有提升民主政治意识的力量，而这力量，他认为来自方法学上史料批判与综合叙述的训练。

瑟诺博司在游学报导中羡慕、嫉妒与自傲的情结是容易理解的。当时普法战争结束才十年，一般人也都认为战争不只是军事上

① 瑟诺博司指出德国历史教授所发表的政治言论与他们严谨的研究态度无关。对待学生时是以完全学究的态度，而对其他人的政治言论则失去任何准则。"la philologie pour les étudiants du séminaire, la politique à l'adresse des autres, el est donc le vrai caractère de l'enseignement historique des Universités."（给研究实作课上的学生是语言学，给外人的是政治，这是大学历史教育的真性格），见《年刊》，第599页。瑟氏描写在研究与渲染的政论间史学家"有责任不糟糕地进行写作"。（余伟译本，第188页）

② "et si nous n'avons pas épargné au système de l'enseignement historique dans les Universités allemandes des critiques qu'il nous semble mériter, nous savons trop ce qui nous manque pour ne pas reconnaître que, tout compte fait, nous avons encore beaucoup à envier à l'Allemagne."（即使我们不留余地对德国大学历史教育多方面的批评——对我们有帮助的批评，但是我们也太清楚我们自己之所缺乏的，也不得不说，我们最后还是对德国有诸多的羡慕。）这是以敌为师及他山之石交错的情结。伯尔强调瑟诺博司游学期间对德国历史教育产生负面印象，这说法不够准确。（Pomerans 译著，第295—296页）瑟氏以敌为师的情结，他对德国历史教育中研究精神的敬佩，以及对渊源式思考方式的推崇，这些正面评价也协助我们了解他历史教育的改革方向，以及协助我们了解 *Introduction* 方法学的写作内容。

的失败，它代表着法国在教育、知识方面智性的落后。①事实上，德国与法国的大学教育在十九世纪存在着很大的差距，这项差距促使战后的法国开始挹注大量的经费展开教育革新。②但是，即使到二十世纪初，双方在大学教育的数据上仍然显示着明显的差距。1903 年德国 21 所大学文学院共有 836 位正教授，而同时期法国 15 所大学及高等教育机构文学院教授与讲师共有 354 人。1908 年法国有 6 000 名文学院学生，而德国则有 10 000 名。若以德国大学文学院的博士论文（Dissertation）与法国相当的高等研究学位论文（Mémoire）相比较，1906—1907 年德国有 681 篇论文，而法国仅有 186 篇。1907—1908 年德国有 740 篇博士论文，而法国只有 237 篇。1908—1909 年双方仍有 816 篇与 230 篇的差距，③这是法国经历了十九世纪末改革后已经有了明显成果之后的数据。普法战争时法国在大学发展方面落后的实际情形，是教育改革者尤其是莫诺德与拉威瑟等游学德国的教育家的亲身体验。拉威瑟在推动教育改革时之所以常用“打败德国人”这样的词句，正说明他的教育改革

① 伯尔提出拿破仑在十九世纪初击败普鲁士激起普鲁士的改革，包括威廉·洪堡的大学改革。（Pomerans 译著，第 153 页）

② Pim den Boer，“Vergleichende Historiographiegeschichte-einige Beobachtungen insbesondere zur Professionalisierung in Frankreich und Deutschland”，in M. Middell (Hg.)，*Historische Institute im internationalen Vergleich*，Akademische Verlagsanstalt，2001，S.135—148. 伯尔《比较史学史：德国与法国一些专业化的观察》一文，从制度、考试规则、知识面、期刊类别、专业人数等方面进行比较，指出到二十世纪初法国仍然落后。但是历史学与地理学合一的传统，让法国走向新的史学方向。

③ 德国大学文学院相关统计资料出自 Ferdinand Lot，“Statistique du personnel enseignant de facultés de philosophie en Allemagne”，刊于《评论》1909 年第 58 期，第 494—499 页。参阅 Pomerans 译著，第 217—221 页。

的目标，是以德国为追求与超越的对象的。

瑟诺博司在拉威瑟主持的教育改革中被赋予改革高等学院历史教育的任务。他希望藉助这项改革提升中学历史教师的素质，让中学毕业生在知识与民主意识上都有更高的水平。传统的法国大学除了1825年设立的国家文献学院以及1865年杜儒义担任教育部长时设立的高等实践研究院之外，十五所大学文学院以及高等师范学院都没有历史研究的训练课程，教授们除了公开的演讲之外，主要任务是协助学生通过教师检定的文学士证书（licences de lettres）考试，教授与讲师的课程到1880年代还是替学生准备考试，课程内容局限在传统考试题目框架中：包括古希腊历史与文学作品的翻译、法国文学的诠释等。德文里教学自由（Lehrfreiheit）的概念并不存在，个人研究没有纳入教学。即使是最高等毕业文凭考试，也直到1883年考生才能自选题目，被允许使用与问题相关的原始材料，考试仍然仅以口试方式进行，没有书面论文的要求。考试的目的在于测验学生对知识的记忆、组织以及他们的表达与演说的能力。瑟氏痛心地指出大学结业的文学士证书考试与高中毕业考试并没有不同，而更无法接受的是，一次毕业考试就决定学生职业生涯得以展开与否的命运。拉威瑟批评当时的现象是“教育不重要，考试重要”。①

除了将文学士证书及最高等毕业文凭考试内容从古典语言学、希腊与拉丁文转移到历史、当代史以及地理学之外，瑟诺博司推动

---

① “The examination is the master, the rule, the discipline”, “ Not education but examinations mattered”.（Pomerans 译著，第204页）

的最重大变革是 1894 年增设“学术研究证明”（Diplôme d’Études Supérieures）的学程与考试。这项两年的课程是以训练学生研究能力为目标：训练学生了解截至目前的研究成果，训练学生阅读文献资料、熟悉书目以及辨别史料真伪的能力，训练学生批判考证的技术与史料解释。所有取得大学文学士证书的毕业生都有资格报名参加该课程。上课的方式是由教授或讲师引导学生亲自报告自己实作研究的题目，课程在同学之间的讨论中展开，最后学生必须撰写的论文（mémoire）也在不断的研讨中完成。事实上这就是德国大学中一般的研究实作课，瑟氏将它订为法国大学中一个附加的特定学程。而最高等毕业文凭这个最高荣誉并具有特权的头衔，它应考的前提就是必须先取得“学术研究证明”。1894 年在既有体系中嵌入了“学术研究证明”学程，这项制度变革顺利地将研究训练完整纳入历史教育以及历史教师培育的体制中。兰克于世纪初在德国带动的研究实作课，成为法国大学的正式学程。用美国史家 W. P. Webb 描述“历史研究实作课之父”（the father of the historical seminar）①——兰克实作课传入美国的方式，我们可以说瑟诺博司是兰克实作课在法国的移植者。

1894 年这项规划与设计开启的时候，瑟诺博司进入巴黎大学已满四年，一直讲授历史教育学的课程，此后他也亲自担任“学术研究证明”学程的指导老师。学程中方法学的需求与 *Introduction* 的出版完全处于同一个时空脉络。我们可以认为 *Introduction* 是“学术

---

① Walter P. Webb, “The Historical Seminar: Its Outer Shell and Its Inner Spirit”, *The Mississippi Valley Historical Review*, Vol.42, No.1 (Jun., 1955), p.5.

研究证明”学程的教导手册，它是瑟氏将德国式研究实作课的平等精神与上课方式落实在法国既有教育体制中的一部分。

Introduction 另外一位作者朗格诺瓦，①1890 年与瑟氏同时被教育改革教父拉威瑟邀请到巴黎大学，开授历史辅助科学课程。这位比瑟氏小九岁的天才学者，到巴黎大学担任讲师时才二十七岁。他是少数非高等师范学院出身的精英，②就读于国家文献学院，接受的是文献学与档案学的专业训练。1885 年通过最高等毕业文凭考试。朗氏虽未直接受教于古朗士，但他跟瑟氏一样深受古朗士制度史研究的影响。1887 年他完成中古制度史的博士论文《哈代腓利三世王朝》，③在法国东北角的度艾（Douai）大学任教。1891 年在进入巴黎大学的第二年他就出版巨著《法国历史档案汇编》。瑟氏非常敬重这位后进，称赞他是少有的智性极高而又诚恳的人。他们同时进入索邦巴大，也都开授首创的史学方法相关课程，但是两人的研究领域区分十分清楚。早在 1888 年瑟氏就向青年朗格诺瓦做过告白，说他不会继续深入中古史的研究领域，不会走进档案室。他自认能力在思辨，能够拟订清晰的教学方针，设计教学课程。④他坦言自己倾向于理论思考，并自认是教育家及方法学家，

---

① 朗格诺瓦生平有两份传记：Robert Oswald Louis Eugene Fawtier，“Charles Victor Langlois”，*The English Historical Review*，Vol.45，No.177（Jan.，1930），pp.85—91；Pim Den Boer（A. J. Pomerans 译），*History as a Profession*，*The Study of History in France*，*1818—1914*. 朗氏传四页（第 300—304 页），资料与 Fawtier 来源不同。

② 朗格诺瓦也是历史教育改革阵营中少数没有留学德国的史家。

③ *Le régne de Phiippe Ⅲ le Hardi*，1887.

④ Seignobos to Langlois，27 October 1888，in *Documents autographes Langlois-Berthelot*（Paris）. 这里引自 Pomerans 译著，第 298 页。

而且历史写作的兴趣会在当代史。两人依己所长合作撰写 *Introduction*，分工清楚。1897 年 *Introduction* 的出版象征两人私人敦厚的友谊以及工作上互补的关系。1909 年朗氏以傲人的著作成就接掌巴黎大学所设的古朗士讲座。然而，四年之后他就辞职转任职位较低的国家档案馆馆长，因为他自知无法胜任学校教职，尤其是无法做教导学生的工作。他经常对学生表现出不耐烦。慕名而来的学生经常被逐，或经不住奚落而转校，或更换指导教授。一位成名的学生洛特（Ferdinant Lot，1866—1952）曾形容朗氏个性乖僻，常会展开对朋友及学生突如其来的无情攻击，①事实上，他是一位没有门徒的大师，于 1929 年过世。

继 *Introduction* 之后，1901 年瑟诺博司又出版另一部方法论的著作《历史学方法于社会科学之运用》。②与朗格诺瓦一样，1909 年他升任正教授，在巴黎大学担任新创设的历史方法学讲座教授，登上了他在法国历史方法学王国的领袖地位。“历史方法学帝国主义”精神出现在《历史学方法于社会科学之运用 》。依瑟氏的信念，历史方法应该笼罩在一切新兴社会科学之上。这个立场非常接近 1881 年他赞扬的传统德国史学。在《德国大学的历史教育》中，他说历史学发展的观点及方法在德国成了被普遍接受的世界观，因而提升了所有其他人文学科的质量。这个历史主义基本立场受到他

---

① C. E. Perrin，*Un Historienfrancais*：*Ferdinant Lot*，*1866—1952*，Geneva，p.43.

② Charles Seignobos，*La méthode historique appliquée aux documents des sciences sociales*，Paris Félix Alcan，1901. 该书中译本《社会科学与历史方法》，张宗文译，上海大东书局 1930 年出版。中译本书名的翻译失去原书名所强调的立场：历史学方法是社会科学必要的方法。笔者于正文中将使用直译的书名《历史学方法于社会科学之运用》，以彰显瑟诺博司所坚持的立场及其好辩的个性。

同门涂尔干的学生希敏安德（François Simiand，1873—1935）猛烈批评。希敏安德是极端的实证主义者，追求社会行为的规律。瑟氏充分展现他越被孤立攻击越顽强固执的个性。①在他参与拉威瑟主编《法国当代史》所撰写的三册当代史中，都以偶然事件与个别人物解释历史发展的关键，完全不相信历史发展有任何超乎具体行为之上的抽象规则。②他表现出与新兴的实证主义社会学完全没有交集，只有怀疑及斥拒。从历史时间的观点而言，瑟氏注重历史中事件的力量，历史的变化在他的历史图像中具有急遽、短促的时间性质，与古朗士强调制度与风俗演化呈现出相对缓缓进行的历史时间大异其趣。③在史学史中，下一代年鉴史家布罗代尔（Fernand Braudel，1902—1985）所见的长时段（longue durée）历史思考方式，因此直接与古朗士相接，而完全跳过瑟诺博司。

1900 年是《历史学方法于社会科学之运用》出版的前一年，贝尔（Henri Berr，1863—1954）创立《综合历史评论》。④贝尔的目的在于为当时法国分歧的历史研究提供一个论坛，希望透过论坛让不同的学术能相互整合。他的学术关怀与瑟诺博司有类似之处，而贝尔显然更具开放的心胸，不存定见，更能鼓励学界长期互动。《综合

---

① 有关瑟诺博司与希敏安德之间的论战以及伯尔认为瑟氏的论述令人失望，参见 Pomerans 译著第五章注 204。

② 参见 Pomerans 译著，第 299—300 页。

③ 古朗士说："Hence, also, the necessity for the historian to extend his investigations to a wide span of time."（上引 F. Stern 书，第 189 页）

④ 1900 年创立的 *Revue de synthèse historique* 杂志融入了 1929 年创刊的《历史经济与社会年鉴》（*Annales d'histoire économique et sociale*）杂志，它是年鉴杂志的前驱。

历史评论》提供两个论坛：综合理论的讨论和综合作品的分析。很明显，瑟氏对跨领域研究兴趣不大，他与这个刊物渐行渐远。而兰普瑞希特、李凯尔特、克罗齐、涂尔干以及后来年鉴学派费弗尔（Lucien Fevre，1878—1956）和布洛赫（Marc Bloch，1886—1944）都是积极参与者，并从这个期刊论坛中得到启发。1929 年费弗尔和布洛赫创刊年鉴杂志，并吸纳了《综合历史评论》，集体走向结构史、区域研究、跨学科研究的新方向。法国年鉴学派在二十世纪中叶展现出超越德国史学影响力的国际地位，这是瑟诺博司及其老师拉威瑟以“打败德国人”为目标的历史教育学者及方法学者所始料未及的。1942 年初，瑟氏在纳粹德国占领下的布列塔尼区家中遭受软禁，同年四月过世。

二、史学思想

Introduction 诚如 Robert Fawtier 所说，是全球历史学的专业化过程中的经典作品之一。①它从德国吸收了历史方法学的资源，在法国的学术传承与需求中整理出简明可行的研究规范，然后再透过译介传播到其他文化区。*Introduction* 的魅力在于它立论明确、行文简洁，没有陷入冗长资料的泥淖，也没有调和折衷模棱两可的论述。②

---

① R. Fawtier，“Charles Victor Langlois”，*The English Historical Review*，Oxford University press，Vol.45，No.177（Jan.，1930），p.90.

② Charles H. Haskins 的书评说：“The *Introduction* is simplerand more compact than Bernheim's *Lehrbuch*，whose merits the authors acknowledge and to which they frequently refer.”（*The American Historical Review*. Vol. 3，No. 3，April，1898，pp.517—519）Haskins 来自哈佛大学，是朗格诺瓦的学生。

Introduction 与早它八年出版的 *Lehrbuch* 有紧密的关联。作者在前言中以感恩的语气提及伯伦汉及其方法学著作，与作者惯用否定语气对待前人相对比，这是对伯氏莫大的肯定。作者一方面称赞伯氏收集整理了所有现代的相关著作，另一方面作者推崇伯氏创造及拟订“正确的标题”（cadres commodes），作为反思及安排资料的框架。①“正确的标题”指的是清晰而有系统的概念，譬如“内部批判”“外部批判”“直接史料”“间接史料”等用来做章节的标题。②*Introduction* 接受了伯伦汉所创的用词及论述架构，但也省略掉作者认为不需要的历史哲学以及社会科学的部分。全书凡三卷，除了前言、结论另有两篇附录：《法国中等历史教育》以及《法国高等历史教育》。正文三卷，第一卷两章分别说明文献检索及辅助科学。第二卷分析工作，解说史料的外部批判（四章）及内部批判（三章）。第三卷综合工作，分为四章讲述历史解释的四个步骤。全书简化了 *Lehrbuch* 章节，但架构及论述主题的先后次序皆与 *Lehrbuch* 相符合。两位作者朗格诺瓦与瑟诺博司分别撰述一己所长的部分，前者撰写实作性质的第一卷及第二卷上半文献的外部批判，后者撰写第二卷下半及理论性质的第三卷历史解释。

---

① 作者也表达敬意说：“绝大多数这些标题都是他拟定的。”（余伟译本，前言第5页）

② 朗格诺瓦紧跟着伯伦汉《史学方法论》有关考证论述的次序，但内容上因为朗氏的中古史文献工作经验极为丰富，他完全使用自己提出的例证做说明。伯伦汉对他的影响只在思考格局而不在内容。然而，朗氏在 *Introduction* 只讨论文献批判——间接史料，而未处理遗物、遗址等直接史料。这种偏向跟他出身于国家文献学院有关，他所受的训练是文献训练。David Thomson 的书评也提及朗格诺瓦不注重遗迹与文献以外的史迹。（*History and Theory*，Vol.6，No.2，1967，p.238）

Introduction 作者在赞扬 *Lehrbuch* 之余也自我定位：写作这本书的目的不是要重复伯伦汉所做过的事。他们也非常直率地指出：*Lehrbuch* 旨在整合众说，原创性不足，并缺少与现实结合的生气，它是写给学者专家们看的。①而他们写作的目的是希望告诉巴黎大学的学生，历史研究是什么？如果我们注意伯伦汉写作的意图是希望借用洛策（H. Lotze）的哲学建立一套历史方法学来统合德国学术界两种对立的潮流：一个唯心的历史主义史学以及一个实证主义的英法传统，而 *Introduction* 目的是以浅显的文字告诉未曾接触过历史研究的大学生什么是历史研究，两部著作的差异就清楚浮现了。前者以交互质疑辩论的方式陈述各学派，而后者直捣核心问题表达看法。正如伯伦汉对 *Introduction* 原创性赞誉有加，该书思路的清晰明确与伯伦汉著作的细密丰富形成鲜明的对比。②

Introduction 所呈现的史学可以从四个角度加以说明。

（一）以人物解释社会结构的演变

1881 年瑟诺博司在《德国大学的历史教育》中批评德国的历史教育，指出研究实作课中的训练太技术性、枯燥，让学生

① “《教程》的学说十分合理，但缺少生气和原创性”，“我们不像伯伦汉教授那样专门为现今的和未来的专家们写作，而是为对历史感兴趣的大众而撰述”（余伟译本，第 6—7 页）。

② Haskins 将瑟诺博司跟伯伦汉比较起来，他说：“its analysis is often more penetrating ...”上引 Haskins 书评，第 519 页。中国史家对 *Lehrbuch*、*Introduction* 两书特色也有比较评论：何炳松认为 *Lehrbuch* “能集先哲学说之大成”，*Introduction* “能采取最新学说之精华”（何炳松：《历史研究法·编者导言》，第 7 页）。齐思和则谓前者深芜，穷其枝叶，后者简约，得其精华（《史学概论讲义》，天津古籍出版社 2007 年版，第 127 页）。

与现实生活脱节，让历史学失去为社会意识提供应有的养分。同时，他指出教授们在课堂上虽然表现得很专业，但是一旦进入舆论公众场合，他们表现出的政治论述却是全然的玄思。依他的诊断，德国大学教育缺少考证与玄思之间的一环：专史与通史写作的训练。只有一面重视文献里的历史事实，同时利用它们展开历史叙述，只有这样的历史教育训练才能产生面对现实社会的理性。

瑟氏撰写 *Introduction* 第三卷“综合工作”共分五章（第十一至十五章）。第十一章“历史建构的一般状况”，其功能类似导论，简要提出撰写历史的四个步骤：第一个步骤是文献批判，是本书第一、二卷的内容；第二个步骤是事实分类，是本书第十二章的内容；第三个步骤是利用已知事实推理填补史实间的空隙，是第十三章的内容。第十四章的工作是“把那些（分类完成的）事实凝练为公式”，然后说明它们彼此间的关系。最后第十五章解说历史作品的形式。第十一章因此在全书中具有整合前后文、说明全书各章节之间逻辑关系的角色，它将凸显“撰写历史”成为本书的核心地位。瑟诺博司在与朗格诺瓦分工中，他担任撰写该书第三卷“综合工作”，这样的分工绝非偶然。“综合工作”是方法学中讲述“历史写作”。这部分明显是他针对德国史学只讲求狭隘训练，将历史学带入纯粹考证的狭隘巷弄的批判，更是他心目中能够超越及能够打败德国的教育方式。“综合工作”不只是兰克实作课所完全不谈，而且在不重视叙述的伯伦汉《史学方法论》中也只占边缘地位。伯伦汉称赞 *Introduction* 有其创见，应该就是指瑟氏对历史撰述所做的思考。①

文献考证之后，历史写作方法学中的第二个步骤是将批判过的文献内容分别纳入人类活动的分类表中。瑟氏也称此表为“历史事实的一般性分类表”，共分六大类：（人体）物质条件、智识习性、物质习俗、经济习俗、社会制度以及公共制度。每一大类之下又区分子类及次子类。譬如在社会制度大类下区分“（1）家庭：A 构成、权威、妇女和儿童的地位。B 经济制度、家庭财产、继承权。（2）教育及训导（目标、方法、人事）。（3）社会阶级（划分的原则、管制交往的规则）”。②“历史事实的一般性分类表”非常严密，瑟氏对历史现象的定义以及系统化分类的方式，无疑受他老师古朗士的影响。历史现象的定义是宽广的，他着眼人类所有的活动，而非将历史现象局限为政治活动或经济活动。在他心目中所有历史事实都必须安排在有时间性的分类系统表中，一如启蒙时代狄德罗代表的百科全书派，相信人世间所有的知识可尽数网罗在百科全书中。瑟氏相信人类过去的活动可以翻版在“历史事实的一般性分类表”的大框架里的文献中。

---

① 伯伦汉在 1903 年的修订版中加入了对新近出版的 *Introduction* 的看法。他说朗格诺瓦所写的部分，从文献的检索到史料外部的考证都紧密地依附着他的 *Lehrbuch*。他对瑟诺博司的评语相对多，除了指出瑟氏对直接史料极端怀疑，疑心太重，伯伦汉还说瑟氏甚至认为记载人的心理状态，以及不精准的观察，都使得后人绝不能轻易接受直接史料的真实性，而且直接史料更常是孤证难以查证。伯伦汉认为瑟氏太过贬低直接史料的价值。（1903 年版 *Lehrbuch*，S.167，174，497）但他也称赞瑟氏写作的综观部分有独特的看法。（1903 年版 *Lehrbuch*，S.222，228）*Lehrbuch* 给历史叙述（Darstellung）篇幅不多，伯伦汉强调叙述的文字会影响历史的客观性，该退居不具影响研究的地位。

② 余伟译本，第 141 页。“然后我们把那些事实归类，直到整个过去的历史被依照一张一般性列表系统地排列为止”（余伟译本，第 137 页）。

瑟氏历史解释方法学中的关键是将历史事实与活动区分为集体性行为和个别性行为。前者的活动人人都做，具有普遍性，活动方式、内容也都彼此类似而且不断重复，那是所谓习俗、制度性及规范性的行为，具体而言包括语言、宗教仪式、风俗、伦常等行为。研究者必须先把那些同类重复的普遍性行为整理出来，“确定这类事实的特性、范围和持续的时间”，也就是呈现出它们的集体性。他以“公式”（la formule）称呼集体性，因为集体性行为是以一定的“格式”不断地重复着。语言、宗教仪式、风俗，它们的集体性自然浮现、不说自明，但有些其他人类活动比较隐秘，需要研究者分析与整理寻找其公式。方法学上瑟氏强调在同一时期各种类别的集体性（公式）之间，还需整理它们之间相互影响所造成的复杂关联。它们之间的关联，亦即众多公式（集体性）之间的关联，他称之为“通式”（la formule générale 或 la formule d'ensemble），它是包含所有公式的总公式。

至于个别性行为，它们各有其独特性，研究者无法替它们建立公式。这类历史事实与通式所涵盖的历史事实形成对立的两个阵营。历史解释与写作，相对应的，因此也有两个阵营：一个是以个别历史事件为对象的写作，另一个是以整体社会阶段与其另一阶段之间演变为主题的写作。瑟氏指出，这两个阵营正在当时德国史学界对立着。①兰普瑞希特代表着后者，他1891年出版的《德国史》将德国历史划分为九个阶段，从一个阶段演化到另一个阶段有固定的演化

① 瑟诺博司说：“围绕这一主题，在文化史的狂热支持者们与信守古代传统的历史学家们之间——尤其是在德国——已经出现了一场论战”（余伟译本，第143页）。

机制，历史发展有其定则；另一个阵营是《史学杂志》所代表的传统历史主义以大人物的意念及其展现出的事件为主轴的历史写作。

1897 年瑟诺博司在 *Introduction* 向学生说明历史写作方法时，所面对的正是已持续多年的德国史学论战。他立场明确，认为："历史不得不把一般事实研究与特殊事实研究结合起来，历史具有某种混合特性，时而是阐发普遍性的科学，时而是对冒险活动的叙述。"①然而他不是调和论者，有走极端的个性。②他要以历史中起作用的大人物的作为来解释一个时代社会阶段的变化。他认为社会现象间关联性是在大人物的影响之下展开其演化的。对他而言，集体行为构成的社会阶段是历史叙述中的"被解释项"（explanandum），而"解释项"（explanans）——发展的动因——永远是寄托在个别性活动中。瑟氏将历史的动因归之于"人"：只有具体而个别的人才是变化的启动者，启动者绝不可能是抽象的概念。他说："要确定某一演化的原因，有必要研究唯一能演化的事物——人。"③他更仔细地说明写作方法："在人类演化中……我们必须核实是否所研究的某人正处在一个可使其影响力被强烈感知到的位置上……有两种情况我们可认为他是在这个位置上：（1）当他的行为充任大众的榜样……这是在艺术、科学、宗教和技术工艺中频繁出现的情况；（2）当他有能力发号施令引领大众行动的时候，这通常是一国、一

---

① 余伟译本，第 143 页。

② Haskins 在书评中说" Some of the authors' statements ... are sufficiently radical to provoke dissent in many quarters."参见前引 Haskins 书评，第 519 页。伯尔称他为 hyperindividualist（Pomerans 译著，第 300 页）。

③ 余伟译本，第 176 页。

军或一教之首脑的情况。”①他的历史解释项是政治家、军事家、宗教领袖、科学家、艺术家。就这点强调个人在历史发展中的关键地位而言，瑟诺博司的史学思想还是在兰克传统中。

瑟氏强调历史解释必须依据严谨的文献资料，回归到有资料根据的人的行为上。他拒斥玄思性抽象的历史解释、拒斥没有具体文献根据的历史阶段发展理论的历史解释。②对他而言，历史大人物的影响有资料可寻，可以有文献根据地说明引发社会阶段的逐渐瓦解与演变。③而所谓的“通则原因”（general causes）是无法从文献上得到印证的。在1897年出版的巨著《欧洲当代政治史》（*Histoire Politique de l'Europe Contemporaine*：*Evolution des partis et des formes politiques 1814—1914*）中，他以偶发事件和个人活动作为时代巨变的原因。伯尔指出，瑟氏以高度挑衅的态度解释历史：巨变不一定要有巨因，不一定需要有地缘政治或长期权力对峙之类的因素。④他

① 余伟译本，第149页。

② Samuel R. Gardiner在书评中指出瑟诺博司不重视“通则原因”，让学生难以接受他。他说：“The strong tendency displayed by C. Seignobos to magnify the effects of personal causes, and minimise the effects of currents of feeling produced by more general causes, makes the careful student of history reluctant to take him as a guide in larger matters.”他所指出的是瑟诺博司的历史解释对年轻学生缺乏吸引力。对瑟氏本身而言，general causes无法从文献中得到依据，这正是他作为严谨的文献史家所不能接受的。Samuel R. Gardiner，“Introduction aux Etudes Historiques by C. V. Langlois and C. Seignobos”，*The English Historical Review*，Vol.13，No.50（April 1898），pp.327—329. 引文见第328页。

③ 间接的方法指根据文献中的事实做说明的方法。瑟诺博司的历史解释要回归文献（参见余伟译本，第122—123页）。

④ “Seignobos ended his great survey in a highly polemical manner, by posting that historians have a natural but mistaken inclination to suppose that great changes must be the result of great causes.”（Pomerans译著，第299页）

从尊重文献并且一切以文献为依归的出发点，建立起新旧史学对峙中明确的途径：以个别性活动解释集体行为所构成的社会阶段，这是他给学生的历史写作方法。

（二）怀疑精神与对社会科学的态度

作为文献学家，批判与考证的工作基本上就是从怀疑出发。作者强调文献记载与历史事实之间经常出现差异，这些差异有时来自记载者的疏漏、来自记载者不由自主之误，以及记载者为提升自己的地位、为争取群体的利益而扭曲事实。研究者必须用各方面的资料做比对，批判文献的记载，并呈现真正的历史事实。有些文献记载者以“文学技巧愉悦公众”，隐藏立场。瑟诺博司说要戳破字面表象，让真实呈现出来。①针对文学性的词藻，他非常敏锐地对待文献以及历史著作中的隐喻、类比以及典故。他认为这些修辞学的技巧都是回避历史真实性的托词。②隐喻及类比的修辞学为他终身所不取，他称赞古朗士完全不用修辞学的技巧仍旧写出优雅的著作。③瑟氏进一步指出历史思考上常出现将历史人格化以及将历史发展生命化的隐喻作法，④历史在这种比喻之下成为有意志有方向的主体。德国自赫尔德（J. G. Herder，1744—1803）以后的史学将

---

① “文献作者都是在有意地以一种不精确的形式掩饰着语词的实际意思，因而，刺破字面的意思深入到真实的意思，这是有必要的”（余伟译本，第 87 页）。

② 瑟诺博司的考疑，参见余伟译本第九章“对作者的真诚性及精确性的消极内证”。

③ 瑟氏称赞他的老师：“尽管古朗士终其一生都力荐避用隐喻，而且他也确实那么做了，但他仍是一位优秀的作家”（余伟译本，第 188 页）。

④ 如“历史的脚步”“历史的使命”等用词。

史家集体的意图掩藏在这种隐喻背后。从怀疑精神出发，他建议建立人类行为分类系统表，作为客观的框架，并将历史文献中的活动行为现象纳入，而不是以一个拟人化的历史隐喻，作为了解其意义的依据。

建构历史事实分类表时，瑟诺博司对社会科学有双重的感受。社会科学的功能虽然在于：从对当下社会活动的观察，提出人类社会行为与现象系统的关系与抽象概念，协助历史学与时并俱地增补及修正“历史事实的一般性分类表”，借以网罗历史事实，并了解史实，重建人类过去活动原貌。①然而，他对社会科学概念的接受前提是它能协助文献明确地获得归类。他批判地使用社会科学塑造的抽象名词如“民族”“封建主义”“革命”“进步”。他建议使用集合名词，取代抽象名词。②哪些是属于哪些阶层或族群？必须明确归类，“进步”到底对谁而言？不得笼统地以抽象概念称之。

瑟诺博司对社会科学受与拒的双重态度也呈现在历史因果解释的方法学中。他虽然认为研究者在撰写专书时，社会科学能协助阐明所解释的现象与哪些其他现象及行为相关。社会科学具有

---

① “历史将被确立起来，但它并非固定不变，随着对现在社会的直接研究变得更科学，并且我们能够更好地理解社会现象及其演化。历史将不断被逐步修改……”这里所指“对现在社会的直接研究”，就是指社会科学（余伟译本，第 192 页）。社会科学协助历史研究了解过去的行为（余伟译本，第 134 页）。瑟诺博司说：历史成了社会科学应用的园地。

② “只以集合名词而非抽象名词（王权、政权、民主、宗教改革、大革命）来指集合体，并且避免任何人格化的抽象行为，这将是审慎的。”对社会科学抽象化社会现象的批判态度，参见余伟译本第 160 页。集合体的具体界线，瑟诺博司举例说明，参见余伟译本第 144—145 页。

提示行为关联性的功能，引导研究者注意解释的范围。①但是在解释史实时，他说研究者必须先罗列同时期的历史活动的事实，尽量就事实之间的具体关系，解释其间彼此的影响，了解发展的因果。他说："我们必须放弃那种观念：即通过在其他科学中使用的那类直接的方法来寻得原因。"不要援用"一般性变化的原因"——定则，而是要寻找"特殊事变的原因"。社会中各类不同的活动（艺术、宗教、政治、经济）的共同特征与关联性，孟德斯鸠曾经将其间所想象的一致性抽象地称之为人民的"整体精神"（esprit général），而德国历史学派也以玄思的方式称之为"民族精神"，当代实证主义传统下的德国年轻学者兰普瑞希特称之为"社会灵魂"。瑟氏以怀疑的眼光对待这些社会活动间"连带性"的抽象概念。他觉得一个时代中横向的社会活动纷杂，类别之间的关联是无法被分析的。中古时代曾想象它们之间的一致性，并将它隐藏在神学语词中；在启蒙思想里，它又以形上学方式被包装着；而在当代，他说："社会科学仍旧是一座神秘及隐晦事物的庇护所。"②社会科学被视为是试图提出如同"民族精神""社会灵魂"一样社会整体活动抽象概念的场所。他告诫学生，人类社会活动之间的关联性只能回归到文献所具体呈现的史实，依史实提出它们之间的具体关系。

---

① 在讨论专著作品的研究时，瑟诺博司肯定社会科学的帮助说："通过那些常见情形的科学论述中所应用的排列方案进行分析，我们将知晓对于我们打算研究的类似情形，什么问题是应该被问到的。"（余伟译本，第 135 页）

② 余伟译本，第 171 页。

瑟诺博司的怀疑精神让他无法与新兴社会科学无碍地交融。[1] *Introduction* 没有给予社会科学任何篇幅，不像伯伦汉 *Lehrbuch* 各以一百页的篇幅说明社会科学与历史学的关系以及在历史解释上的角色。《历史学方法于社会科学之运用》中瑟氏所持的立场更是将社会科学历史化，如同德国的历史经济学、历史社会学取向，放弃普遍性理论，回归到历史文献基础之上。在他的怀疑精神中只有文献学才具有真实性。这个信念正对应 *Introduction* 第一册第一章的第一句“历史学家就是文献研究者”。[2]瑟氏在社会科学刚兴起的时代，将古朗士回归文献的基本信念与怀疑精神带到了一个“保守”的方向。

（三）历史学的主观性与科学性

瑟诺博司身处启蒙以来的大传统，深信历史就是人类演化及进步的历程。人类过去的活动有它演化的原貌。历史学的任务在揭示这个演化的面貌。而且，在他信念中将历史以演化过程的形式呈现，基本上就是科学的，因为它符合历史的原貌。相对于传统以提供训诫范例的方式写作以及以轶闻愉悦的书写方式，所呈现的过去图像都无法与原貌相符合。这点他与伯伦汉信念一致：演化的史观

---

① 参见 Pomerans 译著，第 340 页。伯尔指出瑟诺博司只想把史学方法加诸所有的社会科学。《综合历史评论》主编贝尔网罗了不同社会科学的作者群，社会学、地理学、哲学、心理学等学者，但疏离瑟氏（Berr distanced himself clearly from such historians as Seignobos）。

② 这个口号与“历史学就是史料学”非常接近。法文“L'histoire se fait avec des documents”，余伟译为“历史学家靠文献来进行研究”。

就是科学的。①

同时，历史学的科学性更来自方法的保证。瑟氏的历史学方法中的第一个基本信念是相信记录过去人类行为的历史资料可以重建。他用“历史事实的一般性分类表”作为骨架（“脚手架”），②系统地网罗文献资料里的历史事实。他所推崇的手册作品以及文献目录等都是系统地安置着历史事实的基础研究作品。这些分类的事实再以时间与地域加以区分，形成一个人类过去活动的翻版。以数位图像的语言来说，这个翻版的分辨率不一，有些项目资料多，有些呈现空隙，但是它具有过去社会现象与活动的初步模式，它是真实的。历史学初步的工作包括建立分类表、文献的收集、文献的考证以及分类保存，需要巨大的分工。瑟氏相信在细密分工之下和工作累积之下，有关人类活动坚实可信的资料会越来越完整。

第二个方法学的信念是历史解释可以理性地进行。研究者利用分类表建立的图像，选取其中某类社会行为或社会状态，将它们与另一个时段中的集体行为与状态比对，两者间的各种差异就是解释的对象。研究者利用两个时段中的资料，将所有现象或活动之间“分辨率”不足之处以推理的方式建立起连结，完成说明两个时段中某些特定历史现象的演化过程。这是瑟诺博司所强调的“专著”。

① “在最近 50 年里，历史解说的科学形式已经发展出来并确定下来了。”他指非为愉悦、亦非给予行动的实践箴言，而是朴素的知识，他指演化的知识（余伟译本，第 182 页）。

② 余伟译本，第 135 页。

专著的史料与解释都有坚固的基础，“每个人的结论都可被其他人使用”。①

第三个方法学的信念是相信透过综合各种专著可以重建人类历史演化，说明过程及原因。综合的历史解释会是历史科学的高峰。然而，科学作品是需要不断修正的——它与艺术作品不同。随着人类活动分类表的增修、更多的文献资料的掌握，以及更多专著的出现，综合的历史叙述也必须增修，并越来越接近人类过去演化的原貌。瑟氏认为历史学无法完全达到重建过去的全貌，但是它的科学性足以保证历史叙述能够接近此目的。

瑟诺博司的三个方法学信念或步骤中都涵括着主观性的问题。他基本上认为在主观性与历史科学之间没有彼此不能融解的矛盾。首先，在建立人类活动分类表时，瑟氏一方面相信理性建立系统的能力，另一方面藉助社会科学的协助，分类表不具有主观性的问题。至于文献，他认为都是文献作者在非常主观情境中留下的记录。他在1887年《历史知识的心理学条件》一文中以三十二页长篇细腻地描写文献作者可能的心理状态，作者的情绪、环境、利益、对文字符号的理解能力与掌握方式、文字本身在不同时代中的意义、记录时间与观察时间的间隔等。他分析这些状态，并夸张地说：历史学是应用心理学的一支。文献资料的主观性是他的基本信念，考证工作主要就是处理文献作者的主观性，进而确保史实的真实性。在考证工作中他没有考虑考证者的主观性问题，对他而言，方法学中考证的步骤与规则是考证者处理文献作者主观性的有效工

① 余伟译本，第192页。

具，也是历史事实确立的保证。批判过的文献是历史科学的基础，它使历史学迈入科学。

至于专著题目的选择，对瑟诺博司而言，它不涉及主观性的问题。他提到：有足够资料的题目是理性的题目，而有些题目是愚蠢的，有些不具意义。在他的方法学中，专著研究的题目是现成的，它们都在人类历史事实分类表的项目内，研究者仅作检选。同样的，研究者面对文献史料的文字时——有关过去行为、动机、现象的文字——他的了解行为也不涉及主观性的问题：研究者从文献的文字建立起意象时，他需要以现今的行为作类比，用来了解文献中提及的行为与现象，社会科学可以提供现今行为的模式协助建立有关过去活动的意象，它与主观性问题无关。①

研究者在开始解释两个时段中的现象差异时，面对历史事实之间的因果关系，瑟氏讨论了研究者的主观性问题。他强调历史学不是直接观察现象的科学，它依赖文献间接地接触现象，文献不足造成历史事实的间隙必须以推理方式填补。历史学是推理的科学，它依赖研究者的想象力。想象是主观的，但"'主观的'并非是'不真实的'某个同义词"。②主观性是历史学的本质，但它不是非科学的。这个信念来自两个方向：瑟氏一方面认为关键在于研究者的自觉。若研究者意识到他自己在进行推理，他会更精确地使用概念以及描述；另一方面推理有它的规则，他称之为"建设性的推理"，简短的第十二章正用来说明这些规则。

① 瑟诺博司没有使用"了解"这个词，他称了解为意象的建立（余伟译本，第135页）。

② 余伟译本，第132页。

基于坚实的文献以及建设性的推理所完成的专著是科学历史的另一阶段的基石。综合性的历史著作是各种专著的融合，对瑟氏而言，其中也没有主观性的问题，而最后综合性著作与时并进的增补添修亦然。

整个史学方法的研究步骤中，瑟诺博司在两处提出主观性问题：文献作者的记录工作和专著研究者的推理工作。而这两处的主观性问题从它的本质上看，它们所触及的都是心理状态的问题，亦即记录者与推理者的情绪、道德、企图、自觉——这些都是他一向强烈的心理学倾向的焦点。主观性（subjectivity）的议题在瑟氏的历史思想中是狭义的、局部的、心理学的主观性问题。以反转的论述方式解释他的历史主观性，可以说：若确实相信研究者是建构历史知识的主体（subject），在这种主观性（或主体性）的信念中：（1）人类的既往不会有固定的图像，人类的既往会是主观建构的；（2）历史的文献资料不会被整齐排列在分类表中，因为历史事件会被视为有无限意义的可能性，端看不同研究者将它安置在怎样的不同脉络里。而脉络产生自史家的提问，产生自史家的观点与价值关怀，这些观点与价值关怀不但在一个时代中有其纷歧性，而且随着时代变化、思潮转移而永恒地转移。历史方法学里不会强调建构一个“历史事实的一般性分类表”；（3）研究者的提问会出自他对自身存在感与未来期望，历史问题不会是现成的、外在交付给予的。从这三点而言，瑟氏并没有真正论述历史是主观性的科学。相反的，他基本上相信历史是实证客观的科学，研究工作中心理学性质的主观问题，如他所坚信，都可用方法学加以克服。

(四) 实证主义与非实证主义之间的史学思想

1995 年，*Introduction* 最近一次法文版重印后的第三年，Phlippe Carrard 的书评指出，*Introduction* 继承了莫诺德以下的实证主义传统，“把实证主义的理论与方法整合起来”（synthesized the theory and practice of positivism），成为后几个世代史家训练的主要参考读物。①1967 年 David Thomson 的书评里也说 *Introduction*“稳固地锚锭在十九世纪的实证主义里”（firmly anchored in nineteenth-century positivism）。②柯林伍德（R. G. Collingwood）在《历史的理念》（1946 年）中称朗氏与瑟氏的史学是“剪刀与浆糊的史学”，是一个没有让作者自身融入其作品的史学。③更早期，与朗氏、瑟氏同时代的费弗尔也批评两位“文献崇拜”。④这些角度不同但立场一致视之为实证主义的评语需要进一步的说明与澄清。

朗格诺瓦与瑟诺博司提出的史学方法确实有实证主义的倾向。瑟氏在第三卷提出历史解释的步骤，首先他要将文献里的史实内容

---

① Philippe Carrard，“Disciplining Clio：The Rhetoric of Positivism”，*Clio*，No.24，Vol.2，1995，pp.189—204. 引文见第 189 页。

② David Thomson，“Introduction to the Study of History by C. V. Langlois，C. Seignobos，G. G. Berry and F. York Powell：The Historian and Historical Evidence by Allen Johnson”，*History and Theory*，Vol.6，No.2（1967），pp.236—241. 引文见第 239 页。

③ “a well-known French manual written by Langlois and Seignobos ... to expound the pre-scientific form of history which I call，‘scissors-and-paste’ history.” in R. G. Collingwood，*The Idea of History*，Oxford，1946，p.143.

④ “文献崇拜”（document fetishist）出自 Pomerans 译著，第 298 页。原作者 Boer 所引 Febvre 的话出自 1933 年一篇短文“Examen de conscience d’une et d’un historien”，收录在 1953 年 Febvre 文集 *Combats pour l’Histoire*，第 4—9 页。

依社会行为系统表做分类，然后整理出各类别、各时期诸史实的集体性（公式），并进一步提出笼罩同一时期社会各种集体性间的通式。他的目的是要使一个社会的过去转变成为一个大的资料框架，里面有各类史实，分处在各个纵向的时段里，以及在横向的系统里。这些包含集体行为、公式与通式的资料分类框架就是过去的翻版：一个不完全，但内容确切、无可置疑的翻版。而历史的撰述者所从事的工作，正是从框架中选择两个不同时间的社会阶段或公式，呈现它们之间的差异，并解释这些差异是如何从前一个阶段状态变化成后一个阶段的状态，因此，历史撰述者并没有在知识的建构中真正需要表现出主体性。就这点而言，Thomson 和 Carrard 将朗氏与瑟氏归类为实证主义是可以理解的；这点也与柯林伍德将他们归类为“剪刀与浆糊的史学”的描述相符合。同样的，从写作题目来源而言，文献分类的框架决定了叙述者的题目，这应该也是费弗尔所指的“文献崇拜”的一部分。

另一方面，*Introduction* 与实证主义思想又大相径庭，Thomson 及柯林伍德等人在论断时未予考量。早在 1881 年，瑟诺博司的《德国大学的历史教育》就表现出历史教育是政治教育也是培养爱国情操的一部分。历史学不是为研究而研究，不是为知识而知识，它应该与社会意识紧密结合。瑟氏以人物作为来解释一个社会阶段中某些状态开始崩解，逐渐扩大，形成风潮，并塑造出另一种社会状态。他抛弃社会阶段发展有自我机制的看法。他叙述大人物与历史主义写作的方式不同，他所见的人物没有一贯的理念：没有一个与整个历史大方向相吻合的意志。然而，这并不妨碍他强调一切社会阶段的演化都系之于“人”。人是历史发展动因之所在。[①]历史作品的读者虽然不会像在历史主义史学之下，兴起认同大人物行为方向的效果。但是，作品会让读者兴起社会意识：相信自己可以是周遭习俗、制度、规范的影响者。它兴起读史者及受历史教育者积极的参与意识。历史中的主体与现实社会中的主体因此在他的写作方法学中被连结在一起。

同时，瑟诺博司相信历史方法学中怀疑及理性的精神、根据史实论述的基本素养以及历史解释的能力本身，都是提升社会质量的来源。怀疑精神有解构迷思的巨大教育力量，因此基本文献考证与批判工作也都培养社会意识。历史学是运用理性以及培养理性的科学，他坚信理性的历史教育就是民主教育。[②]他与拉威瑟、莫诺德一样，把社会疗伤、民族心理健康等的民族使命都寄托在具有理性精神的历史教育上。瑟氏在传统的大学历史教育制度中插入“学术研究证明”学程，目的在于提升中学教师的质量，进一步提升整个法国社会的智性。这种面对历史知识的基本态度与实证主义为知识而知识，将知识与社会功能切割开来的态度大相径庭。整体而言，《史学原论》有两个不同的思想部分，它们彼此性质互异，但也不相抵触：它的方法学在资料分类的面向上具有明显的实证主义色彩；但它以人物为历史演化的动因以及强调历史学的教育功能，显示它具有强烈的、以当代生活中人的价值为核心的知识观。

---

① “要确定某一演化的原因，有必要研究唯一能演化的事物——人”（余伟译本，第 176 页）。

② 余伟译本，第 199 页。

三、接受与批判

二十世纪初，*Introduction* 译介至日本，先后有两种日译本：(1)《历史研究法纲要》，村川坚固、石泽发身节译，东京专门学校出版部1901年出版；(2)《历史学入门》，高桥巳寿卫译，东京人文阁1942年出版。在中国，史学专业化起步比日本晚，*Introduction* 至“五四”前后始引起中国史学界注意，一直风行不衰，多被选为史学方法课程的教材，甚至到1970年代为止，中译本仍是台湾各大学历史系的史学方法教科书。

民国史坛关于史法知识来源大体有三端：*Introduction*、坪井九马三《史学研究法》、伯伦汉 *Lehrbuch* 和 *Einleitung*，但只有 *Introduction* 具备得天独厚的条件，使它拥有大量的读者，其他外人著作不能与之比肩。首先，它很早就有英译本（1898年）、中译本（1926年），稍后又有何炳松英文选编本（1928年），读者取阅方便；相反，伯伦汉作品名望最高，但系德文著作，长期没有英译本，“行文生涩，举例均为中古史，不适于初学者”，在欧美学术界不及 *Introduction* 享名之盛，[①]1937年《史学方法论》中译本问世，读者寥寥，反响甚微。坪井《史学研究法》虽最早传入中国，但一直处于隐性传播，受众面也不如 *Introduction* 之广；其次，*Introduction* 三百余页，篇幅适中，行文精炼，面向普通大众，被中

① 周谦冲：《现代西洋史学之趋势》，《史学季刊》第1卷第1期，1940年3月，第77页。

国史家广泛采为教材用。而伯伦汉著作增订之后长达八百余页，“繁重难读”，[①]不免曲高和寡。*Introduction* 批评伯伦汉《史学方法论》撰述所用的语言和编排形式，“使得它对绝大多数法国读者来说，是难以明白的”，[②]那么对中国读者来说更是困难；再次，就内容来说，*Introduction* 将治史程序做了简约化处理，重史料搜集批判，拒斥历史哲学、社会科学，契合民国史坛非考据不足以言学术的风气。

Introduction 在民国史坛的流行文本主要有三种：其一，英译本。法文本出版的翌年，1898 年 G. G. Berry 译成英文出版，“五四”前后传入中国，许多中国史家读过英译本；其二，中译本。商务印书馆 1926 年出版李思纯译本，题名《史学原论》，此后多次再版。李译本采用文言，删除原著注释，译文虽略有小疵，[③]然大体可读，讲授者不以李译本为课本，即以之作参考教材。[④]金陵大学开设“历史研究法”，讲授历史之重要原则、编纂方法，尤注重史材之分析，研究史学家之理论，并选读其名著，所用教科书即李译本。[⑤]再如洪业在燕京大学历史系开设“初级历史方法”课，要求学生细读李译《史学原论》、何炳松《通史新义》、梁启超《中国历史研究法》。[⑥]其三，英文本《历史研究法》（“社会科学名著选读丛

---

① 何炳松：《历史研究法·编者导言》，第 8 页。

② 余伟译本，第 6 页。

③ 参见王绳祖：《评李思纯译〈史学原论〉》，《斯文半月刊》1941 年第 2 卷第 2 期、1942 年第 2 卷第 4 期。

④ 王绳祖：《评李思纯译〈史学原论〉》，《斯文半月刊》1941 年第 2 卷第 4 期。

⑤ 《学程纲要》，《私立金陵大学一览》（1933 年度），第 182 页。

⑥ 《燕京大学一览》（1936 年度），第 115 页。

书”之一，商务印书馆，1928 年），系何炳松据英译本选编而成。全书共十章，[①]首附何氏所撰中文导言，说明史学之性质、中外史学之异同，正文难解字句加中文注释，以便读者。

中国读者通过接触 *Introduction* 法文本、或英译本、或中译本、或何炳松选编本，对他们的史学思想产生不同程度的正面影响。古史研究者徐炳昶回忆：“民国成立以后，我又到法国留学。当民国四年，我才读到法儒 Langlois 和 Seignobos 合著的《史业导言》（*Introduction aux Etudes Historiques*）及其他历史方法论的书，才晓得对于史料必须要用种种方法，慎重批评和处理才可以达到科学的历史的目的。在此以前，我觉得我对于历史的事实知道的颇多，自此以后，我才感觉到毫无所知！因为这些全未经批评的史实，尚未足以言历史知识也。我今日对于各家的历史、历史方法及历史思想的著作，虽然也读过一些，但是对于我个人影响之大，再没有超过于《读通鉴论》《宋论》《史业导言》以上者。”[②]徐氏回国之后，曾翻译 *Introduction*。[③]他接受 *Introduction* 治史思想，注重史料的原始性，否定历史定则，“历史为人类积累之经验，历史科学无一定公

---

① （1）史料之搜罗 The Search for Documents，（2）史料考证之重要 General Conditions of Historical Knowledge，（3）版本之考证 Textual Criticism，（4）撰人之考证 Critical Investigation，（5）史料之诠释 Interpretative Criticism，（6）撰人之是否忠实 The Negative Internal Criticism of the Good Faith and Accuracy of Authors，（7）史事之断定 The Determination of Particular Facts，（8）史事之编比 The Grouping of Facts，（9）历史之著作 Exposition，（10）结论 Conclusion。

② 徐炳昶：《中国古史的传说时代·叙言》，中国文化服务社 1944 年版，第 1—2 页。

③ 徐炳昶在《哲学》第 4 期（1921 年 11 月）发表《搜集证据（历史上的）的方法》一文，即 *Introduction* 第一章，未完。

式……人类社会因为太复杂，包含因素太多，所以历史无重演性，也就是没有公式”。[①]1926 年 12 月 18 日，徐氏作为北大教务长在该校讲演“怎样才能整理国故”，有些话几乎直接从 *Introduction* 拿来，如历史功效是“间接而又间接”，“训练精神的一种很好的工具”，“人类一切事业全是古代演变出来的，并不是一成不变的。把这些变化的陈迹和定律诏示大群，使大家将来遇见社会的演变，不至于惊骇失措”，“历史并不是一种直接观察的科学，却是一种间接推理的科学”。[②]这些论述均出现在 *Introduction*。

青年学人曹聚仁在上海读到中译本《史学原论》，跟徐氏有相同的上述阅读感受，谓“这正是先获我心”。[③]他还推荐此书给其他人，“有一次，一位朋友要我指导他以学习新闻写作的门径，我告诉他先看色诺波斯（Seignobos）的《史学原论》。因为我和他非常知己，所以不妨说老实话——即不妨叫他从基本练习上开始，他也相信了我的话，肯去做这些的基本的练习。经过了一年的练习，他现在已经明白，这一类的练习，即是养成历史的态度，运用历史的方法”。[④]1932 年夏鼐在清华大学认真研读 *Introduction* 中译本和英译本，谓：“这书原文是名著，值得一读，但译文殊生硬，借得英译

---

① 徐炳昶：《古代文献的整理方法》，《文化建设》创刊号，1946 年 10 月 16 日。

② 徐炳昶：《怎样才能整理国故》，《新生周刊》第 1 卷第 4 期，1927 年 1 月 7 日。该文又刊于《益世报》1929 年 4 月 29 日、5 月 6 日，第 14 版；演讲记录稿又发表在《大公报》1926 年 12 月 20 日，第 3 版。

③ 曹聚仁：《听涛室人物谭》，三联书店 2007 年版，第 277 页。

④ 曹聚仁：《学习历史家的方法和态度——为报界同人进一言》，《前线日报》1941 年 9 月 1 日，第 5 版。

本作对照，略改几字。”[1]

齐思和毕业于燕京大学历史系，他追忆：“在大学的史学方法班上，我又读了法国资产阶级历史家朗古鲁和赛尼保二人合著的《历史研究导言》。这部书是资产阶级历史学方法论的基本书籍之一。当时我感觉到这书中所讲的研究历史的方法，如搜集史料、研究版本、校勘文字、考证事实的方法，和清人的考据方法也差不多，但是比清人讲的更加透辟，更加有条理。因此，一方面我对于书中所讲的很容易接受，以为是分析入微，一方面把这洋考据学和自己所学到的中国旧日的考据学结合起来了。这书中的第一句就说：‘历史学是研究史料的科学，没有史料就没有历史学。’下面又着重说明外文对于研究历史的重要性。读了这本书以后，使我对于外文和史料更加重视起来。”[2]西方谈史学方法之书虽多，然“论其深入浅出，于初学确有裨益”，尚无有出 *Introduction* 之右者。[3]齐氏当年所修史学方法这门课，讲授者是洪业，他长期讲授史学方法，要求学生阅读 *Introduction*，对学生产生莫大的影响。但齐氏只是把上述诸书作为入门，并非奉为颠扑不灭的真理，主张要了解西洋史学，必须细心研究他们的史学名著，“绝不是仅看一两本鲁滨逊《新史学》、朗古鲁和塞尼卜二氏合著《史学方法导言》之类，便可

① 《夏鼐日记》(1)，华东师范大学出版社 2011 年版，第 131—132 页。

② 齐思和：《批判我自己的资产阶级学术思想》，《北京大学批判资产阶级学术思想论文集》，高等教育出版社 1958 年版，第 205 页。

③ 齐思和：《评十九年出版各家史学新著》，《国闻周报》第 8 卷第 4 期，1931 年 1 月 19 日。

轻谈，更何况这两种书的内容已经陈旧，不能代表现代西学呢”。①

至于何炳松选编本，流传似不及李译本之广，但也有不少读者。胡道静回忆说：“法国朗、瑟二氏《历史研究法》的英文本，经柏丞先生加以选录，并作注释……这对于我们不是外国史专业的学习者带来一个很大的方便。朗、瑟二氏之书着重论述了历史研究上的方法问题，概括了前人的经验以及他们自己的见解，平正朴实地阐明了历史学家在进行工作时所必须遵循的一些原则和方法，从搜集资料起步，进入‘外证’（鉴别资料版本的真伪）和‘内证’（推敲原材料作者的处境和心态，辨别他所提供的材料是否属实）的探索，然后综合历史事实，写成史书。对这一系列的工作都作出了严格的方法论上的规定，列举事实，条分缕析，论点鲜明，说理透彻。使人读之，启益甚大。对于我们从传统的考证学问钻出来的人，总是感觉‘身影相随’，这些方法多多少少是从事历史考证工作中所经常使用的，参稽比附，十分亲切。可是也发现了我们没有系统的方法论的论述，零敲碎打地在胡同里转圈子，知其然而不知其所以然，到此才占领了高地，一览辽廓，而且也深刻地体会到方法论的指导意义。”②这些读者的阅读体验，生动说明了史料学的训练是培养职业史家的必备条件。

Introduction 在中国的接受情形，可从四方面加以说明。

第一，众多中国学生师从瑟诺博司。中国史学界早期对瑟氏所

---

① 齐思和：《近百年来中国史学的发展》，李孝迁编校：《中国现代史学评论》，上海古籍出版社 2018 年版，第 263 页。

② 胡道静：《柏丞先生学恩录》，刘寅生等编：《何炳松纪念文集》，华东师范大学出版社 1990 年版，第 345—346 页。

知不多，[1]但"五四"以后不少青年学生如李璜、李思纯、周谦冲、陈祖源、黎东方等赴法留学，随他治史，大半缘于 *Introduction* 在中国史学界声誉盛隆之故。瑟氏的中国学生先后回国，执教于各地大学历史系，积极宣扬师说，把老师许多历史作品译成中文出版，[2]多被选为大学教材，从而扩大了瑟氏在中国的影响，而伯伦汉、坪井九马三皆无此良缘。

李璜（1895—1991），字幼椿，成都人。1909 年入成都英法文官学堂。1918 年 8 月在北京发起"少年中国学会"，年底赴法留学，跟随瑟氏研究史学，获巴黎大学文科硕士学位。1922 年他在法读书期间写《法兰西近代历史学》一文，发表在国内杂志《少年中国》，叙述十九世纪以来法国史学发展概况，尤其对瑟氏等人的"写实派"，多所着墨。1924 年李璜回国，先后任教于武昌大学、北京大学，祖述师说。1925 年他在北大开设"历史学"一课，讲述近代欧洲的历史研究法，使治史者了然历史材料的搜集、批判及综合等工夫，着重阐述史学与社会科学之间的相互影响，指定

---

① 瑟诺博司著作最早译成中文的是商务印书馆 1903 年出版《泰西民族文明史》（*Histoire de la Civilization*，系沈是中、俞子彝译自野泽武之助的日译本），著者被译为"塞奴巴"。文明书局 1903 年出版《欧洲列国变法史》（Seignobos, *Europe Since 1914*），许士熊据美人 MacVane 英译本重译，著者被译为"赛那布"。《百年来西洋学术之回顾》（《学报》1908 年第 1 年第 11 号）说法国现存史学大家有三人，拉威瑟（Lavisse）、朗波德（Rambaud）、塞纽波（Seignobos），"皆以著述名于世者"。1915 年陈独秀在《青年杂志》（1915 年第 1 卷第 1 号）译刊《现代文明史》，著者署名"法国薛纽伯"。陈独秀说瑟诺博司是"法国当代第一流史家，本书乃欧土名著之一"，指出著者乃法国文学博士，巴黎大学教授，出生于一八五四年。

② 李孝迁：《西方史学在中国的传播（1882—1949）》，华东师范大学出版社 2007 年版，第 320—321 页。

*Introduction*和伯伦汉 *Lehrbuch* 为参考书。[1]现存当年《历史学》讲义，[2]有三部分：一是历史学之意义与其范围，二是历史学与社会科学的关系，三是历史学方法概观。李璜所讲依据瑟诺博司的观点，参考法人著作为主，尤其《历史学方法概观》一篇可视为 *Introduction* 之"导读"，简而得要，颇能反映原著核心观点。

李思纯（1894—1960），字哲生，成都人。"少年中国学会"会员。1919 年 9 月 18 日，他偕同李劼人、何鲁之、胡助四人赴法留学。李思纯在巴大三年半，攻读历史学和社会学，从瑟氏学习史学方法。1923 年夏回国，历任东南大学、北京师范大学、成都师范大学、四川大学、浙江大学教授，讲授宋辽金元史和史学方法等课程。

黎东方（1907—1998），毕业于清华大学史学系，1928—1931 年留学巴黎大学，随瑟氏研习史法。他回忆：

> 我在巴黎大学图书馆找出塞诺波先生与朗格罗瓦先生所合著的《历史研究入门》的法文原本，仔细地重新体会一番。此书的英文译本，我早就在清华念过一遍（是在北京饭店的西书柜台上买的）。我作了塞诺波先生的极少数的忠心学生之一。他老人家名满天下，而课堂中的学生寥寥可数，主要的原因是：他的徒子徒孙多半已功成业就，散在各方，这一代的后生

① 《国立北京大学史学系课程指导书》（1925—1926 年度），第 6 页。

② 李璜《历史学与社会科学》（东南书店，1928 年）由四篇专文组成，前二篇"历史学与社会科学""历史学方法概论"根据北大史学系《历史学》讲义修订而成。

> 小子反而对他颇为陌生，有眼不识泰山。另一个原因是：他老人家年逾古稀，牙齿脱落了不少，发音不甚清楚，又喜欢旁征博引，一段一段的拉丁文、德文、英文、意大利文，背诵如流，颇有“六经皆我注脚”之概。有根底的，当然越听越佩服；没有根底的，听了一次，下次便不敢再来。于是，课堂中很少满二十人。①

黎东方接受瑟氏史学，是受了清华大学西洋史教授孔繁霱的影响。1931 年黎东方在北大史学系短暂讲授过“历史研究法”，“在说明历史学今日之标准，史书之读法，材料如何搜集、如何鉴别、如何采用，以及专题如何研究，史书如何构作等等”，②所讲或从 *Introduction*。

周谦冲（1903—?），号天冲，湖北黄陂人。1928 年赴法留学，1929 年获巴黎大学硕士学位，1931 年以《爱尔兰独立运动》获得博士学位，导师为瑟诺博司。回国后历任东北大学、武汉大学、光华大学、四川大学史学系教授兼主任，讲授西洋史学史、西洋近代史、历史方法等。1931 他在武汉大学史学系开设“史学名著选读”，课程目的“在选读西洋史学家对于史学方法及史学之名著，俾学者得知研究史学之方法，并了解世界名史家之生平及其著作”，选其师 *Introduction* 为主要课本。③

---

① 黎东方：《平凡的我——黎东方回忆录》，中国工人出版社 2011 年版，第 150—151 页。

② 王应宪编校：《现代大学史学系概览》（上），上海古籍出版社 2018 年版，第 66 页。

③ 《各学院概况学程内容及课程指导书》，《国立武汉大学一览》（1931 年度），第 16 页。

陈祖源（1901—1988），别号“其可”，江苏吴县人。北京大学肄业，1926年毕业于东南大学史学系，1929年赴巴黎大学留学，师从瑟氏，获博士学位，专长西洋古代史与中古史。1932年回国后任武汉大学史学系教授，所讲课程多以瑟氏著作为教材，如“西洋文化史”，选《古代文化史》《中古及近世文化史》《现代文化史》英译本作为参考书；[①]“史学研究法”此课分为二编：“一阅读法，略述中外史籍之源流及读时应注意之点；一编纂法，讨论史题之选择，史料之搜集、鉴别与综合诸法”。参考书除了*Introduction*，还有Fling的*The Writing of History*、《历史学方法于社会科学之运用》。[②]

第二，*Introduction*被中国史家取为教材使用。不仅瑟氏的中国学生把*Introduction*作为教科书用，其他学者也推崇此书。孔繁霱在清华讲“史学方法”主要介绍德人*Lehrbuch*和法人*Introduction*。[③]雷海宗在清华讲“史学方法”，[④]以*Introduction*和克罗齐*History: Its Theory and Practice*为参考书。[⑤]据学生回忆，雷氏要求学生“必定全读”*Introduction*，用一学期的时间讲史学的分析工作，另一学期讲史学的综合工作和历史的艺术。[⑥]王绳组在金陵大

① 《各学院概况学程内容及课程指导书》，《国立武汉大学一览》（1934年度），第26页。

② 《各学院概况学程内容及课程指导书》，《国立武汉大学一览》（1932年度），第25页。

③ 黎东方《史学讲话·序》（修订新版）。

④ 《大学本科暨研究院学程一览》，《国立清华大学一览》（1931年度）。

⑤ 王敦书：《雷海宗1932年史学方法课程笔记》，《江西师范大学学报》2011年第2期。

⑥ 卞僧慧：《缅怀伯伦师——在雷海宗先生百年诞辰纪念会上的发言》，《文献与记忆中的清华历史系（1926—1952）》，清华大学出版社2016年版，第372—373页。

学读书的时候，他的老师贝德士（M. S. Bates，1897—1978）用 *Introduction* 讲授史学方法，让他得窥史法的基本原理。嗣后王氏比较研读法文本、英译本、中译本，他的史学观念多渊源于此书。① 1934 年开始，留美博士郭斌佳接替陈祖源在武大开设史学方法课程，“讲治史之根本原则，其目的在指示学者如何用科学方法，阐明史事之真相。凡研究一问题必经之步骤，如史料之搜集、真伪之甄别、事实之编比，以至最后著成史文，皆依次讨论，辅以例证”。②他没有明示所用教材，但所讲或与 *Introduction* 并无二致。1937 年方壮猷（留学巴黎大学）又代替郭氏讲史学方法，明确以 *Introduction* 英译本为参考书。③

第三，*Introduction* 是中国史家建构史学方法论范本之一。英国史家鲍威尔（F. Y. Powell，1850—1904）为 *Introduction* 英译本所写的“致读者”指出，*Introduction* 不了解其他国家的历史，并不妨碍其他国家读者从中获得教益，“比照他们定下的规则”，研究者可从本国历史读物中找到例子，“通过变换本书的例证，修改本书的卓越谋篇，此处或彼处的删削雕饰，‘改编’这本书将会是很容易的”。④“五四”前后，*Introduction* 英译本和中译本被引入中国史学界，除了满足教学需要之外，也是为了“供给国内考证家一种参

---

① 王绳祖：《说史》，《斯文半月刊》1941 年第 1 卷第 21 期；王绳祖：《读史方法》，《世界学生》1942 年第 1 卷第 4 期。

② 《各学院概况学程内容及课程指导书》，《国立武汉大学一览》（1934 年度），第 26 页。

③ 《各学院概况学程内容及课程指导书》，《国立武汉大学一览》（1937 年度），第 37 页。

④ 余伟译本，“致读者”，第 4、9 页。

考，中西比较，融会贯通，藉此可以作成一部中国史例的史学研究法”。[①]彼时各地大学讲史学方法性质课程以及数量颇多的相关论著，多以之为根据，不外乎讲如何搜集史料、审定史料、综合史料等方法，内容日趋固化。中国学者撰写的史学研究法著作，其论述架构及主题、次序、术语等，皆仿 *Introduction* 或伯伦汉作品，难怪朱谦之抱怨国人讲史法“大半是从法 Seignobos 和德 Bernheim 名著抄译下来，而加以中国史实的解释的，所以仍然没有多大发明”。[②]时人批评：

> 近日“历史哲学”的名词渐渐地风行，于是坊间颇有“历史研究法”一类的书本出现，可是大都从外籍中稗贩而来，凡所征引以为佐证的事实和所以有此事实的时代背景，全非中土所有。无论它统系怎样分明，结构怎样谨严，证据怎样充足，而按诸环境殊异，习惯不同的我们，则终觉隔膜，或竟毫不相干。所以这类好听的新颖的书本，对于我国史学界的影响，可以说是很小很小的。[③]

Introduction 较早出现在中文世界，可追溯到 1919 年胡适《中国哲学史大纲》。第一篇导言末尾所附参考书举要：“论史料审定及

---

① 李树峻译：《史学研究法导言》，“译者附识”，北京《益世报》1929 年 11 月 1 日，第 9 版。

② 朱谦之：《现代史学概论》，《朱谦之文集》第 6 卷，福建教育出版社 2002 年版，第 113 页。

③ 臻郊：《推荐五部关于历史科的新书》，《中学生》第 21 号，1932 年 1 月，第 137 页。

整理之法”，看 *Introduction*。胡适认为一部可靠的中国哲学史，必须要用这几条方法：“第一步须搜集史料。第二步须审定史料的真假。第三步须把一切不可信的史料全行除去不用。第四步须把可靠的史料仔细整理一番：先把本子校勘完好，次把字句解释明白，最后又把各家的书贯串领会，使一家一家的学说，都成有条理有统系的哲学。”①这不仅是做哲学史的方法，也是治史的一般途径。齐思和尤为突出西法在胡适成书中的意义，“他很简单的介绍了西洋史学方法的理论，尤其以塞恩卜氏的《史学原论》为主，结果他这书刊落群言，成了崭新的一部中国哲学史。出版之后，风行一时，数年之中，版十余次，对于当时哲学思想、史学思想影响极大”。②同时代其他学者也提出类似的看法，朱谦之谓胡适的“史学方法虽很受 Seignobos 等影响，同时却带着清代朴学家的科学精神”。③杨堃以为胡适《中国哲学史大纲》之所以有价值，并不是沿用清儒治学方法，而在于采用西洋史学方法，他的方法论跟何炳松《历史研究法》所讲者无大差别，皆脱胎于 *Introduction*。④

胡适不仅因充分接受 *Introduction* 成就一部名著，而且 *Introduction* 也因胡适的宣扬，在中国知名度大为提升，开始在学界

---

① 胡适：《中国哲学史大纲》，上海古籍出版社 1999 年版，第 22—23 页。

② 齐思和：《近百年来中国史学的发展》，李孝迁编校：《中国现代史学评论》，第 166 页。

③ 朱谦之：《中国史学之阶段的发展》，《现代史学》第 2 卷第 1、2 期合刊，1934 年 5 月 25 日。

④ 张好礼：《中国新史学的学派与方法》，李孝迁编校：《中国现代史学评论》，第 91—92 页。按，今人江勇振《胡适史学方法论的形成》一文将胡适的史学方法与 *Introduction* 作细致比较，认为胡适史法的基本假定，都可在 *Introduction* 找到雏形，此书是认识胡适史学方法的“一把钥匙”。

迅速流传。应当说，近代中国史学界方法意识的觉醒，大半受胡适此书的影响，稍后李泰棻《史学研究法大纲》（1920 年）和梁启超《中国历史研究法》（1922 年）留意参考 *Introduction*，应与胡适的提示不无关系。李泰棻《史学研究法大纲》是中国史家所写的首部现代意义上的史学方法著作，*Introduction* 虽被列为参考书，①但主要受日人著作的影响，尤其坪井《史学研究法》。②《西洋大历史·绪论》（1930 年）始较多袭用 *Introduction*，尤其第七章欧美史料之鉴定，不加说明直接摘录李思纯译《史学原论》颇多。

Introduction 也是梁启超《中国历史研究法》理论来源之一。早在 1924 年，陈训慈便发现梁著的秘密，“西史家于内校雠中此点考审甚精，如朗格罗之书详列十条及二十事，梁任公《中国历史研究法》中所举之若干条多有取于西说而加以融通者”。③1980 年杜维运再审梁著，与 *Introduction* 进行细致的文本比对，发现若干段颇为相似的文字，从而坐实梁著参考过此书，但没有提供确证说明梁氏获知渠道。④我之前曾推测，梁氏可能阅读了 *Introduction* 日文节译本《历史研究法纲要》（东京专门学校出版部，1901 年）。梁氏流亡日本期间热心建构新史学理论，阅读了大量日文史籍，而他所读之书大部分也多出自东京专门学校出版部，《历史研究法纲要》或是其中之一。这一推论恐不确。*Introduction* 第一章举美国史学家 H.

---

① 李泰棻：《史学研究法大纲》，武学书馆 1921 年版，第 17 页。

② 参阅本书第五章。

③ 陈训慈：《史学蠡测》，《史地学报》1924 年第 3 卷第 1 期，第 15 页。

④ 参阅杜维运：《梁著〈中国历史研究法〉探原》，《“中央研究院”历史语言研究所集刊》1980 年第 2 期。

H. Bancroft 事例，提出“American method has only once been employed with sufficient resources and sufficient consistency to ensure its success”,①日译本删了“American”，仅译成“此の方法”,②梁启超《中国历史研究法》则谓之“‘美国风’的搜集法”，说明他所言并非本之日译本。

梁氏转述 Bancroft 故事：

> 距今约七十年前，美国人有彭加罗夫者（H. H. Bancroft）欲著一加里佛尼省志，竭毕生之力，倾其极富之家资，誓将一切有关系之史料搜辑完备然后从事。凡一切文件，自官府公牍下至各公司家庭之案卷账簿，愿售者不惜重价购之，不愿售者展转借钞之。复分队派员诹询故老，搜其口碑传说，其书中人物有尚生存者，彼用种种方法巧取其谈话及其经历。如是者若干年，所丛集之资料盈十室。彼乃随时将其所得者为科学分类，先制成“长编式”之史稿，最后乃进而从事于真著述。若以严格的史学论，则采集史料之法，必如此方为合理。虽然，欲作一旧邦之史，安能以新造之加里佛尼省为比例？且此种“美国风”的搜集法，原亦非他人所能学步。③

这个故事出自 *Introduction* 英译本第 20 页，梁氏没有严格根据原

① *Introduction*，第 20 页。

② 村川坚固、石泽发身译：《历史研究法纲要》，东京专门学校出版部 1901 年版，第 15 页。

③ 梁启超：《中国历史研究法》，商务印书馆 1922 年版，第 59—60 页。

文，略有添油加醋，如“所丛集之资料盈十室”，原文仅谓“he housed his collection in premises built for the purpose”，也没有什么“长编式”之史稿。前面提及徐炳昶曾译 *Introduction*，在《哲学》发表了第一章，如果比较梁徐文字，两者似存一定关系，如徐译文“巧取他们的谈话”“丛集”“美洲风味”，与梁文同或近。此外，梁启超说：“史料为史之组织细胞，史料不具或不确，则无复史之可言。史料者何？过去人类思想行事所留之痕迹，有证据传留至今日者也。思想行事留痕迹者本已不多，所以留之痕，又未必皆有史料的价值。有价值而留痕者，其丧失之也又极易。因必有证据然后史料之资格备，证据一失，则史料即随之湮沉。而证据散失之途径甚多……”①比对徐氏译文“历史是由些证据作成的。证据是古人的思想和行事所留下的痕迹。在人类的思想和行事里面，可以看出的痕迹很少留下的，并且这些痕迹，当它们发生出来以后，能长久保存的很希少，有一件不测的事情，就可以把它们消灭了。那么，一切没有留下直接或间接的痕迹之思想和行事，或者它们可以看出的痕迹已经消灭，对于历史就丧失了，这就像它们从来没有存在。因为没有证据，人类过去很长时间的历史，是永远不能知道了。为的是全没有东西来补充证据：没有证据就没有历史。”②“思想”“行事”“痕迹”“丧失”皆对译“thought”“action”“trace”“lost”，③这应该也不是偶然巧合吧。徐文在前，梁文在后，而且他们俩应认识，皆在《哲学》多次同期

---

① 梁启超：《中国历史研究法》，第 57—58 页。

② 徐炳昶译：《搜集证据（历史上的）的方法》，《哲学》第 4 期，1921 年 11 月。

③ *Introduction*，第 17 页。

发文，徐译文发表的那期也有梁文，故梁氏定看过徐氏译文则无疑。总之，梁氏获知 *Introduction* 渠道，上述证据尚不充分，仍是有待开解之谜。

改编 *Introduction* 较成功者要算何炳松《历史研究法》（1927 年）和《通史新义》（1930 年）。前者自谓："意在介绍西洋之史法，故关于理论方面，完全本诸朋汉姆、郎格罗亚、塞诺波三人之著作。遇有与吾国史家不约而同之言论，则引用吾国固有之成文。书中所有实例亦如之。一以便吾国读者之了解，一以明中西史家见解之大体相同。初不敢稗贩西籍以欺国人，尤不敢牵附中文，以欺读者。"①后者亦承认："至于本书所述之原理，十九采自法国名史家塞诺波所著《应用于社会科学上之历史研究法》一书。著者虽略有疏通证明之功，终未敢掩袭他山之美。"②这两本改编之作均带有一种主动性，将瑟诺博司史学引入中国，并以"西方标准"激活传统史学资源中不谋而合的论述，重组新的文本，反而更能适应中国史学界的需要，流布更广，影响更大。诚如评论者所言，"著者是有中国史学的素养的，所以他独能融会中西，一方面介绍西洋的史法，一方面运用中国的史实，使一般的读者自然得到贯通之趣"，证明这本小书"确乎是超越恒流的作品"。③何氏由此在中国近代史学中获得一席之位，"当代介绍西洋史学最努力的一位学者，他在

① 何炳松：《历史研究法・序》，商务印书馆 1927 年版，第 7 页。按，此序写于 1927 年 1 月 16 日，英文本《历史研究法》"编者导言"写于 1927 年 4 月 18 日，两文颇多雷同，后文应该是前文的扩写。

② 何炳松：《通史新义・自序》，商务印书馆 1930 年版，第 19 页。

③ 臻郊：《推荐五部关于历史科的新书》，《中学生》第 21 号，1932 年 1 月，第 137、139 页。

中国现代史学有不可磨灭的贡献”。①

何氏虽然没有直接师从瑟氏，却是他最忠实的信徒和推销者，不仅积极宣扬其史学思想，而且身体力行，将瑟氏“著史”思想落实在他主编的《中国历史丛书》（商务印书馆）。1930 年 1 月，他说明编丛书的缘起：

> 中国史籍，浩如烟海，体例纷纭，要领莫揽。在今日欲求一完善之通史，诚有苦索无从之叹。炳松承乏此间，窃不自揆，颇有理董国史之念。顾兹事体大，断非一人之心力所可几，因与同好友人王云五、胡适之、王伯祥、傅纬平诸先生商拟草目，先立主题百余则，数经往复，然后写定。每一主题，自成一册，略就时代先后及史实联贯为比次。区区之意，端在作彻底之研究，将以为通史之嚆矢，故重在经纬纵横之精神，不取分类排纂之义例。爰特商请专家，分门撰述。既不偏于某一时代任何事物之一端，亦不仅类叙某一时代各种活动之琐屑，务使览之者对于中国社会演化之某一阶段得一完整之观念，并审知其在全史上相当之地位，是用通史之所有事也。

第一集上古期（先秦时代）17 种，第二集中古期（秦初至五代之末）38 种，第三集近古期（宋初至明末）34 种，第四集近世期

① 齐思和：《近百年来中国史学的发展》，李孝迁编校：《中国现代史学评论》，第 168 页。

（清初至清末）32 种，合计共 121 种。①此计划规模庞大，实际并未完成，就已出版的若干种如王钟麒《三国之鼎峙》、陶希圣《辩士与游侠》、王志瑞《宋元经济史》、宋云彬《王守仁与明理学》、陈功甫《义和团运动与辛丑条约》来看，均为百余页小册子，离“彻底之研究”甚远。何氏所选定主题应参考了 *Introduction*“历史事实的一般性分类表”，他跟瑟氏一样，坚信透过综合各种专著可以重建人类历史演化，产生一部理想的通史。②不过，何氏的计划不算成功，《中国历史丛书》在中国近代史学上并无地位，他个人的学术成就也颇有争议。即使齐思和对他甚为赞许，但也批评他“所译的都是些通俗的教科书，他对于当代西洋第一流的史家的著作并不曾介绍，而且似乎未曾考察西洋史家如何依据史料而写成专题的研究、深博的著述。因之，他所提倡的仍是通史的革新，而不是高深的研究”。③

西史东渐过程中，为了适应各国各时代的需求，改编文本行为颇为普遍。改编本往往比原本更能适应接受地的需要，有时反过来会冲击原本的接受程度，甚至令原本被遗忘。在民国史坛，*Lehrbuch*、*Introduction*、坪井九马三《史学研究法》、何炳松《历史研

---

① 见王钟麒编《三国之鼎峙》（何炳松主编《中国历史丛书》，商务印书馆 1931 年版），“目次”前所附之《中国历史丛书全目》。

② 何炳松的通史编纂思想完全取自瑟诺博司，他多次发表整理中国史的意见，要想做一部理想的中国通史，应该采用分工，“各人尽各人的力量先去研究历史上的小问题，把研究所得的作成专篇”，“那末想编通史的人，就可以利用这种材料编成一部尽善尽美的中国史”。（何炳松：《历史研究法》，《民铎杂志》第 10 卷第 1 号，1929 年 1 月 1 日，第 24 页）

③ 齐思和：《近百年来中国史学的发展》，李孝迁编校：《中国现代史学评论》，第 168 页。

究法》、梁启超《中国历史研究法》是相当被认可的五种文本，从争取读者角度来说，它们之间存在竞争关系。外人著作名望虽高，但被接受程度不一。上述五种文本被中国读者接受程度大体处于递升关系，梁启超《中国历史研究法》最受欢迎，何炳松《历史研究法》次之。梁、何二氏作品事实上属改编之作，理论框架来自外人，实例取自本土。从认识西洋史法深浅来看，梁氏不如何氏，“长于阐述旧闻，而短于介绍新知”。①罗家伦甚至讥讽“梁先生看外国书的范围和了解程度，实在使我怀疑。我的怀疑或者错误，但是近来看他几种著作——如《历史研究法》——实使我增加这种印象。其实梁先生在中国学问方面，自有他的地位，不必有时带出博览西洋群籍的空气。并且有许多地方，若是他公认不曾看过西籍，我们只是佩服他的天才。若是说他看过此类的西籍，则我们不但以另一副眼光批评，而且许多遗误不合，或在西方早已更进一步之处，梁先生至今还以‘瑰宝’视之，则我们反而不免笑梁先生西洋学问之浅薄。”他认为与其读梁著，还不如直接去读 Bernheim、Shotwell 等关于历史方法的名著所得更多。②罗氏是从内容立论，然从接受方看，Bernheim 书根本敌不过梁著。梁著的魅力在于“适合本国”，③“其举例之精巧、亲切而富于启发性，西方史法书中实罕其匹”，④“论

---

① 齐思和：《史学概论讲义》，第 126 页。

② 《罗志希先生来信》，《晨报副刊》1923 年 10 月 19 日，第 1、2 版。

③ 《史学蠡测》，《史地学报》1925 年第 3 卷第 5 期，第 42 页

④ 张荫麟：《近代中国学术史上之梁任公先生》，《大公报・文学副刊》第 57 期，1929 年 2 月 11 日。

具体的方法则较为亲切”，[①]被何炳松改造得相当本土化的《历史研究法》也不及之。当年罗尔纲做学生时读 *Introduction* 中译本“味同嚼蜡”，相反，梁启超《中国历史研究法》文笔佳，事例多取自中国，读来生动有味，“开拓胸襟，心旷神怡”。[②]史法虽无中西之分，但 *Introduction* 所归纳出来的原理是基于西洋史的经验，许多例证皆来自西方，对西方读者来说或许耳熟能详，但对中国读者而言则颇为隔膜，难有亲切之感，阅读趣味大减。*Introduction* 基本原理之所以能深入“史心”，成为中国治史者习焉不察的日常学术准则，端赖大量的改编和转译行为。如果没有胡适、梁启超、何炳松等将 *Introduction* 所定规则借助各种渠道（改编本、课程、演讲、语录等）层层渗透，最终形成新的风气，“中国七七抗战以前的史学界，无疑乎均受兰克派和瑟诺博司（Seignobos）等考证学派的影响”，[③]仅凭借原本和译本的流通，其效果则将大打折扣。

第四，*Introduction* 思想被中国史家分化重组。中国史家接受外来事物常受个人思想状态、时代风向的转变而取舍有别，而且外来理论在接受过程中往往被分解成各个思想单元，接受者根据需要重新组合，甚至性质根本对立的思想也可整合到一起。中国史家通常不会只接受一家一派之说，大多具有多元性，博采众说，成一家

---

① 吕思勉：《怎样读中国历史》，《出版周刊》第 102 期，1934 年 11 月 10 日，《吕思勉全集》(11)，上海古籍出版社 2016 年版，第 492 页。

② 《罗尔纲全集》第 20 卷，社会科学文献出版社 2011 年版，第 474 页。

③ 朱谦之：《考今》，《读书通讯》1941 年第 31 期，后又发表于《现代史学》1942 年第 5 卷第 1 期。

言，梁启超、胡适、何炳松、傅斯年都如此，没有亦步亦趋盲目整体接受瑟氏思想，同样也采取拿来主义，有选择性吸纳。以何炳松为例，时人讥讽何氏是“综合研究底学生，并不固执于‘门户之见’，所以他虽当了新史学派底媳妇，还可以和瑟诺波（Ch. Seignobos）结婚生子”。①应当说，鲁滨逊新史学派正是批判 *Introduction* 所代表的史学传统而兴起，但这两种对立异质的资源在何氏思想中却并行不悖。再举梁启超，他的史学思想更是庞杂，早年受浮田和民《史学通论》影响甚深，1920 年代又吸收坪井九马三《史学研究法》和 *Introduction*，但都不是通盘接受，只取其所需。梁氏一方面承袭 *Introduction* 史料学观点，另一方面拒绝 *Introduction* 对统计方法治史的质疑，他不仅提倡也实践用统计方法研究历史，对此充满信心。

Introduction 的“文献崇拜”倾向相当明显，提出“没有文献就没有历史”（no documents，no history），②给中国史家留下深刻的印象，许多学人祖述之。蔡元培在《明清史料·序》说：“史学本是史料学，坚实的事实，只能得之于最下层的史料中。”③胡适也说“史家若没有史料，便没有历史”。④缪凤林《中国通史纲要》认为 *Introduction* “学者所宜参阅”，并直接取用其名言“史学由史料构

① 刘静白：《何炳松历史学批判》，辛垦书店 1933 年版，第 20 页。

② Ch. V. Langlois & Ch. Seignobos，*Introduction to the study of History*，New York：Henry Holt and Co.，1904，p.17. 余伟译本，第 3 页。

③ 蔡元培：《明清史料档案甲集·序》，高平叔编：《蔡元培全集》第 5 卷，浙江教育出版社 1988 年版，第 513 页。

④ 胡适：《治学的方法与材料》，《胡适全集》第 3 卷，安徽教育出版社 2003 年版，第 138 页。

成，无史料斯无史学”。①周传儒认为以近代学术趋势言，历史学与考古学俱倾其全力于材料之搜集，故有历史学即史料学之语，“法人朗格诺瓦（Langlois）云：‘历史由史料构成，无史料斯无历史矣。’此真不朽之名言”。②齐思和《史学概论》强调：“史料者，乃历史知识之来源也。史家之需要史料，犹工业家之需要原料，化学家之需要药品，生物家之需要标本。‘无史料则无历史’。”③彼又谓：“历史是过去的事实的客观的叙述，其中不能夹杂任何目的，史学家作历史应该和化学家作实验报告具同样的精神。”④这些观点皆源出他所阅读过的 *Introduction*。⑤

中国近代史学各派对史料表现出前所未有的高度重视，甚至傅斯年提出极端的口号“近代的历史学只是史料学”，⑥“史学便是史料学”，⑦不能不说跟 *Introduction* 有一定的渊源关系。不过，*Introduction* 所强调的史料主要是指书面文献（written documents），几乎

① 缪凤林：《中国通史纲要》第1册，南京钟山书局1932年版，第10、14页。

② 周传儒：《甲骨文字与殷商制度》，开明书店1934年版，第2页。

③ 齐思和：《史学概论讲义》，第102—103页。

④ 齐思和：《论历史的价值》，《燕大月刊》第7卷第1、2期合刊，1930年12月25日。

⑤ 史家的作业比喻为化学家，见于 *Introduction* 第210页引古朗士的话“历史学家……寻求事实并且通过对文本的细致观察获得它们，这就像化学家在细致而精确进行的实验过程中发现到他的事实一样”。（余伟译本，第139页）不过，齐思和也有可能从鲁滨逊《新史学》得知，因为这本书也引用古朗士此喻：“As a French scholar has remarked, the historian is in the position of a chemist who should be forced to rely for his knowledge of a series of experiments upon what his laboratory boy tells him.”（《新史学》英文本，1912年，第45页）

⑥ 傅斯年：《历史语言研究所工作之旨趣》，《傅斯年全集》第3卷，第3页。

⑦ 傅斯年：《史学方法导论》，《傅斯年全集》第2卷，第309页。

不讨论非文本史料（no-documentary materials）。①这一取向也被何炳松继承，他的《通史新义》称“在社会科学中过去之直接遗迹实无利用之余地”。②杨鸿烈批评《史学原论》对书籍以外的史料“没有阐发过其不应漠视的重要价值”，连带何炳松，一同斥为是“一种偏见”。③然而近代中国史学界不仅要求扩充文字史料，而且对实物史料兴趣尤浓，考古学受到普遍重视，提出“地下二十四史”之说。④此种取向显然与 *Introduction* 异趣。或者说时人接受 *Introduction*“文献崇拜”，并扩充了史料范围，就此而言，两者又是同调。

Introduction 强调历史研究的起点是史料，辨析史料真伪需要怀疑精神，从史料中揭示事实，拒绝一般抽象的概括，否定法则，排斥社会科学。*Introduction* 这一思想被胡适、傅斯年为首的新历史考据派所承袭，落实在北大历史系、中研院史语所，形塑了此派基本的学术面相。从一个事件里能反映此派对社会科学的普遍轻视，乃至敌意。1931 年夏，江绍原在北大讲授“中国礼俗迷信之研究”课，无理由被取消，他抱怨“古今生活思想中神怪方面之史的研究，虽能够帮助解放人的心灵……中国官学却尚不知提倡或至少容忍之”。⑤1936 年杨堃调侃江氏，“官学”对民俗学、神话学、人类学的态度有所改变了。

---

① *Introduction* 作者在注释说明：“我们不专门讨论实物文献（物体、纪念碑等）批判，尽管实物文献批判在很多方面不同于书面文献批判。”（余伟译本，第 35 页）

② 何炳松：《通史新义》，商务印书馆 1930 年版，第 16 页。

③ 杨鸿烈：《历史研究法》，商务印书馆 1937 年版，第 64 页。

④ 马衡语，见傅振伦：《傅振伦学述》，浙江人民出版社 1999 年版，第 74—79 页。

⑤ 江绍原：《中国古代旅行之研究 · 导言》，商务印书馆 1935 年版，第 4 页，注二。

自从英国人类学家布郎（A. R. Brown，1881—1955）来北大讲学，胡适当时曾言："北大历史系课程过于正经，无左道斜门之设，如人类学等。如同学要听人类学等课程，现在很希望布郎博士之讲演，使我们学一学左道斜门。……使北大历史系对此项学术加以注意。"①北大史学系主任陈受颐亦说："人类学、人种学、风俗学，都是历史的补助科学，同时也就是研究历史学应当注意的。"②在胡适眼中，人类学等社会科学都是"左道斜门"，言外之意，惟独考据才是"正统"学问，怎能容许江氏讲"中国礼俗迷信之研究"。据胡适弟子罗尔纲回忆，他《清代士大夫好利风气的由来》一文只是做了一个局部性的概括论断，胡适看了都非常生气。③强调"通式"的社会科学被他排斥在历史研究之外，乃情理中事。

傅斯年的个性与瑟诺博司颇为相似，均有强烈的民族激情，皆好辩，有走极端的倾向。以 *Introduction* 之流行，胡适对它的推崇，加之傅氏讲史学方法课程，其史学论述与 *Introduction* 高度重叠，他读过此书并受影响当为事实。傅氏的某些表述与 *Introduction* 很接近，除了"史学便是史料学"之外，尚有多处。傅氏说："历史是上句不接下句，东摇西摆，乱七八糟的偶然的不成体统的东西"，④"历史

---

① 《布郎昨在北大讲"历史与社会科学"》，《世界日报》1935 年 12 月 5 日，第 7 版。

② 《学人访问记：历史学家陈受颐》，《世界日报》1935 年 12 月 18 日，第 7 版；杨堃：《江绍原著〈中国古代旅行之研究〉》，《社会学刊》1936 年第 5 卷第 2 期。

③ 余英时：《重寻胡适历程》，广西师范大学出版社 2004 年版，第 213 页。

④ 马鸿昌：《评现在之中国史学界》，李孝迁编校：《中国现代史学评论》，第 178 页。

本是一个破罐子、缺边掉底，折把残嘴，果真由我们一整齐了，便有我们主观的分数加进了。”[1]胡适也有类似的论述，“史料总不会齐全的，往往有一段，无一段，又有一段。那没有史料的一段空缺，就不得不靠史家的想象力来填补了”。[2]胡、傅师徒的观点皆源于 *Introduction*，后者谓“我们所得到的事实是乱七八糟的，没有任何本质的区别……文献作者们所给出的事实却是杂乱无章的”，“对文献的批判性分析，已经提供了历史建构的素材——即那依然处于散乱状态的历史事实”，“批判所提供的事实是孤立的和散落的”。[3]这些或许就是胡、傅二氏所言的理论依据。傅氏强调“史学非求结论之学问”，[4] *Introduction* 多处反复申说结论需谨慎，“极少有结论是被坚实确证了的，除非是依赖于大量详尽数据的那些结论”，“尝试得出某些一般性结论之前，核查全体事实和整个传统”，“在历史中，经常出现的是：写得最好的专著没有提供任何别的结论，只是证明了知识是不可能的。……一部优秀专著的正确结论，是其所获成果与尚有疑问之处的资产负债表”。[5]傅氏又谓：“我们反对疏通，我们只是要把材料整理好，则事实自然显明了。一分材料出一分货，十分材料出十分货，没有材料便不出货。两件事实之间，隔着一大段，把他们联络起来的一切涉想，自然有些也是多多

---

① 傅斯年：《评丁文江的〈历史人物与地理的关系〉》，《傅斯年全集》第 1 卷，第 428 页。

② 《胡适日记》（1921 年 8 月 13 日），《胡适全集》第 29 卷，第 416 页。

③ 余伟译本，第 127、128、136、191 页。

④ 傅斯年：《史学方法导论》，《傅斯年全集》第 2 卷，第 307 页。

⑤ 余伟译本，第 157、169、183、184 页。

少少可以容许的，但推论是危险的事，以假设可能为当然是不诚信的事。”①这正是 *Introduction* 第十三章“建设性推论”（constructive reasoning）所讨论的问题，瑟氏认为“推论最难被正确运用，而且已引发了许多十分严重的错误”，②“我们绝大多数的推论，仅提供假设，而非确有其事”。③

瑟诺博司的历史解释诉诸偶发事件和个别原因（personal causes），拒斥“通则原因”（general causes），他认为：“与其他科学不同，历史更善于确定特殊事变的原因，而非那些一般性变化（general transformation）的原因。”④此种思维取向在胡适、傅斯年身上表现尤为显著。陈独秀认为白话文运动是应“中国近年产业发达，人口集中”需要而发生的，胡适很不以为然，他说：“独秀这番议论是站在他的经济史观立场说的。我的《逼上梁山》一篇虽然不是答复他的，至少可以说明历史事实的解释不是那么简单的，不是一个‘最后之因’就可以解释了的。……其中各有多元的、个别的、个人传记的原因，都不能用一个‘最后之因’去解释说明。……这个思想不是‘产业发达，人口集中’产生出来的，是许多个别的、个人传记所独有的原因合拢来烘逼出来的。……这种种因子都是独一的、个别的。……治历史的人，应该向这种传记材料里去寻求那多元的、个别的因素，而不应该走偷懒的路，妄想用一

---

① 傅斯年：《历史语言研究所工作之旨趣》，《傅斯年全集》第3卷，第9—10页。

② 余伟译本，第152页；*Introduction*，第252页，“reasoning is the most difficult to employ correctly, and the one which has introduced the most serious errors.”

③ *Introduction*，第260页，“most of our reasonings will only afford presumptions, not certainties.”

④ *Introduction*，第292页；余伟译本，第175页。

个'最后之因'来解释一切历史事实。"[①]胡适所谓"最后之因"与 general causes 几乎是同义词。当然，胡适强调个别、个人传记的作用，也有可能受德国温德尔班（Wilhelm Windelband，1848—1915）《哲学史教程》（*A History of Philosophy*，1893）的影响。他在《中国哲学史大纲》第一篇导言末尾所列参考书举要，论哲学史、论哲学史料，明示参考温德尔班《哲学史教程》英译本（1898 年）。温氏与瑟氏一样，他在《哲学史教程》中也认为历史进程中多元（multiplicity）、个别因素（individual factor）的决定性作用，"历史是一个充满个别人事（individualities）的王国，里面每个细节都不会重复发生，并各有其自身的价值。在哲学史里也正如此，大思想家展现着他们深远以及无限的正面影响。"[②]胡适《中国哲学史大纲》写作受温德尔班《哲学史教程》异常明显，有趣的是，傅斯年外文藏书中也有该书 1901 年版英译本。

傅斯年的历史解释同样反对"通则原因"，他认为没有两件相同的史事，"历史上件件事都是单体的，本无所谓则与例"。在他看来，历史不存在因果律，"因果的解释，是指着宗教意味而言，如善因善果、恶因恶果是，其他在科学方面，就没有人谈因果律，反而一般非科学家才在那里高谈因果律啊"。[③]彼又谓"因果二词，既非近代物理学所用，亦不适用于任何客观事实之解释，其由来本自神学思

① 胡适：《〈中国新文学大系·建设理论集〉导言》，《胡适全集》第 12 卷，第 273—276 页。

② Wilhelm Windelband, *A History of Philosophy*, London: Macmillan Co., 1898, p.14.

③ 马鸿昌：《评现在之中国史学界》，李孝迁编校：《中国现代史学评论》，第 204 页。

想出。现在用此一名词，只当作一个‘方便名词’，叙说先后关系而已，并无深意”。[①]*Introduction* 也否认因果的必然性，“历史学家和化学家或自然科学家一样，并不需要去研究初始因或终极因。事实上，今天没有多少历史学家会停下手头工作去讨论那种神学形式下的神意理论”。[②]傅斯年所理解的“因果”，正是 *Introduction* 所指出的，历史学家也经常使用因果观念，但这个因果是史料中所呈现的，“就是偶然事件间的相互联系”，[③]“事件的整体史就是一串明白、确定的相关联的偶发事件，其中一个是另一个的决定因”。[④]

傅斯年认为历史事件不能作抽象的概括命题，“以简单公式概括古今史实，那么是史论不是史学，是一家言不是客观知识”，[⑤]所以“史学非求结论之学问”，或谓“历史不是由事实抽结论的学问”，“历史无 Law，而有 Shape”。[⑥]他曾在北大“史学方法导论”

---

① 傅孟真：《闲谈历史教科书》，《教与学》第 1 卷第 4 期，1935 年 10 月 1 日，第 101 页。

② 余伟译本，第 171 页。

③ 余伟译本，第 175 页；英译本，第 292 页，“the interconnection of the accidental facts.”

④ *Introduction*，第 292 页，“The whole history of events is a chain of obviously and incontrovertibly connected incidents, each one of which is the determining cause of another.” 按，梁启超后来对因果的理解，与 *Introduction* 很接近，他认为历史现象中的因果，只能说是“互缘”，“这件事和那件事有不断的联带关系，你靠我我靠你才能成立。就在这种关系状态之下，前波后波，衔接动荡，便成一个广大渊深的文化史海”。（梁启超：《研究文化史的几个重要问题》，《时事新报・学灯》第 5 卷第 3 册第 2 号，1923 年 3 月 3 日）

⑤ 傅孟真：《闲谈历史教科书》，《教与学》第 1 卷第 4 期，1935 年 10 月 1 日，第 100 页。

⑥ 王汎森等主编：《傅斯年遗札》第 1 卷，台北“中央研究院”历史语言研究所，2011 年，第 104 页。

课上举元朝伐日失败的例子说："元朝成吉思汗把欧亚许多国家都征服了，单单伐日本的时候，因为忽然之间起了大风，把他底兵舰都卷沉海底。若不是忽然之间大风作祟，也许元朝会完成了统一的大帝国，也许世界的历史会是另一个面目了。"① *Introduction* 认为历史处理的是独特（unique）事实，不是"关于诸种事实间普遍联系的抽象知识"（the abstract knowledge of the general relations between facts）。②为了说明个体事实（individual facts）的重要性，瑟氏在 *Introduction* 举埃及艳后 Cleopatra 的鼻子也许会影响到罗马帝国，③"个人生命中的某些插曲，也许会成为重要的事实"。④胡、傅二氏身体力行，前者自称有考据癖，后者热衷讨论谁是明成祖的生母，或许在傅氏看来，明成祖生母是谁的问题会引发蝴蝶效应，产生一系列重大的历史变动。1942 年傅斯年还在思考"Causality and Chance in History"（历史中的因果律和偶然），计划写成专书。⑤正因为以胡适、傅斯年为首的新历史考据派重视个别因素，恰如瑟氏强调事实不应分大小，细因（small causes）或许会产生巨响（great effects），历史不应该牺牲任何一件事实，⑥从而诱导史家群趋考据一途。

---

① 马鸿昌：《评现在之中国史学界》，李孝迁编校：《中国现代史学评论》，第 178—179 页。

② 余伟译本，第 148 页；英译本，第 245 页。

③ *Introduction*，第 248 页；余伟译本，第 149 页。

④ 余伟译本，第 149 页；英译本，第 249 页，"The episodes in a man's life may thus become importance facts."

⑤ 王汎森等：《傅斯年遗札》第 3 卷，第 1208 页。

⑥ *Introduction*，第 248、262 页。

傅氏《史学方法论》第三讲统计方法与史学，虽不知其具体内容，但从《评丁文江的〈历史人物与地理的关系〉》可窥他对此的基本认识。傅斯年不相信历史有律则与因果，他对统计学治史的有效性持怀疑态度，所以他不能承认丁文“证求得的事实为成立，而且这种方法也不是可以全不待讨论的”。他不赞成丁文从表中推比了许多事实和现象，因为“这些事实和现象和这个表中的数目字，严格说起，多毫无有直接的关系，这些推比也但是些预期（Anticipations）而已。换句话说，这些推比的事件多是我们时常所想及……只是联想，不相决定的‘因数’。这类，看起来像很科学的，而实在是‘预期’之件，颇有危险”。傅氏从方法论角度解释，“研究历史要时时存着统计的观念，因为历史事实都是聚相事实（mass-facts）。然而直截用起统计方法来，可须小心着，因为历史上所存的数目多是不大适用的”。只有“分布上凌迟出入”的那些单元（Homogeneous）事实可应用统计方法，而历史现象不能使它再回来，是极复元（Heterogeneous）的事实，“如不从小地方细细推求比论，而以一个样子定好如当代欧美都市统计表一般的形状加上，恐怕有点疏误”。[①]傅斯年的见解如邓广铭所谓“在古今中外的历史学界再也找不到第二家的”吗？

傅氏所用概念“聚相事实”（mass-facts）、“单元”（Homogeneous）、“复元”（Heterogeneous），现在通常译为“群体事件”“同质”“异质”，其实都源出 *Introduction*。他对统计学与史学关系的认识也与

① 傅斯年：《评丁文江的〈历史人物与地理的关系〉》，《傅斯年全集》第 1 卷，第 425—428 页。

之一致，尽管不能说傅氏“剽窃”，他已消化为自己的文字，但这不属于他原创思想则是事实。Homogeneous、Heterogeneous 这对概念在 *Introduction* 多次出现，用于讨论历史事实的性质。*Introduction* 认为历史事实是异质（Heterogeneous）的，“没有任何一个真正的群体是完全同质的”，甚至官方界定了某种精确性的群体（政权和教会），都只是“各种异质要素构成的表层单位”（superficial unities composed of heterogeneous elements）。①傅斯年也有类似说法：“历史上事，无全同者，为了解之，须从其演化看去。”②适合统计方法处理的事实，是那些“有着某种明确特性的所有事实，那种特性可被用来清点这些事实”，但瑟诺博司认为“历史知识在本质上是复杂的且难以传达的”，③每笔资料、每个事件、每个现象，都充满内在的情绪与主观因素，许多表面上看起来相似的现象，其实也不是“同质的整体”（a homogeneous whole）。④统计方法用武之地在于某些涉及“群体的公式建构”（construction of formulae relating to groups），但必须有严格的限定，即“要充分确保文献是完整的，足以呈现出所有应被枚举的单元”，⑤但通常情况下，文献是不完整的，这意味着统计方法很难运用于历史研究。

傅氏的统计学论述，或也受到伯伦汉的影响。伯伦汉谓“统计

---

① 余伟译本，第 144 页；*Introduction*，第 239 页。

② 《致吴景超》，《傅斯年全集》第 7 卷，第 267 页。

③ 余伟译本，第 137 页；*Introduction*，第 229 页，“historical knowledge, which is by nature complex and unwieldy, is exceptionally difficult to communitcate.”

④ 余伟译本，第 165—166 页；*Introduction*，第 275 页。按，何炳松概括为“一事多质”。（李孝迁、胡昌智编校：《历史研究法二种合刊》，第 194 页）

⑤ 余伟译本，第 166 页；*Introduction*，第 275 页。

定律者，究其实，无非将此项事实，作一数目上确定的表示而已，非能说明之者"，"仅为表面上之连系"。[①]他承认统计作为研究历史的补助工具不可少，因为统计能显示群体现象，有助于史家对群体现象（Massenerscheinungen）的描述，以及指出现象之间有关联。[②]但这个关联不是定则，它需要从各别事件下手解释，也就是傅斯年所说的"从小地方细细推求比论"。

傅斯年在《历史语言研究所工作之旨趣》末尾高呼"把那些传统的或自造的'仁义礼智'和其他主观，同历史学和语言学混在一气的人，绝对不是我们的同志"，"要把历史学、语言学建设得和生物学、地质学等同样，乃是我们的同志"。[③]如果结合 *Introduction* 所论，不难发现两者存在学缘关系。*Introduction* 第十五章批评十九世纪下半叶之前的历史著作，或为愉悦，或为训诫，历史只是文学的分支，而历史解说的科学原则是"历史的目标不是愉悦，亦非给予行动的实践箴言，更不是促发情感，而是纯粹而素朴的知识"。[④]所以傅氏强调"历史学不是著史，著史每多多少少 带点古世中世的意味，且每取伦理家的手段，作文章家的本事"。[⑤]傅斯年的本意并非反对"著史"。他也说："著史的事业之进步，在于由人文的手段，变做如生物学、地质学等一般的事业。"[⑥]他反对的"著史"是特指那些用"人文的手段""伦理家的手段"所著之史，他所期待

① 陈韬译：《史学方法论》，第 47 页；1903 年版 *Lehrbuch*，第 109 页。
② 1903 年版 *Lehrbuch*，第 114 页。
③ 傅斯年：《历史语言研究所工作之旨趣》，《傅斯年全集》第 3 卷，第 12 页。
④ 余伟译本，第 182 页。
⑤ 傅斯年：《历史语言研究所工作之旨趣》，《傅斯年全集》第 3 卷，第 3 页。
⑥ 傅斯年：《史料论略》，《傅斯年全集》第 2 卷，第 308 页。

的著史是达到“如生物学、地质学等一般的事业”。*Introduction* 谓：

> 历史必须去研究那些独一无二的事实，但这却使得人们说历史不可能是一门科学，因为每一门科学都把普遍性的东西作为它的目标。历史在此是与宇宙学、地质学、动物物种学处境相同的。换言之，历史不是关于诸种事实间普遍联系的抽象知识，它是一种旨在揭示实在的科学。世界、动物和人类都只是单维的演化。在每次演化中，连续出现的事实并不是抽象法则的产物，相反每一刻都是好几种具有不同本质的情况巧合而成的结果。这种巧合——有时候被称作偶然——引发了一系列的偶然事件，而这些事件决定了演化所采取的特殊进程。演化只有通过研究这些偶然事件才能被理解。历史在此处与地质学或古生物学具有同等的地位。①

这段文字揭示傅斯年经常将历史学与生物学、地质学相提并论的学

---

① 余伟译本，第 147、148 页。英译文“This necessity of studying unique facts has caused it to be said that history cannot be a science, for every science has for its object that which is general. History is here in the same situation as cosmography, geology, the science of animal spencies: it is not the abstract knowledge of the general relations between facts, it is a study which aims at explaining reality. Now, reality exists but once. There has been but a single evolution of the world, of animal life, of humanity. In each of these evolutions the successive facts have not been the product of abstract laws, but of the concurrence, at each moment, of several circumstances of different nature. This concurrence, sometimes called chance, has produced a series of accidents which have determined the particular course taken by evolution. Evolution can only be understood by the study of these accidents; history is here on the same footing as geology or palaeontology.”（英译本，第 245—246 页）

术语境。傅氏之所以把生物学、地质学作为历史学建设目标，而不是泛指一般自然科学，正是基于生物学、地质学、历史学三者都具有 *Introduction* 所谓的演化性质，即一切都是偶然事件叠加的结果，他并非要把历史学建设得如同一般自然科学（如物理学、化学等）追求规律通则的学问。①傅斯年这一主张无疑与 *Introduction* 有密切关系。②研究者多误会傅斯年要把历史学建设成一般意义上的自然科学，对他产生错解的原因或与傅斯年这句口号有关。③事实上，在傅斯年思想中，历史学与自然科学的界限是异常清晰的，他在《闲谈历史教科书》一文有明白的说明。④

---

① 1930 年 9 月 13 日傅斯年致王献唐信谓："敝所设置之意，并非求继续汉学之正统，乃欲以'扩充材料，扩充工具'为方术，而致中国历史语言之学于自然科学之境界中。"（张书学、李勇慧辑：《新发现的傅斯年书札辑录》，《近代史资料》第 91 号，中国社会科学出版社 1997 年版，第 137 页）傅氏所言"致中国历史语言之学于自然科学之境界"，同样不能理解成要把历史学建设成自然科学，而是有特定的限定。他认为历史学充其量只达到生物学、地质学层次的科学。

② 何炳松谓："我们要述的不是一切过去的大事，而是一切足以说明人类文明进步经过和人类现状由来的大事。这就是现代'新史学'家对于史学的主张，我们很可看出他们实暗受地质学上、生物学上和其他自然科学上那种演化原理的影响。"（《复兴高级中学教科书外国史》下册，商务印书馆 1934 年版，第 283 页）

③ 张谷铭把"要把历史学、语言学建设得和生物学、地质学等同样，乃是我们的同志"一句直接转化为"要把历史学和'语言学'视为自然科学"。（张谷铭：《philology 与史语所：陈寅恪、傅斯年与中国的"东方学"》，《"中央研究院"历史语言研究所集刊》2016 年第 87 本第 2 分，第 433 页）

④ 傅斯年说："编历史教科书，在一点上与编算学、物理等教科书有绝不同之处，我们要看明白，才可以谈编历史教科书的宗旨。算学与物理科学是可以拿大原则概括无限的引申事实的。这个凭藉，在地质、生物各种科学已难，在历史几不适用。"（《闲谈历史教科书》，《教与学》第 1 卷第 4 期，1935 年 10 月 1 日，第 99 页）

同时，傅斯年思想又表现出与 *Introduction* 分野。瑟氏的史学方法论包括文献批判（考史）和历史建构（著史），而且前者是手段，后者才是目的，他的主要史学作品大部分都是综合性的历史建构作品，文献批判不是他最主要的工作，恰如兰克，故瑟氏是 Historian 而不是 Critical scholar。然而，傅氏公开的方法论述，时常停留于考史阶段，高度警惕"著史"，不甚重视通史。近代中国史学界主流趋向考据，故 *Introduction* 文献批判学受到普遍关注，而其"著史"思想反受冷落，除了何炳松之外，其他人似乎更多彰显 *Introduction* 在史料学的贡献，偏离了此书凸显"撰写历史"的方向。有趣的是，1930 年代以来中国史学界不时听到没有理想中国通史的忧虑之声，有些学者归咎于 *Introduction* 的负面影响，孰不知瑟诺博司其实是反对那种与现实脱节的烦琐考据，恰如 1881 年《德国大学的历史教育》批评德国历史教育缺乏专史和通史的写作训练，他主张以通史写作沟通历史与现实社会的两者关系。

1940 年代中国史学界有两股畸形力量，即琐碎考订的掌故派（Antiquitarians）和研究中国整个社会进展的社会史派。①掌故派的发达，与中国史学界对 *Introduction* 片面接受当不无关系，或者说此书相关论述为掌故派提供了理论支撑。因此，近代学者对新历史考据派的不满，往往牵连 *Introduction*。批判者来自两方面：其一，学院史家的不同声音，以中山大学朱谦之为代表。朱氏只承认"Bernheim 和 Seignobos 等对于史料的搜集、史料的批判，是很有

① 齐思和：《现代中国史学评论——掌故派与社会学派》，李孝迁编校：《中国现代史学评论》，第 237—242 页。

卓著的成功的”，但批评“他们对于史料的解释很是外行”，①对史料综合“未免失却史家之明敏的精神”，批评 *Introduction* 反对历史哲学的，反对在“史料综合”中建立历史的根本法则：

> 则其结果当然不能建立伟大的历史方法学了。……前人著历史方法学的，事实上都只是“历史学的历史学家”，而不是“社会学的历史学家”，故他们所谓历史方法，也是多半为“历史学的历史方法学”而不是“社会科学的历史方法学”，却不知历史学乃社会科学之一，若不晓得社会科学所公同采用的“历史方法学”，那么历史方法学又从何讲起呢？固然 Seignobos 也有《应用于社会上科学的历史学方法》一部名著，未尝不给我们以许多的暗示……却是在一个未完全明了历史学为社会科学之一的“历史学的历史学家”，无论如何说法，总未免有一层隔膜。②

此外，1940 年清华大学历史系西洋史教授俄裔噶邦福在商务印书馆出版英文著作《历史综合方法》（*Methods of historical Synthesis*），多次论及 *Introduction*，尤其不认可瑟氏所提出的“历史事实的一般性分类表”，他说被分类的历史事实之间好像孤立的盒子，然而历史是活的，不是一个抽屉组成的柜子，它本质上是有机的、不可分割的。他批评在 *Introduction* 影响之下，许多一般著作就用这种毫无

① 朱谦之：《本刊宣言》，《现代史学》第 1 卷第 1 期，1933 年 1 月 10 日，第 5 页。
② 朱谦之：《什么是历史方法》，《现代史学》1933 年第 1 卷第 1 期。

生气的方式处理材料。①

其二，左翼史家不满 *Introduction* 否定法则，片面批判 *Introduction* 所提出历史乃推理的科学、间接的科学、主观的科学。刘静白著《何炳松历史学批判》（1933 年）一书，专批何氏，关于史学方法论，由于何氏完全承袭 *Introduction*，所以刘静白否定何氏自然也意味着无法认同 *Introduction*。虽然刘氏批判不无刻薄，未必能让何氏称服，但也得到学院学者的声援，认为何氏在介绍历史考证法之外，时常去谈唯心主义史观，遭受唯物论派的批评，“实是咎由自取”。②甚至到了 1956 年，胡绳《社会历史的研究怎样成为科学》（《历史研究》第 11 期）一文批评胡适、何炳松、傅斯年等人否定规律，进而也一并祸及 *Introduction*，“历史学上的主观主义方法也不是中国资产阶级历史学者独创的。我们在这里不来引证专门阐扬唯心主义历史哲学的欧美资产阶级学者的著作，但是需要谈一下德国史学家伯伦汉（E. Bernheim）和前面提到过的法国史学家朗格诺瓦和赛诺波的著作。他们的主要著作有中文译本，常被中国历史学者所称引；这些著作的主要篇幅是史料考据学，在这方面，它们是有科学内容的，但它们的科学性至多只是在这范围内”。左翼学者对 *Introduction* 批评，尚不能从学理上动摇 *Introduction* 根基。直接或间接受此书影响的中国史家仍然众多，它所立下的规则似已脱离作者而沉淀为治史者最基本的行规。

---

① J. J. Gapanovich, *Methods of historical Synthesis*, The Commercial Press, 1940, p.14.

② 张好礼：《中国新史学的学派与方法》，李孝迁编校：《中国现代史学评论》，第 92 页。

第五章　坪井九马三《史学研究法》*

近代中国史学界最初对史学方法论知识有些了解，并不是通过鼎鼎大名的伯伦汉和瑟诺博司的著作，而是借助日本史家的作品，尤其是坪井九马三的《史学研究法》。在中国史学专业化之前，坪井此书就已译介到中国，等到“五四”前后史学专业化提上日程，“现在中国的学界对着西洋历史和研究历史的方法有一种十分诚切的要求”，希望“把最新的历史方法来研究我们本国的历史”。①于是中国史家将目光转向西方史学方法，而坪井《史学研究法》逐渐淡出人们视野，以致今人以不知为无有，在中文世界欲求坪井略为详细些的生平都不可得，遑论对他作专题研究。事实上，从晚清以来，中国史学界仍然能发现或显或隐的坪井痕迹，他的《史学研究法》大量举证东亚史例，读来比西人同类著作更为亲切，许多通日语的中国史家对此书并不陌生，也是中国史家搭建史学方法论可资参考的理论来源之一。本章专论坪井《史学研究法》及其对中国近

---

*　本章第一节由华东师范大学历史学系贾菁菁老师执笔，谨致谢忱。

①　《陈衡哲先生演说词》，《北京大学日刊》1920 年 9 月 18 日，第 2 版。

代史学的影响，说明他是兰克史料方法学进入中国的中间环节。如果我们只注意伯伦汉和瑟诺博司史学如何融入中国近代史学，而忽视坪井所扮演的“转译”作用，就虚的来说，不能完整拼接中国近代史学的多元面相，就实的来说，不能解释某些史学史问题，如梁启超《中国历史研究法》理论渊源、伯伦汉史学在中国早期接受等问题。

一、其人其学

长久以来，坪井九马三主要被两个身份所界定。首先，他是学院史学的代表者，是“草创期学院史学的巨星”。①自 1883 年执教至 1923 年退职，坪井在学院体系中心之东京帝国大学任职起讫四十年，前与德国史家利斯（Ludwig Riess）、后与箕作元八一同缔建并执掌史学科，倡导科学的、实证的、史料的研究，奠定了日本近代实证史学的基础；其次，他被视为“私淑兰克学统”，②“坚持了德意志正统历史学派的学风”，③其《史学研究法》对于导入兰克、伯伦汉的学说首居其功，不仅在日本具有示范意义，亦译介到中国，对中国史学界产生积极影响。

坪井与东大渊源颇深，1877 年东京开成学校与东京医学校合

① ［日］鹿野政直：《日本の歴史家》，日本評論社 1976 年版，第 2 頁。

② ［日］礪波護、藤井讓治編：《京大東洋學の百年》，京都大學學術出版会 2002 年版，第 53 頁。

③ ［日］坂本太郎著，沈仁安、林铁森译：《日本的修史与史学》，北京大学出版社 1991 年版，第 177 页。

并成立东京大学，原本就读开成学校的坪井顺理成章地考入东大理财科（经济学），1881 年取得学位后又进入理科大学（理学部）研修应用化学。当时文科大学（文学部）设有两学科：第一科史学、哲学及政治学科，第二科和汉文学科。因史学教授难得其人，学生亦少，1879 年第一科削除“史学”字样，改为哲学、政治学及理财学科，但作为科目的史学课程仍存在。职此背景，经济学出身、应用化学在读的坪井于 1883 年被聘为史学讲师，这是他史学研究的起点。

1887 年发生两起对日本近代史学发展具有特别意义的事：一是 2 月利斯受聘赴日，负责东大西洋近代史的讲授，9 月正式设立史学科；二是坪井苦于尚不具备专业史家的素养，为研修史学，获得留学柏林大学的任命。1889 年他留学奥地利布拉格大学及维也纳大学，后获延期一年，转学瑞士苏黎世大学。前后留学凡四年有余，1891 年坪井留学归来升任文科大学教授，讲授西洋史、史学研究法、蒙古史等课程。1893 年文科大学正式导入讲座制，西洋史相关课程被命名为史学地理学讲座，坪井担任第一讲座，利斯因外国人的身份担任第二讲座。1902 年利斯辞职，留学德国的箕作元八接续。从 1883 年至 1923 年坪井退职，“东大接受了利斯、坪井、箕作与德国史学的洗礼”，①三人形成了日本“西洋史学的第一世代”。②当时东大史学科只有西洋史，日本史（国史）仍长期归属

① ［日］酒井三郎：《日本西洋史学発達史》，東京吉川弘文館 1969 年版，第 82 頁。

② ［日］大野真弓：《西洋史学への道：一旧制高等学校教師の回想》，東京名著刊行会 2000 年版，第 38 頁。

和汉文学科。直至修史馆移交东大的次年，即1889年重野安绎、久米邦武、星野恒创建国史科，日本史始独立。同年在利斯的倡议下，①史学会成立，发行《史学会杂志》。最初只设编纂委员长重野安绎、编纂委员久米邦武、星野恒。1895年编纂委员会改为评议员，坪井名列其中。②1917年星野恒去世，坪井继重野、星野之后成为评议员长、理事长，统率会务。在他“坚实的领导下”，《史学杂志》（1892年易名）成为“斯界之木铎，最高之权威”。③由学科创设时期的重要人物观之，学院史学内在的传统实际有二支：一是利斯、坪井主持的史学科，移植兰克学统；一是重野、星野等创立的国史科，代表汉学考证主义。两者看似山迢路远，却因内核趋近同一的实证指向而交相作用，“重野、久米、星野等先生以中国清朝的考证学研究历史，与Riess等的Science的历史相结合，以此看待历史，《大日本史》即江户时代的劝善主义才迎来巨变”。④

坪井思想既有西方近代史学成分又接受考证学传统，在他的《史学研究法》有充分反映。此书是坪井在早稻田大学的讲义，1903年正式出版。此前虽有下山宽一郎《史学原理》，但篇幅较短

---

① 重野安绎到东大后，利斯提出建立史学会的设想，“御雇教师独逸人利斯氏与重野先生面晤，说明设立学会发行杂志的必要，先生亦有同感，传达给属僚；又文科大学学生诸君为了史学之研究而计划设立学会，于是共同筹备创立此会。”（［日］星野恆：《史學會沿革略》，《史學雜誌》1910年第21編第1號）

② 最初当选的八位委员为：星野恒、冈田正之、高津锹三郎、田中义成、坪井九马三、久米邦武、箕作元八、白鸟库吉。

③ ［日］村川堅固：《坪井九馬三先生の薨去》，《史學雜誌》1936年第47編第2號。

④ ［日］三上参次：《明治時代の歴史學界：三上参次懷舊談》，東京吉川弘文館1991年版，第59頁。

且未完成；在晚清史学界非常流行的浮田和民《史学通论》，在日本近代史学上并无地位。①故坪著被视为日本史学理论与方法的开山之作，是"由日本人执笔的最早的史学概论"，②此后同类著述大多出现在昭和时代。③尽管1926年改版时坪井自嘲时过境迁，《史学研究法》已是"独活之枯木""樗树之蘖"，④但其开启之功不能否认。此书"多以伯伦汉的历史的概念为基调"，⑤由于两者的理论高度重合，齐藤斐章认为是书"源自伯伦汉（Bernheim）的 *Lehrbuch der Geschichtswissenschaft* 的意译，以国史的材料为考证"。⑥今井登志喜称："大体上以伯伦汉为基础，但这是一部将之消化吸收、融会贯通，多以实例考求国史、不止于翻译色彩的好作品。"⑦坪井作为史学科（西洋史）教授，在《史学研究法》却倾注大量心血考求国史（日本史），若进一步推究其考证的实例及史观，

① ［日］下山寬一郎：《史學原理》，横浜丸善商社1890年版；浮田和民講述：《史学通論》，東京専門学校1899年版。

② ［日］東京大學百年史編集委員會编：《東京大學百年史》部局史一，東京大學百年史編集委員會1986年版，第645頁。

③ 如大類伸《國史研究法》（東京国史講習会，1924年）、野野村戒三《史學概論》（早稲田大學出版部，1929年）、内藤智秀《史學概論》（東京高原書店，1932年）、长寿吉《新修史學概論》（東京同文書院，1936年）、今井登志喜《歷史學研究法》（東京岩波書店，1935年）。

④ ［日］坪井九馬三：《史學研究法》改版序，東京京文社1926年版。目前可见版本有早稲田大學出版部1903年、1913年版，京文社1926年、1930年版。按，"独活的枯木"为日语惯用语，指大而无用之人，"樗木"之喻出自《庄子·逍遥游》。

⑤ ［日］羽仁五郎：《歴史および歴史科学》，《羽仁五郎歴史論著作集》第2卷，東京青木書店1967年版，第58頁。

⑥ ［日］齋藤斐章：《日本國民史》第4卷，東京賢文館1935年版，第1083頁。

⑦ ［日］今井登志喜：《歴史學研究法》，東京大學出版社1953年版，第8頁。

则恰好集中地回应了修史馆史家聚讼的争议和主张。

修史馆的前身国史校正局设立于1869年，是年明治政府发布《修史之诏》，为“辨明华夷内外，扶植天下纲常”，计划编修官撰国史。1877年改名修史馆，1882年以重野安绎、久米邦武等汉学者为中心开始编纂《大日本编年史》。日本汉学内部自江户以降已产生朱子学与古学、考据学的分歧，这一分歧又延续在近代修史事业。重野初奉朱子学，后转入清代考据学一脉，由虚入实。他主持的《大日本编年史》从南北朝时代起笔，对以朱子学大义名分观为基础编写的《大日本史》提出质疑，批判的对象包括《大日本史》的南北朝记述、作为南北朝史中心史料的《太平记》、作为编修群体的水户学派及其劝惩的历史观。1885年重野受官命调查、搜集史料，在复命书中即言：“修史的材料以古文书、日记为最高，从前史家所依据的大概是战记物语类，取信经后人之手而附加润色之物，日本史上南北朝以后专存斯弊。”①1886年在东京学士会上的演讲更具体指出“《太平记》属于物语一类，虚实相杂”，②自此掀起波澜。内藤燦聚以《〈太平记〉不是小说家之作说》提出反对意见，星野恒旋作《辩内藤燦聚君之〈太平记不是小说家之作说〉》一文反驳。③1890年星野恒在《史学会杂志》创刊号发表《史学考究历

① ［日］重野安繹：《古文書採訪復命書》，［日］薩藩史研究会編：《重野博士史学論文集》下巻，東京雄山閣1939年版，第527頁。

② ［日］重野安繹：《史ノ話（第三回）》，《東京學士會院雜誌》1886年第9編第3號。

③ ［日］内藤燦聚：《太平記ハ小説家ノ作ニアラザルノ説》，《文》1888年第1卷第21號；［日］星野恆：《内藤燦聚君ノ太平記ハ小說家ノ作ニ非ザル說ヲ辨ズ》，《文》1888年第1卷第24號。

史编纂应精选材料之说》，继续质疑《太平记》的史料价值，久米邦武长篇连载《〈太平记〉于史学毫无益处》，激烈断言"《太平记》是往昔下贱之人拼接的话本"。①《太平记》的史料价值被彻底检讨并否定，此书成为研判并确立史料原则的特殊范本。

对照坪井《史学研究法》，其中考求国史的实例，就议题、主旨、立场与重野等批判的要点首尾相援。坪井多次论及《太平记》，把该书定位在物语，物语则"有的以实际事实为基础，有的完全是架空的笔法，有趣滑稽"，因此不能直接引用。②论及如何判别史料的确实程度，他又以《太平记》为例，分析其成书时间、编者、场所皆不可靠，反之对《梅松论》持肯定态度。③《梅松论》是北朝编写的史书，重野等向以《大日本史》没有采用北朝之史料为据，批驳它只是"私论偏见"，而《史学研究法》反复强调《梅松论》等北朝史料的价值，复原镰仓古地理时援引《梅松论》作讨论，剖判楠木正成战术时也以之为参考。④此外，重野等批判尤为猛烈的是《大日本史》对楠木正成等南朝功臣的美化和虚饰，坪井论述伪造古文书，以楠木正仪的伪文书为例，参以外史记述、公家日记，用了较长的篇幅精细考证，"《正仪公事实书》上所写的事，并非当时的事实，而且从正仪本人来看，也不是所谓《事实书》中儒者风

① ［日］星野恒：《史学攷究歴史編纂は材料を精択すべき説》，《史學會雜誌》1889年第1编第1號；［日］久米邦武：《太平記は史学に益なし》，《史學會雜誌》1891年第2编第16、18、20、21、22號。

② ［日］坪井九馬三：《史學研究法》，早稲田大学出版部1903年版，第399頁。

③ ［日］坪井九馬三：《史學研究法》，第412頁。

④ ［日］坪井九馬三：《史學研究法》，第163—166、396頁。

度的人”。[①]南朝的另一功臣儿岛高德，重野断定其出自《太平记》作者的虚构，遂引发学界、民间舆论轩然大波，因此被冠以“抹杀博士”的称号。坪井则在讨论史实之“可疑”时，以儿岛为个案，论证其相关的“确凿的证据物一个也没有”。[②]《史学研究法》出版时，久米邦武笔祸事件早已平息，坪井也谈到“今日的史家已不在议论”，但他仍着力于国史，再再考求修史馆史家批判的核心议题，可视为一种遥相回应。

《太平记》成为攻讦之中心，其实牵演出更深一层的讨论，即“史学与文学”之争。日本历史上，历史物语、军记物语，即西冈虎之助所谓“物语风史学”或坂本太郎所谓“物语风史书”，正是出现在六国史之后官修国史废止的背景，此后史学更明显地受到文学的影响，真实与虚构的界限被模糊混淆。重野等修史馆史家受命编纂新史，以实证为依归，势必要予以批判和清算。[③]而且，从学科性质来看，日本的国史长期从属于汉学，因此，为了从文史不分的状态中，取得史学尤其是国史的独立，也必须以决绝的姿态排除“文学”。重野、久米诸氏诘责《太平记》已显露轻视文学。重野评价物语、战记类“悦人之耳目，妇人小儿易记”，[④]久米称如果相信

---

① ［日］坪井九馬三：《史學研究法》，第 348 頁。

② ［日］坪井九馬三：《史學研究法》，第 399 頁。

③ 修史馆内部的修史方针也不完全统一，新旧博弈交缠，居于中心地位的重野安绎与以朱子学为宗的传统汉学者川田刚（1830—1894 年）意见龃龉。久米邦武称川田是“文学性的”，重野是“记录性的”；永原庆二认为川田主张“名教道德”，重野则“过于追究事实”。这场对立最终以川田离开修史馆专职宫内省而宣告结束。

④ ［日］重野安繹：《史ノ話（第三回）》，《東京學士會院雜誌》1886 年第 9 編第 3 號。

《太平记》则颠倒是非，读这样的书反而妨害智识，星野恒等还发表了纠弹《保元物语》《平家物语》的文章。物语之外，史书类如赖山阳《日本外史》也被纳入讨论，重野谓："山阳富于文才笔力，能达观时势，成就了一部佳作，为世人所称誉，然而惜哉，其引用的文书没有确切的证据，大肆宣传谬误之说。"《日本外史》享有极高的声誉，是鼓动幕末维新勤王的精神之作，重野直言其文笔出色而考证不足。他更进一步指摘文笔、文才浮而不实，"一切历史都以选择引用书为第一要冲，说得花枝招展，能花言巧语的人，大多都是虚饰"。①当时反对的声音不少，针对这种轻视文学的论调，芳贺矢一主张文学、史学当各自确立评判标准："古时历史与文学同体，而今好历史却不一定等同于好文学，或言作为历史被非难的，作为文学可能是美好的，盖文学与历史批评的标准确实不同。"②

在"史学与文学"的讨论上，兰克也以"严谨地陈述事实"作为首选法则，批判司考特（W. Scott）《昆廷·达沃德》，决意离弃小说避免一切虚构和幻想而书写真实，厘清史学与文学的边界，称历史叙述被"允许发挥空间狭小，并且需要平实朴素的言语"。③但兰克同时也肯定文学之于认识史料、描述史料的功用，承认史家需要艺术天分。他本身具有古典文学、古典语文学的知识背景，大学毕业后又在中学教授古典文学与历史，文辞优雅，人物描绘细腻生

① ［日］重野安繹：《世上流布ノ史傳多ク事實ヲ誤ルノ說》，《東京學士會院雜誌》1884 年第 6 編第 5 號。

② ［日］芳賀矢一：《源平盛衰記と太平記と》，《国文學》1890 年第 27 號。

③ ［德］兰克著，付欣、刘佳婷、陈洁译：《拉丁与日耳曼民族史 1494—1514》，广西师范大学出版社 2015 年版，英文版译者序。

动。兰克学生吉泽布瑞希特（W. Giesebrecht）说他“作为叙述家是最突出的”；他的批评者克罗齐评价他是“行云流水，使人赏心悦目的叙事者”；①古奇则认为他后期作品中那种“灿烂文笔和现实主义描写”消失了。②后世虽不乏“兰克排斥优美文笔”的误读，但在日本的学院派史家中，利斯、箕作元八皆对兰克文采极为推崇。利斯称：“兰克之描写美妙，生动活泼又中正而不歪偏，是读者所公认的。这是兰克著作最有价值的性质之一，也是其声价永远不变之所在。”并借由对兰克的评价，坦言史家理应具备的质素包括“卓绝的史料解释”及“诗人的天才（套用兰克之语）”。③箕作留学时受教于兰克，回国后又奉利斯为师，尝言“我的老师利斯先生说，兰克与歌德有许多相似处”，“唯兰克的想象受历史事实的限制”，他本人亦称许兰克叙事优秀。④

然而，坪井更亲近重野等修史馆史家的主张，甚或更为激进，1895 年他在帝国文学会第一届大会演讲“史学与文学”，开宗明义提出“史学与文学全无关系”。⑤不过此处的“史学”，是指近代科学史学；与文学有关的是过去史学，有两个源头：一是“谨严的官撰正史”，如中国的正史；二是小说、物语，如希罗多德的历史、

① ［意］克罗齐著，田时纲译：《作为思想和行动的历史》，商务印书馆 2017 年版，第 79 页。

② ［英］古奇著，耿淡如译：《十九世纪历史学与历史学家》，第 206 页。

③ ［德］ルードヰッヒ・リース：《空前絕後の最大史家》，《史學雜誌》1899 年第 10 编第 1 號。

④ ［日］箕作元八：《ランクの歷史研究法に就きて》，《史學雜誌》1899 年第 10 编第 6 号。

⑤ ［日］坪井九馬三：《史學と文學》，《帝國文學》1895 年第 1 卷第 6 號。

左丘明的历史，又如日本的《平家物语》和《源平盛衰记》。两者皆非真正的史学。真正的史学是什么？坪井认为是两者的综合："第一种第二种历史综合起来的历史有谨直之处，也有暗迷之处，宛如梦中怪物一般，因时代的远近、材料的多寡，精粗的程度不定，普通的读者是很难理解它的，兰克的历史便是如此。虽然比史官的记录有趣，却不能脍炙人口。"坪井虽将两种历史进行了综合，将"兰克的历史"视作真正的历史，但字里行间对兰克的文笔并不高看。他认为文学"借助才笔增添光彩"，"博得社会好评，使读者愉悦的同时却也使其误信谬传"；史学则依据材料考求真实，不甚讲究文辞、修饰，以致阅读的美感、流布的程度相形逊色。坪井躬行其志，《史学研究法》及教科书《西洋史要》等皆以简单直白的口语体撰写。

《史学研究法》进一步批判旧史，按史学的不同发展阶段，分为"物语""镜""史学"。"物语"是散文、韵文的叙事形式，"有近似小说的部分，也有作者的臆断言论"，没有经过调查或考证，虽偶有佳品，但"不好的几乎与历史小说无异"。① "镜"②这类历史"本着惩恶劝善、兴利除害的考虑而写，尤其是为主宰一国政治的君主或是那些宰辅之人提供古代政治实例的知识与经验，治国当如何、治民该如何，是为了训诫而写下的历史"。此与重野等批判劝

① ［日］坪井九馬三：《史學研究法》，第 25 頁。

② 平安后期出现的历史物语，称为镜或镜物，也称鉴。以平安末期至室町前期的《大镜》《今镜》《水镜》《增镜》合称的"四镜"为代表，取自"清楚地反映历史的镜子"之意。后期代表作品有镰仓时期的《吾妻镜》（《东鉴》）、江户时代的《后鉴》。

惩的历史不谋而合。重野在史学会创会演讲时，指明日本史学的方向，批判过去历史的“执笔者动辄以名教为导向，枉顾事实”，“违背了书写世态的历史本义”，历史唯有书写实际，才是公平之见，公平之笔。①坪井与重野立场一致，否定传统史学的大义名分和资治训诫，反对史学成为宣扬名教、惩恶扬善的工具。

坪井极其厌恶传统汉学中重议论轻事实的取向：“一直以来在汉学流的学者中，所谓识见，流行的是以自己的理想为基础任意议论的主张，认为议论越精妙则识见越高，自许为诗人。以前就有所谓史家的论赞等，大多是这一类，根本没有史学上的价值。”②重野承续清代考证学与日本古学，他教谕弟子“夫经史之学，宜据考证以明大义。若鄙弃事实，徒骛空远，功岂易致”，③强调治学须以事实考证为基础。重野也不拒斥西学，他勠力于时局变化中改良汉学，与利斯共事时多听取其意见，后世多认为他也受兰克史学的影响，“重野的‘史家之心，至公至平’与兰克的‘如实直书’相重叠，这给重野带来了勇气”。④日本学院史学移植兰克史学的同时亦转化更新固有的学术，达成东西考证史学的合流，中国近代史学的发展取径亦复如此。

---

① ［日］重野安繹：《史學工作者其心不可不至公至平》，《史學會雜誌》1889年第1編第1號。

② ［日］坪井九馬三講述：《歷史地理学》，東京早稲田大学出版部1905年版，第3頁。

③ ［日］館森鴻：《成齋先生遺稿》序，重野安繹著，重野紹一郎編：《成齋先生遺稿》卷1，東京松雲堂書店1926年版，第3頁。

④ ［日］永原慶二：《20世紀日本の歴史學》，東京吉川弘文館2003年版，第35頁。

明治时期的史学，内外煎迫，一面欲与旧史学划清界限，一面谋求在临近诸学科的竞争中占得一席，“语言、博物、社会、政治、伦理、美术各科竞相扩张各自专业的范围，削弱史学”，坪井谓其危险局势“宛如战国乱离时期群雄割据”。为赋予史学以新生，博得科学之位置，坪井将史学切分为表里二端：“诸科学皆具二相，史学亦有二相，二相究竟为何，纯正、应用是也，纯正史学是斯学之表面，应用史学是其里面，诸科学皆具此表里两面方为完璧。”①纯正、应用的分类并不鲜见，一度流行于理化学科。东大成立伊始化学科分设纯生化学、应用化学，坪井即毕业于应用化学科。1886 年森有礼起草《学政要领》又提出“学问分为纯正学（Pure science）、应用学（Applied science）二门，都是国家的必须之学，纯正之门小即足矣，应用之门则必须为大”，②这一概念逐渐由理扩至文。1893 年坪内逍遥将东大毕业生分为史料批判派（考证派）与应用史派。③系统论述纯正史学、应用史学的是 1894 年坪井发表《关于史学》一文，此后成为明治史学界的共识。

所谓纯正史学，坪井界定为：“纯正史学开始于德国兰克（Leopold von Ranke），大约是在七十年前。”④《史学研究法》称近代意义上的史学“用德语来说是 Geschehen、Geschichte”，“即按照科学的研究方针进行调查研究，根据其结果而建立的历史”，⑤“纯

① ［日］坪井九馬三：《史學に就て》，《史學雜誌》1894 年第 5 編第 1 號。
② ［日］大久保利謙編：《森有礼全集》第 1 巻，東京宣文堂書店 1972 年版，第 351—352 頁。
③ ［日］坪内逍遥：《史論四派》，《早稲田文學》1893 年第 35 期。
④ ［日］坪井九馬三：《史學に就て》，《史學雜誌》1894 年第 5 編第 1 號。
⑤ ［日］坪井九馬三：《史學研究法》，第 32 頁。

正史学”与“Geschichte”前后指向一致。兰克虽被立为纯正史学的标杆，但坪井的论述因袭于伯伦汉。纯正史学的立身之资在于“社会”的研究，“史学是研究作为社会细胞的人的活动及发展的科学。”①这里的人是动物，由人类建立的社会是“集合动物”，“作为社会细胞、机关的人类新陈代谢生死不息，社会这一动物体亦往昔今昔赓续不已”。②把人与社会视作动物体，伯伦汉早有界说：“史之为学，在将人类演化上之事实，视人类为社会的动物，就其（单独仅有的、典型的或集体的）动作，加以因果的研究及叙述。”③伯伦汉不讳言“史家所用之基本概念，自当征诸科学”，④此为达尔文生物演化学说应用于史学之结果。坪井亦援之为史学的科学性依据，“达尔文在四面八方的攻击之中屹然鼓吹人的由来，在那之后，社会这一对象才得以被科学地研究，这是距今不久的事情。因此，过去想要写出 Geschehen、Geschichte 也写不出来，既没有写作的资格，亦缺乏进步的思想，充其量只能达到第二类的镜。”⑤

伯伦汉之“社会”“集体动物”说，实际还蕴含两层意图：一是欲综合个人“艺术性之描写”与集体“事实之定律性”，扬弃既往的精英人物史观；二是以人类作为“政治的动物”的概念失之过狭，所以取“社会的动物”一词，表面上是批驳 E. A. Freeman、

① ［日］坪井九馬三：《史學研究法》，第 37 頁。

② ［日］坪井九馬三：《史學研究法》，第 17 頁。

③ ［德］伯伦汉著，陈韬译，胡昌智、李孝迁整理：《史学方法论》，上海古籍出版社 2018 年版，第 3 页。

④ ［德］伯伦汉：《史学方法论》，第 5 页。

⑤ ［日］坪井九馬三：《史學研究法》，第 36 頁。

Ottokar Lorenz、D. Schäfer 诸氏之政治史主张，实则为了调和以兰克为代表的政治史取向与以兰普瑞希特为首的文化史取向，“不可将政治史视为文化史之附庸，则亦不可将文化史视为政治史之副产物”，“盖政治与文化，固同为人类社会化之产物也”。①此诉求正契合日本史学发展的趋向，明治初年的文明史学已充分接受基佐、巴克尔的文明史和斯宾塞的社会理论，追求社会集体的文明演化法则，历史由个人本位转向社会本位。至于重野等修史馆史家，为了颠覆《大日本史》的南朝“忠臣神话”，以及批判幕末史论英雄伟人题材的泛滥现象，也对英雄史观持批判态度。久米邦武发表《英雄是公众的奴隶》，认为比起历史上的重大事件和伟人，史家更应该关注同时代的社会及大众的动向。②值此际会，坪井顺时而动，强调史学研究的必须是社会之中的人，“人类要成为史学的研究对象，必须作为社会的细胞器官在社会中生存。即不在社会之中的人，或是在社会中却不作为细胞器官而活动的人，都不能成为史学的研究对象”。③虽然他承认“罕见的贤士豪杰则耸动于一世二世”，④但这是极个别的情况，可视作例外，所谓的“万物灵长”或“神之权现”，只是人类的理想，人终归只是动物，而且是“极其孱弱的动物”，需要分工协助，由此形成社会。因此，“史学不会把重

---

① ［德］伯伦汉：《史学方法论》，第 8 页。

② ［日］久米邦武：《英雄は公衆の奴隷》，《史學會雜誌》1890 年第 1 编第 10 號。

③ ［日］坪井九馬三：《史學研究法》，第 37 頁。德语“Ogran”一词日语译为“机关”“器官”，本意为生物器官，法律用语中指法人，法令用语中指国家行政的组织。坪著“社会细胞”“社会机关”“社会器官”，与“自然人”相对，指社会中具有权利义务的“人”。

④ ［日］坪井九馬三：《史學に就て》，《史學雜誌》1894 年第 5 编第 1 號。

点放诸于一个人的活动，史学的重点是社会的活动”。①

坪井着重于“必须研究社会”，更深切著明的目的是使纯正史学趋近于科学，成为“具有普遍性的学问”。社会在此与国家相对，是打破国家框架、超越国家视角的必经之途。依坪井之见，诸科学特性各异，“农工艺诸科学”与社会有直接关系，“法学、政治学、伦理学、史学”则与国家有直接关系。特别是传统史学与国家关系紧密，“处于国家直辖之下，一举一动皆仰其鼻息，更有如中国者，国家设置史官记录国史，上至天子起居下至孝子顺孙德行。因此，在以一部国史作为政治唯一金科、教育唯一玉条的时代，史学唯有其里面（应用史学），而且其里面没有发展的能力”。史家往往受爱国情感的束缚，革除此弊害则必须“摈除鲁莽的爱国心和沙文主义”，然而践行非易，罕有史家可及。因此，欲突破国史的视角与限制，唯有通过社会的研究。

万国史的研究亦由此唤出，其旨趣正建立在社会研究的基础之上。“人类社会发展的全相要向社会寻求而不是向国家寻求”，过去的社会不过包含两三个国家，“观之今日则已成为包含全世界的一大社会”，因此，要将人类视作一个社会而寻求万国史，“纯正史学的发展不在于一国的国史，而是通过万国的国史才得以成立”。换言之，“自万国史开始史学才得以进行科学的研究”。②这一思想显然受到兰克“世界史”的影响。兰克的“世界史”贯通时间空间，主张记述“各国家的共同体（Community of nations）”，关注各国

---

① ［日］坪井九馬三：《史學研究法》，第7頁。

② ［日］坪井九馬三：《史學に就て》，《史學雜誌》1894年第5編第1號。

家、民族之间普遍的关系与联结，对日本史学界影响甚深。坂口昂将兰克对日本史学之贡献概括为两方面：史料批评方法和世界史。[①]箕作元八称要透彻理解兰克之思想，关键即在于“‘Weltlich’（世界的）观点是也”。[②]利斯在东大开设“世界史”的课程，以“实现了全世界结合”的普遍生活（universal life）作为历史的出发点，课程概要以 *A short survey of universal history* 为名出版。坪井曾在兰克纪念会发表讲话，主旨即其 Weltlichkeit（世界性）观念，并为生动阐明兰克的思想，亲自朗读特能（James Emerson Tennent，1804—1869）的一段葡萄牙人征服锡兰的记事，引申出葡萄牙人的东亚政策，解读当时处于世界殖民扩张环境之下的日本外交。[③]

坪井一度对藉由万国史而达到纯正史学寄予厚望，但当时日本题名万国史者多为教科书，量多质劣，实质叙述仍以国家为单位，“几乎都是苦心编纂但毫无价值、极其浅显之物”，[④]他不免失望抱憾。1897 年他为宫本正贯的《东洋历史》作序，批判坊间的万国史不过各国历史的机械胪列，绝非科学的历史叙述，提醒须注意国与国之间的关联，“蜗牛蛰伏其庐，尚不免受外界气象的刺激，何况社会这一大无形的动物聚合体乎”。此外，兰克《世界史》事实

---

① ［日］坂口昂：《ランクの史觀概要》，《獨逸史學史》，東京岩波書店 1932 年版，第 405 頁。

② ［日］箕作元八：《ランケ紀念講話》，《史學界》1904 年第 6 卷別刷。

③ ［日］坪井九馬三：《坪井文學博士の紀念講話：ランケ氏の研究法とり觀たる維新前の外交に就て》，［日］高桑駒吉等著：《ランケ祭紀念講話》，第 15—19 頁。

④ ［日］坪井九馬三：《史學研究法》，第 74 頁。

上以欧洲为中心，日本蹈袭其失，名为“万国史”而实为“西洋史”。在检视与反思万国史之下，学术的多元路向得以发潜，坪井退而转向区域史，主张先“按国与国关系之疏密，探究几许国家组成的聚合体”，譬如东洋史、西洋史，①他对南洋史、西域史也寄予展望。②就立论的时间来看，彼时东洋史研究正愈演愈烈，南洋史则仍在腹中，他的建议不无前瞻性。

坪井史学具有二元论特质：既砥志实证史学，也提倡应用史学，尤其在历史教育领域。一方面他批判“旧时代的史学都是应用史学，特别以有资于政治、有资于德育为目的的编纂物占据了其中大部分”，从希罗多德、修昔底德到休谟、麦考莱、吉本，或以资治为目的，或为自己所属政党倡言，或为宗教背书，从纯正史学的角度而言，此诸人皆是“历史事实的制造家”。③另一方面他也主张应用史学在国民教化中的作用，“必要的普通知识”传授给普通国民，其先于纯正史学存在，而在纯正史学产生之后，“作为教育之用，这种形式的历史也将长时间地存续下去”。④学院史家在考究学术的同时，也要承担使国家思想正当化的任务。坪井尝试将史学作用于国民教化的内容单独切分出来，使应用史学与纯正史学分则两美，兼顾学术与政治。纯正史学“只叙述事实的真实”，“本来就不是伦理学的随员，不能为伦理学手提灯笼”。⑤让应用史学承载史学

---

① ［日］坪井九馬三：《東洋歷史序》，［日］宮本正貫：《東洋歷史》，東京富山房1897年版，第6—7頁。

② ［日］坪井九馬三：《史學研究法》，第77—78頁。

③ ［日］坪井九馬三：《史學に就て》，《史學雜誌》1894年第5編第1號。

④ ［日］坪井九馬三：《史學ト類似學科ノ區別》，《教育報知》1895年第465號。

⑤ ［日］坪井九馬三：《史學研究法》，第401頁。

的致用功能，合理化地服务于政治与国家。

早期的东大教授都不同程度地参与了中学教育。1894 年明治政府修改普通中学课程，出台《寻常中学校历史科要旨》，其中，草案制定者国史为三宅米吉，西洋史为箕作元八，东洋史为那珂通世，委员是坪井九马三、三上参次、高津锹三郎。除两年后才进入东大、当时仍担任中学讲师的那珂通世外，其余皆为东大教授、助教授，多兼任第一高等中学校教授。[①]1897 年文部大臣西园寺公望委托各学科调查“寻常中学校教授科目细目”，1898 年历史科提交了调查报告。学院史家不仅参与教育内容的讨论议决，也参与编写教材。1897 年坪井批判万国史，提倡东洋史，次年由坪井、三宅、那珂、箕作起草拟定的《寻常中学校教科细目调查报告》，“万国史”即被替换成“外国历史”，细分西洋史和东洋史，[②]在中学正式确立东洋、西洋、国史三分科制，可见坪井诸人的观念以一种直接的、迅即的方式影响并左右中学教育。

坪井认为应用史学应辅助德育，主张中学历史教育“助修身一臂之力”。[③]“修身科”是明治教育中最受《教育敕语》影响的科目，带有浓厚的国家主义色彩，强调“立德修身”，养成国民“尊皇爱国”之心，尤为汉学者重视。重野安绎便以“道德教育及国民教育必要的德性涵养”而编著《寻常小学修身》，每一德目择取一

---

① ［日］茨木智志：《1894 年の〈尋常中学校歴史科ノ要旨〉に対する再検討——その歴史教育史的意義と提唱された“世界史”教育を中心に》，《総合歴史教育》2001 年第 37 號。

② 《尋常中学校教科細目調査報告》，東京帝国教育会 1898 年版，第 49 頁。

③ ［日］坪井九馬三：《史學ト類似學科ノ區別》，《教育報知》1895 年第 465 號。

历史人物讲述。①坪井与修史馆史家立场一致，因袭传统史学偏重道德教化、人伦纲常的观念。兰克、伯伦汉也谈到史学致用，伯伦汉引述兰克之言“欲使科学能发生影响，必先使其成为科学而后可”，至如何成为科学之途径，则“必先去其致用之念，使科学成为客观无私者，而后可语致用，而后能发生影响于当前之事物”，②讲求史学致用要建立在客观实证的基础之上。然而，坪井的观点与之迥乎不同，他认为：

> 只要达到激起立志于百般事业的感奋目的，不必再问其他，多余的思考是愚蠢的，作为中等教育来说这是适宜的，中等教育者不必堂然发表史论，使山阳先生地下惊起，也不必对细小的问题吹毛求疵、穿凿附会，自夸目光如炬，这些对于中等教育来说是无益的。中学教育当教授作为国民应该知道的事，即国民必须具备的知识，爱国忠君、仁义孝悌以及此外许多内容，总的来说，要尽力于公共的事业。

坪井将史学的应用完全剥离于实证研究，故纯正史学是实证的，而应用史学可以是非实证的。只要能达到感奋人心的教育目的，则不必考辨真假。美谈、逸话等作为史料并不合格，作为教育素材却是“好材料”。③作为中学教育的应用史学，不问其他，其分内之责“只教授必要的普通知识的一部分，即一个人立足世间必须要掌握

① ［日］重野安繹編輯：《尋常小學修身·序》，八尾新助 1892 年版。
② ［德］伯伦汉：《史学方法论》，第 6 页。
③ ［日］坪井九馬三：《史學研究法》，第 359 頁。

的是非心得，只教授这个范围内的事，只讲述目前认为有用之事”。①

坪井所处的时代，日本史学界不仅承接西方的各种思潮，众声喧嚣，此起彼落，还要应付学院史学内部各种不同思想倾向的分歧，以及民间开化史学派的挑战。②坪井既与学院史学内部两种实证谱系声息共通，又踽踽独行，思想趋新且多歧。他很早关注社会主义、无政府主义。明治末期，除少数经济学者如福田德三、河上肇等，史学界对社会主义仍是陌生的。1900 年考入东大政治学科的吉野作造回忆：“不幸的是，只有大学课堂，那个时候除此之外没有其他能说明社会主义的东西。在坪井九马三老师的政治史课上，我听到了一点巴枯宁（Bakunin）和克鲁泡特金（Kropotkin）。”③坪井也留心经济学，倡扬德国新历史学派，“最近经济情况之于社会开始成为极其重大的事情，德国的施莫勒（Gustav von Schmoller）和英国的罗杰斯（T. Rogers）等竭力鼓吹，这一流派的人逐渐增多，吾等深感欣慰”，④赞许此学派建立在经济统计资料之上的实证研究取向。1905 年河上肇翻译美国塞里格曼（R. A. Seligman）《新史观：历史之经济的说明》（*Economic Interpretation of History*），特意将坪井《史学与经济的关系》一文添为附录。⑤坪井还是日本最早绍介马克

---

① ［日］坪井九馬三：《史學卜類似學科ノ區別》，《教育報知》1895 年第 465 號。

② ［日］永原庆二：《明治维新与日本史学》，北京大学日本研究中心编：《日本学》2006 年第 13 辑，第 307—308 页。

③ ［日］松尾尊兊編：《吉野作造集》，東京筑摩書房 1976 年版，第 432 頁。

④ ［日］坪井九馬三：《史學研究法》，第 532 頁。

⑤ 《附錄：坪井九馬三述史學と經濟との關係》，［美］セーリグマン著，［日］河上肇訳：《新史観：歴史之経済的説明》，東京昌平堂川岡書店 1905 年版。

思主义的史家，1907 年他在史学会演讲“作为史家的马克思”，[①]称马克思是“第一个制定了以经济情况为基础调查历史事实的史学研究新方针的创始人”。他之所以介绍马克思及其《资本论》，一是作为史家之马克思坚持事实调查的实证方法，并非如同普通经济人一般在桌边空想；二是《资本论》揭示了经济之于历史解释的意义，“其时代其社会的经济状况，对于其时代历史事实的发生是最有效的势力”。总之，坪井杂烩各种历史解释工具，并不在意它们之间是否能共处，这点与伯伦汉颇相似，使他在学院史家中格格不入又独树一帜。[②]他推崇兰克的史料学方法，但在精神层面不认同兰克，而接近于伯伦汉，“予作为国民主义者，并不崇拜伟人理论（Greatman theory）；作为真实的崇拜者，不喜欢神秘主义（Mysticism）；作为经济论者也不相信灵感说（Inspiration Theory）”。[③]由于没有系统的原创性理论，坪井的命运与其取法的对象伯伦汉一样，很快进入被遗忘的场域。

二、隐性流播

坪井九马三留欧期间正值伯伦汉《史学方法论》出版，他的史

① ［日］坪井九馬三：《史家としてのマルクス》，《史學雜誌》1907 年第 18 編第 9 號。

② 如利斯对于经济史，“不是完全否定的，只是表现出一种嘲笑的态度”（西川洋一：《ベルリン国立図書館所蔵ルートヴィヒ・リース書簡について》，《国家学会雜誌》2002 年第 115 巻第 3・4 號），坪井反击称蔑视经济者只适合明治维新前的时代，“头脑宛如化石”（坪井九馬三：《史學と經濟の關係》，《史學雜誌》1904 年第 15 編第 1 號）。

③ ［日］坪井九馬三：《坪井文學博士の紀念講話：ランケ氏の研究法とり觀たる維新前の外交に就て》，［日］高桑駒吉等著：《ランケ祭紀念講話》，第 15 頁。

学思想深受此书的影响。1892 年起他为东京专门学校（早稻田大学前身）讲授史学研究法，理论和架构皆取伯伦汉的新著，举证丰富的东西方实例。这本讲义正式出版于 1903 年，他在自序中说：

> 史学之研究法，其由来已久，而成书者甚少。在英国有弗里曼氏，倡言讲史者须先自研究法始，其论既已脍炙人口。继之，德国有伯伦汉氏出，人称穷尽研究法。法国塞诺波氏等祖述之，每每在我国人间流传。予虽不敏，讲述史学研究法，已有年所，自信应用科学研究法于史学上聊有所得。因此，为早稻田大学著是书，庶几乎与诸研究者共登研究法之殿堂。①

坪井所言印证了世界各国在史学专业化的初期多接受伯伦汉和瑟诺博司史法的共相。

《史学研究法》目次如下：卷一总说，分序论、历史之种类、史学之定义、史学之区分；卷二史料编，分史学之材料、史学之辅助科学（第一语言学，第二古文书学，第三地理学，第四年代学，第五考古学，第六谱系学，第七古泉学）；卷三考证编，分总论、外部之批评（第一赝造，第二搀入）、内部之批判（第一可然程度，第二史料之系统，第三史料之等级，第四史料之分析）、史料之整理；卷四史论编，分总论、解释、综合、复活、史学之根本条件（第一物理条件，第二心理条件，第三文化条件）、理论史学。此书

① ［日］坪井九马三：《史学研究法・序》（明治 36 年 10 月）。译文转引俞旦初《二十世纪初中国的新史学思潮初考》，《史学史研究》1982 年第 3 期，第 56 页。

虽取法伯伦汉《史学方法论》，但在取舍详略之间也反映坪井个人的史学取向。首先，忌避历史哲学。《史学研究法》共五百四十页，讲史料的搜集和考证近四百页，他将“历史哲学”译成“理论史学”，只是轻描淡写，这与伯伦汉有显著不同；其次，凸出辅助科学。伯伦汉虽欢迎各种自然科学和社会科学的辅助功能，但他的《史学方法论》所列辅助科学为语言学、古文字学、古文书学、印鉴学、铸币学及度量衡学、系谱学、年代学、地理学，论述简略，实例甚少。坪井进一步提升辅助科学的地位，尤其专列考古学，用东西方大量的实例充实内容，讨论多达一百六十页，占全书近三分之一的篇幅，这是他讲史法的一大特色。

考古学在兰克史学中并没有地位，兰克治史擅长于对文字文献（documents）的搜集、辨析、解读，而对实物考古则相当陌生，他晚年撰写世界史，有关希腊、罗马史部分，由于对古代铭文和其他考古资料的无知而受到严厉批评。①伯伦汉受兰克的影响，在书中没有专论考古学，说明他没有及时反映十九世纪后半期西方考古学蓬勃发展的成果。坪井虽承袭伯伦汉史学，然有所选择，他在欧洲留学期间显然感受到考古学的力量，所以他与兰克、伯伦汉不同，充分展示考古学在历史研究中的作用，他本人曾担任日本考古学会会长。

欧美史学方法著作在中国流行之前，坪著是吾国了解西方史学方法最通行的教材。清末中国学生赴日本留学渐多，有人译刊坪著部分章节：1903 年《汉声》（原《湖北学生界》）第 6、7、8 期译刊《史学研究法》第四卷“史论编”中的一章《史学之根本条件》，

---

① ［英］古奇著，耿淡如译：《十九世纪历史学与历史学家》，第 210 页。

1907年张玉涛在《学报》第1年第6、7号译刊《史学研究法》的《序论》和《历史之种类》两章。1902年汪荣宝编译《史学概论》，凡五节：序论、史学之定义、研究法、历史之分类、关于史学之学科。“编者识”说：“本论以坪井九马三《史学研究法》为粉本，复参以浮田和民、久米邦武诸氏之著述及其他杂志论文辑译而成。所采皆最近史学界之学说，与本邦从来史学之习惯，大异其趣。聊绍介于吾同嗜者，以为他日新史学界之先河焉。”①汪氏早年留学早稻田大学，攻读历史、政法，而坪井九马三、浮田和民、久米邦武皆在该校任教，或听过他们的课，受到启发，依他们的讲义，编译成《史学概论》。第三节“研究法”参浮田《史学通论》第八章，“古文书学”那段文字则翻译自久米邦武《古文书学讲义》第一章第一节“古文书学的大意”，其余部分在结构和内容两方面多取材于坪著。1904年底，清学务处编书局得到坪井《史学研究法》讲义下册，以考证编始，交江亢虎译，最终是否译成，不得而知。②

二十世纪初年新史学思潮热心讨论的问题是“什么是历史”，而不是“五四”之后中国史学界普遍关心“如何研究历史”，③所以像坪著重在讲如何研究历史的书，在时人看来，并非是一本急需的东西。个别听过坪井“史学研究法”课程的中国留学生，对坪著虽有少量译介，但受时风的驱使，仅选译能顺应时代潮流的内容，而

① 汪荣宝：《史学概论》，《译书汇编》第2年第9期，1902年12月10日，第105页。

② 江亢虎：《史学研究法译稿序》（光绪三十年十二月），《江亢虎文存初编》，江亢虎博士丛书编印委员会1944年版，第38页。

③ 王汎森：《中国近代思想与学术的系谱》，吉林出版集团有限责任公司2011年版，第197页。

对坪井不厌其烦讲述如何搜集史料、如何考证史料，如何利用史学的辅助科学，没有兴趣译介。坪井一本相对次要的《中学西洋历史教科书》，却由吴渊民译成中文，广智书局1908年出版。汪荣宝自许"为他日新史学界之先河"，着眼点并不在当下而在未来。与坪著形成鲜明对比的是浮田和民《史学通论》，这本小册子几乎在同一时间先后出现五个中译本，①又经梁启超的转述，成为彼时中国读书界的热门读物。然而，就学术价值论，浮田《史学通论》在日本近代史学殊无地位，他也不是以史家身份为世人所重。以梁启超为例，当年他不仅读过浮田《史学通论》，也看过坪井《史学研究法》，1905年发表《世界史上广东之位置》一文，注明参考各中外学者作品，包括坪著，但那时他显然无意推销坪井的史法，而是津津乐道浮田之余唾。

史学方法论作为一套专门的知识，开始进入人们的视野，最初与晚清学制改革有关。1903年清政府颁布《奏定学堂章程》，规定文科大学堂的中国史学门和万国史学门主课中均设"史学研究法"，讲授历代统系疆域、政化创始因革之大端、物产盛衰之原因、官制之得失等等。②1910年周嵩年编纂的《大学分科中国历史研究法》，完全根据《奏定学堂章程》对"史学研究法"规定的细目，全书八章四十八目：建置纲领、政治因革、习俗变迁、振兴实业、官制兵力、学术关系、生殖源流、法典异同。这与现代意义上的"史学研

---

① 邬国义：《梁启超新史学思想探源——代序言》，邬国义编校：《史学通论四种合刊》，华东师范大学出版社2007年版，第4—5页。

② 璩鑫圭、唐良炎编：《中国近代教育资料汇编·学制演变》，上海教育出版社1991年版，第350页。

究法”，风马牛不相及。《奏定学堂章程》根据日本学制制定，史学门主课设置虽具现代意识，但章程制定者恐对现代学科知识不甚了解，“史学研究法”课程有名无实。嗣后，国内史学界对“史学研究法”的认识渐渐与国际接轨，坪井的著作当起到引导作用。

民国时期，中国史学进入快速专业化的轨道，史学方法得到前所未有的重视，“史学方法就是我们用以衡量他人研究成绩的标准和尺度，只要他的方法谬误，他的结论就可不言而喻了。”①中国史家除了借鉴西人论著外，重新发现坪井《史学研究法》的价值，成为建构史学方法论的参照之一。最早在大学授课以坪著为教材的是黄人望。②1913 年教育部颁布《高等师范学校历史地理部课程标准》，要求高等师范学校在第三学年开设“史学研究法”课程。③1914 年 9 月黄氏应聘北京高等师范学校，或讲授“史学研究法”，取坪著编译讲义，共 52 面，分序言、史料编、考证编、史论编，以讲授辅助科学为主，内容虽略简，但史法各个环节皆有译述。黄编讲义完全根据坪井《史学研究法》，是一种节略译本。黄氏留学

① 蒙思明：《史学方法的任务》，《华文月刊》第 2 卷第 1 期，1943 年 1 月，第 17 页。

② 黄人望（1880—1948），浙江省金华县人，原名国华，字伯珣，又字百新。早年是清代廪生，1905 年考取官费留学日本早稻田大学，专习历史地理师范科。1908 年毕业回国，历任浙江金华府中学堂、宁波府中学堂历史地理教员，浙江省立第四、第十各中学校长。1914 年 9 月，应聘北京高等师范学校，讲授中国史，并编有讲义。1917 年担任北京大学法预科讲师，讲授“中国法制史”。1921 年任浙江省立第一中学校校长。1922 年 4 月选为筹办杭州大学董事会候补董事。1925 年任教育部编审员，旋任武昌高等师范学校历史教授。1927 年后弃学从政，历任浙江省政府委员，浙江德清县、兰溪县县长，浙江省第一区行政督察专员，抗战胜利后为接收杭州委员之一，未几逝世。

③ 《高等师范学校课程标准》，《政府公报》第 330 号，1913 年 4 月 7 日，第 8 页。

早稻田大学期间或选修过坪井“史学研究法”，回国后才有节译的因缘。据说黄氏上课很受学生欢迎，“从来不翻教科书，讲课口才极好，上来滔滔不绝地讲，不管是《左传》《国策》《楚辞》，还是《史记》《汉书》《通鉴》，随口成段背诵，然后讲解。他真有过目不忘的记忆力，能吸住全班的注意，不觉一堂课五十分钟一晃过去。黄老师讲过的东西，像一篇一篇故事深深地印在脑子里，令人难忘”。①他讲课的风采深得坪井的真传，当时中国留学生听坪井讲课印象深刻，“每升讲坛，口如悬河，或坐或立或写或画，纵横如意，趣味津津，其叙事也，探本穷源，无微不至，且手不持底稿，而年月日时历历不爽，尤见精熟之极”。②

与北京高等师范学校齐名的是南京高等师范学校，1919 年该校国文部改组为国文史地部，据教育部要求开设“史学研究法”“东亚各国史”，均由柳诒徵讲授，并编有讲义。柳编《史学研究法》讲义，系铅印，无版权页，共二十六面，中缝印有“南京高等师范学校柳”字，编写时间或在 1919 年前后。讲义约二万字，凡七章：历史之种类、史学之定义、史学之材料、史学之补助学科、史料之整理、史事之考证及批评、历史哲学（理论史学）。柳氏采用一贯的“纲目体”写作方式，纲是论断，目是材料。除大量引用坪井九马三、浮田和民的观点之外，选择了许多中国方面的实例加以说明。柳氏“能博读日本学者之书”，③他的讲义引用日文书有坪

① 马巽：《回忆母校——高师附中》，北京师大附中编：《在附中的日子》上册，京华出版社 2001 年版，第 9—10 页。

② 1911 年 7 月张耀曾听坪井九马三讲授《政治史》笔记，preface。

③ 《吴宓自编年谱》，三联书店 1995 年版，第 228 页。

井《史学研究法》、高桑驹吉《西洋史参考书略解》、大西林五郎《支那陶磁全书》。[①]柳氏《史学研究法》章节架构、概念术语、次序安排皆仿坪著，但他只吸收技术层面的内容，如史料种类、史学之辅助科学等，并不完全接受坪井的治史宗旨。坪井史学二元论的好处是纯正史学（求真）与应用史学（致用）分离开来，成为两个互不干涉的独立领域，不因“用”而害“学”。柳氏在史法层面确实接受坪著，但他的思想中史学是一个整体，没有纯正史学与应用史学之分，强调历史应该“准古镜今，以为人世之法”，对“五四”时期新史家主张为学问而学问，“不肯将史学求得实用，避免政治关系”，[②]很不以为然，认为“史之专重鉴戒，遂垂为数千年定法”，[③]“治学必求实用，及为人群服务，才是最高道德”。[④]因此，他及其门人的史学作品大多具有浓厚的道德说教意味。

“五四”之后，坪井《史学研究法》因法人 *Introduction* 在中国的崛起而失去部分读者，但坪著有不少中国方面的实例，读起来比西人著作更亲切，如李泰棻、梁启超、吴贯因、李季谷、郑师许、杨鸿烈等留日（或通日语）中国史家，颇爱读此书。

李泰棻《史学研究法大纲》凡三部分：第一原史，论述了文

① 柳诒徵一生只去过两次日本，1903 年（癸卯春）随缪荃孙、徐乃昌等人赴日考察教育两个多月，1919 年 5 月率南高师学生赴日本参观，两次时间都不算长。他最有可能是在江楚编译局或两江师范学堂工作期间学会日语，因为两江师范学堂，日籍教习以及日语翻译人员甚多。

② 柳诒徵：《讲国学宜先讲史学》，《柳诒徵史学论文集》，上海古籍出版社 1991 年版，第 502 页。

③ 柳诒徵：《国史要义》，上海古籍出版社 2007 年版，第 236 页。

④ 《校闻：本学期第四次总理纪念周纪略》，《省立河南大学周刊》第 4 期，1932 年 10 月 8 日，第 1 页。

字起源、史之定义、史之起源、史之进化、史学之目的、史之界说、史与科学。史之进化分五个阶段：口碑时代、史诗时代、说部时代、史鉴时代、史学时代。史之目的，则在明变、探原、求例、知来；第二读史，讨论了史识、史料、史料选择、史料选择之法、史料整理之法；第三作史，阐发了家法、编体、史病、重事实、务贯通、明因果、作表解。稍后《西洋大历史·绪论》（再版）和《中国史纲·绪论》对研究法也作了详尽的论述。《史学研究法大纲》缘于时会，融汇了当时所见的各种旧学和新知，如*Introduction*、胡适《中国哲学史大纲》、坪井《史学研究法》等，在梁启超《中国历史研究法》出版之前，它算是中国史学界一本新颖的史法著作，颇受时人推重。杨鸿烈认为："直到这几年来，有李泰棻先生编的《史学研究法》和梁任公先生编著的一部在中国史学界照耀万世的《中国历史研究法》出世，然后中国人脑里，才有比较明了的一个史学的轮廓。"①柳诒徵也承认"通贯新旧能以科学方法剖国故者，当推梁氏《历史研究法》，李泰棻之《中国史纲·绪论》次之"。②

李泰棻对坪井《史学研究法》的态度微妙，表面上批评坪著乃"西洋故言，无所表见"，③实则取鉴颇多。李氏《西洋大历史》上卷由北京宣元阁初版于1917年2月，"上卷引用书目"中有"《东京帝国大学史学研究法讲义》"，署名"坪井博士"。《西洋大历史》初版已留下坪井的痕迹，其"绪论"论"史之进程"分为五级：口

① 杨鸿烈：《史地新论·自序》，晨报社出版部1924年版，第4—5页。
② 柳诒徵：《史学概论》，《柳诒徵史学论文集》，第116页。
③ 李泰棻：《史学研究法大纲·初版自序》，武学书馆1921年版，第1页。

碑、史歌、说部、史鉴、史学，是坪著论“历史之种类”（物语、镜、史学）的细化。关于史学，李指出：“兹种史质，五十年内，始形发达，德语曰该乃体色、该喜希台，其他各国尚无专名。”①这句话直接译自坪著第 31 页。《西洋大历史·绪论》经多次增补发展成《史学研究法大纲》（1920 年）和《中国史纲·绪论》（1922 年）。1924 年版《西洋大历史·例言》第四条“本编引用东西名著凡百余种，第三编以后每有引证必附原书章页于节后，今更标目于前，一以示不佞之无欺，一以供参考之门径，如云陈陈相因，有类剽窃，则兰台汉书，半积腐史，猥以辁才，宁敢逃罪”。（甲）中文书目，其中有“《东京帝国大学史学研究法讲义》（汉译）”，署名“坪井九马三”。②再版时特意添加“汉译”二字，更说明坪著《史学研究法》确实存在汉译本。《史学研究法大纲》“史与科学”一节，所论与史学最有关系科学，共十二种，包括政治学、社会学、地理学、考古学、人类学、年代学、天文学、古泉学、谱系学、国际法、心理学、经济学，列举本节“应读诸书”十一种，包括 *Introduction*，唯独不列坪井《史学研究法》，此举似不厚道。坪著“史学之辅助科学”一节所列七种辅助科学，除了语言学、古文书学，其余五种与李著《史学研究法大纲》重叠。李氏在这节的例证多参考坪著，如 Gonfu 为广州、斯巴达温泉关战役年月，③都直接

---

① 李泰棻：《西洋大历史》，北京宣元阁 1917 年版，第 3 页。按，1924 年和 1930 年版均保留这句话，只是将该乃体色、该喜希台标了德文 Geschehen、Geschichte。

② 李泰棻：《西洋大历史》，武学书馆 1924 年版，第 1 页。

③ 李泰棻：《史学研究法大纲》，第 13—14 页。

摘录李氏所参考的坪著汉译本。[①]李氏论史料种类，分为遗物和传物，[②]也完全复制坪著。此外，李氏因袭坪井《史学研究法》汉译本的部分内容，与黄人望编译《史学研究法讲义》在文字上高度一致，坪著汉译本与黄氏编译本之间必有密切关系。

吴贯因于清末光宣间远游日本，留学东京七年，毕业于早稻田大学。1930 年，他出版《史之梯》，对坪著多所参考，尤其论述史学补助学科，如年代学、天文学、考古学，所举实例多来自坪井。这本书出版不久，齐思和撰写书评，指摘甚多，但因间接译介坪著相关内容，以致郑师许见到欣喜不已。郑氏毕业于南京高等师范学校，是柳诒徵的学生，通日语，翻译不少日本学者的论文，但他接触坪著相当晚。柳诒徵早年讲史法，对坪著多所援引，但郑氏似没有从其师处了解到坪著。一直到 1936 年，他出版《铜鼓考略》（中华书局），据说书付印后，得杨宽面告，关于铜鼓文献，尚有福开森（J. C. Ferguson）《周铜鼓考》及鸟居龙藏《苗族调查报告》。[③]郑氏通过查阅《苗族调查报告》，才得知坪井九马三曾将荷兰汉学家 D. Groot 一篇研究铜鼓的论文译成日文，题为《东印度诸岛及东南大陆之古铜器考》，载于 1902 年东京《史学杂志》，又在坪著第 228—250 页讲考古学时作为实例说明。当时他并不知具体内容，事后偶翻吴贯因《史之梯》，第二章第六节论史学与考古学，“中多日本考古学家对于铜鼓发生之意见，因亟录之”，[④]“顷又读梁任公

① ［日］坪井九馬三：《史學研究法》，第 31 頁。
② 李泰棻：《史学研究法大纲》，第 22 页。
③ 郑师许：《铜鼓考略 · 校后附记》，中华书局 1936 年版，第 49 页。
④ 郑师许：《铜鼓考略追记》，《学术世界》1937 年第 2 卷第 4 期，第 49 页。

师《国史研究六篇》于其第十页得材料三四，因再录之，以供学者并读焉”。①郑氏如获稀见材料，喜悦之情溢于言表，说明他还不知吴、梁所论原出坪著。或因这段曲折的关系，郑氏大概通过其他管道认真读过坪著，大为欣赏，在《我国历史之自学与教学的目的及其研究法》一文，关于史学研究法及理论著作列举七种，第三种即坪著。②他曾计划编写《中国历史研究法纲要》，分序论、通议篇、史料篇、考证篇、整理篇、理论史学，不论框架还是内容，分明以坪著为蓝本。③

李季谷、朱谦之、杨鸿烈三位皆曾留学日本，研究历史，都对史学方法论很有兴趣，自然对日本近代史学影响较大的坪著不会陌生。李氏在日本留学七年，研究日本近代史、西洋近代史研究、历史研究法。④1933年度他在北平大学法学院讲“历史研究法”，所编讲义四章：导论、历史的概念及认识、历史的原动力及其发达的三阶段、

---

① 郑师许：《铜鼓考略追记续补》，《学术世界》1937年第2卷第5期，第74页。郑氏所录见《历史上中国民族之观察》，《新民丛报》第3年（1905）第17号，第14—15页。

② 郑师许：《我国历史之自学与教学的目的及其研究法》，《读书通讯》1943年第63期，第10页。

③ 郑师许：《中国历史研究法大纲》（手稿），藏广州中山图书馆。

④ 李季谷（1895—1968），原名宗武，浙江绍兴人。1924年日本东京高等师范学校历史系毕业，1929年留学英国布利斯托（Bristol）大学。曾任浙江省立高级中学校长、北京大学、师范大学史学系讲师，国立北平大学女子文理学院西北联大、中山大学、四川大学、复旦大学等校教授兼史学系主任，鲁苏皖豫边区学院教务长、台湾师范学院院长。1949年后担任华东师范大学世界近代史教授。曾任中央通讯社汉口分社总编辑，北平华北日报时评撰述，军事委员会政治训练部编纂科长、浙江省教育厅长等职，曾加入中华学艺社、日本研究会等学术团体。主要著作有《日本史ABC》《日本通史》《西洋史纲》《高中外国史》《初中外国史》《近世中日外交史略》《西洋近世史》等。

史料。该讲义可追溯到1930年2月他留英期间所写《历史学与历史学上之问题》一文，发表在《留英学报》（第5期），后来成为讲义“导论”一章。李氏用大半篇幅讲授史学的补助学科，如言语学、古文书学、地理学、年代学、考古学、系谱学、古泉学，大部分编译自坪著。此外，第二章“历史的概念及认识”，较为详细评论坪井对“历史”概念的看法；第三章讲历史发达“三阶段”，即传说式的历史、教训的或实用的历史、发展的或发生的历史，也是取自坪著，而非直接来自伯伦汉。凡此种种，皆可说明坪著对李季谷影响之深。①

与李季谷有所不同，朱谦之、杨鸿烈反复援引坪井观点，并非膜拜，而是作为建构各自史学理论体系的素材。朱氏的《历史哲学的概念》《历史科学论》《社会科学与历史方法》等文，都论及坪井。杨鸿烈留学东京帝大文学部，对史学理论与方法用力颇深，先后出版《史地新论》（晨报社，1924年）、《史学通论》（商务印书馆，1939年）、《历史研究法》（商务印书馆，1939年）。他说：“日本史学受德国的影响极深，故其著作亦甚富于德人风味”，在短时间内急起直追，充分输入欧洲史学，尤其德国的理论和方法。除译著之外，杨氏列举日人自著的书，包括坪井《史学研究法》。②他在写作过程中，经常援引坪井观点加以讨论。此外，他对坪井史学渊源也有清楚的认识，“坪井九马三博士的《史学研究法》即直接承受柏恒氏的衣钵”。③

---

① 黄人望、柳诒徵、李季谷所编讲义，经笔者整理已出版，详参《史学研究法未刊讲义四种》（上海古籍出版社2018年版）。

② 杨鸿烈：《史学通论》，商务印书馆1939年版，第25—26页。

③ 杨鸿烈：《历史研究法》，商务印书馆1939年版，第52页。按，柏恒即伯伦汉。

三、坪井九马三与梁启超

梁启超流亡日本期间就接触到坪井《史学研究法》，但二十世纪初他尚未重视此书。到了1920年代初，他“裒理旧业”，讲授历史研究法，广泛吸取域外各种理论资源，除了法人 *Introduction*，坪著也是他建构史学方法论的渊源之一。梁氏虽从未交待思想来源，但从《中国历史研究法》中仍可寻得蛛丝马迹。

梁启超对“历史”的理解前后有所不同，最初历史定义为：“历史者，叙述人群进化之现象而求得其公理公例者也。”① “人群”“进化”“公例”是关键词，深受浮田和民的影响。后来讲历史研究法，他说：

> 史者何？记述人类社会赓续活动之体相，校其总成绩，求得其因果关系，以为现代一般人活动之资鉴者也。②

对历史的认识，除了保留“人群”（社会），已无“进化”，更不侈谈

① 梁启超：《新史学》，《饮冰室合集》文集之九，中华书局1989年版，第10页。

② 梁启超：《中国文化史纲》，《改造》1921年第4卷第3号，第1页；梁启超：《中国历史研究法》，商务印书馆1922年版，第1页。按，卢绍稷《史学概要》（商务印书馆1930年版，第2—3页）所引坪井九马三的历史定义云：“史者何？记述人类社会赓续活动之体相，校其总成绩，求得其因果关系，以为现代一般人活动之资鉴者也。”并注“梁任公《中国历史研究法》，p.1”；简贯三《理论社会学》（中华书局1935年版，第44页）引坪井的历史定义为：“历史系记述人类社会继续活动的状况，校其总成绩，求得其因果关系，作为现代一般人活动的资鉴。”卢、贯二氏所引坪井有关历史定义，与梁启超完全一致，尤其卢氏，原本为梁氏定义，被他冠之坪井，个中缘由何在，大惑不解，故于此备注。

“公例”，只求因果关系。此中变化固然是他个人思考的结果，但也有域外思想催生的作用。坪著专门列有“史学之定义”，开宗明义说：

> 史学是研究作为社会细胞的人的活动及发展的科学。［史學は社會の細胞として人の働作の發展を研究する科學である。］①

接着重点分别说明“社会细胞”“人的活动”“发展”三个关键词。这种写作套路完全被梁氏所模仿，他也首先提出定义，然后分别解释“活动之体相”“人类社会之赓续活动”“活动之总成绩及其因果关系”“现代一般人活动之资鉴”。

梁启超解释“活动之体相”，1922 年《中国历史研究法》正式出版时增加了一段文字：

> 此所谓相者，复可细分为二：一曰活动之产品，二曰活动之情态。产品者，活动之过去相，因活动而得此结果者也；情态者，活动之现在相，结果之所从出也。产品者，譬犹海中生物，经无数个体一期间协合之嬗化而产出一珊瑚岛，此珊瑚岛实经种种活动情态而始成；而今则既僵矣，情态不复可得见，凡史迹皆人类过去活动之僵迹也，史家能事，乃在将僵迹变为活化——因其结果以推得其情态，使过去时代之现在相，再现于今日也。②

此处，梁氏所用“珊瑚岛”之喻，不是他的发明，灵感来自坪著：

① ［日］坪井九馬三：《史學研究法》，第 37 頁。

② 梁启超：《中国历史研究法》，第 2 页。

从最初起源来分析，社会也好国家也罢，都是在漫长的岁月里持续发展着的。随着所谓时势变迁，当然会发生内部的变化，但是外部大体上会以基本相同的形态持续下去，例如像珊瑚礁那样的东西。在水面略微往下一点，尽管聚集着大量的珊瑚虫，但并没有发现共同生活的现象，因此也没有产生社会组织。再深入到底下的话，就没有珊瑚虫了，所到之处只有岩石。然而很明显，这些岩石就是珊瑚虫所建造的。那是因为即使往海底深处走到岩石出现的地方，都已经成了岩石。现在珊瑚虫所居住的地方是活珊瑚虫的身体，珊瑚虫不居住的地方业已变成了化石，越往下化石益发古老。人类与此相同，现代社会是在太古时代打下基础的，古代社会如今业已消亡成了化石。将来的社会，也同样会变成化石。①

---

① “それで、まづ時の方面からしてお話を致しませうならば、社会なり國家なりは長い年間の間繼續致しまするもので、所謂時勢の變遷につれて内部の變化は無論起って来ますが、大體におきましては、ほゞ同じ姿でつゞいてゆきますものでありますから、譬えば珊瑚礁のやうなものであります。水面より少し下には、珊瑚虫が沢山集って住んで居ますが、しかし共同生活といふ現象は発見致しませぬ、随って社会は組織致しませぬが、底へはいれば、もはや珊瑚虫は生きて居ないで、つくったところの岩石だけがあります、しかしそれは虫がつくったとは明かで、それは海底深くその岩石が出て居ますところまでゆきましても、皆岩石になって居ります、現に虫の生存して居ますところは、活きて居る虫のからだでありますが、虫の居ませぬ所は已に化石でありまして、下へゆくほど化石が益古くなるといふばかりであります。人間もこれに似て、極めて古い時代に基礎を置いて現社会は成立って居りますが、その古い社会は今亡びて化石となって居ります。その次の時代の社会も同断、化石となって居ります。”（坪井九馬三：《史學研究法》，第48—49頁）华东师范大学历史系郭海良教授汉译此段引文，谨此谢忱。

两者文字表述差异甚大，梁氏只取其意，文字更加凝练、简洁，但似不能否认两者存在学缘关系。

梁氏、坪井所作的历史定义，就字面来说，确实有很大的不同，但若综合比较分析坪著的“序论”，梁氏所论本之坪井，当无疑义。坪井说：“社会无人动作，不几灭绝乎。”①梁则说：“活动休止，则人道或几乎息矣。”坪井说：“治史学之着眼点当从全般社会观之……盖历史者，为全体大多数之记载，非为个人者也。”②梁则言：“史也者，人类全体或其大多数之共业所构成，故其性质非单独的，而社会的也。”坪井说：“在史学上，惟研究其人之动作，有影响及于社会国家与否。”③梁曰：“其活动力之运用贯注，能影响及于全社会——最少亦及于社会之一部，然后足以当史之成分。”坪井说：“历史者，即前人于社会国家所行保持发达功过之迹，以待吾人之鉴诫取舍，以为未来目的之张本也。”④梁氏历史定义也强调“资鉴”功用。⑤两者语言文字上的相似，如果说是一种巧合，大概难以令人信服。

梁氏将史料分为在文字记录以外者和文字记录以内者。在文字

---

① 黄人望编译：《史学研究法讲义》，《史学研究法未刊讲义四种》，第 9 页；坪井九馬三：《史學研究法》，第 38 頁。

② ［日］坪井博士师说，张玉涛译述《史学研究法》，《学报》1907 年第 6 号，第 6 页；坪井九馬三：《史學研究法》，第 7 頁。

③ 黄人望编译：《史学研究法讲义》，《史学研究法未刊讲义四种》，第 10 页；坪井九馬三：《史學研究法》，第 41 頁。

④ ［日］坪井博士师说，张玉涛译述：《史学研究法》，《学报》1907 年第 6 号，第 9 页；坪井九馬三：《史學研究法》，第 11—12 頁。

⑤ 此段梁启超引文皆见梁启超：《中国文化史纲》，《改造》1921 年第 4 卷第 3 号，第 1—4 页。

记录以外者，又分现存之实迹、传述之口碑、遗下之古物三类；在文字记录以内者，区分为旧史、关系史迹之文件、史部以外之群籍、类书及古逸书辑本、古逸书及古文件之再现、金石及其他镂文诸类。这种史料分类法与伯伦汉密切相关，[①]梁从坪著史料编“史学之材料”一节间接获取。坪井区分史料为两类：“第一类为遗物，即自古所遗留也。其类不少，地理、古物、筑造物、古仪式、人间遗体、制度、风俗、古泉、公私之文书类等；第二类为传物，即自古相传而来者也。其类不少，历史画、历史像、神话、古传、杂说、逸谚、历史歌、金石文、系谱类、记录类、传记类、铭箴类等。”[②]梁氏没有机械地搬抄这些细类，而是重新拟定类目。坪井将史料分为若干等级，“一等史料”界定为“与史学事项所起之时与地相同者，又由其当事者自己制造之史料”。[③]梁启超也采用“第一等史料”概念，提出“凡有当时当地当局之人所留下之史料，吾侪应认为第一等史料”。[④]两者完全一致。

梁启超《新史学》说：“虽以司马温公之贤，其作《通鉴》，亦不过以备君王之浏览。其论语无一非忠告君主者。盖从来作史者，皆为朝廷上之君若臣而作，曾无有一书为国民而作者也。”[⑤]《中国

① 杜维运：《梁著〈中国历史研究法〉探原》，《与西方史家论中国史学》，第346页。

② 黄人望编译：《史学研究法讲义》，《史学研究法未刊讲义四种》，第18页；坪井九馬三：《史學研究法》，第83—84頁。

③ 黄人望编译：《史学研究法讲义》，《史学研究法未刊讲义四种》，第46页；坪井九馬三：《史學研究法》，第416頁。

④ 梁启超：《中国历史研究法》，第122页。

⑤ 梁启超：《新史学》，《饮冰室合集》文集之九，第3页。

历史研究法》又重申："其著书本意，专以供帝王之读，故凡帝王应有之史的智识无不备，非彼所需，则从摈阙。此诚绝好之'皇帝教科书'，而亦士大夫之怀才竭忠以事其上者所宜必读也。"①经梁氏的如椽之笔，《资治通鉴》乃帝王教科书的说法，在中国史学界风行甚久。②然而，此说并非梁氏的发明，坪著说："支那后世之史鉴，其最宏博而精详者，以宋司马光之《资治通鉴》为第一。是书编纂之意，将以备人主治世之参考书，亦即为帝王应奉之教科书善本也。所谓鉴者，大抵与教科书同性质，既为人主治世之备，则凡经国之要略，为当代所不可不知者，择而录之，其他不必要者，悉删之以从略。"③大部分人或只知梁氏曾有此说，却未必清楚梁说原出坪井。

《中国历史研究法》有些例证取自坪著，下文着重讨论该书第五章史料之搜集与鉴别，举"唐末黄巢之乱，曾大惨杀外国侨民"

---

① 梁启超：《中国文化史纲》，《改造》1921年第4卷第3号，第2页；梁启超：《中国历史研究法》，《饮冰室合集》文集之七十三，第3页。

② "……而于前此史籍，大都视为'皇帝教科书'、'贵族家谱'焉，……"（李承廉：《史学方法论》，《江汉学报》1933年创刊号，第1页）；"过去的历史几乎完全是政治史，因此有许多不满意过去的历史的人们说历史是帝王家谱或是皇帝的起居注和教科书，例如司马光的《资治通鉴》就是供帝王的参考的历史著作。"（周容：《史学通论》，开明书店1933年版，第18页）；"惟温公作书，乃自比于唐张九龄上明皇的《千秋金鉴录》，后人讥其为帝王教科书章法，并非为史而作史。"（刘明水：《国学纲要》上册，商务印书馆1945年版，第89页）；"观王公大人之言可以推之黎庶，观小己之得失可以知政教之迁流。其言何等显豁呈露！使治史者明于此义，自不至病吾国史籍只述朝政不及民众社会，目为帝王家谱，更不至以帝王制度已更，谓《资治通鉴》为帝王教科书，而今之学者不必研究矣。"（柳诒徵：《国史要义》，第153页）。

③ ［日］坪井博士师说，张玉涛译述：《史学研究法》，《学报》1907年第7号，第7—8页；坪井九馬三：《史學研究法》，第29頁。

一事，说明旧史中全然失载或缺略之事实，博搜旁证则能得意外之发见者。梁启超说：

> 九世纪时，阿剌伯人所著《中国见闻录》中一节云："有Gonfu者，为商舶荟萃地，……纪元二百六十四年，叛贼Punzo陷Gonfu，杀回、耶教徒及犹太、波斯人等十二万。……其后有五朝争立之乱，贸易中绝"等语。欧洲人初译读此录，殊不知所谓Gonfu者为何地，所谓Punzo者为何人。及经东西学者细加考证，乃知回教纪元二六四年，当景教纪元之八七七—八七八年，即唐僖宗乾符四年至五年也。而其年黄巢实寇广州。广州者，吾粤人至今犹称为"广府"，知Gonfu即"广府"之译音；而Punzo必黄巢也。①

日本汉学家桑原隲藏就梁氏《中国历史研究法》发表书评（《支那学》1922年第2卷第12号），专门引用这段话，以讥讽梁氏所言"谬误满幅"。桑原指出五处错误：（1）Abou Zeyd不是九世纪的人，是十世纪的初期，即公历九百十六年的人；（2）Gonfu这个地名，Abou Zeyd固不用说，即一切阿拉伯人的记录中，也查不出，应当是Khanfou（Khanfu）；（3）也没Punzo这个人名，该改为Banschoua；（4）五朝争立之乱，据梁氏的解释，是指"五代之争乱"，在九世纪的著作，要记载将近十世纪半的"五代之争乱"，未免太滑稽了。纵令将Abou Zeyd的时代，正当的认为十世纪的初

---

① 梁启超：《中国历史研究法》，第125页。

期，然而他也不能记载十世纪半的“五代之乱”；（5）梁氏虽说“回历”纪元二六四年（乾符四—五年）黄巢实寇广州，但即把他认为事实，也不能那么容易断定。桑原氏又说：

> 可惜的很！梁氏如稍注意日本的学界，至少若把他所轻侮为“不值一盼”的日本坊间之“东洋史”或“支那史”，浏览一下，也就不至于有这样大的误谬了。①

桑原以己之长攻梁氏之短，被认为“的确击中要害”。②桑原书评引起中国学界的注意，被译成中文发表，章士钊读后感慨“著书求入世界之林，真不易矣!”③

事实上，桑原只知其一，不知其二，梁所言原出坪著第二卷史料编第五“年代学”一节，第209—215页，只是没有注明出处。而且，梁氏也不是初引此例，早在1905年发表《世界史上广东之位置》一文，他说：

> 阿剌伯人所著书，以西历八五一年出版，名为《梭里曼（Soleiman）旅行记》者，内载当时中国最大口岸曰Khanfou。近世欧美学者，多以杭州附近之澉浦当之，虽哈

---

① ［日］桑原隲藏著，天行译：《读梁启超的〈中国历史研究法〉》，《现代评论》1925年第2卷第50期，第19页。

② 桑兵：《国学与汉学——近代中外学界交往录》，浙江人民出版社1999年版，第287页。

③ 章士钊：《孤桐杂记》，《甲寅周刊》第1卷第34号，1926年3月20日，第21页。

> 士亦云然。日本坪井九马三氏，以《唐书·逆臣传》记黄巢陷广州事，与彼《旅行记》所记之年月相比较，知其确为广州而非澉浦，断定Khanfou字为“广府”之译音云。按坪井氏所说信也。①

此处，梁氏明确说明据坪著。《中国历史研究法》引此例因没注明，故桑原以梁氏个人文字视之，大做文章。

嗣后，梁应该知道桑原这篇“耳痛”的书评，1925年在清华学校讲《中国文化史：社会组织篇》第八章“都市”，再次引用此例：

> 唐五代时阿剌伯人之中国旅行记，近代陆续发现译成欧文者不少。内中有一部为阿蒲卓（Ahou Zeyd）所著，记回回历二六四年（西纪八七八）有大盗Banshou攻陷Khanfou。摩哈默教徒、基督教徒、穆护教徒，被杀者十二万。（据日本坪井九马三《史学研究法》引）回历二六四年即乾符五年。《新唐书·僖宗纪》言黄巢以乾符六年陷广州，而《旧唐书·卢携传》、《新五代史·南汉世家》皆云事在五年。然则阿蒲卓书所云Khanfou者即广府，其所云大盗Banshou者必黄巢之讹无疑。②

① 梁启超：《世界史上广东之位置》，《新民丛报》第3年（1905）第15号，第8—9页。按，“哈士”即德国汉学家夏德（Friedrich Hirth，1845—1927）。

② 梁启超：《中国之都市》，《史学与地学》1927年第2期，第9页；梁启超《中国文化史：社会组织篇》，《饮冰室合集》专集之八十六，第82页。

梁氏特意标注“据日本坪井九马三《史学研究法》引”，算是对桑原批评的一种回应，以免再次受到无辜牵连，接受并订正桑原所指出的（2）（3）两处地名和人名误拼，并且对桑原《蒲寿庚事迹》一书大为褒奖，“为历史界一杰作”，①从中可见梁氏气量之大。对于 Khanfou 这个地名，梁最初是拼对的，《中国历史研究法》却写成 Gonfu，李泰棻《史学研究法》《中国史纲》也拼成 Gonfu，应不是误拼，或另有所本。1936 年中华书局出版林志钧编辑《饮冰室合集》文集之七十三收录《中国历史研究法》，对此段文字略有订正：

> 十世纪初期，阿剌伯人所著《中国见闻录》中一节云：“有 Khanfan 者，为商舶荟萃地，……纪元二百六十四年，叛贼 Bonschoua 陷 Khanfan，杀回、耶教徒及犹太、波斯人等十二万。……其后有五朝争立之乱，贸易中绝……”等语。欧洲人初译读此录，殊不知所谓 Khanfan 者为何地，所谓 Bonschoua 者为何人。及经东西学者细加考证，乃知回教纪元二六四年，当景教纪元之八七七—八七八年，即唐僖宗乾符四年至五年也，而其年黄巢实寇广州。广州者，吾粤人至今犹称为“广府”，知 Khanfan 即“广府”之译音，而 Bonschoua 必黄巢。②

① 梁启超：《中国之都市》，《史学与地学》1927 年第 2 期，第 18 页；梁启超：《中国文化史：社会组织篇》，《饮冰室合集》专集之八十六，第 88 页。

② 梁启超：《饮冰室合集》文集之七十三，第 68—69 页。

这段文字与初版不同，接受了桑原（1）（2）（3）指正。此外，梁启超在初版中说："日本以欧化治东学，亦颇有所启发，然其业未成。其坊间之《东洋史》《支那史》等书累累充架，率皆卤莽灭裂，不值一盼。而现今我国学校通用之国史教科书，乃率皆裨贩迻译之以充数，真国民莫大之耻也。"①此语引起日本学者极大的反感，《饮冰室合集》删除了这些文字。②《饮冰室合集》编辑原则是"据初印旧本复校其有手稿者，则悉依原稿校定，专著各种间有厘订之处"。③上述文字的改动，不论是梁氏本人或编校者所为，皆因桑原书评引起，应无疑义。

桑原所指（1）（4）（5）三处错误，始作俑者是坪井，"谬误满幅"不应扣在梁氏头上，他不过以讹传讹罢了。桑原没有指出这点，非常令人不解。关于 Khanfou 的考证，桑原是这方面的专家，他在 1919 年 1 月《史林》发表《Khanfou 问题及其陷落年代之研究》，其名著《蒲寿庚事迹》也专门提示读者坪著第 214—215 页对此有所讨论，④说明他对自己老师的著作很熟悉，不至于识别不出梁氏所言本之坪井。桑原之所以没有在书评中点破，反而以此对梁氏尽挖苦嘲讽之能事，或有两种可能：其一，桑原粗心大意，确实没有察觉梁氏所言原出坪井；其二，桑原故意回避，毕竟梁氏没有

① 梁启超：《中国历史研究法》，第 109 页。

② ［日］狭间直树著，高莹莹译：《东亚近代文明史上的梁启超》，上海人民出版社 2016 年版，第 134 页。按，该书第七讲"梁启超与历史学"，论及坪井九马三、梁启超对"科学的"历史学认识的异同，但对两者是否存在学缘关系，没有任何说明。

③ 《饮冰室合集・例言》，第 1 页。

④ ［日］桑原隲藏著，陈裕菁译：《蒲寿庚考》，中华书局 1929 年版，第 14 页。

注明，文责自负，报复他对日本汉学界的出言不逊。关于桑原书评一事，梁氏虽没有正面回应，但他显然默默地接受桑原的批评。

坪井九马三《史学研究法》正式出版早，清末民初正值中国留日高潮之时，不少中国读书人听过坪井“史学研究法”课程，或读过他的名著，“五四”之后中国史学界又热谈方法，诸种条件本应可使坪井大作在中国史学界大红，如同 *Introduction* 一样，但事实上坪著在中国的译介之旅相当“晦暗”。

伯伦汉、瑟诺博司讲史法被国人所知，那是在“五四”之后，此前鲜有人知晓，远不如坪井。那时坪井的著作已经开始译介，加之有不少中国留学生听过他的课，坪井被中国学术界所知早于伯伦汉、瑟诺博司。然而清末民初的中国史学界并不需要方法论的学问，对史学方法论没有清晰的理解，难以充分认识到坪著的价值。等到“五四”之后中国史学界大谈方法，西方著作蜂拥而入，青年学子好读西人作品，①加之梁启超、何炳松《历史研究法》先后出版，坪著不免被遗忘，受众范围缩小。柳诒徵讲史法尚参考坪著，但他的弟子们论史法已抛弃老师的做法，而直接向西洋取经。

晚清民初学术界有一怪相，或因民族感情作祟，或以为可掩人耳目，时人剽窃抄袭东瀛学者的论著相当盛行。②摘录日人著作的观点或材料，常不注出处，翻译他人之著冠之以己名，不以为耻，在在皆有。黄人望《史学研究法讲义》实编译自坪著，但他没有任何说明。柳诒徵《史学研究法》、李泰棻《史学研究法大纲》、梁启

---

① 王庸：《欧史举要》，《史地学报》1921 年第 1 卷第 1 号，第 8 页。

② 李孝迁：《域外汉学与中国现代史学》，上海古籍出版社 2014 年版，第 154—156 页。

超《中国历史研究法》、李季谷《历史研究法》、吴贯因《史之梯》等，在架构、观点、材料等方面均不同程度承袭坪著，但他们多不明说，使坪著的学术影响无法得到彰显。更为恶劣的是，像李泰棻，一面批评坪著“无所表见”，另一面大段大段援引坪著的实例。坪井九马三在中国史学界不如伯伦汉、瑟诺博司一般幸运，中国史家对他的著作经常引而不注，随意使用其中的经典实例，拆解文本脉络，重新组合，模糊了坪著的原貌。“五四”之前中国即已出现坪井《史学研究法》汉译本，但除了李泰棻，该汉译本在中文世界了无踪迹。此外，与坪著有交集的中国史家著作多系未刊讲义，流传有限。因此，坪著在民国史坛仅处于隐性流播的状态。

坪井《史学研究法》对中国近代史学的影响，可概括为以下方面：首先，坪著是中国史家最早认识史学方法论的范本之一。*Introduction* 只有到了胡适《中国哲学史大纲》出版之后，才被中国史学界普遍接受，而伯伦汉的著作用德文写，1937 年才有中译本，日译本也要到 1922 年，中国史学界对史学方法论的认识能与国际同轨，坪著当发挥积极的作用。李泰棻、梁启超后来写历史研究法，能够对此有相对合乎欧美史法形态的论述，与他们接触过坪著有一定的关系。再次，坪井对东西交通史颇有研究，精通欧洲各种语言，了解国际汉学界、西方史学界的动态。他的《史学研究法》吸收了大量日本、欧美学者的研究成果，作为实例指示治学门径。有些经典的实例，诸如关于葡萄产地、铜鼓的流传、广州的海外贸易、用年代学考证《春秋》可信度等，皆辗转流行于中国史学界，尽管很多人并不清楚它们最初的来源。最后，坪著有关史学定义、历史之种类（物语、鉴、史学）、《资治通鉴》乃皇帝教科书等，对中国史家影响很大。坪井对史学所下的定义，成为一家之说，中国学者时常援引；而关于物语、鉴、史学三阶段论（这不是坪井的发明，而是承袭伯伦汉），在中国转辗流传尤广。

中国史家虽然吸收坪井《史学研究法》的观点和实例，乃至架构，但一般不是生搬硬套，而是有所取舍，都有不同程度的重构。尤其梁启超，我们不能简单以抄袭视之。他虽借用了坪井和 *Introduction* 思想资源，但所创作的文本《中国历史研究法》，其实是对古今中外各种思想资源的再创造、再诠释的结果，与一般抄袭贩卖者不能同论。即便如桑原那样严厉批评梁氏，他也肯定梁著对专攻中国史者很有些参考价值，并建议有志研究中国史的日本人阅读这部书。①

① ［日］桑原隲藏著，天行译：《读梁启超的〈中国历史研究法〉》，《现代评论》1925 年第 2 卷第 49 期，第 17—18 页。

图书在版编目(CIP)数据

史学旅行:兰克遗产与中国近代史学/李孝迁,胡昌智著.—上海:上海人民出版社,2021
(论衡)
ISBN 978-7-208-17137-4

Ⅰ.①史… Ⅱ.①李… ②胡… Ⅲ.①史学-研究-中国-近代 Ⅳ.①K092.5

中国版本图书馆CIP数据核字(2021)第121253号

责任编辑 邵 冲
封面设计 赤 徉

论衡
史学旅行
——兰克遗产与中国近代史学
李孝迁 胡昌智 著

出 版 上海人民出版社
(200001 上海福建中路193号)
发 行 上海人民出版社发行中心
印 刷 常熟市新骅印刷有限公司
开 本 890×1240 1/32
印 张 15.25
插 页 5
字 数 332,000
版 次 2021年9月第1版
印 次 2021年9月第1次印刷
ISBN 978-7-208-17137-4/K·3091
定 价 88.00元